à censurer

14829

LETTRES

DE

MADAME DE SÉVIGNÉ.

TOME SECOND.

ROGER DE RABUTIN,
COMTE DE BUSSY.

Peint par Lefebvre.   Gravé par C. L. Macquelier.

J. J. Blaise Libraire, Quai des Augustins.

LETTRES
DE
MADAME DE SÉVIGNÉ,
À SA FAMILLE ET DE SES AMIS,

AVEC ADDITIONS, NOTES, ET LOISIR-LI

TOME SECOND

LIBRAIRE DE S. A. S. MADAME
LA DUCHESSE D'ORLÉANS DOUAIRIÈRE,
QUAI DES AUGUSTINS, Nº 61, À LA BIBLE D'OR.

M D CCC XVIII.

A. J. Blaise Libraire, Quai des Augustins.

LETTRES

DE

MADAME DE SÉVIGNÉ,

DE SA FAMILLE, ET DE SES AMIS.

AVEC PORTRAITS, VUES, ET FAC-SIMILE.

TOME SECOND.

A PARIS,

J. J. BLAISE, LIBRAIRE DE S. A. S. MADAME
LA DUCHESSE D'ORLÉANS DOUAIRIÈRE,
QUAI DES AUGUSTINS, N° 61, À LA BIBLE D'OR.

M D CCC XVIII.

On dirait qu'elle n'est née pour chacun N ces — Caractères, Elle est naturelle Ax, Elle a une noble facilité dans ses expressions, et quelquefois — une négligence hardie mais vraie a-des tresse — Des Académiciens, rien ne l'ennuye nt dans son Sti- le, rien n'y est forcé. Il n'y a personne qui ne croit qu'il vivit bien aisément

Mais il n'est rien de facile quant au difficile.

Pour ce qui me regarde, dans ce qu'y ce nt — ma Chère fille, je n'en parlerai point. Je — lis les avis et vanités, et n'en vois plus ceux d'une

C'est ville qui va'Rume, et ce qui me le per-
-suade. C'est que Pelissy pose tant d'esprit avec
les autres qu'une elle. Mais Enfin cera-
ceuil est Curieux, et digne d'estre dans le Cabinet d'un Roy honnete homme, c'est a dire dans
celuy de Louis Le grand. tous les gens d'Eli-
cats auxvient du plaisir a le lire Si ou de-
muy fit de nostre tems, Mais quel seroit un
prix au dessus trouble Car nous sures ma-
Cuny fille qui n'a point ies d'Esprit.
sa teste.
approximée cent mutts au dessus de
quoy Sund nivant cusus Costé.

Nous trouverens icy dans ce recueil quelques
Lettres de mad.x de Grignan, et de notre ami
Corbinely, Mais outre qu'elles sont presque
toutes dans celles de mad.x de Sevigny, c'est quel
les ont sveur leurs agrée mens et y nettes
aux endroits aux qu'elles se trouvent.

Bussy Rabutin

CHATEAU DE PLESSIS

Dessiné par Ana Aubert　　　　Gravé par L.....r

LETTRES

DE

MADAME DE SÉVIGNÉ.

128.

De Madame DE SÉVIGNÉ *à Madame* DE GRIGNAN.

A Paris, samedi 4 avril 1671.

Je vous mandai l'autre jour[1] la coiffure de madame de Nevers, et dans quel excès la Martin avoit poussé cette mode; mais il y a une certaine médiocrité qui m'a charmée, et qu'il faut vous apprendre, afin que vous ne vous amusiez plus à faire cent petites boucles sur vos oreilles, qui sont défrisées en un moment, qui siéent mal, et qui ne sont non plus à la mode présentement, que la coiffure de la reine Catherine de Médicis. Je vis hier la duchesse de Sully et la comtesse de Guiche; leurs têtes sont charmantes; je suis rendue; cette coiffure est faite justement pour votre visage; vous serez comme un ange, et cela est fait en un moment. Tout ce qui me fait de la

---

[1] *Voyez* la lettre 119, tome 1ᵉʳ, page 295.

peine, c'est que cette mode, qui laisse la tête découverte, me fait craindre pour les dents. Voici ce que *Trochanire*[1], qui vient de Saint-Germain, et moi, nous allons vous faire entendre si nous pouvons. Imaginez-vous une tête partagée à la paysanne jusqu'à deux doigts du bourrelet; on coupe les cheveux de chaque côté, d'étage en étage, dont on fait de grosses boucles rondes et négligées, qui ne viennent pas plus bas qu'un doigt au-dessous de l'oreille; cela fait quelque chose de fort jeune et de fort joli, et comme deux gros bouquets de cheveux de chaque côté. Il ne faut pas couper les cheveux trop courts; car, comme il faut les friser *naturellement*, les boucles qui en emportent beaucoup ont attrapé plusieurs dames, dont l'exemple doit faire trembler les autres. On met les rubans comme à l'ordinaire, et une grosse boucle nouée entre le bourrelet et la coiffure; quelquefois on la laisse traîner jusque sur la gorge. Je ne sais si nous vous avons bien représenté cette mode; je ferai coiffer une poupée pour vous l'envoyer; et puis, au bout de tout cela, je meurs de peur que vous ne vouliez point prendre toute cette peine. Ce qui est vrai, c'est que la coiffure que fait Montgobert n'est plus supportable. Du reste, consultez votre paresse et vos dents; mais ne m'empêchez pas de souhaiter que je puisse vous voir coiffée ici comme les autres. Je vous vois, vous m'apparoissez, et cette coiffure est faite pour vous : mais qu'elle est ridicule à certaines dames, dont l'âge ou la beauté ne conviennent pas!

---

[1] Madame de La Troche.

Madame de La Troche.

Madame de Sévigné a voulu avoir l'avantage de vous décrire cette coiffure; mais, ma belle, c'est moi qui lui dictois. Madame, vous serez ravissante; tout ce que je crains, c'est que vous n'ayez regret à vos cheveux. Pour vous fortifier, je vous apprends que la reine, et tout ce qu'il y a de filles et de femmes qui se coiffent à Saint-Germain, achevèrent hier de les faire couper par la Vienne*; car c'est lui et mademoiselle de La Borde qui ont fait toutes les exécutions. Madame de Crussol *b* vint lundi à Saint-Germain, coiffée à la mode; elle alla au coucher de la reine, et lui dit : Ah! Madame, Votre Majesté a donc pris notre coiffure? Votre coiffure, lui répondit la reine; je vous assure que je n'ai point voulu prendre votre coiffure; je me suis fait couper les cheveux, parceque le roi les trouve mieux ainsi, mais ce n'est point pour prendre votre coiffure. On fut un peu surpris du ton avec lequel la reine lui parla. Mais voyez un peu aussi où madame de Crussol alloit prendre que c'étoit sa coiffure, parceque c'est celle de madame de Montespan, de madame de Nevers, de la petite de Thianges, et de deux ou trois autres beautés charmantes qui l'ont hasardée les pre-

---

a La Vienne, baigneur à la mode, devint celui du roi dans le temps de ses amours avec mademoiselle de La Vallière. Il parvint ensuite à être l'un des quatre premiers valets de chambre. Le roi s'amusoit de sa franchise; il lui parloit souvent, et savoit par lui des choses que personne ne lui auroit dites. (*Mém. de St-Simon*, t. III, p. 58.)

b Fille du duc de Montausier; elle avoit alors 24 ans.

mières. Je vous ai vue vingt fois prête à l'inventer; cela me fait croire que vous n'aurez point de peine à comprendre ce que nous vous en écrivons. Madame de Soubise, qui craint pour ses dents, parcequ'elle a déjà été une fois attrapée aux coiffures à la paysanne, ne s'est point fait couper les cheveux; et mademoiselle de La Borde lui a fait une coiffure qui est tout aussi bien que les autres par les côtés : mais le dessus de sa tête n'a garde d'être galant, comme celles dont on voit la racine des cheveux. Enfin, Madame, il n'est question d'autre chose à Saint-Germain; et moi, qui ne veux point me faire couper les cheveux, je suis ennuyée à la mort d'en entendre parler.

Madame DE SÉVIGNÉ.

Cette lettre est écrite hors d'œuvre chez *Trochanire*. La comtesse (*de Fiesque*) vous embrasse mille fois; le Comte, que j'ai vu tantôt, voudroit bien en faire autant : je lui ai dit votre souvenir, et le dirai à tous ceux que je trouverai en chemin.

Après tout, nous ne vous conseillons point de faire couper vos beaux cheveux; et pour qui? bon Dieu! Cette mode durera peu; elle est mortelle pour les dents : taponnez-vous seulement par grosses boucles, comme vous faisiez quelquefois; car les petites boucles rangées de Montgobert sont justement du temps du roi Guillemot.

129.

A la même.

A Paris, mercredi 8 avril 1671.

Mon Dieu, ma fille, que vos lettres sont aimables! il y a des endroits dignes de l'impression : un de ces jours vous trouverez qu'un de vos amis vous aura trahie. Vous étiez en dévotion, vous y avez trouvé nos pauvres sœurs (*de Sainte-Marie*), vous y avez votre cellule : mais ne vous y creusez point trop l'esprit; les rêveries sont quelquefois si noires, qu'elles font mourir : vous savez qu'il faut un peu glisser sur les pensées : vous trouverez de la douceur dans cette maison, dont vous êtes la maîtresse.

J'admire la manière de vos dames de Provence : la description que vous me faites des cérémonies est une pièce achevée : mais savez-vous bien qu'elles m'échauffent le sang, et que je ne comprends pas comment vous y pouvez résister? Vous croyez que je serois admirable en Provence, et que je ferois des merveilles sur ma petite boule; point du tout, je serois brutale; la déraison me pique, et le manque de bonne foi m'offense. Je leur dirois : Mesdames, voyons donc à quoi nous en sommes; faut-il vous reconduire? Ne m'en empêchez donc pas, et ne perdons point notre temps et notre poumon : si vous ne le voulez point, trouvez bon que je n'en fasse

point les façons. Je ne m'étonne pas si cette sorte de
manége vous impatiente, j'y ferois moins bien que
vous.

Parlons un peu de votre frère : il a eu son congé de
Ninon; elle s'est lassée d'aimer sans être aimée; elle a
redemandé ses lettres; on les a rendues : j'ai été fort aise
de cette séparation. Je lui disois toujours un petit mot
de Dieu; je le faisois souvenir de ses bons sentiments
passés, et le priois de ne point étouffer le Saint-Esprit
dans son cœur : sans cette liberté de lui dire en passant
quelque mot, je n'aurois pas souffert cette confidence
dont je n'avois que faire. Mais ce n'est pas tout : quand
on rompt d'un côté, on croit se racquitter de l'autre, on
se trompe. La jeune Merveille* n'a pas rompu; mais je
crois qu'elle rompra. Voici pourquoi mon fils vint hier
me chercher du bout de Paris; il vouloit m'apprendre
un accident qui lui étoit arrivé. Il avoit trouvé une occasion favorable, et cependant il.... ce fut une chose
étrange; la demoiselle ne s'étoit jamais trouvée à telle
fête : le cavalier en désordre sortit en déroute, croyant
être ensorcelé; et ce qui vous paroîtra plaisant, c'est
qu'il mouroit d'envie de me conter sa déconvenue : nous
rîmes fort; je lui dis que j'étois ravie qu'il fût puni par
où il avoit péché : il s'en prit à moi, et me dit que je
lui avois donné de ma glace, qu'il se passeroit fort bien
de cette ressemblance; que j'aurois bien mieux fait de
la donner à ma fille. Il vouloit que *Pecquet* le restaurât;
il disoit les plus folles choses du monde, et moi aussi :

---

* Mademoiselle Champmélé, qui avoit alors 27 ans.

c'étoit une scène digne de Molière. Ce qui est vrai, c'est qu'il a l'imagination tellement bridée, que je crois qu'il n'en reviendra pas sitôt. J'ai beau l'assurer que tout l'empire amoureux est rempli d'histoires tragiques, il n'entend point de raison là-dessus. La petite *Chimène* dit qu'elle voit bien qu'il ne l'aime plus, et se console ailleurs. Enfin c'est un désordre qui me fait rire, et je voudrois de tout mon cœur qu'il le pût retirer d'un état si malheureux à l'égard de Dieu. Ninon lui disoit l'autre jour qu'il étoit *une vraie citrouille fricassée dans de la neige*. Voyez ce que c'est que de voir bonne compagnie, on apprend mille gentillesses.

Votre frère me contoit l'autre jour qu'un comédien vouloit se marier, quoiqu'il eût un certain mal un peu dangereux; et son camarade lui dit : « Hé, morbleu, « attends que tu sois guéri, tu nous perdras tous » : cela me parut une jolie épigramme.

J'ai changé de nourrice pour votre enfant; celle qu'elle avoit étoit à souhait pour sa personne; il ne lui manquoit que du lait : je lui ai donné une bonne paysanne, sans façon, de belles dents, des cheveux noirs, un teint hâlé, vingt-quatre ans; son lait a quatre mois, son enfant est beau comme un ange; vous ne me connoîtriez plus : je suis devenue une vraie commère, et cela m'a acquis une grande réputation, car la petite profite à vue d'œil, et je m'en vais régenter dans mon quartier.

Madame de Marans disoit il y a quelques jours, chez madame de La Fayette : « Ah, mon Dieu! il faut que je « me fasse couper les cheveux. » Madame de La Fayette lui répondit *bonnement* : « Ah, mon Dieu! Madame, ne

« le faites point, cela ne sied bien qu'aux jeunes person-
« nes. » Si vous n'aimez ce trait-là, dites mieux.

Voilà une lettre que j'ai reçue de M. de Marseille; je crois que ma réponse sera de votre goût, puisque vous la voulez si franche et si sincère, *et conforme à cette amitié que vous vous êtes jurée, dont la dissimulation est le lien, et votre intérêt le fondement.* Cette période est de Tacite; jamais je n'ai rien vu de si beau. J'entre donc dans ce sentiment, et je l'approuve. Il faut lui faire croire qu'il est de nos amis, malgré qu'il en ait. Adieu, ma très aimable enfant, je ne pense qu'à vous : si, par un miracle que je n'espère, ni ne veux, vous étiez hors de ma pensée, il me semble que je serois vide de tout, comme une figure de Benoît[1].

M. d'Ambres donne son régiment au roi pour quatre-vingt mille francs et cent vingt mille livres : voilà les deux cent mille francs[2]. Il est fort content d'être hors de l'infanterie, c'est-à-dire, de l'hôpital.

130.

A la même.

A Paris, jeudi 9 avril 1671.

Voilà M. de Magalotti qui s'en va en Provence, je voudrois bien aller avec lui. Je ne sais s'il sentira bien

[1] Fameux artiste pour les figures en cire.
[2] Du prix de la charge de lieutenant général de la Haute-Guienne.

le plaisir de vous voir; ce qui est certain, c'est que j'y serois fort sensible. Le voilà qui se joue avec ma petite-fille; il vous trouve fort honnête femme en la regardant : pour moi, qui trouve les Grignan fort beaux, je la trouve fort à mon gré. Je crois que vous serez aise de voir un homme de mérite, un homme du monde, un homme avec qui vous parlerez françois et italien, si vous voulez; un homme dont les perfections sont connues de toute la cour; un homme enfin.... qui vous porte deux paires de souliers de *Georget*; que puis-je vous dire encore? Il s'en va voir madame de Monaco, et je parie que vous lui écrirez par lui. Il dit que sans ma lettre il ne seroit jamais reçu de vous, comme il veut l'être; enfin il se moque de moi; et moi, je l'envie, et je vous embrasse de tout mon cœur, mais sincèrement, et point du tout pour finir ma lettre.

131.

A la même.

A Paris, vendredi 10 avril 1671.

Je vous écrivis mercredi par la poste, hier matin par Magalotti, aujourd'hui encore par la poste; mais hier au soir je perdis une belle occasion. J'allai me promener à Vincennes, en famille et en *Troche*[1]; je rencontrai la

[1] Avec madame de La Troche, son amie.

chaîne des galériens qui partoit pour Marseille; ils arriveront dans un mois. Rien n'eût été plus sûr que cette voie; mais j'eus une autre pensée, c'étoit de m'en aller avec eux. Il y a un certain *Duval*[a], qui me parut homme de bonne conversation; vous les verrez arriver, et vous auriez été fort agréablement surprise de me voir pêle-mêle avec une troupe de femmes qui vont avec eux. Je voudrois que vous sussiez ce que m'est devenu le mot de Provence, de Marseille, d'Aix; le Rhône seulement, ce diantre de Rhône, et Lyon, me sont de quelque chose. La Bretagne et la Bourgogne me paroissent des pays sous le pôle, où je ne prends aucun intérêt; il faut dire comme Coulanges: *O grande puissance de mon orviétan!* Vous êtes admirable, ma fille, de mander à l'abbé[b] de m'empêcher de vous faire des présents : quelle folie! hélas! vous en fais-je? Un pouvoir au-dessus du sien m'empêche de vous en faire comme je voudrois. Vous appelez des présents les gazettes que je vous envoie; vous ne m'ôterez jamais de l'esprit l'envie de vous donner; c'est un plaisir qui m'est sensible, et dont vous

[a] Je crois que ce n'est pas sans motif que madame de Sévigné insiste d'une façon particulière sur le nom de ce galérien. Le valet de pied Duval, qui s'étoit battu en duel avec le jeune Rabutin, avoit été arrêté. (*Voyez* la lettre du 23 janvier précédent.) Guy-Patin nous apprend, dans une lettre du 17 mars 1671, que ce même Duval venoit d'être condamné aux galères, et mis à la chaîne avec les autres criminels. Ainsi c'est ce même Duval, dont le nom, mêlé à celui de Rabutin, la choquoit, que madame de Sévigné trouve au nombre des malfaiteurs que l'on conduisoit à Marseille.

[b] L'abbé de Coulanges, qui passoit sa vie avec madame de Sévigné, sa nièce.

feriez très bien de vous réjouir avec moi, si je me donnois souvent cette joie : cette manière de me remercier m'a extrêmement plu.

Vos lettres sont admirables, on jureroit qu'elles ne vous sont pas dictées par les dames du pays où vous êtes. Je trouve que M. de Grignan, avec tout ce qu'il vous est déjà, est encore votre vraie bonne compagnie; c'est lui, ce me semble, qui vous entend; conservez bien la joie de son cœur par la tendresse du vôtre, et faites votre compte que si vous ne m'aimiez pas tous deux, chacun selon vôtre degré de gloire, en vérité, vous seriez des ingrats. La nouvelle opinion, qu'il n'y a point d'ingratitude dans le monde, par les raisons que nous avons tant discutées, me paroît la philosophie de Descartes, et l'autre est celle d'Aristote : vous savez l'autorité que je donne à cette dernière; j'en suis de même pour l'opinion de l'ingratitude : ceux qui disputent qu'il n'y en a pas voudroient être juges et parties. Vous seriez donc une petite ingrate, ma fille; mais, par un bonheur qui fait ma joie, je vous en trouve éloignée, et cela fait aussi que, sans aucune retenue, je m'abandonne d'une étrange façon à m'approuver dans les sentiments que j'ai pour vous. Adieu, ma très aimable, je m'en vais fermer cette lettre ; je vous en écrirai encore une ce soir, où je vous rendrai compte de ma journée. Nous espérons tous les jours louer votre maison; vous croyez bien que je n'oublie rien de ce qui vous touche : je suis, sur cela, comme les gens les plus intéressés sont pour eux-mêmes.

132.

A la même.

Vendredi au soir, 10 avril 1671.

Je fais mon paquet chez M. de La Rochefoucauld qui vous embrasse de tout son cœur. Il est ravi de la réponse que vous faites aux chanoines[1] et au père Desmares : il y a plaisir à vous mander des bagatelles, vous y répondez très bien. Il vous prie de croire que vous êtes encore toute vive dans son souvenir ; s'il apprend quelques nouvelles dignes de vous, il vous les fera savoir. Il est dans son hôtel de La Rochefoucauld, n'ayant plus d'espérance de marcher ; son château en Espagne, c'est de se faire porter dans les maisons, ou dans son carrosse pour prendre l'air ; il parle d'aller aux eaux : je tâche de l'envoyer à Digne, et d'autres à Bourbon. J'ai été chez Mademoiselle, qui est toujours malade[a] ; j'ai dîné en *bavardin*[2], mais si purement que j'en ai pensé mourir : tous nos commensaux nous ont fait faux bond ; nous n'a-

[1] *Voyez* la lettre du 20 mars 1671. (Tome 1ᵉʳ, page 299.)

[a] Elle dit dans ses Mémoires qu'elle fut malade huit jours à cette époque. Elle n'étoit pas rétablie, quand elle suivit le roi dans son voyage de Flandre.

[2] Chez madame de Lavardin, qui aimoit extrêmement les nouvelles.

vons fait que *bavardiner*, et nous n'avons point causé comme les autres jours.

Brancas versa, il y a trois ou quatre jours, dans un fossé ; il s'y établit si bien, qu'il demandoit à ceux qui allèrent le secourir ce qu'ils desiroient de son service : toutes ses glaces étoient cassées, et sa tête l'auroit été, s'il n'étoit plus heureux que sage : toute cette aventure n'a fait aucune distraction à sa rêverie. Je lui ai mandé ce matin que je lui apprenois qu'il avoit versé, qu'il avoit pensé se rompre le cou, qu'il étoit le seul dans Paris qui ne sût point cette nouvelle, et que je lui en voulois marquer mon inquiétude : j'attends sa réponse. Voilà madame la comtesse (*de Fiesque*) et Briole, qui vous font trois cents compliments. Adieu, ma très chère enfant, je m'en vais fermer mon paquet. Comme je suis assurée que vous ne doutez point de mon amitié, je ne vous en dirai rien ce soir.

Madame DE FIESQUE.

Madame la Comtesse[a] ne peut pas voir une lettre qui vous va trouver sans y mettre quelque chose du sien, quand ce ne seroit qu'un compliment sur les cinq mille francs d'augmentation. De l'humeur dont vous la connoissez, vous jugez aisément qu'elle trouve un compliment mieux fondé sur les cinq mille francs, que

[a] Gillonne d'Harcourt, veuve en premières noces du marquis de Piennes, et femme en secondes noces de Charles-Léon, comte de Fiesque. Elle mourut en 1699, à 80 ans. On la connoissoit dans le monde sous le nom de *madame la Comtesse*.

sur cinq cent mille admirations et autant de harangues
que vos perfections et vos dignités vous ont attirées.

133.

A la même.

A Paris, dimanche 12 avril 1671.

Je vous écris tous les jours; c'est une joie qui me rend
très favorable à tous ceux qui me demandent des lettres :
ils veulent en avoir pour paroître devant vous; et moi,
je ne demande pas mieux. Celle-ci vous sera rendue par
M. de.....; je veux mourir si je sais son nom; mais
enfin c'est un fort honnête homme qui me paroît avoir
de l'esprit, que nous avons vu ici ensemble : son visage
vous est connu; pour moi, je n'ai pas eu l'esprit d'appliquer son nom dessus. N'allez pas prendre patron sur
mes lettres : elles sont infinies, je n'ai que ce plaisir;
les vôtres sont d'une grandeur qui m'étonne déjà assez;
je ne sais quand je m'ennuierai en les lisant. Si M. de
Grignan, qui dit qu'on ne peut aimer les longues lettres,
avoit jamais eu cette pensée quand il recevoit les vôtres,
je présenterois requête pour vous séparer, et j'irois vous
ôter à lui, au lieu d'aller en Bretagne. Je fus hier au soir
brouillée avec Brancas pour avoir dit, à ce qu'il prétend,
une grossièreté sur l'amitié, que personne n'entendit et
que je n'entendis pas moi-même : c'étoit le couronne-

ment du crime; il sortit dans une vraie colère. Ce sont des délicatesses incommodes, je ne les ai pas pour lui, et ne les ai que trop pour une certaine beauté que j'aime plus que ma vie, et que j'embrasse de tout mon cœur.

134. *

A la même.

A Paris, mercredi 15 avril 1670.

J'achèverai cette lettre quand il plaira à Dieu : je la commence trois jours avant qu'elle parte, parceque je viens de recevoir la lettre que vous m'avez écrite par Gacé* avec des gants dont je vous remercie mille fois. Je les trouve bons. Votre souvenir me charme; ils ne vous coûtent rien, je les en trouve meilleurs; je crois même qu'ils seront assez grands; enfin, ma bonne, vous êtes trop aimable. Vous me parlez de la Provence comme de la Norwège; je pensois qu'il y fait chaud, et je le pensois si bien, que l'autre jour, que nous eûmes ici une bouffée d'été, je mourois de chaud, et j'étois triste : on devina que c'étoit parceque je croyois que vous aviez encore plus chaud que moi, et je ne pouvois, en effet, me l'imaginer sans chagrin. Je veux vous dire, ma chère

* Charles-Auguste de Matignon, comte de Gacé, maréchal de France en 1708; il mourut à 83 ans, le 6 décembre 1729.

enfant, que le chocolat n'est plus avec moi comme il étoit : la mode m'a entraînée, comme elle fait toujours : tous ceux qui m'en disoient du bien m'en disent du mal ; on le maudit, on l'accuse de tous les maux qu'on a ; il est la source des vapeurs et des palpitations ; il vous flatte pour un temps, et puis vous allume tout d'un coup une fièvre continue, qui vous conduit à la mort ; enfin, ma fille, le grand-maître[1], qui en vivoit, est son ennemi déclaré : vous pouvez penser si je puis être d'un autre sentiment[2]. Au nom de Dieu, ne vous engagez point à le soutenir, et songez que ce n'est plus la mode du bel air. Tous les grands et moins grands en disent autant de mal qu'ils disent de bien de vous : les compliments qu'on vous fait sont infinis. Je n'ai point encore vu Gacé ; je crois que je l'embrasserai : bon Dieu ! un homme qui vous a vue, qui vient de vous quitter, qui vous a parlé, comme cela me paroît ! J'ai été tantôt chez Itier, j'avois besoin de musique ; je n'ai jamais pu m'empêcher de pleurer à une sarabande que vous aimez.

Je suis bien aise que vous ayez compris la coiffure, c'est justement ce que vous aviez toujours envie de faire ; ce taponage vous est naturel, il est au bout de vos doigts ; vous avez cent fois pensé l'inventer, mais vous avez bien fait de ne point prendre cette mode à la rigueur. Je vous conseille de conserver vos dents. C'est une chose étrange

[1] Henri de Daillon, comte du Lude.
[2] On avoit dit que le comte du Lude aimoit madame de Sévigné ; mais, comme c'étoit un de ces hommes dont l'attachement ne nuit point à la réputation des dames, madame de Sévigné en plaisantoit la première. *Voyez les Amours des Gaules.*

que votre serein, et la sujétion que vous avez de vous renfermer à quatre heures, au lieu de prendre l'air : quelle tristesse! Mais il vaut mieux rapporter ici vos belles dents, que de les perdre en Provence par le serein, ou par une mode qui sera passée dans six mois. Le bel air est de se peigner pour contrefaire la tête naissante; cela est fait dans un moment. Vos dames sont bien loin de là, avec leurs coiffures glissantes de pommades, et leurs cheveux de deux paroisses; cela est bien vieux. Votre peinture du cardinal Grimaldi[1] est excellente; *cela mord-il?* est plaisant au dernier point et m'a bien fait rire; je vous souhaite de pareilles visions pour vous divertir. Enfin Montgobert sait rire; elle entend votre langage : qu'elle est heureuse d'avoir de l'esprit, et d'être auprès de vous! Les esprits où il n'y a point de remède font bouillir le sang. Je vous remercie de vous souvenir du reversis, et de jouer au mail[a]; c'est un aimable jeu pour les personnes bien faites et adroites comme vous; je m'en vais y jouer dans mon désert. A propos de désert, je crois qu'Adhémar vous aura mandé comme le laquais du coadjuteur, qui étoit à la Trappe, en est revenu à demi fou, n'ayant pu supporter ces austérités : on cherche un couvent de coton pour l'y mettre, et le remettre de l'état où il est. Je crains que cette Trappe[b], qui veut surpasser l'humanité, ne devienne les

---

[1] Archevêque d'Aix.

[a] Il y a un beau mail à Grignan, sous le château, hors la ville. On l'appelle encore le *cours Adhémar*.

[b] L'abbé de Rancé l'avoit réformée le 16 février 1663.

Petites-Maisons. Écrivez quelque amitié à Pecquet*; il a eu des soins extrêmes de ma petite-fille; elle est jolie, cette pauvre petite : elle vient le matin dans ma chambre; elle rit, elle regarde, elle baise toujours un peu malhonnêtement, mais peut-être que le temps la corrigera.

Je pleurois amèrement en vous écrivant à Livry, et je pleure encore en voyant de quelle manière tendre vous avez reçu ma lettre, et l'effet qu'elle a produit dans votre cœur. Les petits esprits se sont bien communiqués, et sont passés bien fidèlement de Livry en Provence : si vous avez les mêmes sentiments toutes les fois que je suis sensiblement touchée de vous, je vous plains, et vous conseille de renoncer à la sympathie. Je n'ai jamais rien vu de si aisé à trouver que la tendresse que j'ai pour vous : mille choses, mille pensées, mille souvenirs me traversent le cœur; mais c'est toujours de la manière que vous pouvez le souhaiter : ma mémoire ne me représente rien que de doux et d'aimable; j'espère que la vôtre fait de même. La lettre que vous écrivez à votre frère est admirable. Vous avez très bien deviné; il est dans le bel air par-dessus les yeux : point de pâques, point de jubilé. Je n'ai rien trouvé de bon en lui, que la crainte de faire un sacrilége; c'étoit mon soin aussi que

* On a vu dans une note de la lettre 43, que Pecquet étoit le médecin de M. Fouquet. Madame de Sévigné l'aimoit à cause de l'attachement qu'il avoit montré au surintendant. Pecquet avoit fait des découvertes importantes en anatomie; mais on a peine à croire qu'il fût bon médecin. Suivant Argonne, il conseilloit à ses amis l'eau-de-vie comme le remède universel, et il usa tant de son remède qu'il en mourut. (*Mélanges de Litt. de Vigneule de Marville*, t. II, p. 7.)

de lui en donner de l'horreur : mais la maladie de son
ame est tombée sur son corps, et ses maîtresses sont
d'une manière à ne pas supporter cette incommodité
avec patience : Dieu fait tout pour le mieux. J'espère
qu'un voyage en Lorraine rompra toutes ces vilaines
chaînes-là. Il est plaisant, il dit qu'il est comme le bon
homme Eson; il veut se faire bouillir dans une chaudière
avec des herbes fines pour se *ravigoter* un peu; il me
conte toutes ses folies, je le gronde, et je fais scrupule
de les écouter; et pourtant je les écoute. Il me réjouit,
il cherche à me plaire ; je connois la sorte d'amitié qu'il
a pour moi; il est ravi, à ce qu'il dit, de celle que vous
me témoignez; il me donne mille attaques en riant sur
l'attachement que j'ai pour vous : je vous avoue, ma
fille, qu'il est grand, lors même que je le cache. Je vous
avoue encore une autre chose, c'est que je crois que
vous m'aimez : vous me paroissez solide; il me semble
qu'on se peut fier à vos paroles, et cela fait aussi que je
vous estime fort. Vos messieurs commencent à s'accoutumer à vous ; les pauvres gens! Et les dames ne vous
ont pas encore bien goûtée. J'embrasse ce comte, qui
est si adroit, qui joue si bien à la paume et au mail :
j'aime ces choses-là. Conservez bien la joie de son cœur
par la tendresse du vôtre.

135.

A la même.

A Paris, vendredi 17 avril 1671.

Cette lettre du vendredi est sur la pointe d'une aiguille, car il n'y a point de réponse à faire, et d'ailleurs je ne sais point de nouvelles. D'Hacqueville me contoit l'autre jour les sortes de choses qu'il vous mande, et qu'il appelle des nouvelles; je me moquai de lui, et je lui promis de ne jamais charger mon papier de ce verbiage. Par exemple, il vous mande qu'on dit que M. de Verneuil donne son gouvernement à M. de Lauzun, et qu'il prend celui du Berry avec la survivance pour M. de Sully : tout cela est faux et ridicule, et ne se dit point dans les bons lieux. Il vous apprend que le roi partira le 25 : voilà qui est beau. Je vous déclare, ma fille, que je ne vous manderai rien que de vrai : quand il ne vient rien à ma connoissance que de ces lanternes-là, je les laisse passer, et je vous conte autre chose. Je suis fort contente de d'Hacqueville, aussi bien que de vous : il a grand soin de votre mère en votre absence; et, dès qu'il y a un brin de dispute entre l'abbé et moi, c'est toujours lui que je prends pour juge. Cela fait plaisir au cœur, de songer qu'on a un ami comme lui, et à qui rien de bon ni de solide ne manque, qui ne nous peut jamais manquer lui-même. Si vous nous aviez défendu de parler de vous ensemble, et que cela vous fût fort désagréable, nous serions extrêmement embarrassés ; car cette conversation nous est si naturelle, que nous y tombons insensiblement : c'est un penchant si doux qu'on y revient sans peine ; et quand par hasard, après en avoir bien parlé, nous nous détournons un moment, je reprends la parole d'un bon ton, et je lui dis : mais disons donc un pauvre mot de ma fille ; vraiment nous sommes bien ingrats ; et là-dessus nous recommençons sur nouveaux frais. Je lui jurerois plus de vingt fois à lui-même que je ne vous aime point, qu'il ne me croiroit pas ; je l'aime comme un confident qui entre dans mes sentiments, je ne saurois mieux dire.

Hélène et *Marphise*[1] vous sont très obligées ; mais pour Hébert, hélas ! je ne l'ai plus. J'eus l'esprit, l'autre jour en riant, de le donner à Gourville[2], et de lui dire qu'il falloit qu'il le plaçât dans cet hôtel de Condé, qu'il s'en trouveroit bien, qu'il m'en remercieroit, que je répondois de lui. M. de La Rochefoucauld et madame de La Fayette se mirent sur les perfections d'Hébert : cela demeura là, il y a trois semaines. Je fus tout étonnée quand Gourville l'envoya querir hier ; Hébert s'habilla en

[1] Petite chienne de madame de Sévigné.

[2] Gourville, valet-de-chambre du duc de La Rochefoucauld, devenu son ami, et même celui du grand Condé ; dans le même temps, pendu à Paris en effigie, et envoyé du roi en Allemagne ; ensuite proposé pour succéder au grand Colbert dans le ministère. Nous avons de lui des Mémoires de sa vie, écrits avec naïveté, dans lesquels il parle de sa naissance et de sa fortune avec indifférence. Il y a des anecdotes vraies et curieuses. (Voltaire, *Siècle de Louis XIV*.)

gentilhomme, il y alla : Gourville lui dit qu'il lui donneroit une place à l'hôtel de Condé, qui lui vaudroit 250 livres de rente, logé, nourri, et tout cela en attendant mieux ; mais que présentement il l'envoyoit à Chantilly pour distribuer tout le linge par compte pendant que le roi y sera. Il prit donc dix coffres de linge sur son soin, et partit pour Chantilly. Le roi y doit aller le 25 de ce mois ; il y sera un jour entier ; jamais il ne s'est fait tant de dépenses au triomphe des empereurs qu'il y en aura là ; rien ne coûte ; on reçoit toutes les belles imaginations sans regarder à l'argent. On croit que M. le prince n'en sera pas quitte pour quarante mille écus ; il faut quatre repas ; il y aura vingt-cinq tables servies à cinq services, sans compter une infinité d'autres qui surviendront : nourrir tout, c'est nourrir la France et la loger ; tout est meublé : de petits endroits, qui ne servoient qu'à mettre des arrosoirs, deviennent des chambres de courtisans. Il y aura pour mille écus de jonquilles : jugez à proportion. Voyez un peu où le discours d'Hébert m'a jetée : voilà donc comme j'ai fait sa fortune en badinant ; car je la compte faite, dans la pensée qu'il s'acquittera fort bien de ces commencements-ci. Nous ne dînons point aujourd'hui en *bavardin* ; ils sont embarrassés pour faire partir l'équipage du marquis (*de Lavardin*). Je mange donc ici mes petits œufs frais à l'oseille ; après dîner, j'irai un peu au faubourg [1], et je joindrai à cette lettre ce que j'aurai appris, afin de vous divertir.

J'ai reçu une fort jolie lettre du coadjuteur ; il est seu-

[1] Chez madame de La Fayette.

lement fâché que je l'appelle *Monseigneur;* il veut que je l'appelle *Pierrot* ou *seigneur Corbeau.* Je vous recommande toujours bien, ma fille, d'entretenir l'amitié qui est entre vous : je le trouve fort touché de votre mérite, prenant grand intérêt à toutes vos affaires ; en un mot, d'une application et d'une solidité qui vous sera d'un grand secours. Mon fils n'est pas encore guéri de ce mal qui fait douter ses précieuses maîtresses de sa passion : il me disoit hier au soir que, pendant la semaine sainte, il avoit été si épouvantablement dévergondé, qu'il lui avoit pris un dégoût de tout cela, qui lui faisoit bondir le cœur; il n'osoit y penser, il avoit envie de vomir; il lui sembloit toujours voir autour de lui des *pancrées* de baisers, des *pancrées* de toutes sortes de choses en telle abondance, qu'il en avoit l'imagination frappée et ne pouvoit pas regarder une femme. Ce mal n'a pas été d'un moment ; j'ai pris mon temps pour faire un petit sermon là-dessus : nous avons fait ensemble des réflexions chrétiennes; il entre dans mes sentiments*, et particulièrement pendant que son dégoût dure encore. Il me montra des lettres qu'il a retirées de cette comédienne; je n'en ai jamais vu de si chaudes ni de si passionnées : il pleuroit, il mouroit; il croit tout cela quand il écrit, et s'en moque un moment après : je vous dis qu'il vaut son pesant d'or. Adieu, mon aimable enfant; comment vous êtes-vous portée le 6 de ce mois? Je souhaite, ma petite, que vous m'aimiez toujours; c'est ma vie, c'est l'air que je respire. Je ne vous dis

---

* M. de Sévigné vécut dans une grande piété après son mariage.

point si je suis à vous, cela est au-dessous du mérite de mon amitié. Vous voulez bien que j'embrasse ce pauvre comte; mais ne vous aimons-nous point trop tous deux?

Vendredi au soir, 17 avril.

Je fais mon paquet chez madame de La Fayette, à qui j'ai donné votre lettre; nous l'avons lue ensemble avec plaisir, nous trouvons que personne n'écrit mieux que vous; vous la flattez très agréablement, et moi en passant j'y trouve un petit endroit qui me va droit au cœur, c'est un lieu que vous possédez d'une étrange manière. Madame de La Fayette fut hier à Versailles, madame de Thianges lui avoit mandé d'y aller; elle y fut reçue très bien, mais très bien, c'est-à-dire que le roi la fit mettre dans sa calèche avec les dames, et prit plaisir à lui montrer toutes les beautés de Versailles, comme feroit un particulier que l'on va voir dans sa maison de campagne; il ne parla qu'à elle, et reçut avec beaucoup de plaisir et de politesse toutes les louanges qu'elle donna aux merveilleuses beautés qu'il lui montroit: vous pouvez penser si l'on est contente d'un tel voyage. M. de La Rochefoucauld, que voilà, vous embrasse sans autre forme de procès, et vous prie de croire qu'il est plus loin de vous oublier, qu'il n'est prêt à danser la bourrée; il a un petit agrément de goutte à la main, qui l'empêche de vous écrire dans cette lettre. Madame de La Fayette vous estime et vous aime, et ne vous croit pas si dépourvue de vertus que le jour que vous étiez couchée au coin de son feu, et dont vous vous souvenez si bien.

136. *

A la même.

A Paris, mercredi 22 avril 1671.

Avez-vous bien peur que je n'aime mieux madame de Brissac que vous? craignez-vous, de la manière dont vous me connoissez, que ses façons ne me plaisent plus que les vôtres? croyez-vous que son esprit ait retrouvé le chemin de me plaire? avez-vous opinion que sa beauté efface vos charmes? enfin pensez-vous qu'il y ait quelqu'un au monde qui puisse, à mon goût, surpasser madame de Grignan, en me supposant même dépouillée de tout l'intérêt que j'y prends? Songez à tout cela un peu à loisir, et puis soyez assurée qu'il en est justement ce que vous en croyez. Voilà toute ma réponse que vous connoîtrez par la vôtre, si vous répondez sincèrement.

Parlons un peu de votre frère, ma fille : il est d'une foiblesse à faire mal au cœur; il est tout ce qu'il plaît aux autres*; il plut hier à trois de ses amis de le mener souper dans un lieu d'honneur, il y fut. Ces messieurs sont trop habiles pour vouloir courir la fortune; ils disent à Sévigné de payer, je dis, payer de sa personne; tout misérable qu'il est encore, il paye, et puis me vient tout conter, en disant qu'il se fait mal au cœur à lui-

---

* Le baron de Sévigné avoit alors 24 ans.

même : je lui dis qu'il me fait mal au cœur aussi, je lui fais honte; j'ajoute que ce n'est point là la vie d'un honnête homme, qu'il trouvera quelque chape-chute, et qu'à force de s'exposer il aura son fait. Je prêche un peu ensuite; il demeure d'accord de tout, et n'en fait ni plus ni moins. Il a quitté la comédienne [1], après l'avoir aimée par-ci par-là : quand il la voyoit, quand il lui écrivoit, c'étoit de bonne foi; un moment après, il s'en moquoit à bride abattue. Ninon l'a quitté : il étoit malheureux quand elle l'aimoit; il est au désespoir de n'en être plus aimé, et d'autant plus qu'elle n'en parle pas avec beaucoup d'estime : *C'est une ame de bouillie*, dit-elle, *c'est un corps de papier mouillé, c'est un cœur de citrouille fricassé dans de la neige* : je vous l'ai déjà dit. Elle voulut l'autre jour lui faire donner les lettres de la comédienne; il les lui donna; elle en a été jalouse; elle vouloit les donner à un amant de la princesse, afin de lui faire donner quelques petits coups de baudrier : il me le vint dire; je lui dis que c'étoit une infamie que de couper ainsi la gorge à cette petite créature pour l'avoir aimé; qu'elle n'avoit point sacrifié ses lettres, comme on vouloit le lui faire croire pour l'animer; qu'elle les lui avoit rendues; que c'étoit une trahison basse et indigne d'un homme de qualité, et que, même dans les choses malhonnêtes, il y avoit de l'honnêteté à observer : il entra dans mes raisons, il courut chez Ninon, et moitié par adresse, et moitié par force, il retira les lettres de cette pauvre diablesse : je les ai fait brûler. Vous

---

[1] La Champmêlé.

voyez par-là combien le nom de comédienne m'est de quelque chose; cela est un peu de la *visionnaire* de la comédie "; elle en eût fait autant, et je fais comme elle. Mon fils a conté ses folies à M. de La Rochefoucauld, qui aime les originaux. Je lui disois l'autre jour que Sévigné n'est point fou par la tête, c'est par le cœur: ses sentiments sont tout vrais, sont tout faux; sont tout froids, sont tout brûlants; sont tout fripons, sont tout sincères; enfin son cœur est fou. Nous rîmes fort de tout cela, et avec mon fils même, car il est de bonne compagnie, et dit tôpe à tout. Nous sommes très bien ensemble, je suis sa confidente, et je conserve cette vilaine qualité qui m'attire de si vilaines confessions, pour être en droit de lui dire mes sentiments sur tout. Il me croit autant qu'il peut, il me prie de le redresser; je le fais comme une amie: il veut venir avec moi en Bretagne pour cinq ou six semaines; s'il n'y a point de camp en Lorraine, je l'emmènerai. Voilà bien des folies; mais comme vous y prenez intérêt, il m'a semblé qu'elles ne vous ennuieroient pas.

Tout ce que vous me mandez de la Marans est divin, et des punitions qu'elle aura dans l'enfer; mais savez-vous bien que vous irez avec elle, si vous continuez à la haïr? Songez que vous serez toute l'éternité ensemble; il n'en faut pas davantage pour vous mettre dans le dessein de faire votre salut: je me suis avisée bien heureusement de vous donner cette pensée, c'est une inspiration de Dieu. Elle vint l'autre jour chez madame de

---

" Allusion au rôle de *Sestiane* dans *les Visionnaires* de Desmarets

La Fayette; M. de La Rochefoucauld y étoit, et moi aussi : la voilà qui entre sans coiffe; elle venoit d'être coupée, mais coupée en vrai fanfan : elle étoit poudrée, bouclée; le premier appareil avoit été levé, il n'y avoit pas un quart d'heure; elle étoit décontenancée, sentant bien qu'elle alloit être improuvée. Madame de La Fayette lui dit : « Mais vraiment il faut que vous soyez folle; mais « savez-vous bien, Madame, que vous êtes complè- « tement ridicule? » M. de La Rochefoucauld dit : « Ma « mère, ah! par ma foi, mère, nous n'en demeurerons « pas là; approchez un peu, ma mère, que je voie si « vous êtes comme votre sœur* que je viens de voir. » Sa sœur venoit aussi d'être coupée. « Ma mère, vous « voilà bien. » Vous entendez ces tons-là; et pour les paroles, elles sont d'après le naturel; pour moi, je riois sous ma coiffe. Elle se décontenança si fort, qu'elle ne put soutenir cette attaque; elle remit sa coiffe, et bouda jusqu'à ce que madame de Schomberg la vînt reprendre, car il n'y a plus de voiture que celle-là. Je crois que ce récit vous divertira.

Nous passâmes, il y a quelques jours, une après-dînée à l'Arsenal fort agréablement : il y avoit des hommes de toutes grandeurs; mesdames de La Fayette, de Coulanges, de La Troche, mademoiselle de Méri et moi. On se promena, on parla fort de vous à plusieurs reprises et en très bons termes. Nous allons aussi quelquefois au Luxembourg; M. de Longueville y étoit hier, il me pria

---

* Mademoiselle de Montalais, qui avoit été fille d'honneur de madame Henriette d'Angleterre.

de vous assurer de ses très humbles services. Pour M. de La Rochefoucauld, il vous aime très tendrement. Je suis ravie que vous ayez approuvé mes lettres; vos approbations et vos louanges sincères me font un plaisir qui surpasse tout ce qui me vient d'ailleurs; et pourquoi les filles comme vous n'oseroient-elles louer une mère comme moi? Quelle sorte de respect! Vous savez si j'estime fort votre goût. J'approuve votre loterie; vous me manderez ce que vous aurez gagné. Vos comédies doivent aussi vous divertir. Laissez-vous amuser, suivez le courant des plaisirs qu'on peut avoir en Provence. Je vous loue fort que vous ne reconduisiez point : c'étoit pour mourir; que les dames s'en vengent, qu'elles ne vous reconduisent point aussi, et voilà une maudite coutume abolie.

Je viens de Saint-Germain; je n'ai que le loisir de vous dire que mille personnes m'ont priée de vous faire des baise-mains, M. de Montausier, le maréchal de Bellefonds, etc.... M₉ le dauphin m'a donné un baiser pour vous. Adieu, ma très chère, il est tard; je fais de la prose avec une facilité qui vous tue.

137.

A la même.

A Paris, vendredi 24 avril 1671.

Voilà le plus beau temps du monde; il commença dès hier après des pluies épouvantables : c'est le bonheur du roi, il y a long-temps que nous l'avons observé ; et c'est pour cette fois aussi le bonheur de M. le prince, qui a pris ses mesures à Chantilli pour le printemps et pour l'été ; la pluie d'avant-hier auroit rendu toutes ses dépenses ridicules. Sa Majesté y arriva hier au soir ; elle y est aujourd'hui. D'Hacqueville y est allé, il vous fera une relation à son retour ; pour moi, j'en attends ce soir une petite que je vous enverrai avec cette lettre, que j'écris le matin avant que d'aller en *bavardin*; je ferai mon paquet au faubourg. Si l'on dit que nous parlons dans nos lettres de la pluie et du beau temps, on aura raison ; j'en ai fait d'abord un assez grand chapitre. Vous ne me parlez point assez de vous : j'en suis nécessiteuse, comme vous l'êtes de folies ; je vous souhaite toutes celles que j'entends ; pour celles que je dis, elles ne valent plus rien depuis que vous ne m'aidez plus : vous m'en inspirez, et quelquefois aussi je vous en inspire. C'est une longue tristesse, et qui se renouvelle souvent, que d'être loin d'une personne comme vous. J'ai dit des adieux depuis quelques jours ; ce qui est plaisant, c'est qu'en partant d'ici pour la Bretagne, je prévois que vous serez mon adieu sensible, dont je pourrois, si j'étois une friponne, faire un grand honneur à mes amies ; mais on voit clair à travers mes paroles, et je ne veux pas même en mettre aucune au-devant des sentiments que j'ai pour vous. Je serai donc touchée de voir que ce n'est pas assez d'être à deux cents lieues de vous, il faut que j'en sois à trois cents ; et tous les pas que je ferai, ce sera sur cette troisième centaine : c'est trop, cela me serre le cœur.

L'abbé Têtu entra hier chez madame de Richelieu comme j'y étois : il étoit d'une gaillardise qui faisoit honte à ses amis éloignés ; je lui parlai de mon voyage ; il ne changea point de ton, et d'un visage riant : *Hé bien ! Madame*, me dit-il, *nous nous reverrons*. Cela n'est point plaisant à écrire, mais il n'y eut pas moyen de l'entendre sans rire ; enfin ce fut là son unique pensée : il passa légèrement sur toute mon absence, et ne trouva que ce mot à me dire. Nous nous en servons présentement dans nos adieux, et je m'en sers moi-même intérieurement en songeant à vous ; mais ce n'est pas si gaiement, et la longueur de l'absence n'est pas une circonstance que j'oublie.

J'ai acheté pour me faire une robe-de-chambre une étoffe comme votre dernière jupe ; elle est admirable : il y a un peu de vert, et c'est le violet qui domine ; en un mot, j'ai succombé. On vouloit me la faire doubler de couleur de feu, mais j'ai trouvé que cela avoit l'air d'une impénitence finale[a] : le dessus est la pure fragilité, mais le dessous eût été une volonté déterminée qui m'a paru contre les bonnes mœurs ; je me suis jetée dans le

---

[a] Cette expression pittoresque en rappelle une du P. Elisée, prédicateur célèbre du 18ᵉ siècle. Il étoit à Lunéville au moment où le roi Stanislas, père de la reine Marie Leczinska, éprouva le funeste accident dont il est mort, mais que l'on ne crut pas d'abord devoir être aussi grave. Il écrivoit le 7 février 1766 à Mᵐᵉ la marquise de La Ferté-Imbault : « Sa Majesté s'est effectivement trouvée habillée de flammes « par un feu pris subitement à sa robe-de-chambre ; et, sans un cri « perçant qui a tiré ses valets de la garde-robe assez tôt pour le se- « courir, il partoit pour l'autre monde, avec l'appareil d'une ame « du purgatoire. » (*Lettre originale communiquée.*)

taffetas blanc; ma dépense est petite, je méprise la Bretagne, et n'en veux faire que pour la Provence, afin de soutenir la dignité d'une merveille d'entre deux âges, où vous m'avez élevée.

Madame de Ludres me fit l'autre jour des merveilles à Saint-Germain; il n'y avoit nulle distraction; elle vous aimoit aussi : *Ah! pour matame te Grignan, elle est atorable.* Brancas me conta une affaire que M. de Grignan eut cet hiver avec M. Le Premier : *Je suis pour Grignan, j'ai vu leurs lettres.* Ce Brancas vous a écrit une grand'diablesse de lettre, plaisante, mais inlisible : il m'en a dit des morceaux; nous devons prendre un jour pour la lire tout entière. M. de Salins^a a chassé un portier : je ne sais ce qu'on dit; on parle de manteau gris, de quatre heures du matin, de coups de plats d'épée, et *l'on se tait du reste*^b; on parle d'un certain apôtre qui en fait d'autres; enfin je ne dis rien : on ne m'accusera pas de parler; pour moi, je sais me taire. Si cette fin vous paroît un peu galimatias, vous ne l'en aimerez que mieux. Adieu, ma chère enfant; je vous manderai ce soir des nouvelles en fermant mon paquet.

^a On lit ce nom dans l'édition de 1734. Il a été supprimé dans les éditions postérieures. C'est Garnier-de-Salins, frère de Suzanne Garnier, femme de Charles, comte de Brancas, connu par ses distractions. Leur père s'appeloit Matthieu Garnier; il étoit trésorier des parties casuelles.

^b Allusion à ce vers de Corneille, dans *Cinna*, acte IV, scène 5.

On parle d'eaux, de Tibre, et l'on se tait du reste.

138.

A la même.

Vendredi au soir, 24 avril 1671, chez M. DE
LA ROCHEFOUCAULD.

Je fais donc ici mon paquet. J'avois dessein de vous conter que le roi arriva hier au soir à Chantilly; il courut un cerf au clair de la lune; les lanternes firent des merveilles, le feu d'artifice fut un peu effacé par la clarté de notre amie; mais enfin, le soir, le souper, le jeu, tout alla à merveille. Le temps qu'il a fait aujourd'hui nous faisoit espérer une suite digne d'un si agréable commencement. Mais voici ce que j'apprends en entrant ici, dont je ne puis me remettre, et qui fait que je ne sais plus ce que je vous mande; c'est qu'enfin Vatel, le grand Vatel, maître-d'hôtel de M. Fouquet, qui l'étoit présentement de M. le prince, cet homme d'une capacité distinguée de toutes les autres, dont la bonne tête étoit capable de contenir tout le soin d'un état; cet homme donc que je connoissois, voyant que ce matin à huit heures la marée n'étoit pas arrivée, n'a pu soutenir l'affront dont il a cru qu'il alloit être accablé, et, en un mot, il s'est poignardé. Vous pouvez penser l'horrible désordre qu'un si terrible accident a causé dans cette fête. Songez que la marée est peut-être arrivée comme il expiroit. Je n'en sais pas davantage présentement : je pense que vous trouvez que c'est assez. Je ne doute pas que la confusion n'ait été grande ; c'est une chose fâcheuse à une fête de cinquante mille écus.

M. de Menars [a] épouse mademoiselle de La Grange-Neuville [b] ; je ne sais comme j'ai le courage de vous parler d'autre chose que de Vatel.

139.

A la même.

A Paris, dimanche 26 avril 1671.

Il est dimanche 26 avril ; cette lettre ne partira que mercredi ; mais ce n'est pas une lettre, c'est une relation que Moreuil vient de me faire, à votre intention, de ce qui s'est passé à Chantilly touchant Vatel. Je vous écrivis vendredi qu'il s'étoit poignardé ; voici l'affaire en détail : Le roi arriva le jeudi au soir ; la promenade, la collation dans un lieu tapissé de jonquilles, tout cela fut à souhait. On soupa, il y eut quelques tables où le rôti manqua, à cause de plusieurs dîners à quoi l'on ne s'étoit point attendu ; cela saisit Vatel, il dit plusieurs fois : Je

[a] Jean-Jacques Charron de Menars, surintendant de la maison de la reine.
[b] Marie, fille du troisième lit de Charles de La Grange-Neuville, maître des comptes ; elle étoit sœur-germaine de Mme de Frontenac

suis perdu d'honneur; voici un affront que je ne supporterai pas. Il dit à Gourville : La tête me tourne, il y a douze nuits que je n'ai dormi ; aidez-moi à donner des ordres. Gourville le soulagea en ce qu'il put. Le rôti qui avoit manqué, non pas à la table du roi, mais aux vingt-cinquièmes, lui revenoit toujours à l'esprit. Gourville le dit à M. le prince. M. le prince alla jusque dans la chambre de Vatel, et lui dit : « Vatel, tout va bien, rien n'é-« toit si beau que le souper du roi. » il répondit : « Mon-« seigneur, votre bonté m'achève; je sais que le rôti a manqué à deux tables. » « Point du tout, dit M. le prince, « ne vous fâchez point, tout va bien. » Minuit vint, le feu d'artifice ne réussit pas, il fut couvert d'un nuage; il coûtoit seize mille francs. A quatre heures du matin, Vatel s'en va par-tout, il trouve tout endormi, il rencontre un petit pourvoyeur qui lui apportoit seulement deux charges de marée; il lui demande : Est-ce là tout? Oui, Monsieur. Il ne savoit pas que Vatel avoit envoyé à tous les ports de mer. Vatel attend quelque temps; les autres pourvoyeurs ne vinrent point; sa tête s'échauffoit, il crut qu'il n'auroit point d'autre marée; il trouva Gourville, il lui dit : Monsieur, je ne survivrai point à cet affront-ci; Gourville se moqua de lui. Vatel monte à sa chambre, met son épée contre la porte, et se la passe au travers du cœur; mais ce ne fut qu'au troisième coup, car il s'en donna deux qui n'étoient point mortels; il tombe mort. La marée cependant arrive de tous côtés; on cherche Vatel pour la distribuer, on va à sa chambre, on heurte, on enfonce la porte, on le trouve noyé dans son sang; on court à M. le prince qui fut au désespoir.

M. le duc pleura; c'étoit sur Vatel que tournoit tout son voyage de Bourgogne. M. le prince le dit au roi fort tristement : on dit que c'étoit à force d'avoir de l'honneur à sa manière; on le loua fort, on loua et l'on blâma son courage*. Le roi dit qu'il y avoit cinq ans qu'il retardoit de venir à Chantilly, parcequ'il comprenoit l'excès de cet embarras. Il dit à M. le prince qu'il ne devoit avoir que deux tables, et ne point se charger de tout; il jura qu'il ne souffriroit plus que M. le prince en usât ainsi; mais c'étoit trop tard pour le pauvre Vatel. Cependant Gourville tâcha de réparer la perte de Vatel; elle fut réparée : on dîna très bien, on fit collation, on soupa, on se promena, on joua, on fut à la chasse; tout étoit parfumé de jonquilles, tout étoit enchanté. Hier, qui étoit samedi, on fit encore de même; et le soir, le roi alla à Liancourt, où il avoit commandé *media noche;* il y doit demeurer aujourd'hui*b*. Voilà ce que Moreuil m'a dit, espérant que je vous le manderois. Je jette mon bonnet par-dessus les moulins, et je ne sais rien du reste. M. d'Hacqueville, qui étoit à tout cela, vous fera des relations sans doute; mais, comme son écriture n'est pas si lisible que la mienne, j'écris toujours; et si je vous mande cette infinité de détails, c'est que je les aimerois en pareille occasion.

a On sait par cœur l'épisode que cette lettre a fourni à M. Berchoux, dans son joli poëme de la Gastronomie.

b Gourville raconte dans ses Mémoires le malheur de Vatel, mais c'est avec une indifférence qui étonne. Il dit que cette fête coûta à M. le prince 180 et tant de mille livres.

140.

A la même.

Commencée à Paris, le lundi 27 avril 1671.

J'ai très mauvaise opinion de vos langueurs; je suis du nombre des méchantes langues, et je crois tout le pis. Voilà ce que je craignois; mais, ma chère enfant, si ce malheur se confirme, ayez soin de vous; ne vous ébranlez point dans ces commencements par votre voyage de Marseille; laissez un peu établir les choses; songez à votre délicatesse, et que ce n'est qu'à force de vous être conservée que vous avez été jusqu'au bout. Je suis déjà bien en peine du dérangement que le voyage de Bretagne apportera à notre commerce : si vous êtes grosse, comptez que je n'ai plus aucun dessein que de faire ce que vous voudrez; je ferai ma régle de vos desirs, et laisserai tout autre arrangement et toute autre considération à mille lieues de moi. Je crois que le chapitre de votre frère vous a divertie; il est présentement en quelque repos; il voit pourtant Ninon tous les jours, mais c'est un ami : il entra l'autre jour avec elle dans un lieu où il y avoit cinq ou six hommes; ils firent tous une mine qui la persuada qu'ils le croyoient possesseur; elle connut leurs pensées, et leur dit : « Messieurs, vous « vous damnez, si vous croyez qu'il y ait du mal entre

« nous ; je vous assure que nous sommes comme frère et
« sœur. » Il est vrai qu'il est comme fricassé ; je l'emmène
en Bretagne, où j'espère que je lui ferai retrouver la
santé de son corps et de son ame : nous ménageons, La
Mousse*a* et moi, de lui faire faire une bonne confession.

Monsieur, madame de Villars et la petite Saint-
Gerand sortent d'ici, et vous font mille et mille amitiés ;
ils veulent la copie de votre portrait qui est sur ma cheminée, pour la porter en Espagne*b*. Ma petite enfant a
été tout le jour dans ma chambre, parée de ses belles
dentelles, et faisant l'honneur du logis ; ce logis qui me
fait tant songer à vous, où vous étiez il y a un an comme
prisonnière ; ce logis que tout le monde vient voir, que
tout le monde admire, et que personne ne veut *louer*.
Je soupai l'autre jour chez la marquise d'Uxelles, avec
madame la maréchale d'Humières, mesdames d'Arpa-
jon, de Beringhen, de Frontenac, d'Outrelaise, Rai-
mond et Martin ; vous n'y fûtes point oubliée. Je vous
conjure, ma fille, de me mander sincèrement des nouvelles de votre santé, de vos desseins, de ce que vous
souhaitez de moi. Je suis triste de votre état, je crains
que vous ne le soyez aussi ; je vois mille chagrins, et j'ai
une suite de pensées dans ma tête, qui ne sont bonnes
ni pour la nuit ni pour le jour.

a L'abbé de La Mousse, parent de madame de Sévigné et de l'abbé
de Coulanges.

b Le marquis de Villars étoit nommé ambassadeur en Espagne.

A Livry, mercredi 29 avril.

Depuis que j'ai écrit ce commencement de lettre, j'ai fait un fort joli voyage. Je partis hier assez matin de Paris; j'allai dîner à Pomponne; j'y trouvai notre bon homme[1] qui m'attendoit, je n'aurois pas voulu manquer à lui dire adieu. Je le trouvai dans une augmentation de sainteté qui m'étonna : plus il approche de la mort, plus il s'épure. Il me gronda très sérieusement, et, transporté de zèle et d'amitié pour moi, il me dit que j'étois folle de ne point songer à me convertir; que j'étois une jolie païenne; que je faisois de vous une idole dans mon cœur; que cette sorte d'idolâtrie étoit aussi dangereuse qu'une autre, quoiqu'elle me parût moins criminelle; qu'enfin je songeasse à moi : il me dit tout cela si fortement que je n'avois pas le mot à dire. Enfin, après six heures de conversation très agréable, quoique très sérieuse, je le quittai, et vins ici, où je trouvai tout le triomphe du mois de mai : le rossignol, le coucou, la fauvette, ont ouvert le printemps dans nos forêts; je m'y suis promenée tout le soir toute seule; j'y ai trouvé toutes mes tristes pensées : mais je ne veux plus vous en parler. J'ai destiné une partie de cette après-dînée à vous écrire dans le jardin, où je suis étourdie de trois ou quatre rossignols qui sont sur ma tête. Ce soir je m'en retourne à Paris pour faire mon paquet et vous l'envoyer.

Il est vrai, ma fille, qu'il manqua un degré de chaleur

[1] M. Arnauld-d'Andilly, âgé alors de 83 ans.

à mon amitié, quand je rencontrai la chaîne des galériens ; je devois aller avec eux, au lieu de ne songer qu'à vous écrire. Que vous eussiez été agréablement surprise à Marseille de me trouver en si bonne compagnie ! Mais vous y allez donc en litière : quelle fantaisie ! J'ai vu que vous n'aimiez les litières que quand elles étoient arrêtées : vous êtes bien changée. Je suis entièrement du parti des médisants : tout l'honneur que je vous puis faire, c'est de croire que jamais vous ne vous seriez servie de cette voiture, si vous ne m'aviez point quittée, et que M. de Grignan fût resté dans sa Provence. Que je suis fâchée de ce malheur ! mais que je l'ai bien prévu ! Conservez-vous, ma très chère ; songez que la *Guisarde* beauté [a], ayant voulu se prévaloir d'une heureuse couche, s'est blessée rudement, et qu'elle a été trois jours prête à mourir : voilà un bel exemple. Madame de La Fayette craint toujours pour votre vie : elle vous cède sans difficulté la première place auprès de moi à cause de vos perfections ; et, quand elle est douce, elle dit que ce n'est pas sans peine ; mais enfin cela est réglé et approuvé : cette justice la rend digne de la seconde, elle l'a aussi ; La Troche s'en meurt. Je vais toujours mon train, et mon train aussi pour la Bretagne ; il est vrai que nous ferons des vies bien différentes : je serai troublée dans la mienne par les états, qui me viendront tourmenter à Vitré sur la fin du mois de juillet ; cela me déplaît fort. Votre frère n'y sera plus en ce temps-là. Ma fille, vous souhaitez que le temps marche pour nous re-

[a] *Voyez* la lettre 119.

voir; vous ne savez ce que vous faites, vous y serez attrapée : il vous obéira trop exactement, et quand vous voudrez le retenir, vous n'en serez plus la maîtresse. J'ai fait autrefois les mêmes fautes que vous, je m'en suis repentie; et, quoique le temps ne m'ait pas fait tout le mal qu'il fait aux autres, il ne laisse pas de m'avoir ôté mille petits agréments, qui ne laissent que trop de marques de son passage. Vous trouvez donc que vos comédiens ont bien de l'esprit de dire des vers de Corneille. En vérité, il y en a de bien transportants; j'en ai apporté ici un tome qui m'amusa fort hier au soir. Mais n'avez-vous point trouvé jolies les cinq ou six fables de La Fontaine, qui sont dans un des tomes que je vous ai envoyés? Nous en étions ravis l'autre jour chez M. de La Rochefoucauld; nous apprîmes par cœur celle *du Singe et du Chat :*

> D'animaux malfaisants c'étoit un très bon plat.
> Ils n'y craignoient tous deux aucun, tel qu'il pût être.
> Trouvoit-on quelque chose au logis de gâté,
> L'on ne s'en prenoit point aux gens du voisinage :
> Bertrand déroboit tout; Raton, de son côté,
> Etoit moins attentif aux souris qu'au fromage.

Et le reste. Cela est peint; et la *Citrouille*, et le *Rossignol*, cela est digne du premier tome. Je suis bien folle de vous écrire de telles bagatelles, c'est le loisir de Livry qui vous tue. Vous avez écrit un billet admirable à Brancas; il vous écrivit l'autre jour une main tout entière de papier : c'étoit une rapsodie assez bonne; il nous la lut à madame de Coulanges et à moi. Je lui dis :

Envoyez la-moi donc tout achevée pour mercredi ; il me dit qu'il n'en feroit rien, qu'il ne vouloit pas que vous la vissiez ; que cela étoit trop sot et trop misérable. — Pour qui nous prenez-vous ? vous nous l'avez bien lue. — Tant y a que je ne veux pas qu'elle la lise : voilà toute la raison que j'en ai eue ; jamais il ne fut si fou. Il sollicita l'autre jour un procès à la seconde des enquêtes ; c'étoit à la première qu'on le jugeoit : cette folie a fort réjoui les sénateurs ; je crois qu'elle lui a fait gagner son procès. Que dites-vous, mon enfant, de l'infinité de cette lettre ? si je voulois, j'écrirois jusqu'à demain. Conservez-vous, c'est ma ritournelle continuelle ; ne tombez point, gardez quelquefois le lit. Depuis que j'ai donné à ma petite une nourrice comme celle du temps de François 1er ^{a}, je crois que vous devez honorer tous mes conseils. Pensez-vous que je n'aille point vous voir cette année ? J'avois rangé tout cela d'une autre façon, et même pour l'amour de vous ; mais votre litière me redérange tout : le moyen de ne pas courir cette année, si vous le souhaitez un peu ! Hélas ! c'est bien moi qui dois dire qu'il n'y a plus de pays fixe pour moi, que celui où vous êtes. Votre portrait triomphe sur ma cheminée ; vous êtes adorée maintenant en Provence, et à Paris, et à la cour, et à Livry ; enfin, ma fille, il faut bien que vous soyez ingrate : le moyen de rendre tout cela ? Je vous embrasse et vous aime, et vous le dirai toujours, parceque c'est toujours la même chose. J'embrasserois ce fripon de Grignan, si je n'étois fâchée contre lui.

^{a} *Voyez* la lettre du 8 avril, n° 127.

Maître Paul[1] mourut il y a huit jours; notre jardin en est tout triste.

....

141.

A la même.

A Paris, vendredi 1ᵉʳ mai 1671.

Je gardois votre secret comme si vous aviez dérobé votre enfant; mais je n'en réponds plus depuis que Valcroissant l'a mandé à mademoiselle de Scuderi, en se louant de vos honnêtetés, et disant que l'on vous adore en Provence. Comment vous portez-vous du voyage que vous avez fait à Marseille? N'êtes-vous pas résolue de vous bien conserver? Vous voulez bien, ma fille, que je sois un peu en peine de vous; il est impossible que cela ne soit pas.

Je dînai hier chez madame de Villars avec M. de Vindisgras, deux autres de son pays, M. et madame de Schomberg, M. et madame de Béthune[2]; *la plupart des amants sont des Allemands*[3], comme vous voyez.

---

[1] Jardinier de Livry.

[2] M. de Schomberg, qui fut maréchal de France en 1675. M. de Béthune, qui fut ambassadeur en Pologne, puis en Suède, où il mourut; sa femme étoit La Grange-d'Arquien, sœur de la reine de Pologne.

[3] Allusion à une chanson de Sarrasin: *Tircis, la plupart des amants sont des Allemands*, etc.

M. de Schomberg me paroît un des plus aimables maris du monde : sans compter que c'est un héros, il a l'esprit aisé et une intelligence dont on lui sait un gré non pareil; sa femme l'adore; mais, parcequ'il ne faut pas être contente en ce monde, elle n'a pas un moment de santé. On parla fort de vous, on vous loua jusqu'au ciel, et ce qui me parut plaisant, c'est que Vindisgras se souvint d'avoir ouï dire ce que vous disiez, il y a six ans, d'un comte de Dietrichstein[1], qu'il ressembloit à M. de Beaufort[2], hormis qu'il parloit mieux françois : nous trouvâmes plaisant qu'il eût retenu ce bon mot; cela nous donna lieu de parler de votre esprit : il vous a vue chez la reine quand vous prîtes congé; il a une grande idée de toute votre personne. Cette pauvre madame de Béthune est encore grosse, elle me fait grand'pitié. On craint que la princesse d'Harcourt ne soit grosse aussi. Je trouve tous les jours ici de quoi exercer mes beaux sentiments. Madame de Coulanges vint le soir, nous allâmes aux Tuileries, nous y vîmes ce qui reste d'hommes à Paris, et qui n'y sera pas encore long-temps, et de plus M. de Saint-Ruthy : quel homme, bon Dieu! et que le désagrément de sa physionomie donne de grandes idées des qualités qu'on ne connoit pas! Mais comment pourrois-je vous dire les tendresses, les amitiés, les remerciements de M. de La Rochefoucauld, de Segrais, de madame de La Fayette, avec qui je passai le reste de la soirée, et à

---

[1] Seigneur allemand.

[2] Le duc de Beaufort parloit assez mal sa langue naturelle.

[3] On a dit que la maréchale de La Meilleraie, quoique très glorieuse d'ailleurs, l'avoit épousé secrétement.

qui je fis voir une partie de votre lettre? Il y avoit tant de choses pour eux, que je vous aurois fait tort en toute manière de la leur cacher. Je leur cachai pourtant votre grossesse, pour la dire une autre fois tout bas à madame de La Fayette; car notre conversation d'hier roula sur d'autres discours plus agréables pour vous. Langlade*a* survint; comme il s'en va à Bourbon, nous voulons qu'il aille vous voir. Segrais nous montra un recueil qu'il a fait des chansons de Blot*b*; elles ont le diable au corps, mais je n'ai jamais vu tant d'esprit. Il nous conta aussi qu'il venoit de voir une mère de Normandie, qui, lui parlant d'un fils abbé qu'elle a, lui avoit dit que le dessein de son fils étoit de bien étudier, et qu'il commençoit toujours à prêcher en attendant : cet arrangement nous fit rire. Vous souvient-il du bon mot du comédien que je vous ai mandé *1*? Segrais l'a mis dans un recueil qu'il fait de tout ce qui a jamais été dit de plus fin. On parle de grandes nouvelles en Angleterre; mais cela n'est point encore démêlé. On ne sait rien de l'arrivée du roi à Dunkerque. Madame de Richelieu a ga-

---

a Jacques de Langlade, homme adroit, qui, pendant la fronde, rendit aux princes des services importants. Il étoit secrétaire du duc de Bouillon; ce fut lui qui détermina les habitants de Bordeaux à embrasser le parti de la révolte.

b Blot, baron de Chauvigny, gentilhomme de Gaston, a fait sur les évènements du temps une foule de couplets satiriques qui ont été très recherchés des contemporains, si l'on en juge par le grand nombre de copies manuscrites qui en existent. Ce poëte étoit excessivement libre; ses couplets ont éclairci quelques faits.

1 Voyez la lettre du 8 avril 1671.

gné un grand procès contre madame d'Aiguillon. M. le duc est parti pour la Bourgogne, le maréchal d'Albret pour son gouvernement. M. le prince a suivi le roi. Vous voyez bien, par ces lanterneries qu'il n'y a point aujourd'hui de nouvelles. Nous n'avons point dîné en *Lavardin;* ils sont allés se promener à Versailles.

Madame de Verneuil a été très malade à Verneuil. La d'Escars a eu une manière d'apoplexie, qui a fait grand'peur à elle et à celles qui se portent un peu trop bien. J'ai donné votre billet à Brancas; *il fera réponse à la Grignan.* Père Ytier vous salue très révérencieusement. Je suis en colère contre M. de Grignan, sans cela je l'aimerois. Ninon dit que votre frère est au-dessous de la définition; il est vrai qu'il ne se connoît pas lui-même, et que les autres le connoissent encore moins. Adieu, ma très aimable, jamais il ne s'est vu un attachement si naturel et si tendre que celui que j'ai pour vous.

142. *

A la même.

A Paris, mercredi 6 mai 1671.

Je vous prie, ma fille, ne donnons point désormais à l'absence l'honneur d'avoir remis entre nous une parfaite intelligence, et de mon côté la persuasion de votre tendresse pour moi : quand l'absence auroit part à cette dernière, puisqu'elle l'a établie pour jamais, regrettons un temps où je vous voyois tous les jours, vous qui êtes le charme de ma vie et de mes yeux ; où je vous entendois, vous dont l'esprit touche mon goût plus que tout ce qui m'a jamais plu. N'allons point faire une séparation de votre aimable vue et de votre amitié : il y auroit trop de cruauté à séparer ces deux choses, et je veux plutôt croire que le temps est venu qu'elles marcheront ensemble, que j'aurai le plaisir de vous voir sans mélange d'aucun nuage, et que je réparerai toutes mes injustices passées, puisque vous voulez bien les nommer ainsi.

Je vis hier madame de Guise ; elle m'a chargée de vous faire mille amitiés, et de vous dire comme elle a été trois jours à l'extrémité, madame Robinet n'y voyant plus goutte, et tout cela pour s'être agitée sur la foi de sa première couche, sans se donner aucun repos. L'agitation continuelle, qui ne donne pas le temps à un enfant de pouvoir se remettre à sa place, quand il a été ébranlé, fait une couche avancée, qui est très souvent mortelle. Je lui promis de vous donner toutes ces instructions pour quand vous en auriez besoin, et de vous dire tous les repentirs qu'elle avoit d'avoir perdu l'ame et le corps de son enfant. Je m'acquitte exactement de sa commission, dans l'espérance qu'elle vous sera utile ; je vous conjure, mon enfant, d'avoir un soin extrême de votre santé : vous n'avez que cela à faire.

Votre Monsieur, qui dépeint mon esprit juste et carré, composé, étudié, l'a très bien *dévidé*, comme disoit cette diablesse. J'ai fort ri de ce que vous m'en écrivez, et vous ai plainte de n'avoir personne à regarder pendant qu'il me louoit si bien ; je voudrois au moins avoir été derrière la tapisserie. Je vous remercie, ma fille, de toutes les honnêtetés que vous avez faites à La Brosse : c'est une belle chose qu'une vieille lettre¹ ; il y a longtemps que je les trouve encore pires que les vieilles gens : tout ce qui est dedans est une vraie radoterie. Madame de Verneuil a été très mal à Verneuil de la néphrétique ; elle est accouchée d'un enfant qu'on a nommé Pierre, car ce n'étoit pas Pierrot *a*, tant il étoit gros.

Mon royaume commence à n'être plus de ce monde. Nous trouvâmes l'autre jour aux Tuileries mesdames de... La première nous parut d'une incivilité parfaite en répondant comme une reine aux compliments que nous lui faisions sur sa couche, et lui disant que nous avions été à sa porte ; pour l'autre, elle nous parut d'une sottise si complète, que je plaignis son mari, tout contrefait qu'il est, et que je trouvois que c'étoit lui qui étoit mal marié *b*. Que toutes les jeunes femmes sont sottes, plus ou moins, ma chère fille !

Mais pourquoi avez-vous été à Marseille ? M. de Marseille mande ici qu'il y a de la petite-vérole ; de plus on vous aura tiré du canon qui vous aura émue ; cela est très dangereux. On dit que de Biez accoucha l'autre jour d'un coup de pistolet, qu'on tira dans la rue. Vous aurez

¹ La lettre du 15 mars précédent ne fut rendue que six semaines après la date.

a Allusion maligne au prénom du chancelier Séguier. (*Voyez* la lettre du 1ᵉʳ décembre 1664.)

b La seconde personne qui est indiquée ici paroît être la jeune duchesse de Ventadour.

été dans les galères, vous aurez passé sur de petits ponts, le pied peut vous avoir glissé, vous serez tombée : voilà les horreurs de la séparation ; on est à la merci de toutes ces pensées ; on peut croire sans folie que tout ce qui est possible peut arriver : toutes les tristesses de tempérament sont des pressentiments, tous les songes sont des présages, toutes les précautions sont des avertissements, enfin c'est une douleur sans fin.

Il est vrai que j'aime votre fille ; mais vous êtes une friponne de me parler de jalousie ; il n'y a, ni en vous, ni en moi, de quoi la pouvoir composer ; c'est une imperfection dont vous n'êtes point capable, et je ne vous en donne non plus de sujet que M. de Grignan : hélas ! quand on trouve dans son cœur toutes les préférences, et que rien n'est en comparaison, de quoi pourroit-on donner de la jalousie à la jalousie même? Ne parlons point de cette passion, je la déteste, quoiqu'elle vienne d'un fonds adorable : les effets en sont trop cruels et trop haïssables. Je vous prie, au reste, de ne point faire des songes si tristes de moi : cela vous émeut et vous trouble. Je suis persuadée que vous n'êtes que trop vive et trop sensible sur ma vie et sur ma santé ; vous l'avez toujours été, et je vous conjure aussi, comme j'ai toujours fait, de n'en être point en peine : j'ai une santé au-dessus de toutes les craintes ordinaires ; je vivrai pour vous aimer, et j'abandonne ma vie à cette unique occupation, c'est-à-dire à toute la joie, à toute la douleur, à tous les agréments, à toutes les mortelles inquiétudes, enfin à tous les sentiments que cette passion pourra me donner.

Je partirai entre-ci et la pentecôte ; je la passerai, ou à Chartres, ou à Malicorne ; mais sûrement point à Paris. Vous êtes trop aimable d'entrer comme vous faites dans la tristesse de mon voyage : vous pouvez imaginer combien de souvenirs de vous entre La Mousse[1] et moi, sans compter cette pensée habituelle[a] qui ne me quitte jamais. Il est vrai que je n'aurai point *Hébert*, j'en suis fâchée, mais il faut se résoudre à tout : il est revenu de Chantilly, il est désespéré de la mort de Vatel, il y perd beaucoup ; Gourville l'a mis à l'hôtel de Condé pour faire cette petite charge dont je vous ai parlé. M. de La Rochefoucauld dit qu'il prend des liaisons avec *Hébert*, dans la pensée que c'est un homme qui commence une grande fortune : à cela je lui réponds que mes laquais ne sont pas si heureux que les siens[b]. Ce duc vous aime, et m'a assurée qu'il ne vous renverroit point votre lettre toute cachetée. Madame de La Fayette me prie toujours de vous dire mille choses pour elle, je ne sais si je m'en acquitte bien.

Ne rejetez point si loin ces derniers livres de La Fontaine ; il y a des fables qui vous raviront, et des contes qui vous charmeront : la fin *des Oies de frère Philippe*, *les Remois*, *le petit Chien*, tout cela est très joli ; il n'y a que ce qui n'est point de ce style qui est plat. Je voudrois faire une fable qui lui fît entendre combien cela

---

[1] Un parent de MM. de Coulanges.

[a] Cette épithète est retranchée dans l'édition de 1754. C'est cependant une heureuse expression, que l'on retrouve dans la lettre du 9 février précédent.

[b] Gourville avoit été valet-de-chambre de M. de La Rochefoucauld.

est misérable de forcer son esprit à sortir de son genre, et combien la folie de vouloir chanter sur tous les tons fait une mauvaise musique. Il ne faut point qu'il sorte du talent qu'il a de conter.

M. de Marseille a mandé à l'abbé de Pontcarré que vous étiez grosse : j'ai fait assez long-temps mon devoir de cacher ce malheur; mais enfin l'on se moque de moi. Je l'embrasse mille fois, ce Grignan, malgré toutes ses iniquités; je le conjure au moins que, puisqu'il fait les maux, il fasse les médecines, c'est-à-dire qu'il ait un soin extrême de votre santé, qu'il soit le maître là-dessus, comme vous devez être la maîtresse sur tout le reste. Adieu, ma chère enfant, je vous baise et vous embrasse. Ne m'écrivez qu'autant que cela ne fera point de mal à votre santé, et qu'il soit toujours question de l'état où vous êtes; répondez moins à mes lettres, et me parlez de vous : plus je serai en Bretagne, et[a] plus j'aurai besoin de cette consolation; *ne m'expédiez point là-dessus*[b]. Si vous ne pouvez m'écrire, chargez-en la petite Deville, et empêchez-la de donner dans la *justice de croire*, et dans le *respectueux attachement*; qu'elle me parle de vous; et quoi encore? de vous, et toujours de vous.

[a] Madame de Sévigné fait souvent cette faute, que l'on rencontre chez les meilleurs écrivains.

[b] Les mots soulignés sont dans l'édition de 1726, et nous ont paru devoir être conservés.

143.

A la même.

A Paris, vendredi 8 mai 1671.

Me voilà encore, et je ne puis partir que dans huit jours. L'incertitude du camp de Lorraine, pour mener ou pour ne pas mener mon fils, fait toute la mienne, et me donne de l'ennui. J'en ai beaucoup plus encore de votre santé : votre voyage de Marseille me trouble; l'air de la petite-vérole et le bruit des canons me donnent une inquiétude qui n'est que trop juste. Si je ne vais point m'en soulager par être auprès de vous, vous me serez bien plus obligée que si je traversois la France. L'état où je suis, et où je vais être, est dur à soutenir; et rien ne seroit capable de m'arrêter que les raisons que vous savez, et dont nous sommes en confidence, mon cher ami[1] et moi. Je sens quelque consolation de l'avoir pour témoin de tous mes sentiments; ce n'est pas que j'en aie besoin auprès de vous, mais j'aime à mettre mes sentiments les plus chers en dépôt entre les mains d'un homme comme lui.

Je fus hier long-temps chez madame du Pui-du-Fou; sérieusement elle vous aime, et vous lui êtes obligée des

[1] M. d'Harqueville.

soins et des prévoyances qu'elle a pour vous : son cœur n'en sait pas davantage; mais dans cette étendue elle fait parfaitement bien. L'abbé est ravi de vous voir appliquée à vos affaires; il vous trouve digne de tous ses soins, dès le moment que vous songez à mettre la règle dans votre maison; ajoutez cette perfection à toutes les autres; ne vous relâchez point : il n'est point question de suivre toujours les beaux sentiments; il faut avoir pitié de soi, et avoir de la générosité pour soi-même, comme on en a pour les autres. En un mot, continuez tous vos bons commencements, et amusez-vous à vous conserver, et à bien conduire vos affaires. J'espère que le voyage de l'abbé, en quelque temps que ce soit, ne vous sera pas inutile. Adieu, ma très chère; j'attends avec des impatiences vives des nouvelles de votre santé et de votre voyage.

144. *

A la même.

A Paris, mercredi 13 mai 1671.

Je reçois votre lettre de Marseille; jamais relation ne m'a tant amusée. Je lisois avec plaisir et avec attention; je suis fâchée de vous le dire, car vous n'aimez pas cela, mais vous narrez très agréablement; je lisois donc votre lettre vite par impatience, et puis je m'arrêtois tout court, pour ne pas la dévorer si promptement : je la voyois finir avec douleur, et douleur de toute manière ; car je ne vois que de l'impossibilité à votre retour, moi qui ne fais que le souhaiter. Ah! ma fille, ne m'en ôtez pas, ni à vous-même, l'espérance; pour moi, j'irai vous voir très assurément, avant que vous ne preniez aucune résolution là-dessus : ce voyage est nécessaire à ma vie. Je tremble pour votre santé : vous avez été étourdie du bruit de tant de canons et du *hou* des galériens; vous y avez reçu des honneurs comme la reine, et moi, plus que je ne vaux ; je n'ai jamais vu une telle galanterie que de donner mon nom pour le mot *de guerre*. Je vois bien, ma fille, que vous pensez à moi très souvent, et que cette *maman mignonne* de M. de Vivonne n'est pas de contrebande avec vous. Je crois que Marseille vous aura paru beau; vous m'en faites une peinture extraordinaire et qui ne déplaît pas : cette nouveauté, à quoi rien ne ressemble, touche ma curiosité ; je serai fort aise de voir cette sorte d'enfer. Comment! des hommes gémir jour et nuit sous la pesanteur de leurs chaînes! Voilà ce qu'on ne voit point ici : on en parle assez; elles font même quelquefois du bruit; mais il n'y a rien d'effectif qu'à Marseille : j'ai cette image dans la tête.

E' di mezzo l'orrore esce il diletto.

Vous étiez belle, à ce que vous dites, et où est donc votre grossesse? Comment s'accommode-t-elle avec votre beauté et avec tant de fatigue? Il m'est venu de deux endroits que vous aviez un esprit si bon, si juste, si droit et si solide, qu'on vous a fait seule arbitre des plus grandes affaires. Vous avez accommodé les différents infinis de M. de Monaco avec un monsieur dont j'ai oublié le nom : vous avez un sens si net et si fort au-dessus des autres, qu'on laisse le soin de parler de votre personne, pour louer votre esprit; voilà ce qu'on dit de vous ici. Si vous trouvez quelque prince Alamir, vous avez du fond de reste pour faire le premier tome du roman, sans qu'on ose en parler. Je n'ai pas voulu faire ce tort à la Provence, de vous cacher la manière dont vous y êtes honorée, et dont on y parle de vous. Je voudrois savoir si vous êtes entièrement insensible à tous les honneurs qu'on vous fait; pour moi, je vous avoue grossièrement qu'ils ne me déplairoient pas; mais je ferois l'impossible pour tâcher de revenir quelque temps me dépouiller de ma splendeur; ce qui vous en reste ici est trop bon pour être négligé. Madame des Pennes[1] a été aimable comme un ange; mademoiselle de Scuderi l'adoroit : c'étoit la princesse Cléobuline; elle avoit un prince Trasibule en ce temps-là; c'est la plus jolie histoire de Cyrus[2]. Si vous étiez encore à Marseille, je vous prierois de bien faire des compliments pour moi à M. le général des galères[3]; mais vous n'y êtes plus. Pour moi, je suis encore ici; j'en suis en furie : je voulois partir vendredi; l'abbé se met à genoux pour que ce ne soit que lundi : on ne peut tirer les prêtres de Paris; il n'y a

[1] Renée de Forbin, sœur de M. de Marseille, depuis cardinal de Janson.

[2] Roman de mademoiselle de Scuderi.

[3] M. de Vivonne, frère de madame de Montespan.

que les dames qui en veuillent partir. Je m'en irai donc lundi; il me semble que vous voulez savoir mon équipage, afin de me voir passer comme j'ai vu passer M. *Busche*. Je vais à deux calèches, j'ai sept chevaux de carrosse, un cheval de bât qui porte mon lit, et trois ou quatre hommes à cheval; je serai dans ma calèche tirée par mes deux beaux chevaux; l'abbé sera quelquefois avec moi. Dans l'autre, mon fils, La Mousse et Hélène [a]; celle-ci aura quatre chevaux avec un postillon; quelquefois le bréviaire assemblera le second ordre, et laissera place à un certain bréviaire de Corneille, que nous avons envie de dire, Sévigné et moi. Voilà de beaux détails, mais on ne les hait pas des personnes que l'on aime. Vous écrivez une lettre à votre frère qui est très plaisante; j'en ai bien ri; j'eusse juré que sa... eût été ridicule; en effet, j'ai trouvé qu'elle ressemble à une amande passée. Voilà de ces physionomies qui ne se raccommoderont jamais avec moi.

J'ai fait moi-même déménager et mettre en sûreté tous vos meubles dans une chambre que j'ai réservée; j'ai été présente à tout : pourvu que vous ayez intérêt à quelque chose, elle est digne de mes soins; je n'ai pas tant d'amitié pour moi, Dieu m'en garde.

Je n'ai garde de dire à notre océan la préférence que vous lui donnez; il en seroit trop glorieux; il n'est pas besoin de lui donner plus d'orgueil qu'il n'en a. Bien du monde s'en va lundi comme moi. Brancas est parti; je

---

[a] Femme-de-chambre de madame de Sévigné, qui épousa Beaulieu, son valet-de-chambre.

ne sais si cela est bien vrai, car il ne m'a point dit adieu; il croit peut-être l'avoir fait. Il étoit l'autre jour debout devant la table de madame de Coulanges; je lui dis : Asseyez-vous donc, ne voulez-vous pas souper? Il se tenoit toujours debout. Madame de Coulanges lui dit : Asseyez-vous donc. Parbleu! dit-il, madame de Sanzei*a* se fait bien attendre; je crois qu'on ne lui a pas dit qu'on a servi : c'étoit elle qu'il attendoit, et il y a environ cinq semaines qu'elle est à Autry; cette civilité, faite fort naïvement, nous fit rire. Madame de Soubise *b* est grosse; elle s'en plaint à sa mère, mais inutilement. Pour madame de Louvigny*c*, vous le savez. Si je pouvois trouver quelque honnête veuve ou quelque honnête fille qui le fût aussi, je vous le manderois pour votre consolation. L'abbé Testu est parti, disant que Paris lui pèse sur les épaules; il est allé droit à Fontevraud, c'est le chemin, cela est heureux; de là il va à Richelieu, qui n'est qu'à cinq lieues; il y demeurera. Ce voyage paroît ridicule à bien des gens, et semble l'éloigner encore de l'épiscopat; pour moi, je dis qu'il l'en approchera *d*. Vous voyez qu'il

a Anne-Marie de Coulanges, femme de Louis Turpin-de-Crissé, comte de Sanzay.

b Anne de Rohan-Chabot, femme de François de Rohan, prince de Soubise. Elle fut aimée de Louis XIV, mais en secret. Ce crédit caché fit la fortune de sa maison. Sa mère étoit Marguerite, duchesse de Rohan, mariée en 1645 à Henri Chabot, qui devint par-là duc de Rohan.

c Marie-Charlotte de Castelnau, femme d'Antoine-Charles de Louvigny. L'enfant dont elle étoit grosse alors fut le dernier maréchal de Gramont.

d L'abbé Testu avoit l'ambition de devenir évêque; mais Louis XIV

ne s'accommode pas si bien de l'absence de madame de
Fontevraud que de la vôtre. Si j'étois désormais en lieu
de vous parler du prochain, je prendrois votre manière;
elle est mille fois plus nette et plus facile que le galimatias dont je m'étois servie, et que vous avez pourtant
fort bien deviné; il n'y en a guère d'impénétrable pour
vous. Vous trouvez que mon fils me console de Paris,
que les états me consoleront de mon fils; mais de vous,
ma belle, qui m'en consolera? Je n'ai point encore
trouvé qu'il y ait rien dans le monde qui puisse s'en
vanter. Je vous embrasse mille et mille fois. Aimez-moi
toujours, c'est la seule joie et la seule consolation de
ma vie.

145. *

A la même.

A Paris, vendredi 15 mai 1671.

Me voici encore, ma chère fille, avec tous les chagrins
qui accompagnent les départs retardés, et les départs
qui m'éloignent de vous encore plus que nous ne sommes :
mais quelle rage de prendre un chemin opposé à celui
de son cœur! Si jamais je ne vois plus rien entre la Pro-

déclara qu'il ne le trouvoit pas assez homme de bien pour conduire
les autres. Madame d'Heudicourt, qui sollicitoit pour lui, répondit
au roi : Sire, il attend, pour le devenir, que vous l'ayez fait évêque.

vence et moi, je serai transportée de joie. L'envie continuelle que j'ai de recevoir de vos lettres, et d'apprendre l'état de votre santé, est une chose si dévorante pour moi, que je ne sais comme je pourrai la supporter. J'attends dimanche de vos nouvelles, et je partirai lundi matin. Je suis occupée à donner tous les ordres nécessaires pour en avoir souvent, et je pense y avoir réussi autant qu'il se peut. J'ai trouvé une petite lanterne que vous a donnée M. de Grignan, à qui nous disions si bien :

Madame, Amphitryon, mon maître et votre époux... *

Madame de Crussol *b* est grosse, et mille autres; j'allai hier lui dire adieu, et à l'effigie de madame de Montausier : si j'avois le temps, je vous conterois les gentillesses qu'elle me dit; mais j'ai été accablée ce matin d'adieux et d'affaires. Je m'en vais dire les miens en Lavardin. Je ferai mon paquet ce soir, j'aurai plus de loisir. Je finis donc cette feuille en vous embrassant mille fois, avec une si vive et si extrême tendresse, que je ne pense pas qu'il y en ait au monde une pareille.

Vendredi au soir, 15 mai, chez M. de
La Rochefoucauld.

Je suis auprès d'un homme qui vous aime, et qui vous conjure de le croire. Il a pris un fort grand plaisir

a *Voyez* le prologue d'Amphitryon.
b Fille du duc de Montausier.

à entendre la peinture de vos galériens de Marseille. Madame de La Fayette me dicte beaucoup de belles choses que je ne vous dirai point. Nous avons été nous promener chez Faverole, à Issy, où les rossignols, l'épine blanche, les lilas, les fontaines et le beau temps nous ont donné tous les plaisirs innocents qu'on peut avoir; c'est un lieu où je vous ai vue, cela nourrit fort la tendresse. Nous y vîmes une fois un chat qui voulut arracher les deux yeux de madame de La Fayette, et pensa bien en passer son envie, si vous vous en souvenez. J'ai dit adieu à toutes les beautés de ce pays : je m'en vais dans un autre bien rude : il n'y en a point, ma fille, où je ne trouve le moyen de penser uniquement à vous. J'ai recommandé ma petite enfant à madame Amelot, à madame d'Ormesson, et sur-tout à madame du Puy-du-Fou, avec qui je fus hier deux heures; elle en aura soin comme de son enfant. J'ai pris congé des Usez et de mille autres. Enfin voilà qui est fait. M. de Rambures* est mort : pouvez-vous vous représenter sa

---

* Charles, marquis de Rambures et de Courtenay, mort à Calais le 11 mai 1671. Il avoit épousé, le 5 avril 1656, Marie de Bautru, fille du comte de Nogent. L'*Histoire amoureuse des Gaules* et les chansons du temps la font connoître, sous les rapports les plus équivoques. Elle mourut le 10 mars 1683. La marquise de Coligny écrivoit à son père (*le comte de Bussy-Rabutin*) le 26 janvier 1685 : « Madame « de Rambures étoit plaisante de dire, quand elle se portoit bien, « qu'il étoit fort utile de mourir dans la grace de Dieu; mais qu'il « étoit fort ennuyeux d'y vivre. » Ce mot peint bien cette femme tout à-la-fois galante et ridicule. Plusieurs chansons ont célébré les boules de cire qu'elle mettoit dans sa bouche, pour avoir les joues moins creuses.

femme¹ affligée avec un bandeau? L'abbé de Foix se meurt; il a reçu tous ses sacrements, il agonise, cela est pitoyable². J'ai reçu une lettre de Corbinelli, qui me paroît excessivement content de M. de Vardes et de sa libéralité. Si vous écrivez quelquefois à Vardes, je vous prie de lui mander ce que je vous dis, afin qu'il voie qu'il n'y a rien de moins ingrat que son ami. Bon soir, ma petite, nous sommes tristes, nous n'avons rien de gaillard à vous mander. Si vous aimez à être parfaitement aimée, vous devez aimer mon amitié.

146.

De Madame DE SÉVIGNÉ *au Comte* DE BUSSY.

A Paris, ce 17 mai 1671.

Je vous écris dans la cellule de notre petite sœur de Sainte-Marie*b*. J'aime cette nièce, je lui trouve de l'esprit, et une piété qui me charme, et qui me donne de l'envie : car, après tout, mon pauvre cousin, rien n'est si bon ni si solide que la pensée de son salut. Voici une créature qui en est uniquement occupée. Cela fait que

---

¹ Les veuves portoient en ce temps-là un bandeau de crêpe sur le front, comme les religieuses en portent un de toile.

² *Voyez* la lettre 89.

b Diane-Charlotte, fille aînée du comte de Bussy, religieuse au couvent des filles de la Visitation de Paris, rue Saint-Antoine.

je l'honore, contre l'inclination naturelle que j'aurois de ne la pas trop respecter. Je la quitte pour vous dire que je loue fort l'occupation que vous vous donnez présentement. Elle est digne de votre esprit, et je m'en réjouis par avance pour l'intérêt de nos neveux, qui trouveront un grand goût à ces *Mémoires*. Je pars demain pour aller en Bretagne. J'y serai jusqu'à la Toussaint. La pauvre Grignan est sous son soleil de Provence. Si les honneurs qu'on lui fait pouvoient la rafraîchir un peu, elle seroit bien heureuse : mais je doute que rien la puisse consoler entièrement de nous avoir quittés. Ecrivez, monsieur le Comte, écrivez-moi dans ma province, et croyez que vous n'êtes guère moins bien auprès de moi qu'auprès de notre petite sœur, à la réserve qu'elle vous respecte comme son père, et que je vous honore comme mon cousin.

147.*

Du Comte DE BUSSY-RABUTIN *à Madame* DE SÉVIGNÉ.

A Chaseu, ce 24 mai 1671.

Lorsque j'ai voulu faire réponse à votre lettre, ma chère cousine, j'ai été tout prêt à m'aller enfermer dans la chambre du père gardien des Capucins d'Autun ; car je ne suis pas homme à me laisser donner mon reste sur les bons exemples, non plus que sur autre chose. Mais, pour revenir à notre petite sœur de Sainte-Marie, je vous avouerai qu'elle a de l'esprit, et que je la crois une bonne religieuse; et, sur les pensées que vous avez avec elle de votre salut, je remarque que les bons et les mauvais exemples font souvent le bien et le mal de votre conduite. Avec les religieuses vous songez à vous sauver, et vous vous damnez souvent avec les gens du monde. Je suis fait tout comme vous, et cent mille gens nous ressemblent.

Ce que vous me dites sur mes *Mémoires* m'encourage fort à les continuer. Je vous écrirai en Bretagne; mais, quelque soin que nous prenions de nous entretenir, à peine pourrons-nous, en cinq mois, moi, vous écrire une fois, et vous, me faire réponse. Cependant faisons toujours tout ce qui dépendra de nous sur cela. Si madame de Grignan est assurée de retourner cet hiver à Paris, je vous assure que les honneurs qu'elle recevra en Provence la consoleront fort de n'être pas auprès de vous; mais, si elle ne doit point revenir, elle aura mille chagrins pires que les excessives chaleurs. Je ne veux de vous, ma chère cousine, ni des respects ni des honneurs; je veux seulement de l'amitié et de l'estime, et vous ne me les devez pas refuser, car j'en ai infiniment pour vous.

148.

De Madame DE SÉVIGNÉ à Madame DE GRIGNAN.

Lundi matin, en partant, 18 mai 1671.

Enfin, ma fille, me voilà prête à monter dans ma calèche ; voilà qui est fait, je vous dis adieu : jamais je ne vous dirai cette parole sans une douleur sensible. Je m'en vais donc en Bretagne : est-il possible qu'il y ait encore quelque chose à faire à un éloignement, quand on est à deux cents lieues l'une de l'autre ? Cependant j'ai trouvé encore à le perfectionner ; et comme vous avez trouvé que votre ville d'Aix n'étoit pas encore assez loin, je trouve aussi que Paris est dans votre voisinage : vous êtes allée à Marseille pour me fuir ; et moi pour le renvier sur vous, je m'en vais à Vitré. Tout de bon, ma petite, j'ai bien du regret à notre commerce, il m'étoit d'une grande consolation et d'un grand amusement ; il sera présentement d'une étrange façon. Hélas ! que vais-je vous dire du milieu de mes bois ? Je vous parlerai à cœur ouvert de mademoiselle du Plessis et de *Jacquine* : les jolies peintures ! Je suis fort contente de ce que vous me dites de votre santé ; mais, au nom de Dieu, si vous m'aimez, conservez-vous, ne dansez point, ne tombez point, reposez-vous souvent, et sur-tout prenez vos mesures pour accoucher à Aix au milieu de tous les prompts secours. Vous savez comme vous êtes expéditive, rangez-vous-y plus tôt que plus tard. Bon Dieu! que ne souffrirai-je point en ce temps-là!

Vous me contez fort plaisamment le démêlé que vous avez eu avec mon ami Vivonne; il me paroît que tout le tort est de son côté; vous le menâtes beau train à la manière dont vous l'aviez pris : son décontenancement me fait suer, et lui aussi, j'en suis assurée : conclusion, vous l'embrassâtes, c'est un grand effort¹ en l'état où vous êtes; il faut toujours faire en sorte de n'avoir point de querelle ni d'ennemis sur les bras.

Ce pauvre abbé de Foix est mort : cela fait pitié. Qui pourroit croire qu'une mère, qui a trois garçons, dont l'aîné est marié, fût sur le point de voir finir sa maison? Cependant, il est vrai, ce petit duc de Foix ne vaut pas un coup de poing*; il est à Bordeaux avec sa mère pour un procès : quelle nouvelle pour eux! L'Armentière beauté⁶ fait la guerre à ses beaux cheveux et se déchire le sein, à ce qu'on dit; je vois que cela vous console. Savez-vous que notre petite Senneterre² est accouchée

¹ M. de Vivonne étoit d'une extrême grosseur.

ᵃ Le duc de Foix vécut pourtant jusqu'en 1714, à l'âge de 74 ans; sa mère étoit la marquise de Senecey, première dame d'honneur de la reine Anne d'Autriche.

ᵇ Henriette de Conflans, dite mademoiselle Armentières, qui mourut en 1712, sans avoir été mariée.

² Elle étoit Longueval, et mère de madame de Florensac, qui a laissé M. de Crussol et madame la duchesse d'Aiguillon.* Elle avoit été l'une des filles de la reine. *Voyez* la lettre du 28 octobre 1671 et la note.

2.   5

à Grenoble? Je ne sais qui ne part point aujourd'hui; nous comptâmes hier jusqu'à vingt personnes de qualité qui font comme moi. M. de Coulanges me donna un grand souper, où tout le monde s'assembla pour me dire adieu. Adieu donc, ma très chère et très aimable, je m'en vais coucher à Bonnelle : j'espère que j'y retrouverai cette dévotion que vous y laissâtes une fois, je la prendrai; hélas! j'en ai assez de besoin pour me faire supporter avec patience l'éloignement d'une aimable enfant que j'aime si passionnément, et toutes les justes craintes que je puis avoir pour sa santé : songez un peu à ce que je dois souffrir, n'étant soutenue d'aucune distraction. J'emmène votre frère, et le dérobe à toute la honte de ses mauvais procédés : vous jugez bien que ses maîtresses ne seront pas inconsolables; pour moi, je m'en accommoderai fort bien. Je suis persuadée de ce que dit M. de Grignan. Ah! mon cher Comte, je le crois assurément; il n'y a personne qui n'en eût fait autant que vous, s'il eût été à votre place : vous me payez de raison, et vous le prenez sur un ton qui mérite qu'on vous pardonne; mais songez pourtant que la jeunesse, la beauté, la santé, la gaieté et la vie d'une femme que vous aimez, toutes ces choses sont détruites par les rechutes fréquentes du mal que vous faites souffrir. Ma fille, je reviens à vous, après avoir dit adieu à votre mari. Il nous revient ici que vous perdez tout ce que vous jouez l'un et l'autre : hé, mon Dieu! pourquoi tant de malheur, et pourquoi cette petite pluie continuelle, que j'ai toujours trouvée si incommode? Je deviens comme elle, je ne finis point. Adieu donc pour la centième fois, ma chère enfant; remerciez bien d'Hacqueville de toutes les amitiés que j'en reçois tous les jours : il entre dans mes sentiments; voilà de quoi il est question en ce monde. N'oubliez pas de faire savoir à Vardes que Corbinelli se loue fort de lui.

149.

A la même.

A Malicorne, samedi 23 mai 1671.

J'arrive ici, où je trouve une lettre de vous, tant j'ai su donner un bon ordre à notre commerce. Je vous écrivis lundi en partant de Paris; depuis cela, mon enfant, je n'ai fait que m'éloigner de vous avec une telle tristesse et un souvenir de vous si pressant, qu'en vérité la noirceur de mes pensées m'a rendue quelquefois insupportable. Je suis partie avec votre portrait dans ma poche*; je le regarde fort souvent : il seroit difficile de me le dérober présentement, sans que je m'en aperçusse; il est parfaitement aimable; j'ai votre idée dans l'esprit; j'ai dans le milieu de mon cœur une tendresse infinie pour vous; voilà mon équipage, et voilà avec quoi je vais à trois cents lieues de vous. Nous avons été fort in-

---

* Elle appelle ce portrait son *petit ami* dans la lettre du 1ᵉʳ juillet suivant.

commodés de la chaleur : un de mes beaux chevaux demeura dès Palaiseaux*; les autres six ont tenu bon jusqu'ici : nous partons dès deux heures du matin pour éviter l'extrême chaleur; encore aujourd'hui nous avons prévenu l'aurore dans ces bois pour voir *Silvie*, c'est-à-dire Malicorne *b*, où je me reposerai demain. J'y ai trouvé les deux petites filles *c*, *rechignées*, *un air triste*, *une voix de Mégère*; j'ai dit : *ces petits sont sans doute, à notre ami*, *fuyons-les*; du reste, *nos repas ne sont point repas à la légère* *d*. Jamais je n'ai vu une meilleure chère, ni une plus agréable maison : il me falloit toute l'eau que j'ai trouvée, pour me rafraîchir du fond de chaleur que j'ai depuis six jours. Notre abbé se porte bien; mon fils et La Mousse me sont d'une grande consolation. Nous avons relu des pièces de Corneille, et repassé avec plaisir sur toutes nos vieilles admirations. Nous avons aussi un livre nouveau de Nicole; c'est de la même étoffe que Pascal, et que l'*Éducation d'un Prince*; mais cette étoffe est merveilleuse : on ne s'en ennuie point. Nous serons le 27 aux Rochers, où je trouverai une de vos lettres : hélas! c'est mon unique joie. Vous pouvez ne me plus écrire qu'une fois la semaine, parceque aussi bien elles ne partiront de Paris que le mer-

a À cinq lieues de Paris, route d'Orléans.

b Malicorne est un beau château à six lieues du Mans, qui appartenoit au marquis de Lavardin.

c Ces petites filles furent, 1° madame de La Chastre; 2° mademoiselle de Malicorne, religieuse au Cherche-Midi.

d *Voyez* la fable de La Fontaine, qui a pour titre l'*Aigle et le Hibou*, d'où madame de Sévigné a emprunté ces vers.

credi, et j'en recevrois deux-à-la fois. Il me semble que je m'ôte la moitié de mon bien; cependant j'en suis aise, parceque c'est autant de fatigue retranchée en l'état où vous êtes. Il faut que je sois devenue de bonne humeur pour vouloir bien que vous preniez cela sur moi : mais, ma fille, au nom de Dieu, conservez-vous si vous m'aimez. Ah! que j'ai de regret à votre aimable personne! N'aurez-vous jamais un moment de repos? Faut-il user sa vie à cette continuelle fatigue? Je comprends les raisons de M. de Grignan; mais, en vérité, quand on aime une femme, quelquefois on en a pitié.

Mon éventail est donc venu bien à propos; ne l'avez-vous pas trouvé joli? Hélas! quelle bagatelle! ne m'ôtez pas ce petit plaisir quand l'occasion s'en présente, et remerciez-moi de la joie que je me donne, quoique ce ne soit que des riens. Mandez-moi bien de vos nouvelles; c'est là de quoi il est question : songez que j'aurai une de vos lettres tous les vendredis; mais songez aussi que je ne vous vois plus, que vous êtes à mille lieues de moi, que vous êtes grosse, que vous êtes malade; songez..... non, ne songez à rien, laissez-moi tout songer dans mes grandes allées, dont la tristesse augmentera la mienne : j'aurai beau m'y promener, je n'y trouverai point ce que j'y avois la dernière fois que j'y fus. Adieu, ma très chère enfant; vous ne me parlez point assez de vous; marquez toujours bien la date de mes lettres : hélas! que diront-elles présentement? Mon fils vous embrasse mille fois; il me désennuie extrêmement, et songe fort à me plaire : nous lisons, nous causons, comme vous le devinez fort bien. La Mousse tient bien sa partie, et, par-dessus tout, notre abbé qui se fait adorer parcequ'il vous adore. Il m'a enfin donné tout son bien[1]; il n'a point eu de repos que cela n'ait été fait; n'en parlez à personne, la famille le dévoreroit; mais aimez-le bien sur ma parole, et sur ma parole aussi aimez-moi. J'embrasse ce fripon de Grignan, malgré ses forfaits.

150.

A la même.

Aux Rochers, dimanche 31 mai 1671.

Enfin, ma fille, me voici dans ces pauvres rochers : peut-on revoir ces allées, ces devises, ce petit cabinet, ces livres, cette chambre, sans mourir de tristesse? Il y a des souvenirs agréables; mais il y en a de si vifs et de si tendres, qu'on a peine à les supporter; ceux que j'ai de vous sont de ce nombre. Ne comprenez-vous point bien l'effet que cela peut faire dans un cœur comme le mien?

Si vous continuez de vous bien porter, ma chère enfant, je ne vous irai voir que l'année qui vient. La Bretagne et la Provence ne sont pas compatibles : c'est une

---

[1] Madame de Sévigné étoit la nièce bien-aimée de l'abbé de Coulanges; et, comme il passoit sa vie avec elle, rien n'étoit plus naturel que la donation qu'il lui fit de son bien.

chose étrange que les grands voyages : si l'on étoit toujours dans le sentiment qu'on a, quand on arrive, on ne sortiroit jamais du lieu où l'on est ; mais la Providence fait qu'on oublie ; c'est la même qui sert aux femmes qui sont accouchées : Dieu permet cet oubli, afin que le monde ne finisse pas, et que l'on fasse des voyages en Provence. Celui que j'y ferai me donnera la plus grande joie que je puisse recevoir dans ma vie : mais quelles pensées tristes de ne point voir de fin à votre séjour ! J'admire et je loue de plus en plus votre sagesse ; quoiqu'à vous dire le vrai, je sois fortement touchée de cette impossibilité, j'espère qu'en ce temps-là nous verrons les choses d'une autre manière ; il faut bien l'espérer, car, sans cette consolation, il n'y auroit qu'à mourir. J'ai quelquefois des rêveries dans ces bois, d'une telle noirceur, que j'en reviens plus changée que d'un accès de fièvre. Il me paroît que vous ne vous êtes point trop ennuyée à Marseille. Ne manquez pas de me mander comme vous aurez été reçue à Grignan. Ils avoient fait ici une manière d'entrée à mon fils ; Vaillant avoit mis plus de quinze cents hommes sous les armes, tous fort bien habillés, un ruban neuf à la cravate ; ils vont en très bon ordre nous attendre à une lieue des Rochers. Voici un bel incident : M. l'abbé avoit mandé que nous arriverions le mardi, et puis tout d'un coup il l'oublie ; ces pauvres gens attendent le mardi jusqu'à dix heures du soir ; et, quand ils sont tous retournés chacun chez eux, bien tristes et bien confus, nous arrivons paisiblement le mercredi, sans songer qu'on eût mis une armée en campagne pour nous recevoir : ce

contre-temps nous a fâchés; mais quel remède? Voilà
par où nous avons débuté. Mademoiselle du Plessis*" est
tout justement comme vous l'avez laissée; elle a une
nouvelle amie à Vitré, dont elle se pare, parceque c'est
un bel-esprit qui a lu tous les romans, et qui a reçu
deux lettres de la princesse de Tarente*. J'ai fait dire
méchamment par Vaillant que j'étois jalouse de cette
nouvelle amitié, que je n'en témoignerois rien; mais
que mon cœur étoit saisi : tout ce qu'elle dit là-dessus
est digne de Molière; c'est une plaisante chose de voir
avec quel soin elle me ménage, et comme elle détourne
adroitement la conversation pour ne point parler de
ma rivale devant moi : je fais aussi fort bien mon personnage. Mes petits arbres sont d'une beauté surprenante; Pilois¹ les élève jusqu'aux nues avec une probité
admirable : tout de bon, rien n'est si beau que ces allées
que vous avez vues naître. Vous savez que je vous donnai une manière de devise qui vous convenoit : voici un
mot que j'ai écrit sur un arbre pour mon fils qui est revenu de Candie, *vago di fama* : n'est-il point joli pour
n'être qu'un mot? Je fis écrire encore hier, en l'honneur
des paresseux *bella cosa far niente*. Hélas, ma fille,
que mes lettres sont sauvages! Où est le temps que je
parlois de Paris comme les autres? C'est purement de
mes nouvelles que vous aurez; et voyez ma confiance,

*" Mademoiselle du Plessis-d'Argentré. Le château d'Argentré est
à une lieue des Rochers.

b Fille de Guillaume V, landgrave de Hesse-Cassel. Elle étoit née
en 1625, et mourut en 1693.

¹ Jardinier des Rochers.

je suis persuadée que vous aimez mieux celles-là que
les autres. La compagnie que j'ai ici me plaît fort; notre
abbé est toujours admirable; mon fils et La Mousse s'accommodent fort bien de moi, et moi d'eux; nous nous
cherchons toujours; et, quand les affaires me séparent
d'eux, ils sont au désespoir et me trouvent ridicule de
préférer un compte de fermier aux contes de La Fontaine. Ils vous aiment tous passionnément; je crois
qu'ils vous écriront : pour moi, je prends les devants,
et n'aime point à vous parler en tumulte. Ma fille, aimez-moi donc toujours : c'est ma vie, c'est mon âme
que votre amitié; je vous le disois l'autre jour; elle fait
toute ma joie et toutes mes douleurs. Je vous avoue que
le reste de ma vie est couvert d'ombre et de tristesse,
quand je songe que je la passerai si souvent éloignée de
vous.

151.*

A la même.

Aux Rochers, dimanche 7 juin 1671.

J'ai reçu vos deux lettres avec une sorte de joie qu'il
n'est pas aisé d'expliquer dans une lettre. Enfin, ma
bonne, je les reçois deux jours après qu'elles sont arrivées à Paris, cela me rapproche de vous. Celle que vous
avez écrite à mon fils n'est pas fricassée dans de la neige;
vraiment elle est fricassée dans du sel à pleines mains :

depuis le premier mot jusques au dernier, elle est parfaite ; je laisse à mon fils le soin de vous répondre, et de vous dire comme il a réussi dans sa paroisse et dans un bal de Vitré. Nous avons lu *Bertrand du Guesclin*[a] en quatre jours ; cette lecture nous a divertis. Au reste, vous n'avez pas bien vu ; ma calèche n'est pas rompue par les chemins ; mes ares sont forgés de la propre main de Vulcain : à moins que de venir de cette fournaise, ils n'auroient pas résisté à un troisième voyage de Bretagne. Ce que vous voulez dire, c'est que l'un de mes chevaux, le plus beau de France, est resté à Nogent, et y mourra, selon ce qu'on m'en écrit ; c'est cela qui vous a trompée. Il est vrai, ma fille, que j'eus, il y a quelque temps, une colique très fâcheuse ; mais j'admire d'Hacqueville de vous avoir mandé que je ne le lui avois pas fait savoir ; ce qui est plaisant, c'est qu'il a eu tort en cette occasion ; et comme il a gagé d'être parfait, il n'a point poussé sa justification avec moi, et se veut racquitter auprès de vous en disant que j'ai eu tort ; mais je n'en puis jamais avoir avec lui sur le chapitre de l'amitié : je l'aime tendrement, et son amitié m'est un trésor inestimable. Voici comme la chose se passa, il vaut autant dire cela qu'autre chose : J'allois à la messe en calèche avec ma tante ; à moitié chemin j'eus un grand mal de cœur ; je craignis les suites, je revins sur mes pas, je vomis beaucoup ; voilà de grandes douleurs

---

[a] Par Paul Hay-du-Chastelet, de l'académie françoise. 1666, 1 vol. in-fol. Ce format n'épouvantoit pas madame de Sévigné. (*Voyez* la lettre du 26 novembre 1684.)

dans le côté droit, de grands vomissements encore, des douleurs redoublées et une suppression qui me tenoit dès la nuit : l'alarme se met au camp; on envoie chez *Pecquet*, qui eut de moi des soins extrêmes; on envoie chez l'apothicaire, on envoie querir un demi-bain, on envoie chercher de certaines herbes : si j'avois eu dix laquais, ils auroient tous été employés. Je ne songeai point du tout à madame de La Fayette; notre petit tapissier, qui alloit chez elle pour travailler, lui dit l'état où j'étois. Je vis arriver madame de La Fayette, comme j'étois dans le bain; elle me dit ce qui l'avoit fait venir, et qu'elle avoit rencontré un laquais de d'Hacqueville, à qui elle avoit dit mon mal, persuadée qu'il me viendroit voir dès qu'il l'auroit appris. Cependant le jour se passe, mais non pas ma colique : je fus encore assez mal la nuit; je n'entendois point parler de d'Hacqueville; je sentis son oubli; j'y pensai, j'en parlai : le matin je me portai mieux, et mieux à ces maux-là, c'est être guéri. M. d'Ormesson vint à moi tout effrayé, et me dit que M. d'Hacqueville venoit de lui apprendre au palais que j'étois fort mal; il le savoit donc. Le soir je lui écrivis une petite plainte amoureuse; il fut embarrassé, et voulut me donner de méchantes raisons; je lui fis voir clair que je n'avois pas envoyé chez madame de La Fayette : il ne poussa pas ce qu'il avoit dit à M. d'Ormesson, qui le rendoit coupable; et moi, qui suis honnête, je ne voulus pas le pousser aussi, et lui laissai dire qu'il n'avoit appris mon mal que par mon billet. Voilà une belle narration bien divertissante et bien nécessaire; mais elle est vraie, mon enfant. Si vous n'êtes fatiguée de ce récit, vous avez une bonne santé; je fais vœu de n'en jamais faire de si long.

Vous avez donc vu un pauvre vieux homme qu'on alloit rouer, et qui a soutenu avec courage ce cruel genre de mort; il s'est mieux comporté qu'un certain comte Frangipani, qui fut exécuté il y a deux mois à Vienne, pour avoir conspiré contre l'empereur. Ce Frangipani se trouva si incapable de supporter la mort en public, qu'il le fallut traîner au supplice, et le tenir à quatre* : voilà justement tout comme je ferois. Mais, à propos de supplice, en voici un petit qui vous fera frissonner : M. du Plessis avoit aux deux pieds un petit mal comme vous en avez eu; au lieu du traitement que vous a fait Charon, il a trouvé ici un fort habile homme, *un homme admirable*, dit mademoiselle du Plessis, qui lui a proposé et a exécuté un petit remède anodin; c'est de lui arracher de vive force les deux ongles des orteils tout entiers, et toute la racine, afin, dit-il, que cette incommodité ne revienne plus : il en étoit au lit quand nous sommes arrivés; il marche présentement, mais

---

* Madame de Sévigné étoit mal informée des circonstances de la mort du comte de Frangipani. Il fut exécuté publiquement à Neustadt le 30 avril 1671. Le comte arrivé sur l'échafaud se mit à genoux, ôta sa veste, et donna l'ordre à son page d'attacher ses cheveux, et de lui bander les yeux; puis, se rappelant qu'il devoit édifier le peuple, il retira son bandeau, et, prenant à la main le crucifix, il fit une belle remontrance aux assistants. On lui banda les yeux de nouveau. Il se mit à genoux sur un carreau de velours, et reçut un coup qui lui abattit l'épaule droite; comme il cherchoit à se relever, il reçut un second coup qui lui trancha la tête. L'exécuteur, soupçonné de l'avoir manqué à dessein, fut arrêté.

c'est comme un château branlant; je crois qu'on lui dira toute sa vie : *Je crains que vous tombiez, vous n'êtes pas trop bien assuré sur vos jambes*[1]. Du reste, mademoiselle du Plessis est toujours adorable : elle assure qu'elle a toujours ouï dire que M. de Grignan *étoit le plus beau garçon, le plus beau garçon qu'on eût su voir*; prenez son ton, vous lui auriez donné un second soufflet[2]. Je suis quelquefois assez malencontreuse pour dire quelque chose qui lui plaise; je voudrois que vous l'entendissiez me louer et me copier. Elle a retenu aussi certaines choses que vous disiez ici, qu'elle nous redonne avec la même grace : hélas! si rien ne me faisoit mieux souvenir de vous, que je serois heureuse!

Pomenars[3] est toujours accablé de procès criminels, où il ne va jamais moins que de sa vie. Il sollicitoit l'autre jour à Rennes avec une grande barbe; quelqu'un lui demanda pourquoi il ne se faisoit point raser : « Moi, « dit-il, je serois bien fou de prendre de la peine après « ma tête, sans savoir à qui elle doit être : le roi me la « dispute; quand on saura à qui elle doit demeurer, si « c'est à moi, j'en aurai soin. » Voilà de quelle manière triste il sollicite ses juges.

[1] Trait du *Roman comique*.
[2] *Voyez* la lettre du 26 juillet suivant.
[3] Gentilhomme breton dont on a dit qu'il avoit eu un procès pour fausse monnoie, et qu'ayant été justifié, il paya les épices de son arrêt en fausses espèces. *Voyez* les lettres des 24, 26 juillet, et 11 novembre 1671.
[a] Ce mot est de Thomas Morus, chancelier d'Angleterre, qui aima mieux mourir sur l'échafaud que de reconnoître la suprématie spirituelle de Henri VIII.

Vous verrez, par cette lettre de l'évêque de Marseille, que nous sommes toujours amis : il me semble que j'ai reçu plus de dix fois cette même lettre ; ce sont toujours les mêmes phrases ; il ne donne point dans la *justice de croire* ; il me prie d'être persuadée qu'*il est, avec une vénération extraordinaire, l'évêque de Marseille* ; et je le crois. Continuez l'amitié sincère qui est entre vous ; ne levez point le masque, et ne vous chargez point d'avoir une haine à soutenir : c'est un plus grand fardeau que vous ne pensez.

Quelle audace de vous faire peindre ! Je m'en réjouis, c'est signe que vous êtes belle. Mandez-moi comme vous avez trouvé votre beau château ; je vous souhaite quelquefois une de mes allées parmi vos grandeurs, vous qui en trouvez sur la pointe d'une aiguille[*]. Votre frère est un trésor de folie qui tient bien sa place ici. Nous avons quelquefois encore de bonnes conversations dont il pourroit faire son profit ; mais son esprit est un peu fricassé dans de la crème fouettée ; il est aimable à cela près. Et l'italien, l'oubliez-vous ? J'en lis toujours un peu pour entretenir noblesse. Vous dites donc que M. de Grignan m'embrasse. Vous perdez le respect, mon pauvre Grignan ; viens donc un peu jouer dans mon mail, je t'en conjure ; il y fait si beau ; j'ai tant d'envie de vous voir jouer, vous avez si bonne grace, vous faites de si beaux coups. Vous êtes bien cruel de me refuser une promenade d'une heure seulement. Et vous, ma petite,

---

[*] Allusion aux promenades qui entourent Grignan, et qui ne présentent pas de belles allées, le château étant construit sur le sommet d'une montagne.

venez, nous causerons. Ah! mon Dieu, j'ai bien envie de pleurer.

***

152.*

A la même.

Aux Rochers, mercredi 10 juin 1671.

Je ne vous écris aujourd'hui, ma chère enfant, que pour vous écrire; car je n'ai vos lettres que le vendredi, et j'y fais réponse le dimanche. Je vais donc vous entretenir, ce qui s'appelle de la pluie et du beau temps. Je commence par la pluie; car pour le beau temps je n'ai rien à vous en dire; il y a huit jours qu'il pleut ici continuellement; je dis continuellement, parceque la pluie n'est interrompue que par des orages. Je ne puis sortir; mes ouvriers sont dispersés; je suis dans une tristesse épouvantable; La Mousse est tout chagrin aussi: nous lisons, cela nous soutient la vie. Mon fils est à Rennes, où nous avons cru qu'il falloit l'envoyer pour y voir le premier président, et beaucoup d'amis que j'y ai conservés: s'il a du temps, je lui conseillerai aussi d'aller voir M. de Coëtquen*; il est en âge de rendre ces sortes de devoirs. Il y eut encore dimanche un bal à Vitré. J'ai peur que mon fils ne trouve de bonne compagnie dix ou douze hommes qui soupent avec lui à la tour de Sé-

* Le marquis de Coëtquen étoit gouverneur de Saint-Malo.

vigné*; il faut les souffrir, mais il faut bien se garder de les trouver bons. Il y eut dans ce repas une jolie querelle sur un rien : un démenti se fit entendre, on se jeta entre deux; on parla beaucoup, on raisonna peu; M. le marquis eut l'honneur d'accommoder cette affaire et partit ensuite pour Rennes. Il y a de grandes cabales à Vitré : mademoiselle de Croqueoison se plaint de mademoiselle du Cernet, parceque l'autre jour, à un bal, il y eut des oranges douces dont on ne lui fit point de part; il faudroit entendre là-dessus mademoiselle du Plessis et la Launay, comme elles possèdent bien les détails de cette affaire. Mademoiselle du Plessis laisse périr toutes les affaires qu'elle a à Vitré, et ne veut pas y mettre les pieds de peur de me donner de la jalousie de cette nouvelle amie; et même l'autre jour, afin de me donner un entier repos, elle m'en dit beaucoup de mal : quand il fait beau, cela me fait rire; mais quand il pleut, je lui donnerois bien un soufflet, comme vous fîtes un jour. Madame de Coulanges me mande qu'elle n'a point de nouvelles de Brancas, sinon que de ses six chevaux de carrosse il ne lui en est resté qu'un, et qu'il a été le dernier à s'en apercevoir. On ne me mande rien de nouveau : notre petite d'Alègre est chez sa mère; on croit que M. de Seignelai*b* l'épousera. Je m'imagine que vous

a C'est l'hôtel de madame de Sévigné à Vitré. On l'appeloit la Tour de Sévigné, parcequ'il fait partie des fortifications de la ville, et qu'il est construit sur le fossé.

b Le marquis de Seignelai, fils aîné de Colbert, ministre secrétaire d'état au département de la marine. C'est sous son administration que la marine françoise fut placée au premier rang. Il aimoit les letne manquez pas de gens qui vous mandent tout ; pour moi, je méprise tous les petits événements ; j'en voudrois qui pussent me donner de grands étonnements. J'en ai eu un ce matin dans le cabinet de l'abbé : nous avons trouvé, avec ces jetons qui sont si bons, que j'aurai eu *cinq cent trente mille livres de bien*, en comptant toutes mes petites successions. Savez-vous bien que ce que m'a donné notre cher abbé ne sera pas moins de *quatre-vingt mille francs ?* Hélas! vous croyez bien que je n'ai pas d'impatience de l'avoir; et *cent mille francs* de Bourgogne*: voilà qui est venu depuis que vous êtes mariée; le reste, c'est *cent mille écus* en me mariant, *dix mille écus* depuis de M. de Châlons*b*, et *vingt mille francs*c des petits partages de certains oncles. Mais n'admirez-vous pas où l'ennui me jette, ma chère enfant? Je ferois bien mieux de vous dire combien je vous aime tendre-

tres, et ceux qui les cultivoient. Boileau lui adressa sa neuvième épître. Le projet de mariage, dont madame de Sévigné parle ici, se réalisa. M. de Seignelai épousa, le 8 février 1675, Marie-Marguerite d'Alègre, et il la perdit le 16 mars 1678. (*Voyez* la lettre de madame de Sévigné au comte de Bussy, du 18 mars 1678.)

a C'étoit la succession du président Frémiot, cousin de madame de Sévigné. *Voyez* la lettre à Bussy, du 16 avril 1670.

b Jacques de Neuchèse, grand-oncle de madame de Sévigné. (*Voyez* la note de la lettre 53, tome 1er, page 128.) Il lui avoit fait donation de ces 10,000 écus par contrat de mariage. *Voyez* le fragment des Mémoires de Bussy-Rabutin, qui est à la suite de la lettre 54, tome 1er, page 141.

c Le marc d'argent monnoie comptoit alors pour 28 liv. 13 s. 8 d.; ainsi 1,000 liv. d'alors expriment la même somme que 1,810 francs d'aujourd'hui.

ment, combien vous êtes les délices de mon cœur et de ma vie, et ce que je souffre tous les jours, quand je fais réflexion en quel endroit la Providence vous a placée. Voilà de quoi se compose ma bile : je souhaite que vous n'en composiez point la vôtre; vous n'en avez pas besoin dans l'état où vous êtes; vous avez un mari qui vous adore : rien ne manque à votre grandeur; tâchez seulement de faire quelque miracle à vos affaires, afin que le retour de Paris ne soit retardé que par les devoirs de votre charge, et point par nécessité. Voilà qui est bien aisé à dire, je voudrois qu'il le fût encore plus à faire; les souhaits n'ont jamais été défendus. On me mande que madame de Valavoire* est à Paris et qu'elle ne peut se taire de votre beauté, de votre politesse, de votre esprit, de votre capacité, et même de votre coiffure que vous avez devinée, et que vous exécutez comme au milieu de la cour. Madame de La Troche et moi nous avons l'honneur de vous l'avoir assez bien représentée, pour vous mettre à portée de faire ce petit miracle. Elle est encore à Paris, cette Troche; elle ira vers la fin de ce mois chez elle; pour moi je ne sais encore ce que me feront les états; je crois que je m'enfuirai de peur d'être ruinée. C'est une belle chose que d'aller dépenser quatre ou cinq cents pistoles en fricassées et en dîners pour l'honneur d'être la maison de plaisance de M. et de madame de Chaulnes, de madame de Rohan, de M. de Lavardin

---

* Marie Amat, femme de François-Auguste de Valavoire-de-Vaulx, lieutenant général des armées du roi. Elle étoit sœur de la marquise de Buzenval, et de madame de Forbin-Soliers.

et de toute la Bretagne, qui, sans me connoître, pour le plaisir de contrefaire les autres, ne manqueroit pas de venir ici : nous verrons. Je regrette seulement de quitter M. d'Harrouïs, et cette maison où je n'aurai pas encore fait la moitié des affaires que j'y ai. Au reste, ma fille, une de mes grandes envies, ce seroit d'être dévote; j'en tourmente La Mousse tous les jours; je ne suis ni à Dieu, ni au diable : cet état m'ennuie, quoiqu'entre nous je le trouve le plus naturel du monde. On n'est point au diable parcequ'on craint Dieu, et qu'au fond on a un principe de religion; on n'est point à Dieu aussi, parceque sa loi paroît dure, et qu'on n'aime point à se détruire soi-même : cela compose les tièdes, dont le grand nombre ne m'étonne point du tout; j'entre dans leurs raisons; cependant Dieu les hait : il faut donc sortir de cet état, et voilà la difficulté. Mais peut-on jamais être plus insensée que je le suis en vous écrivant à l'infini toutes ces rapsodies? Ma chère enfant, *je vous demande excuse* à la mode du pays; je cause avec vous, cela me fait plaisir; gardez-vous bien de me faire réponse; mandez-moi seulement des nouvelles de votre santé, avec un demi-brin de vos sentiments, pour me faire voir si vous êtes contente et si vous vous plaisez à Grignan : voilà tout. Aimez-moi; quoique nous ayons tourné ce mot en ridicule, il est naturel, il est bon; et pour moi, je ne vous dirai point si je suis à vous, ni de quel cœur, ni avec quelle tendresse véritable. J'embrasse le Comte. Notre abbé et La Mousse vous adorent.

G.

153.

A la même.

Aux Rochers, dimanche, 14 juin 1671.

Je comptois recevoir vendredi deux de vos lettres à-la-fois; et comment se peut-il que je n'en aie seulement pas une? Ah! ma fille, de quelque endroit que vienne ce retardement, je ne puis vous dire ce qu'il me fait souffrir. J'ai mal dormi ces deux nuits passées; j'ai renvoyé deux fois à Vitré, pour chercher à m'amuser de quelque espérance; mais c'est inutilement. Je vois par-là que mon repos est entièrement attaché à la douceur de recevoir de vos nouvelles. Me voilà insensiblement tombée dans la radoterie de Chesières : je comprends sa peine si elle est comme la mienne; je sens ses douleurs de n'avoir pas reçu cette lettre du 27 : on n'est pas heureux quand on est comme lui; Dieu me préserve de son état; et vous, ma fille, préservez-m'en sur toutes choses. Adieu, je suis chagrine, je suis de mauvaise compagnie; quand j'aurai reçu de vos lettres, la parole me reviendra. Quand on se couche, on a des pensées qui ne sont que gris-brun, comme dit M. de La Rochefoucauld; et la nuit elles deviennent tout-à-fait noires : je sais qu'en dire.

154.*

A la même.

Aux Rochers, dimanche 21 juin 1671.

Enfin, ma fille, je respire à mon aise, je fais un soupir comme M. de La Souche¹ : mon cœur est soulagé d'une presse qui ne me donnoit aucun repos; j'ai été deux ordinaires sans recevoir de vos lettres, et j'étois si fort en peine de votre santé, que j'étois réduite à souhaiter que vous eussiez écrit à tout le monde, hormis à moi. Je m'accommodois mieux d'avoir été un peu retardée dans votre souvenir, que de porter l'épouvantable inquiétude que j'avois de votre santé; mais, mon Dieu! je me repens de vous avoir écrit mes douleurs ; elles vous donneront de la peine quand je n'en aurai plus ; voilà le malheur d'être éloignées : hélas! il n'est pas le seul.

Vous me mandez des choses admirables de vos cérémonies de la Fête-Dieu; elles sont tellement profanes, que je ne comprends pas comme votre saint archevêque² les veut souffrir : il est vrai qu'il est Italien, et que cette

¹ *Voyez* la scène VI du second acte de l'*École des Femmes.* M. de La Souche, trouvant son nom trop bourgeois, se faisoit appeler Arnolphe.
² Le cardinal Grimaldy.

mode vient de son pays. Enfin, ma fille, vous êtes belle ; quoi ! vous n'êtes point pâle, maigre, abattue comme la princesse Olympie *! ah ! je suis trop heureuse. Au nom de Dieu, amusez-vous, appliquez-vous à vous bien conserver ; je vous remercie de vous habiller : cette négligence que nous vous avons tant reprochée étoit d'une honnête femme ; votre mari peut vous en remercier : mais elle étoit bien ennuyeuse pour les spectateurs. Vous aurez, ma chère bonne, quelque peine à ralonger les jupes courtes ; nos demoiselles de Vitré, dont l'une s'appelle de Bonnefoi-de-Croqueoison, et l'autre de Kerborgne, les portent au-dessus de la cheville du pied. J'appelle la Plessis mademoiselle de Kerlouche ; ces noms me réjouissent. Nous avons eu ici des pluies continuelles ; et, au lieu de dire, après la pluie vient le beau temps, nous disons, après la pluie vient la pluie. Tous nos ouvriers ont été dispersés ; et au lieu de m'adresser votre lettre au pied d'un arbre, vous auriez pu l'adresser au coin du feu. Nous avons eu depuis mon arrivée beaucoup d'affaires ; nous ne savons encore si nous fuirons les états, ou si nous les affronterons. Ce qui est certain, et dont je crois que vous ne douterez pas, c'est que nous

---

* Allusion à une héroïne de l'Arioste. La princesse Olympie, abandonnée par Birène dans une île déserte, cherche en vain son époux qui n'est plus à ses côtés ; elle gravit un rocher, et aperçoit dans le lointain la voile qui emporte l'infidèle. A cette vue elle tombe toute tremblante, plus pâle et plus froide que la neige.

> *Tutta tremente si lasciò cadere,*
> *Più bianca, e più che neve, fredda in volto.*
> ORLANDO FURIOSO, cant. X, stanz. 24.

sommes bien loin de vous oublier : nous en parlons très
souvent ; mais, quoique j'en parle beaucoup, j'y pense
encore davantage, et jour et nuit, et quand il semble
que je n'y pense plus, et enfin, comme on devroit penser à Dieu si on étoit véritablement touché de son
amour*; j'y pense, en un mot, d'autant plus que très
souvent je ne veux pas parler de vous : il y a des excès
qu'il faut corriger, et pour être polie, et pour être politique; il me souvient encore comme il faut vivre pour
n'être pas pesante : je me sers de mes vieilles leçons.

Nous lisons fort ici; La Mousse m'a priée qu'il pût
lire le Tasse avec moi : je le sais fort bien, parceque j'ai
très bien appris l'italien ; cela me divertit : son latin et
son bon sens le rendent un bon écolier; et ma routine
et les bons maîtres que j'ai eus me rendent une bonne
maîtresse. Mon fils nous lit des bagatelles, des comédies
qu'il joue comme Molière, des vers, des romans, des
histoires; il est fort amusant, il a de l'esprit, il entend
bien, il nous entraîne; il nous a empêchés de prendre
aucune lecture sérieuse, comme nous en avions le dessein : quand il sera parti, nous reprendrons quelque
belle morale de Nicole ; mais surtout il faut tâcher de
passer sa vie avec un peu de joie et de repos; et le moyen,
quand on est à cent mille lieues de vous! Vous dites
fort bien, on se voit et on se parle au travers d'un gros
crêpe. Vous connoissez les rochers, et votre imagination

* La même pensée se trouve dans la lettre du 9 février 1671. C'est
apparemment ce qui avoit fait retrancher ce passage dans l'édition
de 1754. Cependant on a du plaisir à retrouver cette pensée revêtue
d'une nouvelle expression.

sait un peu où me prendre : pour moi, je ne sais où j'en suis ; je me suis fait une Provence, une maison à Aix peut-être plus belle que celle que vous avez ; je vous y trouve. Pour Grignan, je le vois aussi ; mais vous n'avez point d'arbres, cela me fâche *a* : je ne vois pas bien où vous vous promenez ; j'ai peur que le vent ne vous emporte sur votre terrasse : si je croyois qu'il pût vous apporter ici par un tourbillon, je tiendrois toujours mes fenêtres ouvertes, et je vous recevrois, Dieu sait ! Voilà une folie que je pousserois loin. Mais je reviens, et je trouve que le château de Grignan est parfaitement beau ; il sent bien les anciens Adhémar. Je suis ravie de voir comme le bon abbé vous aime ; son cœur est pour vous comme si je l'avois pétri de mes propres mains ; cela fait justement que je l'adore. Votre fille est plaisante ; elle n'a pas osé aspirer à la perfection du nez de sa mère, elle n'a pas voulu aussi..... je n'en dirai pas davantage ; elle a pris un troisième parti, et s'est avisée d'avoir un petit nez carré[1] : mon enfant, n'en êtes-vous point fâchée ? Mais pour cette fois vous ne devez pas avoir cette idée ; mirez-vous, c'est tout ce que vous devez faire pour finir heureusement ce que vous commencez si bien. Adieu, ma très aimable enfant ; embrassez M. de Grignan pour moi. Vous lui pouvez dire les bontés de notre abbé.

a Il n'y en a pas un autour du château, mais le pays est ombragé.
[1] C'est-à-dire, à-peu-près comme celui de madame de Sévigné.

155. *

A la même.

Aux Rochers, mercredi 24 juin 1671,
au coin de mon feu.

Je ne vous parlerai plus du temps; je serois aussi ennuyeuse que lui, si je ne finissois ce chapitre.

Qu'il soit beau, qu'il soit laid, je n'en veux plus rien dire.
J'en ai fait vœu, etc.

Je n'ai point eu de vos lettres cette semaine, mais je n'en ai point été en peine, parceque vous m'aviez mandé que vous ne m'écririez pas. J'en attends donc de Grignan avec patience; mais pour l'autre semaine, comme je n'y étois point préparée, je vous avoue que le malentendu qui me retint vos lettres me donna une violente inquiétude. J'en ai bien importuné le pauvre d'Hacqueville, et vous-même, ma fille : je m'en repens, et voudrois bien ne l'avoir pas fait; mais je suis naturelle, et quand mon cœur est en presse, je ne puis m'empêcher de me plaindre à ceux que j'aime bien : il faut pardonner ces sortes de foiblesses; comme disoit un jour madame de La Fayette, a-t-on gagé d'être parfaite? Non, assurément; et si j'avois fait cette gageure, j'y aurois bien perdu mon argent. J'ai eu ici deux fois M. de Coëtquen, à trois jours l'un de l'autre; il alloit affermer une terre à trois lieues d'ici; et pour la hausser de cinquante francs, il a dépensé cent pistoles dans son voyage. Il m'a fort demandé de vos nouvelles et de celles de M. de Grignan : en parlant des gens adroits et de belle taille, il le nomma le plus naturellement du monde : je vous prie de me mander s'il est toujours digne qu'on le mette au premier rang des gens adroits. Nous trouvâmes votre procession admirable : je ne crois pas qu'il y en ait une en France qui lui ressemble*. Mes allées sont d'une beauté extrême; je vous les souhaite quelquefois pour servir de promenade aux habitants de votre grand château. Mon fils est encore ici, et ne s'y ennuie point du tout : j'aurois plusieurs choses à vous dire sur son chapitre, mais ce sera pour un autre temps. Nous avons eu de vilains *Bohêmes*¹ qui nous ont fait mal au cœur. *Ils ne danseriont ma foi, Madame, non*

* La procession de la Fête-Dieu étoit à Aix la chose du monde la plus extravagante. On croit qu'elle fut instituée par le roi René, comte de Provence, vers le milieu du quinzième siècle. C'étoit un indécent mélange de religion, de paganisme et de chevalerie. Cette procession avoit du rapport avec la fête des fous et celle de l'âne, qui se célébroient dans quelques villes de France, et ont résisté assez long-temps au progrès des lumières et de la civilisation. Ceux qui seroient curieux de connoître ces bizarreries avec détail peuvent consulter l'*Explication de la cérémonie de la Fête-Dieu d'Aix*, imprimée à Aix en 1777, avec figures, et les Mémoires de du Tilliot.

¹ On nommoit ainsi certains vagabonds qui alloient en bande, courant les villes de province et les campagnes, où ils gagnoient leur vie à danser, à donner la bonne aventure, et sur-tout à marau-

*plus, ne vous déplaise, sauf le respect qui est dû à
votre grandeur, non plus que des balles de laine.*
Voilà ce que dit une de leurs femmes, qui étoit en colère contre la moitié de sa compagnie. J'ai retrouvé ici
le dialogue que vous fîtes un jour avec Pomenars : nous
en avons ri aux larmes. Pomenars peut se faire raser
au moins d'un côté, il est hors de l'affaire de son enlèvement*a*; il n'a plus que le courant de sa fausse monnoie, dont il ne se met guère en peine. Que vous dirai-je
encore, ma petite? Il y a peu de choses dont on puisse
parler à cœur ouvert de trois cents lieues. Une conversation dans le mail me seroit bien nécessaire; c'est un
lieu admirable pour discourir, quand on a le cœur comme
je l'ai; je ne veux point vous parler de la tendresse vive
et naturelle que j'ai pour vous, ce chapitre seroit ennuyeux. Adieu donc, ma très aimable enfant, notre
abbé vous adore toujours; j'attends avec une grande
impatience des nouvelles de votre voyage et de vos affaires; j'y prends un extrême intérêt : j'embrasse M. de
Grignan.

der par-tout où ils pouvoient.' M. Grcelmann a donné une Histoire
des Bohémiens; il les croit originaires de l'Inde. Il en a paru une
traduction françoise en 1810.

a Ce procès n'étoit pas terminé. *Voyez* la lettre du 26 juillet. Il
paroît même que Pomenars fut condamné, car dans la lettre du 11
novembre 1671, madame de Sévigné raconte qu'il se trouva présent
à son exécution par effigie.

156.

A la même.

Aux Rochers, dimanche 28 juin 1671.

Vous me récompensez bien, ma fille, de mes pertes passées; j'ai reçu deux lettres de vous qui m'ont transportée de joie : ce que je sens en les lisant ne se peut imaginer. Si j'ai contribué de quelque chose à l'agrément de votre style, je croyois ne travailler que pour le plaisir des autres, et non pas pour le mien : mais la Providence, qui a mis tant d'espaces et tant d'absences entre nous, m'en console un peu par les charmes de votre commerce, et encore plus par la satisfaction que vous me témoignez de votre établissement et de la beauté de votre château : vous m'y représentez un air de grandeur et une magnificence dont je suis enchantée. J'avois vu, il y a long-temps, des relations pareilles de la première madame de Grignan[1]; je ne devinois pas que toutes ces beautés seroient un jour sous l'honneur de vos commandements; je veux vous remercier d'avoir bien voulu m'en parler en détail. Si votre lettre m'avoit ennuyée, outre que j'aurois mauvais goût, il faudroit encore que

[1] Angélique-Claire d'Angennes.

j'eusse bien peu d'amitié pour vous, et que je fusse bien
indifférente pour ce qui vous touche. Défaites-vous de
cette haine que vous avez pour les détails ; je vous l'ai
déjà dit, et vous le pouvez sentir; ils sont aussi chers de
ceux que nous aimons, qu'ils nous sont ennuyeux des
autres; et cet ennui ne vient jamais que de la profonde
indifférence que nous avons pour ceux qui nous en im-
portunent : si cette observation est vraie, jugez de ce
que me sont vos relations. En vérité, c'est un grand plaisir que d'être, comme vous êtes, une véritable grande
dame : je comprends bien les sentiments de M. de Grignan, en vous voyant admirer son château : une grande
insensibilité là-dessus le mettroit dans un chagrin que
je m'imagine plus aisément qu'un autre : je prends part
à la joie qu'il a de vous voir contente; il y a des cœurs
qui ont tant de sympathie en certaines choses, qu'ils
sentent par eux ce que pensent les autres. Vous me parlez trop peu de Vardes [1] et de ce pauvre Corbinelli :
n'avez-vous pas été bien aise de parler leur langage?
Comment va la belle passion de Vardes pour la T....[a]?
Dites-moi s'il est bien désolé de la longueur infinie de
son exil, ou si la philosophie et un peu de *misanthro-
perie* soutiennent son cœur contre les coups de l'amour
et de la fortune. Vos lectures sont bonnes; Pétrarque

---

[1] Il ne fut rappelé qu'en 1682. C'étoit un homme infiniment aimable. *Voyez* les notes, tome Ier, pages 24 et 183.

[a] Je crois qu'il s'agit de mademoiselle de Toiras, fille du marquis
de Toiras, gouverneur de Montpellier. Je me fonde sur l'édition de
1726, qui nomme mademoiselle de Toiras, comme étant la maîtresse
de M. de Vardes. *Voyez* plus bas la lettre du 1er avril 1672.

vous doit divertir avec le commentaire que vous avez ;
celui que nous avoit fait mademoiselle de Scuderi sur
certains sonnets, les rendoit agréables à lire. Pour Tacite,
vous savez comme j'en étois charmée ici pendant nos
lectures, et comme je vous interrompois souvent pour
vous faire entendre des périodes où je trouvois de l'har-
monie : mais si vous en demeurez à la moitié je vous
gronde ; vous ferez tort à la majesté du sujet ; il faut
vous dire, comme ce prélat disoit à la reine mère : *ceci
est histoire* ; vous savez le conte. Je ne vous pardonne
ce manque de courage que pour les romans que vous
n'aimez pas. Nous lisons le Tasse avec plaisir : je m'y
trouve habile, par l'habileté des maîtres que j'ai eus.
Mon fils fait lire Cléopâtre[1] à La Mousse, et, malgré
moi, je l'écoute et j'y trouve encore quelques amuse-
ments. Mon fils s'en va en Lorraine ; son absence nous
donnera beaucoup d'ennui. Vous savez comme je suis
sur le chagrin de voir partir une compagnie agréable ;
vous savez aussi mes transports de joie, quand je vois
partir une chienne de carrossée qui m'a contrainte et
ennuyée ; c'est ce qui nous faisoit décider nettement
qu'une méchante compagnie est plus souhaitable qu'une
bonne. Je me souviens de toutes ces folies que nous
avons dites ici, et de tout ce que vous y faisiez, et de
tout ce que vous y disiez : ce souvenir ne me quitte jamais ; et puis tout d'un coup je pense où vous êtes ;
mon imagination ne me présente qu'un grand espace
fort éloigné ; votre château m'arrête maintenant les yeux ;

---

[1] Roman de La Calprenède.

les murailles de votre mail me déplaisent*. Le nôtre est d'une beauté surprenante, et tout le jeune plant que vous avez vu est délicieux : c'est une jeunesse que je prends plaisir d'élever jusqu'aux nues; et très souvent, sans considérer les conséquences ni mes intérêts, je fais jeter de grands arbres à bas, parcequ'ils font ombrage, ou qu'ils incommodent mes jeunes enfants : mon fils regarde cette conduite; mais je ne lui en laisse pas faire l'application *b*. Pilois¹ est toujours mon favori, et je préfère sa conversation à celle de plusieurs qui ont conservé le titre de chevalier au parlement de Rennes. Je suis *libertine* plus que vous; je laissai l'autre jour retourner chez soi un carrosse plein de *Fouesnellerie*, par une pluie horrible, faute de les prier de bonne grace de demeurer; jamais ma bouche ne put prononcer les paroles qui étoient nécessaires. Ce n'étoient pas les deux jeunes femmes, c'étoit la mère et une guimbarde de Rennes, et les fils. Mademoiselle du Plessis est toute telle que vous la représentez, et encore un peu plus impertinente; ce qu'elle dit tous les jours sur la crainte de me donner de la jalousie est une chose originale dont je suis au désespoir, quand je n'ai personne pour en rire. Sa belle-sœur est fort jolie, sans être ridicule

a Ces murailles à hauteur d'appui existent encore. Le mail de Grignan, ombragé de vieux ormeaux, tapissé d'une belle pelouse, est hors de la ville, et assez loin du château.

b Madame de Grignan avoit un an de moins que son frère.

¹ Jardinier des Rochers.

c La famille de Fouesnel habitoit le château de ce nom, à quelques lieues des Rochers.

en rien, et parle gascon au milieu de la Bretagne : j'en ai la même joie que vous avez de ma Laguette, qui parle parisien au milieu de la Provence : cette petite Basse-Brette est fort aimable. Je vous trouve fort heureuse d'avoir madame de Simiane[1]; vous avez avec elle un fonds de connoissance qui vous doit ôter toutes sortes de contraintes; c'est beaucoup; cela vous fera une compagnie agréable : puisqu'elle se souvient de moi, faites-lui bien mes compliments, je vous en conjure, et à notre cher coadjuteur. Nous ne nous écrivons plus, et nous ne savons pourquoi; nous nous trouvons trop loin, cependant j'admire la diligence de la poste. La comparaison de Chilly[a] m'a ravie, et de voir ma chambre déjà marquée : je ne souhaite rien tant que de l'occuper; ce sera de bonne heure l'année qui vient, et cette espérance me donne une joie dont vous comprendrez une partie par celle que vous aurez de m'y recevoir. J'admire *Cateau*; je crois qu'elle est mariée; mais elle a eu une conduite bien malhonnête et bien scandaleuse; je lui pardonne moins d'avoir voulu tuer son enfant, étant de son mari, que si elle l'avoit eu d'un autre; et cela vient d'un bien plus mauvais fond. Son mari, à ce qu'on me mande de Paris, est un certain *Droguet* que vous avez vu laquais de Chesières. L'amour est quelquefois bien inutile de s'amuser à de si sottes gens; je vou-

---

[1] Madeleine Hay-du-Châtelet, femme de Charles-Louis, marquis de Simiane. Elle fut dans la suite belle-mère de Pauline de Grignan.

[a] Les châteaux de Chilly et de Grignan ont effectivement quelque rapport.

drois qu'il ne fût que pour les gens choisis, aussi bien que tous ses effets qui me paroissent trop communs et trop répandus. Si vous vous chargez de rougir pour toutes vos voisines, et que votre imagination soit toujours aussi vive qu'avec la B...., vous sortirez toujours belle comme un ange de toutes vos conversations. Vous voulez donc que je mette sur ma conscience le paquet de cette femme, je le veux; mais avec cette précaution, que je ne vous réponds pas que cela soit vrai; au contraire, je le crois faux : il ne faut point croire aux méchantes langues; en un mot, je renonce au pacte. On disoit donc que M...... avoit un peu avancé les affaires, et qu'il avoit eu grand'hâte de la marier : cependant,

> Cela ne pût être si juste,
> Qu'au bout des cinq mois, comme Auguste,
> (*M. de C***) ne se trouvât un héritier.

La question fut de faire passer pour une mauvaise couche la meilleure qui fut jamais, et un enfant qui se portoit à merveille, pour un petit enfant mort. Ce fut une habileté qui coûta de grands soins à ceux qui s'en mêlèrent, et qui feroit bien une histoire de roman : j'en ai su tout le détail; mais ce seroit une narration infinie. En voilà assez pour faire que vous rougissiez, si on parle de se blesser à cinq mois : l'enfant mourut heureusement. Je reviens encore à vous, c'est-à-dire à cette divine fontaine de Vaucluse; quelle beauté! Pétrarque avoit bien raison d'en parler souvent; mais songez que je verrai toutes ces merveilles; moi, qui honore les antiquités, j'en serai ravie, et de toutes les magnificences de Grignan. L'abbé aura bien des affaires; après les ordres doriques et les titres de votre maison, il n'y a rien à souhaiter que l'ordre que vous y allez mettre; car, sans un peu de subsistance, tout est dur, tout est amer. Ceux qui se ruinent me font pitié : c'est la seule affliction dans la vie qui se fasse toujours sentir également, et que le temps augmente au lieu de la diminuer. J'ai souvent des conversations sur ce sujet avec un de nos petits amis [a]; s'il veut profiter de toutes celles que nous avons faites, il en a pour long-temps, et sur toutes sortes de chapitres, et d'une manière si peu ennuyeuse, qu'il ne devroit pas les oublier. Je suis aise que vous ayez cet automne une couple de beaux-frères; je trouve que votre journée est fort bien réglée : on va loin sans mourir d'ennui, pourvu qu'on se donne des occupations, et qu'on ne perde point courage. Le beau temps a remis tous mes ouvriers en campagne, cela me divertit : quand j'ai du monde, je travaille à ce beau parement d'autel, que vous m'avez vu traîner à Paris; quand je suis seule, je lis, j'écris, je suis en affaires dans le cabinet de notre abbé; je vous le souhaite quelquefois pour deux ou trois jours seulement.

Je consens au commerce de bel esprit que vous me proposez. Je fis l'autre jour une maxime tout de suite sans y penser, et je la trouvai si bonne, que je crus l'avoir retenue par cœur de celles de M. de La Rochefoucauld : je vous prie de me le dire; en ce cas il faudroit

[a] M. de Sévigné.

louer ma mémoire plus que mon jugement : je disois, comme si je n'eusse rien dit, que *l'ingratitude attire les reproches, comme la reconnoissance attire de nouveaux bienfaits.* Dites-moi donc ce que c'est que cela? l'ai-je lu? l'ai-je rêvé? l'ai-je imaginé? Rien n'est plus vrai que la chose, et rien n'est plus vrai aussi que je ne sais où je l'ai prise, et que je l'ai trouvée toute rangée dans ma tête, et au bout de ma langue. Pour la sentence de *bella cosa, far niente*, vous ne la trouverez plus si fade, quand vous saurez qu'elle est dite pour votre frère; songez à sa déroute de cet hiver. Adieu, ma très aimable enfant, conservez-vous, soyez belle, habillez-vous, amusez-vous, promenez-vous. Je viens d'écrire à Vivonne[1] pour un capitaine bohême, afin qu'il lui relâche un peu ses fers, pourvu que cela ne soit point contre le service du roi. Il y avoit parmi nos *Bohêmes*, dont je vous parlois l'autre jour[2], une jeune fille qui danse très bien, et qui me fit extrêmement souvenir de votre danse : je la pris en amitié; elle me pria d'écrire en Provence pour son grand-père, *qui est à Marseille*. Et où est-il votre grand-père? *Il est à Marseille*, d'un ton doux, comme si elle disoit, *il est à Vincennes*. C'étoit un capitaine bohême d'un mérite singulier[3]; de sorte que je lui promis d'écrire, et je me suis avisée tout d'un coup d'écrire à Vivonne : voilà ma lettre ; si vous n'êtes pas

[1] M. de Vivonne étoit général des galères.

[2] *Voyez* la lettre du 24 juin 1671, page 89.

[3] Il étoit alors forçat des galères, pour avoir trop bien fait son métier de *Bohême*.

en état que je puisse rire avec lui, vous la brûlerez ; si vous la trouvez mauvaise, vous la brûlerez encore ; si vous êtes assez bien avec ce *gros crevé*, et que ma lettre vous en épargne une autre, vous la ferez cacheter, et vous la lui ferez tenir. Je n'ai pu refuser cette prière au ton de la petite fille, et au menuet le mieux dansé que j'aie vu depuis ceux de mademoiselle de Sévigné ; c'est votre même air ; elle est de votre taille, elle a de belles dents et de beaux yeux. Voici une lettre d'une telle longueur, que je vous pardonne de ne la point achever : je le comprendrai plus aisément que de demeurer au septième tome de *Cassandre* et de *Cléopâtre*. Je vous embrasse très tendrement. M. de Grignan est bien loin de se figurer qu'on puisse lire des lettres de cette longueur ; mais, tout de bon, les lisez-vous en un jour ?

157.

A la même.

Aux Rochers, mercredi 1ᵉʳ juillet 1671.

Voilà donc le mois de juin passé, j'en suis tout étonnée, je ne pensois pas qu'il dût jamais finir. Ne vous souvient-il pas d'un certain mois de septembre que vous trouviez qui ne prenoit point le chemin de faire jamais place au mois d'octobre ? Celui-ci prenoit le même train ; mais je vois bien maintenant que tout finit : m'en voilà persuadée.

C'est une aimable demeure que Fouesnel *a*; nous y fûmes hier, mon fils et moi, dans une calèche à six chevaux; il n'y a rien de plus joli, il semble qu'on vole : nous fîmes des chansons que nous vous envoyons; le cas que nous faisons de votre prose ne nous empêche point de vous faire part de nos vers. Madame de La Fayette est bien contente de la lettre que vous lui avez écrite. Voilà qui est fait, ma fille, votre frère nous va quitter. Nous allons nous jeter, La Mousse et moi, dans de bonnes lectures. Le Tasse nous amuse fort, et toutes les bagatelles du monde nous ont divertis jusqu'ici, à cause de mon fils qui en est le roi. Je m'en vais faire de grandes promenades *toute seule tête-à-tête*, comme disoit Tonquedec *b*. Croyez-vous que je pense à vous? J'ai aussi *mon petit ami* que j'aime tendrement : la plus aimable chose du monde est un portrait bien fait; quoi que vous puissiez dire, celui-là ne vous fait point de tort. Vos lettres de Grignan m'ont nourrie et consolée de mes chagrins passés; j'en attends toujours avec impatience; mais, de bonne foi, j'en écris souvent d'une longueur trop excessive, je veux que celle-ci soit raisonnable; il n'est pas juste de juger de vous par moi : cette mesure est téméraire; vous avez moins de loisir que moi.

Voilà mademoiselle du Plessis qui entre; elle me plante ce baiser que vous connoissez, et me presse de lui montrer l'endroit de vos lettres où vous parlez d'elle.

a Château dans le voisinage des Rochers.
b René de Quengo, seigneur de Tonquedec, qui fut, en août 1683, député vers la cour par la noblesse de Bretagne; c'étoit un ami du marquis de Sévigné.

Mon fils a eu l'insolence de lui dire devant moi que vous vous souveniez d'elle fort agréablement, et me dit ensuite : Montrez-lui l'endroit, madame, afin qu'elle n'en doute pas : me voilà rouge comme vous, quand vous pensez aux péchés des autres; je suis contrainte de mentir mille fois, et de dire que j'ai brûlé votre lettre. Voilà les malices de ce guidon [1]. En récompense, je l'assurai l'autre jour que si vous répondiez au-dessus de *la reine d'Aragon*, vous ne mettriez pas *à Guidon le Sauvage*. J'ai reçu une lettre de Guitaud fort douce et fort honnête; il me mande qu'il a trouvé en moi depuis quelque temps mille bonnes choses, à quoi il n'avoit pas pensé; et moi, de peur de lui répondre sottement que je *crains bien de détruire son opinion*, je lui dis que j'espère qu'il m'aimera encore davantage, quand il me connoîtra mieux ; je réponds toutes les extravagances qui se présentent à moi, plutôt que ces selles à tous chevaux dont nous avons tant ri ici. Je suis persuadée que vous vous aiderez fort bien de madame de Simiane : il faut ôter l'air et le ton de compagnie le plus tôt que l'on peut, et faire entrer les gens dans nos plaisirs et dans nos fantaisies; sans cela il faut mourir, et c'est mourir d'une vilaine épée. Je l'ai juré, ma fille, je vais finir; je me fais une extrême violence pour vous quitter, notre commerce fait l'unique plaisir de ma vie; je suis persuadée que vous le croyez. Je vous embrasse, ma chère petite, et je baise vos belles joues.

[1] M. de Sévigné étoit guidon des gendarmes Dauphins.

158.

A la même.

Aux Rochers, dimanche 5 juillet 1671.

C'est bien une marque de votre amitié, ma chère enfant, que d'aimer toutes les bagatelles que je vous mande d'ici : vous prenez fort bien l'intérêt de mademoiselle de Croqueoison; en récompense, il n'y a pas un mot dans vos lettres qui ne me soit cher : je n'ose les lire, de peur de les avoir lues; et si je n'avois la consolation de les recommencer plusieurs fois, je les ferois durer plus long-temps; mais, d'un autre côté, l'impatience me les fait dévorer. Je voudrois bien savoir comme je ferois, si votre écriture étoit comme celle de d'Hacqueville, la force de l'amitié me la déchiffreroit-elle? En vérité, je ne le crois quasi pas : on conte pourtant des histoires là-dessus; mais enfin j'aime fort d'Hacqueville, et cependant je ne puis m'accoutumer à son écriture : je ne vois goutte dans ce qu'il me mande; il me semble qu'il me parle dans un pot cassé; je tiraille, je devine, je dis un mot pour un autre, et puis, quand le sens m'échappe, je me mets en colère, et je jette tout. Je vous dis tout ceci en secret; je ne voudrois pas qu'il sût les peines qu'il me donne; il croit que son écriture est moulée : mais vous qui parlez, mandez-moi comment vous vous en accommodez. Mon fils partit hier, très fâché de nous quitter : il n'y a rien de bon, ni de droit, ni de noble que je ne tâche de lui inspirer ou de lui confirmer : il entre avec douceur et approbation dans tout ce qu'on lui dit; mais vous connoissez la foiblesse humaine; ainsi je mets tout entre les mains de la Providence, et me réserve seulement la consolation de n'avoir rien à me reprocher sur son sujet. Comme il a de l'esprit, et qu'il est divertissant, il est impossible que son absence ne nous donne de l'ennui. Nous allons commencer un traité de morale de M. Nicole; si j'étois à Paris, je vous enverrois ce livre, vous l'aimeriez fort. Nous continuons le Tasse avec plaisir, et je n'ose vous dire que je suis revenue à Cléopâtre, et que, par le bonheur que j'ai de n'avoir point de mémoire, cette lecture me divertit encore; cela est épouvantable : mais vous savez que je ne m'accommode guère bien de toutes les pruderies qui ne me sont pas naturelles; et comme celle de ne plus aimer ces livres-là ne m'est pas encore entièrement arrivée, je me laisse divertir sous le prétexte de mon fils qui m'a mise en train. Il nous a lu aussi des chapitres de Rabelais à mourir de rire; en récompense, il a pris beaucoup de plaisir à causer avec moi; et si je l'en crois, il n'oubliera rien de tous mes discours : je le connois bien, et souvent, au travers de ses petites paroles, je vois ses petits sentiments : s'il peut avoir congé cet automne, il reviendra ici. Je suis fort empêchée pour les états; mon premier dessein étoit de les fuir, et de ne point faire de dépense : mais vous saurez que pendant que M. de Chaulnes va faire le tour de sa province, ma-

dame sa femme vient l'attendre à Vitré, où elle sera
dans douze jours, et plus de quinze avant M. de Chaulnes ; et tout franchement, elle m'a fait prier de l'attendre, et de ne point partir qu'elle ne m'ait vue. Voilà ce
qu'on ne peut éviter, à moins que de se résoudre à renoncer à eux pour jamais. Il est vrai que, pour n'être
point accablée ici, je puis m'en aller à Vitré ; mais je ne
suis point contente de passer un mois dans un tel tracas ; quand je suis hors de Paris, je ne veux que la campagne. Je vous jure que je ne suis encore résolue à rien :
mandez-moi votre avis et ce que vous faites de *Cateau*;
si elle est mariée, ne seroit-ce point une nourrice? Il est
à craindre cependant qu'avec les beaux desseins qu'elle
a eus[1], son sang ne soit bien échauffé. Je vous conseille,
ma fille, de bien rafraîchir le vôtre, en prenant de bons
bouillons comme l'année passée.

Je vous ai parlé de la Launay ; elle étoit bariolée
comme la chandelle des rois, et nous trouvâmes qu'elle
ressembloit au second tome d'un méchant roman, ou au
roman de la Rose tout d'un coup. Mademoiselle du Plessis est toujours à un pas de moi : quand je lis les douceurs que vous dites pour elle, j'en rougis comme du
feu. L'autre jour *la Biglesse* joua *Tartufe* au naturel :
après avoir demandé à table *Beuve et Moutonne* à La
Mousse, elle tomba dans le malheur de mentir sur je ne
sais quoi ; en même temps je la relevai, et lui dis qu'elle
étoit menteuse : elle me répond en baissant les yeux :
« Ah ! oui, madame, je suis la plus grande menteuse du

---

[1] *Voyez* la lettre du 28 juin 1671, page 96.

« monde; je vous remercie de m'en avertir. » Nous éclatâmes tous, car c'étoit du ton de Tartufe : *Oui, mon frère, je suis un misérable, un vase d'iniquité*, etc. Elle veut aussi se mêler quelquefois d'être sentencieuse et de faire la personne de bon sens; cela lui sied encore plus mal que son naturel. Vous voilà bien instruite des Rochers. Je voudrois pouvoir vous décrire les pleurs et les cris, et le langage breton de *Jaquine* et de la *Turquesine*, en voyant monter votre frère à cheval, c'est une scène; pour moi j'eusse pleuré :

> . . . . . . Mais les voyant ainsi,
> Je me suis mise à rire, et tout le monde aussi.

Je crois que les nouvelles de Paris ne vous divertissent pas; il n'y en a point; ce qu'on me mande me fait mourir d'ennui : il y a un mois qu'on me répète que la cour sera le dixième du mois à Saint-Germain : on est réduit à me compter des sorcelleries pour m'amuser, et à m'apprendre qu'une fille ayant laissé son paquet dans une chaise, depuis le Marais jusqu'au faubourg, les porteurs pensoient que ce fût un petit chien. Pour moi j'aime encore mieux lire Cléopâtre et les grands coups d'épée de l'invincible Artaban. Quand cet hiver j'aurai le cœur content sur votre couche, je tâcherai de mieux vous divertir, qu'on ne me divertit ici; Dieu sait aussi quelle comparaison j'en fais avec mes lettres de Provence.

A Monsieur de Grignan.

Approchez, mon gendre; vous voulez donc me renvoyer ma fille par le coche; vous en êtes mal content, vous êtes fâché, vous êtes au désespoir qu'elle admire votre château, vous la trouvez trop familière de prendre la liberté d'y demeurer, d'y commander : comme vous haïssez ce qui est haïssable, vous ne sauriez la souffrir. J'entre fort bien dans tous vos déplaisirs; vous ne pouviez vous adresser à personne qui les comprît mieux que moi; mais savez-vous bien qu'après m'avoir dit toutes ces choses, vous me faites trembler de vous entendre dire que vous me souhaitez si fort à Grignan; et sur le même ton, je suis inconsolable, car je n'ai rien de plus cher dans l'avenir que l'espérance de vous aller voir; et quoi que je dise, je suis persuadée que vous en serez fort aise, et que vous m'aimez : il est impossible que cela soit autrement; je vous aime trop pour que les petits esprits* ne se communiquent pas de moi à vous, et de vous à moi. Je vous recommande la santé de ma

---

* Plaisanterie sur le systême de Descartes. Ce philosophe supposoit que les parties les plus subtiles du sang, volatilisées par la chaleur du cœur, résidoient dans le cerveau, d'où, obéissant aux impressions de l'ame et des sens, elles se transportoient avec la rapidité de l'éclair dans toutes les parties du corps humain. Il faisoit de ces esprits animaux *un* milieu *entre l'esprit et la matière; et il attribuoit l'amour et l'amitié à une commotion de ces esprits, par laquelle notre volonté est déterminée à nous unir aux objets de nos affections.*

fille; soyez-y appliqué, soyez-en le maître; ne faites pas comme un pont d'Avignon; sur cela seul gardez votre autorité; pour tout le reste, laissez-la faire, elle est plus habile que vous : elle m'écrit des choses admirables de ses bonnes intentions pour vos affaires. Ah! que je vous plains de ne plus recevoir de ses lettres! vous étiez bien plus heureux il y a un an : plût à Dieu que vous eussiez cette joie, et que j'eusse encore le chagrin de la voir et de l'embrasser! Adieu, mon très cher Comte; quoique vous soyez l'homme du monde le plus aimé, je ne crois pas qu'aucune de vos belles-mères[1] vous ait jamais autant aimé que moi.

159.

A la même.

Aux Rochers, mercredi 8 juillet 1671.

J'ai bien envie de savoir comment vous vous portez de votre saignée : il me semble que, par respect, on n'a pas fait l'ouverture assez grande; votre sang est venu goutte à goutte, et par conséquent il n'en est ni rafraîchi, ni purifié, et vous n'en êtes point soulagée; peut-être que tout cela est faux, et je le souhaite; mais il faudroit avoir moins de bile que je n'en ai pour rêver toujours

---

[1] Madame de Sévigné étoit la troisième.

agréablement. Quoi qu'il en soit, je vous assure que votre santé m'est fort chère, et si vous êtes trop accablée d'écritures, je vous exhorte à m'écrire moins : puis-je vous donner une plus grande marque de l'intérêt que je prends à cette santé ? Madame de La Troche m'a mandé depuis deux jours que, si les belles intentions de *Cateau* pendant sa grossesse ne lui ont point trop altéré l'esprit et le corps, c'est une bonne nourrice : j'ai trouvé plaisant que cette pensée me soit venue en même temps ; je vous l'avois déjà mandé. Notre chapelle s'élève à vue d'œil[a] ; cela occupe l'abbé, et me divertit un peu : mais mon parc est sans ame, c'est-à-dire, sans ouvriers, à cause des foins qu'il faut faire. La mort de M. de Montlouet[1] ne vous fait-elle pas grand'pitié, et sa femme aussi ? Encore est-ce quelque chose que cette nouvelle : un homme qui tombe de cheval, qui crève sur la place ; on peut lire cet endroit d'une lettre ; mais jusqu'ici je ne prenois pas la peine de lire ce qu'on me mandoit. Voilà la différence : on ne se soucie point des affaires publiques, et on ne se réveille que pour les grands événements ; et des personnes qu'on aime, les moindres circonstances sont chères et touchent le cœur. Madame de La Fayette me mande qu'elle se trouve obligée de vous écrire en mon absence, et

---

[a] La chapelle des Rochers bâtie par l'abbé de Coulanges et madame de Sévigné ; elle est fort belle.

[1] M. de Montlouet tomba de cheval en lisant une lettre de sa maîtresse. Il étoit Bullion, et premier écuyer de la grande écurie du roi. Sa femme étoit Rouault, et avoit été l'une des filles de la reine, sous le nom de mademoiselle de Thiembrune.

qu'elle le fera de temps en temps; cela me paroît honnête : mais, puisque vous lui faites réponse, je ne lui dois guère de reconnoissance : voilà une chose fine, l'entendez-vous bien? Il me semble, ma fille, que je vous fais grand tort de douter de votre intelligence sur ce qui est un peu enveloppé; je pense que c'est à moi que je parle.

J'ai senti ici le bout de l'an de MADAME¹, et je me suis souvenue de l'étonnement où vous étiez, et comme votre esprit en étoit hors de sa place. Je me souviens aussi de quelle étrange façon vous passâtes tout l'été prisonnière dans votre chambre, et comme le chaud vous faisoit disparoître et nourrissoit tous vos *dragons*. Je ne sais ce que me font toutes ces pensées, elles me font du bien et du mal : je pense tout, parceque sans cesse je suis occupée de vous; je passe bien plus d'heures à Grignan qu'aux Rochers. J'espère que vous ne vous contraignez point pour ceux que vous voyez souvent : il faut les tourner à sa fantaisie, sans cela on mourroit.

J'ai fait comprendre à la petite Plessis que le bel air de la cour, c'est la liberté; si bien que, quand elle passe des jours ici, je prends fort bien une heure pour lire en italien avec La Mousse; elle est charmée de cette familiarité, et dès-là elle se croit de la cour elle-même. Auriez-vous été assez cruelle pour laisser Germanicus² au milieu de ses conquêtes et dans les marais d'Allemagne.

---

¹ Henriette-Anne d'Angleterre, morte à Saint-Cloud le 29 juin 1670. *Voyez* tome 1ᵉʳ, la note de la lettre du 6 juillet 1670, page 192.

² Dans Tacite.

sans lui donner la main pour l'en tirer? Ne voulez-vous pas le conduire au moins jusqu'au festin où il fut empoisonné par Pison et par sa femme? Je le trouve trop sage et trop politique, il craint trop Tibère : je vois des héros qui ne sont pas si prudents, et dont les grands succès font approuver la témérité. Mon fils, comme je je vous ai dit, m'a laissée dans le milieu de Cléopâtre, et je l'achève; cela est d'une folie dont je vous demande le secret. J'achève tous les livres, et vous les commencez; cela s'ajusteroit fort bien si nous étions ensemble, et fourniroit même beaucoup à notre conversation. Ah! ma fille, c'est dommage que nous n'y *sommes* quelquefois au moins, par quelque espèce de magie, en attendant le printemps qui vient.

Je suis ici avec mes trois prêtres, qui font admirablement chacun leur personnage, hormis la messe; c'est la seule chose dont je manque en leur compagnie. Je me promène extrêmement; il fait beau et chaud; on n'en a nulle incommodité dans cette maison : quand le soleil entre dans ma chambre, j'en sors et m'en vais dans le bois, où je trouve un frais admirable. Mandez-moi comme vous êtes dans votre château.

Vous savez comme Brancas m'aime; il y a trois mois que je n'ai appris de ses nouvelles; cela n'est pas vraisemblable; mais lui, il n'est pas vraisemblable aussi[1].

---

[1] A cause de la singularité de ses distractions.

160. *

A la même.

Aux Rochers, dimanche 12 juillet 1671.

Je n'ai reçu qu'une lettre de vous, ma chère fille, j'en suis un peu fâchée; j'étois dans l'habitude d'en avoir deux : il est dangereux de s'accoutumer à des soins tendres et précieux comme les vôtres; il n'est pas facile après cela de s'en passer. Si vous avez vos beaux-frères ce mois de septembre, ce vous sera une très bonne compagnie. Le coadjuteur a été un peu malade, mais il est entièrement guéri : sa paresse est une chose incroyable, et son tort est d'autant plus grand qu'il écrit très bien quand il s'en veut mêler. Il vous aime toujours, et ira vous voir après la mi-août; il ne le peut qu'en ce temps-là. Il jure, mais je crois qu'il ment, qu'il n'a aucune branche où se reposer, et que cela l'empêche d'écrire et lui fait mal aux yeux. Voilà tout ce que je sais de *Seigneur Corbeau* : mais admirez la bizarrerie de mon savoir; en vous apprenant toutes ces choses, j'ignore comme je suis avec lui : si par hasard vous en savez quelque chose, vous m'obligerez fort de me le mander. Je songe mille fois le jour au temps où je vous voyois à toute heure. Hélas! ma fille, c'est bien moi qui dis cette chanson que vous me rappelez : *Hélas!*

quand reviendra-t-il ce temps, bergère? Je le regrette tous les jours de ma vie, et j'en souhaiterois un pareil au prix de mon sang; ce n'est pas que j'aie sur le cœur de n'avoir pas senti le plaisir d'être avec vous; je vous jure et vous proteste que je ne vous ai jamais regardée avec indifférence ni avec la langueur que donne quelquefois l'habitude : mes yeux ni mon cœur ne se sont jamais accoutumés à cette vue, et jamais je ne vous ai regardée sans joie et sans tendresse; s'il y a eu quelques moments où elle n'ait pas paru, c'est alors que je la sentois plus vivement; ce n'est donc point cela que je puis me reprocher : mais je regrette de ne vous avoir pas assez vue, et d'avoir eu dans certains moments de cruelles politiques qui m'ont ôté ce plaisir. Ce seroit une belle chose, si je remplissois mes lettres de ce qui me remplit le cœur. Ah! comme vous dites, il faut glisser sur bien des pensées, et ne pas faire semblant de les voir, je crois que vous en faites de même. Je m'arrête donc à vous conjurer, si je vous suis un peu chère, d'avoir un soin extrême de votre santé : amusez-vous, ne rêvez point creux, ne faites point de bile, conduisez votre grossesse à bon port; et après cela, si M. de Grignan vous aime, et qu'il n'ait pas entrepris de vous tuer, je sais bien ce qu'il fera, ou plutôt ce qu'il ne fera point.

Avez-vous la cruauté de ne point achever Tacite? Laisserez-vous Germanicus au milieu de ses conquêtes? Si vous lui faites ce tour, mandez-moi l'endroit où vous en êtes demeurée, et je l'achèverai; c'est tout ce que je puis faire pour votre service. Nous achevons le Tasse avec plaisir, nous y trouvons des beautés qu'on ne voit point quand on n'a qu'une demi-science. Nous avons commencé la *morale*[1], c'est de la même étoffe que Pascal.

A propos de Pascal, je suis en fantaisie d'admirer l'honnêteté de ces messieurs les postillons, qui sont incessamment sur les chemins pour porter et reporter nos lettres; enfin, il n'y a jour dans la semaine où ils n'en portent quelqu'une à vous et à moi; il y en a toujours, et à toutes les heures, par la campagne : les honnêtes gens! qu'ils sont obligeants! et que c'est une belle invention que la poste, et un bel effet de la Providence que la cupidité! J'ai quelquefois envie de leur écrire pour leur témoigner ma reconnoissance, et je crois que je l'aurois déjà fait, sans que je me souviens de ce chapitre de Pascal, et qu'ils ont peut-être envie de me remercier de ce que j'écris, comme j'ai envie de les remercier de ce qu'ils portent mes lettres : voilà une belle digression.

Je reviens donc à nos lectures : c'est sans préjudice de Cléopâtre que j'ai gagé d'achever; vous savez comme je soutiens les gageures. Je songe quelquefois d'où vient la folie que j'ai pour ces sottises-là; j'ai peine à le comprendre. Vous vous souvenez peut-être assez de moi pour savoir à quel point je suis blessée des méchants styles; j'ai quelque lumière pour les bons, et personne n'est plus touchée que moi des charmes de l'éloquence. Le style de La Calprenède est maudit en mille endroits;

---

[1] Les *Essais de Morale* de M. Nicole.

de grandes périodes de roman, de méchants mots, je sens tout cela. J'écrivis l'autre jour à mon fils une lettre de ce style, qui étoit fort plaisante. Je trouve donc que que celui de La Calprenède est détestable, et cependant je ne laisse pas de m'y prendre comme à de la glu : la beauté des sentiments, la violence des passions, la grandeur des événements et le succès miraculeux de leurs redoutables épées, tout cela m'entraîne comme une petite fille : j'entre dans leurs desseins; et si je n'avois M. de La Rochefoucauld et M. d'Hacqueville pour me consoler, je me pendrois de trouver encore en moi cette foiblesse. Vous m'apparoissez pour me faire honte; mais je me dis de mauvaises raisons, et je continue. J'aurai bien de l'honneur au soin que vous me donnez de vous conserver l'amitié de l'abbé! Il vous aime chèrement : nous parlons très souvent de vous, de vos affaires et de vos grandeurs; il voudroit bien ne pas mourir avant que d'avoir été en Provence, et de vous avoir rendu quelque service. On me mande que la pauvre madame de Montlouet est sur le point de perdre l'esprit : elle a extravagué jusqu'à présent sans jeter une larme; elle a une grosse fièvre, et commence à pleurer; elle dit qu'elle veut être damnée, puisque son mari doit l'être assurément. Nous continuons notre chapelle : il fait chaud; les soirées et les matinées sont très belles dans ces bois et devant cette porte; mon appartement est frais; j'ai bien peur que vous ne vous accommodiez pas si bien de vos chaleurs de Provence. Je suis toujours tout à vous, ma très chère et très aimable : une amitié à monsieur de Grignan. Ne vous adore-t-il pas toujours?

161.

A la même.

Aux Rochers, mercredi 15 juillet 1671.

Si je vous écrivois toutes mes rêveries sur votre sujet, je vous écrirois toujours les plus grandes lettres du monde; mais cela n'est pas bien aisé; ainsi je me contente de ce qui se peut écrire, et je rêve tout ce qui se peut rêver : j'en ai le temps et le lieu. La Mousse a une petite fluxion sur les dents, et l'abbé a une petite fluxion sur le genou, qui me laissent le champ libre dans mon mail, pour y faire tout ce qu'il me plaît. Il me plaît de m'y promener le soir jusqu'à huit heures; mon fils n'y est plus; cela fait un silence, une tranquillité et une solitude que je ne crois pas qu'il soit aisé de rencontrer ailleurs. Je ne vous dis point, ma fille, à qui je pense, ni avec quelle tendresse; quand on devine, il n'est pas besoin de parler. Si vous n'étiez point grosse, et que *l'hippogryphe* fût encore au monde, ce seroit une chose galante, et à ne jamais oublier, que d'avoir la hardiesse de monter dessus pour me venir voir quelquefois : ce ne seroit pas une affaire; il parcouroit la terre en deux jours; vous pourriez même quelquefois venir dîner ici, et retourner souper avec M. de Grignan, ou souper ici à cause de la promenade, où je serois bien aise de vous avoir ; et le lendemain, vous arriveriez assez tôt pour être à la messe dans votre tribune*.

Mon fils est à Paris ; il y sera peu : la cour est de retour, il ne faut pas qu'il se montre. C'est une perte qui me paroît bien considérable que celle de M. le duc d'Anjou¹. Madame de Villars m'écrit assez souvent, et me parle toujours de vous : elle est tendre et sait bien aimer; cela me donne de l'amitié pour elle; elle me prie de vous dire mille douceurs de sa part : sa lettre est pleine d'estime et de tendresse pour vous; répondez-y par une petite demi-feuille que je lui puisse envoyer. La petite Saint-Geran *b* m'écrit des pieds de mouche que je ne saurois lire ; je lui réponds des rudesses et des injures qui la divertissent : cette méchante plaisanterie n'est point encore usée ; quand elle le sera, je ne dirai plus rien, car je m'ennuierois fort d'un autre style avec elle.

Nous lisons toujours le Tasse avec plaisir; je suis assurée que vous le souffririez, si vous étiez en tiers : il y a une grande différence entre lire un livre toute seule, ou avec des gens qui relèvent les beaux endroits et qui réveillent l'attention. Cette *morale* de Nicole est admirable, et Cléopâtre va son train, mais sans empressement, et aux heures perdues : c'est ordinairement sur cette lecture que je m'endors ; le caractère m'en plaît

---

*ª La tribune de Grignan est fort élevée; elle donne sur la nef de l'église collégiale; le château n'a point d'autre chapelle.

¹ Philippe, second fils de Louis XIV, mort le 10 juillet 1671, à l'âge de 3 ans.

b La comtesse de Saint-Geran; elle étoit Warignies, et mariée depuis quatre ans.

beaucoup plus que le style. Pour les sentiments, j'avoue qu'ils me plaisent, et qu'ils sont d'une perfection qui remplit mon idée sur la belle ame. Vous savez aussi que je ne hais pas les grands coups d'épée, tellement que voilà qui est bien, pourvu que l'on m'en garde le secret.

Mademoiselle du Plessis nous honore souvent de sa présence ; elle disoit hier à table qu'en Basse-Bretagne on faisoit une chère admirable, et qu'aux noces de sa belle-sœur on avoit mangé pour un jour douze cents pièces de rôti : nous demeurâmes tous comme des gens de pierre. Je pris courage, et lui dis : Mademoiselle, pensez-y bien ; n'est-ce point douze pièces de rôti que vous voulez dire? on se trompe quelquefois. Non, madame, c'est douze cents pièces ou onze cents ; je ne veux pas vous assurer si c'est onze ou douze, de peur de mentir ; mais enfin je sais bien que c'est l'un ou l'autre, et le répéta vingt fois, et n'en voulut jamais rabattre un seul poulet. Nous trouvâmes qu'il falloit qu'ils fussent pour le moins trois cents piqueurs pour piquer menu, et que le lieu fût un grand pré, où l'on eût fait dresser des tentes; et que, s'ils n'eussent été que cinquante, il falloit qu'ils eussent commencé un mois auparavant. Ce propos de table étoit bon ; vous en auriez été contente. N'avez-vous point quelque exagéreuse comme celle-là?

Au reste, ma fille, cette montre que vous m'avez donnée, qui alloit toujours trop tôt ou trop tard d'une heure ou deux, est devenue si parfaitement juste qu'elle ne quitte pas d'un moment notre pendule; j'en suis ravie, et vous en remercie sur nouveaux frais; en un mot, je suis tout à vous. L'abbé me dit qu'il vous adore, et qu'il veut vous rendre quelque service : il ne voit pas bien en quelle occasion ; mais enfin il vous aime autant qu'il m'aime.

162. *

A la même.

Aux Rochers, dimanche 19 juillet 1671.

Je ne vois point, ma bonne, que vous ayez reçu mes lettres des 17 et 21 juin ; je vous écris toujours deux fois la semaine, ce m'est une joie et une consolation ; je reçois le vendredi deux de vos lettres qui me soutiennent le cœur toute la semaine.

Je vous trouve bien en famille de tous côtés, et je vous vois très bien faire les honneurs de votre maison ; je vous assure que cette manière est plus noble et plus aimable qu'une froide insensibilité, qui sied très mal quand on est chez soi. Vous en êtes bien éloignée, ma fille, et l'on ne peut rien ajouter à ce que vous faites : je vous souhaite seulement des matériaux ; car, pour de la bonne volonté, vous en avez de reste.

Vous aurez, sans doute, trouvé plaisant que je vous aie tant parlé du coadjuteur, dans le temps qu'il est avec vous ; je n'avois pas bien vu sa goutte en vous écrivant. Ah ! *seigneur Corbeau*, si vous n'aviez demandé, pour toute nécessité, qu'*un poco di pane*, *un poco di vino*, vous n'en seriez point où vous en êtes : il faut souffrir la goutte quand on l'a méritée ; mon pauvre seigneur, j'en suis fâchée, mais c'est bien employé.

Je trouve, ma chère bonne, qu'il s'en faut beaucoup que vous soyez en solitude ; je me réjouis de tous ceux qui peuvent vous divertir. Vous aurez bientôt madame de Rochebonne[a]. Mandez-moi toujours ce que vous aurez. Le coadjuteur est bon à garder long-temps : l'offre que vous lui faites d'achever de bâtir votre château est une chose qu'il acceptera sans doute ; que feroit-il de son argent ? Cela ne paroîtra pas sur son épargne.

Ce que vous dites de cette maxime que j'ai faite sans y penser est très bien et très juste. Je veux croire, pour ma consolation, que si je l'avois écrite moins vite, et que je l'eusse tournée avec quelque loisir, j'aurois dit comme vous ; en un mot, vous avez raison, et je ne donnerai jamais rien au public, que je ne vous consulte auparavant.

Vous avez écrit une lettre à La Mousse dont je vous dois remercier pour le moins autant que lui ; elle est toute pleine d'amitié pour moi. D'Hacqueville est bien plaisant de vous avoir envoyé la mienne ; enfin Brancas m'a écrit une lettre si excessivement tendre, qu'elle récompense tout son oubli passé : il me parle de son cœur à toutes les lignes ; si je lui faisois réponse sur le même ton, ce seroit une *portugaise*[1].

Il ne faut louer personne avant sa mort : c'est bien

[a] Sœur du comte de Grignan, mariée à Charles de Châteauneuf, comte de Rochebonne.
[1] Allusion aux lettres de la *Religieuse ou Chanoinesse portugaise*.

dit; nous en avons tous les jours des exemples; mais, après tout, mon ami le public ne se trompe guère : il loue quand on fait bien ; et comme il a bon nez, il n'est pas long-temps la dupe, et blâme quand on fait mal. De même quand on va du mal au bien, il en demeure d'accord; il ne répond point de l'avenir; il parle de ce qu'il voit. La comtesse de Gramont[a] et d'autres ont senti les effets de son inconstance ; mais ce n'est pas lui qui change le premier. Vous n'avez pas sujet de vous plaindre de lui, ce ne sera point par vous qu'il commencera à faire de grandes injustices.

Notre abbé a pour vous une tendresse qui me le fait adorer; il vous trouve d'une solidité qui le charme, et qui le fait brûler d'impatience de vous pouvoir soulager et vous être bon à quelque chose; il a quasi autant d'envie que moi d'aller en Provence. Nous sommes occupés de notre chapelle; elle sera achevée à la Toussaint. Je me trouve bien de la parfaite solitude où nous sommes. Ce parc est bien plus beau que vous ne l'avez vu, et l'ombre de mes petits arbres est une beauté qui n'étoit pas bien représentée par les bâtons de ce temps-là. Je crains le bruit qu'on va faire en ce pays. On dit que madame de Chaulnes[1] arrive aujourd'hui;

---

[a] Elisabeth Hamilton, dame du palais de la reine, femme du comte de Gramont, si célèbre par son esprit et ses bons mots. Elle étoit sœur du comte Hamilton, à qui l'on doit les *Mémoires de Gramont* et d'autres ouvrages qui le placent au premier rang de nos auteurs agréables.

[1] Elisabeth Le Féron, veuve du marquis de Saint-Mégrin, et remariée à Charles d'Ailli, duc de Chaulnes.

je l'irai voir demain, je ne puis pas m'en dispenser, mais j'aimerois bien mieux être dans la *Capucine*[a], ou à lire le Tasse; j'y suis d'une habileté qui vous surprendroit et qui me surprend moi-même.

Vous me dites trop de bien de mes lettres, ma bonne; je compte sûrement sur toutes vos tendresses : il y a long-temps que je dis que vous êtes *vraie*; cette louange me plaît; elle est nouvelle et distinguée de toutes les autres; mais quelquefois aussi elle pourroit faire du mal; je sens au milieu de mon cœur tout le bien que cette opinion me fait présentement : ah! qu'il y a peu de personnes *vraies!* Rêvez un peu sur ce mot, vous l'aimerez. Je lui trouve, de la façon que je l'entends, une force au-delà de sa signification ordinaire.

La divine Plessis est justement et à point toute *fausse*; je lui fais trop d'honneur de daigner seulement en dire du mal; elle joue toutes sortes de choses : elle joue la dévote, la capable, la peureuse, la petite poitrine, la meilleure fille du monde; mais sur-tout elle me contrefait, de sorte qu'elle me fait toujours le même plaisir que si je me voyois dans un miroir qui me fît ridicule, ou que je parlasse à un écho qui me répondît des sottises. J'admire où je prends celles que je vous écris. Adieu, ma très aimable; vous qui voyez tout, ne voyez-vous point comme je suis belle les dimanches, et comme je suis négligée les jours ouvriers? Mandez-moi si vous avez toujours le courage de vous habiller. Mon Dieu! qu'on est heureux de vous voir en Provence! et quelle

---

[a] Nom d'une petite chaumière, construite dans le parc des Rochers

joie sensible quand je vous embrasserai ! car enfin ce jour viendra ; en attendant, j'en passerai de bien cruels vers le temps de vos couches.

Il a vaqué chez Monsieur une charge de vingt mille écus ; Monsieur l'a donnée à l'*Ange*", au grand déplaisir de toute sa maison.

Madame du Broutai [b], après deux ans de mariage avec Fromantau, l'a enfin déclaré son mari, et elle est logée chez lui. C'est un bon parti que Fromantau !

Vous ai-je dit qu'il y avoit deux demoiselles à Vitré, dont l'une s'appelle mademoiselle de *Croqueoison*, et l'autre de *Kerborgne* ? J'appelle la Plessis, mademoiselle de *Kerlouche*[c] : ces noms me réjouissent.

Je suis tout à vous, ma bonne, et si vous m'aimez, ayez soin de votre santé.

[a] Madame de Grancei.
[b] Marie d'Estuer de Caussade, de Saint-Mégrin, fille du comte de La Vauguyon, veuve de Barthelemi de Quelen, comte du Broutai, épousa secrètement, à l'âge de 55 ans, André Bétoulat sieur de Fromentau, qui fut comte de La Vauguyon et chevalier de l'ordre du Saint-Esprit en 1688. Ce Fromentau étoit un homme de basse extraction, qui s'étoit élevé peu à peu par la protection de madame de Beauvais, femme-de-chambre de la reine mère. Il épousa la comtesse du Broutai à cause de sa fortune ; mais lorsque celle-ci eut été obligée de rendre à son fils le compte de tutelle, ils éprouvèrent une grande gêne, et le comte de La Vauguyon ne tarda pas à donner quelques marques d'aliénation. La mort de sa femme, arrivée au mois d'octobre 1693, en le privant de sa dernière ressource, acheva de rendre sa démence complète, et il se tua d'un coup de pistolet, le 29 novembre suivant. (*Voyez* les Mémoires historiques d'Amelot de La Houssaye, et ceux du duc de Saint-Simon.)
[c] *Voyez* la lettre du 21 juin 1671, page 86..

163. *

A la même.

Au Rochers, mercredi 22 juillet 1671, jour de la Madeleine,
où fut tué, il y a quelques années, un père que j'avois ⁿ.

Je vous écris, ma fille, avec plaisir, quoique je n'aie rien à vous mander. Madame de Chaulnes arriva dimanche, mais savez-vous comment? à beau pied sans lance, entre onze heures et minuit : on pensoit à Vitré que ce fût des Bohêmes. Elle ne voulut aucune cérémonie à son entrée; elle fut servie à souhait, car on ne la regarda pas, et ceux qui la virent comme elle étoit, la prirent pour ce que je viens de vous dire, et pensèrent tirer sur elle. Elle venoit de Nantes par la Guerche : son carrosse et son chariot étoient demeurés entre deux rochers à demi-lieue de Vitré, parceque le contenu étoit plus grand que le contenant; ainsi il fallut travailler dans le roc, et cet ouvrage ne fut fait qu'à la pointe du jour, que tout arriva à Vitré. Je la fus voir lundi, et vous croyez bien qu'elle fut très aise de me voir. La *Murinette*ᵇ beauté est avec elle. Elles sont seules à Vitré, en attendant l'arrivée de M. de Chaulnes qui fait le tour de la Breta-

ᵃ Le baron de Chantal fut tué le 22 juillet 1627. (*Voyez* la notice.)
ᵇ Anne-Marie du Pui de Murinais, qui épousa en août 1674 Henri de Maillé, marquis de Kerman. Elle mourut en 1707, à 58 ans.

gne, et les états qui s'assembleront dans dix jours. Vous pouvez vous imaginer ce que je suis dans une pareille solitude : madame de Chaulnes ne sait que devenir et n'a recours qu'à moi ; vous ne doutez pas que je ne l'emporte hautement sur mademoiselle de *Kerborgne* ; je crois qu'elle viendra ici après-dîner. Toutes mes allées sont propres, et mon parc est en beauté; je la prierai de demeurer ici deux ou trois jours à s'y promener en liberté : comme je lui fais valoir d'être demeurée ici pour elle, je veux m'en acquitter d'une manière à n'être pas oubliée, et pourtant sans que je fasse d'autre bonne chère que celle qui se trouvera dans le pays. Ah! mon Dieu! en voilà beaucoup sur ce sujet. Il faut pourtant que je vous fasse encore mille compliments de sa part, et que je vous dise qu'on ne peut estimer plus une personne qu'elle ne vous estime ; elle est instruite par d'Hacqueville de ce que vous valez. Mais vous, ma très belle, où en êtes-vous de vos Grignans? Le pauvre coadjuteur a-t-il toujours la goutte, et l'innocence est-elle toujours persécutée?

Cette madame Quintin[a], que nous disions qui vous ressembloit pour vous faire enrager, est comme paralytique; elle ne se soutient pas; demandez-lui pourquoi; elle a vingt ans. Elle est passée ce matin devant cette porte, et a demandé à boire un petit coup de vin; on lui en a porté, elle a bu sa *chopine*, et puis s'en est allée au Pertre consulter une espèce de médecin qu'on estime

---

[a] Suzanne de Montgommery, femme de Henri Goyon-de-La-Moussaie, comte de Quintin.

en ce pays. Que dites-vous de cette manière bretonne, familière et galante? Elle sortoit de Vitré; elle ne pouvoit pas avoir soif; de sorte que j'ai compris que tout cela étoit un air, pour me faire savoir qu'elle a un équipage de *Jean de Paris*". Ma chère enfant, ne sortirai-je point des nouvelles de Bretagne? Quel chien de commerce avez-vous là avec une femme de Vitré? La cour s'en va, dit-on, à Fontainebleau; le voyage de Rochefort et de Chambor est rompu. On croit qu'en dérangeant les desseins qu'on avoit pour l'automne, on dérangera aussi la fièvre de M. le dauphin, qui le prend dans cette saison à Saint-Germain : pour cette année, elle y sera attrapée; elle ne l'y trouvera pas. Vous savez qu'on a donné à M. de Condom [1] l'abbaye de Rebais qu'avoit l'abbé de Foix : *le pauvre homme!* On prend ici le deuil de M. le duc d'Anjou : si je demeure aux états, cela m'embarrassera. Notre abbé ne peut quitter sa chapelle; ce sera notre plus forte raison; car, pour le bruit et le tracas de Vitré, il me sera bien moins agréable que mes bois, ma tranquillité et mes lectures. Quand je quitte Paris et mes amies, ce n'est pas pour paroître aux états : mon pauvre mérite, tout médiocre qu'il est, n'est pas encore réduit à se sauver en province, comme les mauvais comédiens. Ma fille, je vous embrasse avec une tendresse infinie; la tendresse que j'ai pour vous

---

" La couleur de chamois étoit celle qu'avoit adoptée le troubadour Jean de Paris.

[1] Jacques-Bénigne Bossuet, précepteur de M. le dauphin, depuis évêque de Meaux.

occupe mon ame tout entière; elle va loin et embrasse bien des choses quand elle est au point de la perfection. Je souhaite votre santé plus que la mienne; conservez-vous, ne tombez point. Assurez M. de Grignan de mon amitié, et recevez les protestations de notre abbé.

164.*

A M. DE COULANGES*.*

Aux Rochers, le 22 juillet 1671.

Ce mot sur la semaine est par-dessus le marché de vous écrire seulement tous les quinze jours, et pour vous donner avis, mon cher cousin, que vous aurez bientôt l'honneur de voir *Picard ;* et comme il est frère du laquais de madame de Coulanges, je suis bien aise de

* C'est la première fois que cette lettre est réunie à la correspondance de madame de Sévigné. La littérature est redevable de sa publication à M. de Craufurd, qui l'a insérée dans la seconde édition de ses *Essais sur la Littérature françoise. Paris, Michaud,* 1815, tome 1er, page 173. Qu'il seroit à desirer que les curieux qui possèdent dans leurs cabinets des trésors de ce genre, ne prétendissent pas en jouir exclusivement. Il résulte souvent de cette sorte d'égoïsme la perte d'objets précieux; les manuscrits s'altèrent et s'anéantissent par mille causes, et l'on préviendroit tous ces inconvéniens en confiant les lettres inédites à des recueils ou à des ouvrages périodiques.

vous rendre compte de mon procédé. Vous savez que madame la duchesse de Chaulnes est à Vitré; elle y attend le duc, son mari, dans dix ou douze jours, avec les états de Bretagne : vous croyez que j'extravague; elle attend donc son mari avec tous les états, et, en attendant, elle est à Vitré toute seule, mourant d'ennui. Vous ne comprenez pas que cela puisse jamais revenir à Picard : elle meurt donc d'ennui; je suis sa seule consolation, et vous croyez bien que je l'emporte d'une grande hauteur sur mademoiselle de Kerbone et de Kerquoison. Voici un grand circuit, mais pourtant nous arriverons au but. Comme je suis donc sa seule consolation, après l'avoir été voir, elle viendra ici, et je veux qu'elle trouve mon parterre net et mes allées nettes, ces grandes allées que vous aimez. Vous ne comprenez pas encore où cela peut aller; voici une autre petite proposition incidente : vous savez qu'on fait les foins; je n'avois pas d'ouvriers; j'envoie dans cette prairie, que les poëtes ont célébrée, prendre tous ceux qui travailloient, pour venir nettoyer ici : vous n'y voyez encore goutte; et, en leur place, j'envoie tous mes gens faner. Savez-vous ce que c'est que faner? Il faut que je vous l'explique : faner est la plus jolie chose du monde, c'est retourner du foin en batifolant dans une prairie; dès qu'on en sait tant, on sait faner. Tous mes gens y allèrent gaiement; le seul Picard me vint dire qu'il n'iroit pas, qu'il n'étoit pas entré à mon service pour cela, que ce n'étoit pas son métier, et qu'il aimoit mieux s'en aller à Paris. Ma foi! la colère m'a monté à la tête; je songeai que c'étoit la centième sottise qu'il m'avoit faite; qu'il n'avoit ni cœur, ni affection; en un mot, la mesure étoit comble. Je l'ai pris au mot, et, quoi qu'on m'ait pu dire pour lui, je suis demeurée ferme comme un rocher, et il est parti. C'est une justice de traiter les gens selon leurs bons ou mauvais services. Si vous le revoyez, ne le recevez point, ne le protégez point, ne me blâmez point, et songez que c'est le garçon du monde qui aime le moins à louer, et qui est le plus indigne qu'on le traite bien.

Voilà l'histoire en peu de mots; pour moi, j'aime les relations où l'on ne dit que ce qui est nécessaire, où l'on ne s'écarte point ni à droite, ni à gauche; où l'on ne reprend point les choses de si loin; enfin je crois que c'est ici, sans vanité, le modèle des narrations agréables[a].

165.*

A Madame DE GRIGNAN.

Aux Rochers, dimanche 26 juillet 1671.

Je veux vous apprendre qu'hier, comme j'étois toute seule dans ma chambre avec un livre *précieusement*[b] à la

---

[a] Les contemporains en jugèrent de même; madame de Thianges, qui avoit ouï parler de cette lettre, l'envoya demander à madame de Coulanges. (*Voyez* la lettre du 10 avril 1673.)

[b] Avant la comédie des *Précieuses ridicules*, jouée en 1659, le titre de *précieuse* se prenoit dans un sens favorable, comme on le voit par la lettre de Bussy à madame de La Trousse, tome Ier, page 27

main, je vois ouvrir ma porte par une grande femme de très bonne mine; cette femme s'étouffoit de rire, et cachoit derrière elle un homme qui rioit encore plus fort qu'elle : cet homme étoit suivi d'une femme fort bien faite qui rioit aussi; moi, je me mis à rire sans les reconnoître et sans savoir ce qui les faisoit rire. Quoique j'attendisse aujourd'hui madame de Chaulnes, qui doit passer deux jours ici, j'avois beau la regarder, je ne pouvois comprendre que ce fût elle; c'étoit elle pourtant, qui m'amenoit Pomenars, qui en arrivant à Vitré lui avoit mis dans la tête de me venir surprendre. La *Marinette* beauté étoit de la partie, et la gaieté de Pomenars étoit si extrême, qu'il auroit réjoui la tristesse même : ils jouèrent d'abord au volant; madame de Chaulnes y joue comme vous; et puis une légère collation, et puis nos belles promenades, et par-tout il a été question de vous. J'ai dit à Pomenars que vous étiez fort en peine de toutes ses affaires, et que vous m'aviez mandé que, pourvu qu'il n'y eût que le courant, vous ne seriez point en inquiétude; mais que tant de nouvelles injustices qu'on lui faisoit vous donnoient beaucoup de chagrin pour lui : nous avons fort poussé cette plaisanterie, et puis cette grande allée nous a fait souvenir de la chute que vous y fîtes un jour; la pensée m'en a fait devenir rouge comme du feu. On a parlé long-temps là-dessus, et puis du dialogue bohême, et puis enfin de mademoiselle du Plessis, et des sottises qu'elle disoit, et qu'un jour vous en ayant dit une, et son vilain visage se trouvant auprès du vôtre, vous n'aviez pas marchandé, et lui aviez donné un soufflet pour la faire recu-

ler; et que moi, pour adoucir les affaires, j'avois dit :
Mais voyez comme ces petites filles se jouent rudement;
et que j'avois dit à sa mère : Madame, ces jeunes créatures étoient si folles ce matin, qu'elles se battoient :
mademoiselle du Plessis agaçoit ma fille, ma fille la battoit; c'étoit la plus plaisante chose du monde; et qu'avec
ce tour, j'avois ravi madame du Plessis de voir nos petites filles se réjouir ainsi. Cette *camaraderie* de vous
et de mademoiselle du Plessis, dont je ne faisois qu'une
même chose pour faire avaler le soufflet, les a fait rire à
mourir. La *Murinette* vous approuve fort, et jure que
la première fois qu'elle viendra lui parler dans le nez,
comme elle fait toujours, elle vous imitera, et lui donnera sur sa vilaine joue. Je les attends tous présentement : Pomenars tiendra bien sa place; mademoiselle
du Plessis viendra aussi; ils me montreront une lettre
de Paris faite à plaisir, où l'on mandera cinq ou six
soufflets donnés entre femmes, afin d'autoriser ceux
qu'on veut lui donner aux états, et même de les lui faire
souhaiter pour être à la mode. Enfin je n'ai jamais vu
un homme si fou que Pomenars : sa gaieté augmente en
même temps que ses affaires criminelles; s'il lui en vient
encore une, il mourra de joie. Je suis chargée de mille
compliments pour vous; nous vous avons célébrée à
tout moment. Madame de Chaulnes dit qu'elle vous
souhaiteroit une madame de Sévigné en Provence,
comme celle qu'elle a trouvée en Bretagne; c'est cela
qui rend son gouvernement beau, car quelle autre chose
pourroit-ce être? Quand son mari sera venu, je la re-
mettrai entre ses mains, et ne m'embarrasserai plus de

9.

son divertissement; mais vous, ma chère fille, que je vous plains avec votre tante d'Harcourt[a]! quelle contrainte! quel embarras! quel ennui! Voilà qui me feroit plus de mal mille fois qu'à personne, et vous seule au monde seriez capable de me faire avaler ce poison. Oui, mon enfant, je vous le jure; et si j'étois à Grignan, j'écumerois votre chambre pour vous faire plaisir, comme j'ai fait mille fois : après cette marque d'amitié, ne m'en demandez plus, car je hais l'ennui plus que la mort, et j'aimerois fort à rire avec vous, Vardes et le *seigneur Corbeau*. Défaites-vous de cette trompette du jugement : il y a vingt ans qu'elle me déplaît, et que je lui dois une visite.

Je trouve votre vie fort réglée et fort bonne. Notre abbé vous aime avec une tendresse et une estime qu'il n'est pas aisé de dire en peu de mots; il attend avec impatience le plan de Grignan et la conversation de M. d'Arles; mais, sur toutes choses, il vous souhaiteroit bien cent mille écus, soit pour faire achever votre château, soit pour tout ce qu'il vous plairoit. Toutes les heures ne sont pas comme celles qu'on passe avec Pomenars, et même on s'ennuieroit bientôt de lui : les réflexions qu'on fait sont bien contraires à la joie. Je vous ai mandé que je croyois que je ne bougerois d'ici ou de Vitré. Notre abbé ne peut quitter sa chapelle : le désert du Burón[b], ou l'ennui de Nantes avec madame

[a] Elle habitoit ordinairement le Pont-Saint-Esprit, et elle étoit venue à Grignan voir son neveu.

[b] Terre de M. de Sévigné, située à quelques lieues de Nantes; elle appartient aujourd'hui à M. Hersart-de-La-Villemarqué.

de Molac, ne conviennent point à son humeur agissante. Je serai souvent ici, et madame de Chaulnes, pour m'ôter les visites, dira toujours qu'elle m'attend. Pour mon labyrinthe, il est net, il a des tapis verts, et les palissades sont à hauteur d'appui ; c'est un aimable lieu : mais, hélas! ma chère enfant, il n'y a guère d'apparence que je vous y voie jamais.

Di memoria nudrirsi, più che di speme.

C'est bien ma vraie devise. Nos sentences ont été trouvées jolies. Ne comprenez-vous pas bien qu'il n'y a jour, ni heure, ni moment que je ne pense à vous, que je n'en parle quand je puis, et qu'il n'y a rien qui ne m'en fasse souvenir? Nous sommes sur la fin du Tasse, *e Goffredo a spiegato il gran vessillo della croce sopra'l muro.* Nous avons lu ce poëme avec plaisir. La Mousse est bien content de moi et de vous encore plus, quand il songe à l'honneur que vous faites à sa philosophie. Je crois que vous n'auriez pas eu moins d'esprit quand vous auriez eu la plus sotte mère du monde ; mais enfin tout ensemble n'a pas mal fait. Nous avons envie de lire Guichardin, car nous ne voulons point quitter l'italien ; La *Murinette* le parle comme le françois. J'ai reçu une lettre de notre cardinal[a], qui me dit encore pis que pendre du gros abbé[b] qui est avec lui. Adieu, ma très aimable ; je ne daigne pas vous dire que

[a] De Retz.

[b] Pierre Camus, abbé de Pontcarré, prieur de Saint-Trojan, aumônier du roi, mort en mai 1684.

je vous aime, vous le savez, et je ne trouve point de paroles qui puissent vous faire comprendre comme mon cœur est pour vous. J'achèverai demain cette lettre, et vous manderai à quoi se divertit ma compagnie.

Ma compagnie est couchée, parcequ'il est minuit. Nous avons fait ce soir de grandes promenades, et, après souper, nous avons coupé les cheveux à la petite du Cernet, et lui avons mis le premier appareil, que nous lèverons demain. La *Murinette* beauté est habile comme La Vienne *a*. Pomenars ne fait que de sortir de ma chambre; nous avons parlé assez sérieusement de ses affaires, qui ne sont jamais de moins que de sa tête. Le comte de Créance veut à toute force qu'il ait le cou coupé; Pomenars ne veut pas: voilà le procès *b*. Madame de Chaulnes me disoit tantôt que l'abbé Testu, après avoir été quelque temps à Richelieu, enfin sans autre façon, s'étoit établi chez madame de Fontevrauld, où il est depuis deux mois; ils le virent, en passant, il y a un mois; le prétexte, c'est qu'il y a de la petite-vérole à Richelieu : si cette conduite ne lui est fort bonne, elle lui sera fort mauvaise *c*. Je ne savois pas que M. de

---

a Valet-de-chambre du roi. *Voyez* la note sur la lettre du 4 avril 1671, page 3 de ce volume.

b Mademoiselle de Bouillé, fille de René de Bouillé, comte de Créance, et cousine de la duchesse du Lude, après s'être fait enlever par le marquis de Pomenars, et avoir passé quatorze ans avec lui, s'avisa de se rendre à Paris, et de le poursuivre pour crime de rapt. (*Voyez* les Mémoires d'Amelot-de-La-Houssaie.)

c Cet abbé étoit protégé d'une manière toute particulière par madame de Fontevrault et ses deux sœurs; mais Louis XIV fut inflexible. (*Voyez* plus haut la note sous la lettre du 13 mai 1671, page 57.)

Condom eût rendu son évêché; madame de Chaulnes m'a assuré que cela étoit fait ⁿ. La petite personne a envoyé des chansons à sa sœur ; nous ne les trouvons pas trop bonnes : je suis fort aise que vous ayez approuvé les miennes; on ne peut pas les élever plus haut que de les mettre sur le ton *des dragons*; il me semble que j'aurois dû l'entendre d'ici ; cela fait voir qu'il y a bien loin d'ici à Grignan. Hélas! que cette pensée m'afflige, et que je m'ennuie d'être si long-temps sans vous voir! Adieu, ma chère fille, je vais me coucher tristement, et vous embrasse de tout mon cœur.

Ma petite est aimable, et sa nourrice est au point de la perfection : mon habileté est une espèce de miracle, et me fait comprendre en amitié la merveille de ce maréchal qui devint excellent peintre par amour.

166.

A la même.

Aux Rochers, mercredi 29 juillet 1671.

Il sera le mois de juillet tant qu'il plaira à Dieu : je crois que le mois d'août sera encore plus long, puisque

ⁿ Bossuet, ayant été nommé précepteur de M. le dauphin en 1670, se livra tout entier aux nouveaux devoirs que sa place lui imposoit, et ne crut pas devoir conserver un évêché dans lequel il ne pouvoit plus résider.

ce sera le temps des états; car, n'en déplaise à la bonne compagnie, c'est toujours une sujétion pour moi de les aller trouver à Vitré, ou de craindre qu'ils ne viennent ici : c'est un *embarras*, comme dit madame de La Fayette. Mon esprit n'est pas monté présentement sur ce ton-là : mais il faut avaler et passer ce temps comme les autres. Madame de Chaulnes fut ravie d'être deux jours ici : ce qui lui paroissoit le plus charmant étoit mon absence; c'étoit aussi le régal que je lui avois promis : elle se promenoit toute seule dès sept heures du matin dans ces bois. L'après-dînée il y eut devant cette porte un bal de paysans qui nous réjouit extrêmement. Il y avoit un homme et une femme qu'on auroit empêchés de danser dans une république bien réglée; c'étoient des postures à pâmer de rire : Pomenars crioit, n'ayant plus la force de parler. Je ne finirois point, au reste, sur son chapitre; il ne fait aucun pas qui ne puisse être le dernier, et on ne le quitte point qu'on ne puisse lui dire un dernier adieu. Tout disparut lundi matin, et je demeurai contente.

Vous aurez M. de Vardes quand vous recevrez cette lettre; faites-lui bien mes baise-mains, s'il m'aime autant qu'à Aix : mandez-moi si sa patience n'est point usée; s'il doit sa constance à la philosophie ou à l'habitude; enfin parlez-moi de lui. J'ai reçu une lettre du marquis de Charôt toute pleine d'amitiés : il me parle de madame de Brissac[a], et me mande qu'il vous a écrit. Je

---

[a] On a déjà vu qu'elle étoit sœur du premier lit du duc de Saint-Simon, auteur des Mémoires; elle avoit 29 ans de plus que lui.

vous prie, cruauté à part, de lui faire réponse : vous savez qu'il n'est bon qu'à ménager, et point du tout à mépriser; il est vieux comme son père, et ne comprendroit point l'honneur qu'on lui feroit en lui refusant une réponse. On me mande que le comte d'Ayen[a] épouse mademoiselle de Bournonville; *matame te Lutres en est enrazée.*

Vous me dites, dans votre lettre, qu'il faudra songer au moyen de vous envoyer votre fille; je vous prie de n'en point charger d'autre que moi, qui vous la menerai assurément, si la nourrice le veut bien; toute autre voiture me donneroit beaucoup de chagrin. Je regarde comme un amusement tendre et agréable de la voir cet hiver au coin de mon feu : je vous conjure, ma fille, de me laisser prendre ce petit plaisir; j'aurai d'ailleurs de si vives inquiétudes pour vous, qu'il est juste que, dans les jours où j'aurai quelque repos, je trouve cette espèce de consolation. Voilà donc qui est fait; nous parlerons de son voyage quand je serai sur le point de faire le mien. Je viens d'en faire un de mon petit *galimatias*, c'est-à-dire mon labyrinthe, où votre aimable idée m'a tenu fidèle compagnie : je vous avoue que c'est un de mes plaisirs de me promener toute seule; on trouve quelques labyrinthes de pensées dont on a peine à sortir; mais enfin on a du moins la liberté de penser à ce que l'on veut. Adieu, ma chère petite. Ah! qu'il m'ennuie de ne vous point voir!

[a] Anne-Jules de Noailles, comte d'Ayen, épousa, le 13 août 1671, Marie-Françoise de Bournonville.

167.

A la même.

Aux Rochers, dimanche 2 août 1671.

Vous avez donc, ma bonne, chez vous, présentement, toute la foire de Beaucaire[a] : n'avez-vous point encore mis les équipages au nombre des merveilles que vous faites en Provence? nos pères avoient bon esprit de nourrir tous les trains! c'est une belle mode dont à présent tout le monde s'est tiré. Elle est bien pire que les portes basses et les grandes cheminées. Il vous faut du courage comme à la guerre, et un Jacquier[b] qui prenne en parti le pain de munition. Ma lettre vous trouvera, comme Dulcinée, dans l'agitation du mouvement de cette compagnie : gardez-la, je dis ma lettre, et puis vous la lirez à loisir. Vous me priez, ma bonne, de me promener dans votre cœur; vous me dites mille douceurs aimables sur cela; je vous dirai donc que je fais quelquefois cette promenade; je la trouve belle et très agréable pour moi : mais, à la pareille, ma bonne, je vous conjure civilement de venir vous promener chez

[a] La foire de Beaucaire se tient le 22 juillet, jour de la sainte Madeleine.
[b] Munitionnaire des armées.

moi; allez par-tout, et voyez bien s'il y a quelqu'un qui se promène à côté de vous, et si vous n'y êtes pas plus respectée que dans votre gouvernement : si cela vous donne quelque joie, vous devez être contente : mais, mon Dieu, cela ne fait point le bonheur de la vie; il y a de certaines *grossièretés solides* dont on ne peut se passer.

Que dites vous des nouvelles de cette semaine? Nous ne demandons que plaie et bosse : mais, en vérité, je trouve que cette fois il y en a trop. La mort de M. du Mans[1] m'a assommée; je n'y avois jamais pensé, non plus que lui; et, de la manière dont je le voyois vivre, il ne me tomboit pas dans l'imagination qu'il pût mourir : cependant le voilà mort d'une petite fièvre, sans avoir eu le temps de songer ni au ciel, ni à la terre; il a passé ce temps-là à s'étonner ; il est mort subitement de la fièvre tierce. La Providence fait quelquefois des coups d'autorité qui me plaisent assez : mais il en faudroit profiter. Et ce pauvre Lenet qui est mort aussi; j'en suis fâchée[a]. Ah! que j'aurois été contente si la nou-

---

[1] Philibert-Emmanuel de Beaumanoir, commandeur des ordres du roi, mort le 27 juillet 1671. Il n'avoit pas le talent de la prédication. Un jour qu'il voulut prêcher il demeura court. S'étant fait peindre quelque temps après, la marquise de Sablé, veuve du surintendant Servien, s'écria, en voyant son portrait : « Mon Dieu, qu'il lui ressemble; on diroit qu'il prêche. » (*Menagiana*.)

[a] On a lu, sous le n° 3, une lettre en vers écrite par Lenet et Bussy-Rabutin, au mois de m... 1646, à M. et Mme de Sévigné. Lenet étoit devenu conseiller d'état. Il a laissé sur les troubles de la fronde des Mémoires précieux pour l'historien. *Voyez* la note sur Lenet, t. Ier, page 4.

velle de madame de L....." étoit venue toute seule! c'est bien employé; sa sorte de malhonnêteté étoit une infamie si scandaleuse, qu'il y a long-temps que je l'avois chassée du nombre des mères : tous les jeunes gens de la cour ont pris part à sa disgrace; elle ne verra point sa fille; on lui a ôté tous ses gens : voilà tous les amants bien écartés.

Vous avez présentement le grand chevalier, embrassez-le pour moi, et le coadjuteur aussi; mais dites à ce dernier que je le prie de ne me point écrire; qu'il garde sa main droite pour jouer au brelan : ce n'est pas que je n'aime ses lettres, mais j'aime encore mieux son amitié : je connois son humeur; il est impossible qu'il écrive sans qu'il en coûte à ceux à qui il écrit, et je trouve que c'est acheter trop cher une lettre, quand c'est au prix d'une partie de sa tendresse. Nous conclurons incessamment que, s'il écrivoit deux fois la semaine à quelqu'un, il le haïroit bientôt à la mort. Adieu, ma chère enfant.

"Il s'agit ici de madame de Lionne; elle s'appeloit Paul Payen. M. de Lionne, ministre secrétaire d'état, l'avoit épousée en 1645. On n'est pas étonné de voir madame de Sévigné rejeter cette femme du nombre des mères; celle-ci fut elle-même la corruptrice de la marquise de Cœuvres, sa fille, et partagea son crime. *Voyez* dans le Supplément de Bussy une lettre de madame de Montmorency, du 30 juin 1671. Madame de Lionne eut un ordre du roi de se rendre à Angers, et son mari mourut de chagrin un mois après. (*Voyez* la lettre du 19 août suivant.)

168. *

A la même.

Aux Rochers, mercredi 5 août 1671.

Je suis bien aise que M. de Coulanges vous ait mandé les nouvelles. Vous apprendrez encore la mort de M. de Guise, dont je suis accablée quand je pense à la douleur de mademoiselle de Guise. Vous jugez bien, ma fille, que ce ne peut être que par la force de mon imagination que cette mort m'inquiète, car, du reste, rien ne troublera moins le repos de ma vie. Vous savez comme je crains les reproches qu'on se peut faire à soi-même. Mademoiselle de Guise n'a rien à se reprocher que la mort de son neveu; elle n'a jamais voulu qu'il ait été saigné; la quantité du sang a causé le transport au cerveau : voilà une petite circonstance bien agréable. Je trouve que dès qu'on tombe malade à Paris, on tombe mort; je n'ai jamais vu une telle mortalité. Je vous conjure, ma chère bonne, de vous bien conserver; et s'il y avoit quelques enfants à Grignan qui eussent la petite-vérole, envoyez-les à Montélimart : votre santé est le but de tous mes desirs.

Vous aurez maintenant des nouvelles de nos états pour votre peine d'être Bretonne. M. de Chaulnes arriva dimanche au soir, au bruit de tout ce qui peut en faire à Vitré[a] : le lundi matin il m'écrivit une lettre; j'y fis réponse par aller dîner avec lui. On mange à deux tables dans le même lieu; il y a quatorze couverts à chaque table; Monsieur en tient une, et Madame l'autre. La bonne chère est excessive, on remporte les plats de rôti tout entiers; et pour les pyramides de fruits, il faut faire hausser les portes. Nos pères ne prévoyoient pas ces sortes de machines, puisque même ils ne comprenoient pas qu'il fallût qu'une porte fût plus haute qu'eux. Une pyramide veut entrer; une de ces pyramides qui font qu'on est obligé de s'écrire d'un bout de la table à l'autre; mais bien loin que cela blesse ici, on est souvent fort aise, au contraire, de ne plus voir ce qu'elles cachent; cette pyramide donc, avec vingt ou trente porcelaines, fut si parfaitement renversée à la porte, que le bruit qu'elle causa fit taire les violons, les hautbois et les trompettes. Après le dîner, MM. de Lomaria et Coëtlogon dansèrent avec deux Bretonnes des passe-pieds merveilleux, et des menuets, d'un air que les courtisans n'ont pas à beaucoup près : ils y font des pas de Bohémiens et de Bas-Bretons avec une délicatesse et une justesse qui charment. Je pensois toujours à vous, et j'avois un souvenir si tendre de votre danse et de ce que je vous avois vue danser, que ce plaisir me devint une douleur. On parla fort de vous. Je suis assurée que vous auriez été ravie de voir danser Lomaria : les violons et les passe-pieds de la cour font mal au cœur au prix

---

[a] Le duc de Chaulnes, gouverneur de Bretagne, habitoit le vieux château de Vitré.

de ceux-là ; c'est quelque chose d'extraordinaire que cette quantité de pas différents et cette cadence courte et juste ; je n'ai point vu d'homme danser comme Lomaria cette sorte de danse. Après ce petit bal, on vit entrer tous ceux qui arrivoient en foule pour ouvrir les états. Le lendemain, M. le premier président, MM. les procureur et avocats-généraux du parlement, huit évêques, MM. de Molac, La Coste et Coëtlogon le père, M. Boucherat[1] qui vient de Paris, cinquante Bas-Bretons dorés jusqu'aux yeux, cent communautés. Le soir devoient venir madame de Rohan d'un côté, et son fils de l'autre, et M. de Lavardin, dont je suis étonnée[a]. Je ne vis point ces derniers, car je voulus venir coucher ici, après avoir été à la tour de Sévigné voir M. d'Harouïs et MM. de Fourché et Chesières qui arrivoient. M. d'Harouïs vous écrira ; il est comblé de vos honnêtetés : il a reçu deux de vos lettres à Nantes, dont je vous suis encore plus obligée que lui. Sa maison va être le Louvre des états : c'est un jeu, une chère, une liberté jour et nuit qui attirent tout le monde. Je n'avois jamais vu les états ; c'est une assez belle chose. Je ne crois pas qu'il y ait une province rassemblée qui ait un aussi grand air que celle-ci ; elle doit être bien pleine, du moins, car il n'y en a pas un seul à la guerre ni à la cour ; il n'y a que le petit Guidon[b], qui peut-être y re-

---

[1] Depuis chancelier de France.

[a] M. de Lavardin étoit lieutenant-général au gouvernement de Bretagne ; ces officiers s'absentoient souvent, quand la présence du gouverneur les obligeoit de paroître à la seconde place.

[b] M. de Sévigné, son fils, guidon des gendarmes dauphins.

viendra un jour comme les autres. J'irai tantôt voir madame de Rohan; il viendroit bien du monde ici, si je n'allois à Vitré: c'étoit une grande joie de me voir aux états, où je ne fus de ma vie; je n'ai pas voulu en voir l'ouverture, c'étoit trop matin. Les états ne doivent pas être longs; il n'y a qu'à demander ce que veut le roi; on ne dit pas un mot: voilà qui est fait. Pour le gouverneur, il trouve, je ne sais pas comment, plus de quarante mille écus qui lui reviennent. Une infinité de présents, des pensions, des réparations de chemins et de villes, quinze ou vingt grandes tables, un jeu continuel, des bals éternels, des comédies trois fois la semaine, une grande *braverie*[a]: voilà les états. J'oublie trois ou quatre cents pipes de vin qu'on y boit: mais, si je ne comptois pas ce petit article, les autres ne l'oublient pas, et c'est le premier. Voilà ce qui s'appelle des contes à dormir debout; mais cela vient au bout de la plume, quand on est en Bretagne et qu'on n'a pas autre chose à dire. J'ai mille compliments à vous faire de M. et de madame de Chaulnes. J'attends le vendredi où je reçois vos lettres avec une impatience digne de l'extrême amitié que j'ai pour vous.

[a] Vieux mot devenu *familier*, il exprime la magnificence des habit-

169. *

A la même.

Aux Rochers, dimanche 9 août 1671.

Vous n'êtes point sincère quand vous me louez tant aux dépens de ce que vous valez. Il me siéroit mal de faire votre panégyrique à vous-même, et vous ne voulez jamais que je dise du mal de moi. Je ne veux donc faire ni l'un ni l'autre; mais enfin, ma fille, si vous avez à vous plaindre de moi, ce n'est point de ne voir pas en vous de bonnes qualités et le fonds de toutes les vertus. Vous pouvez remercier Dieu de tout ce qu'il vous a donné; car, pour moi, je n'ai point assez de mérite pour en donner libéralement. Quoi qu'il en soit, vous mettez très à propos vos réflexions en usage. Ce que vous dites au sujet des inquiétudes que nous avons si souvent et si naturellement sur l'avenir, et comme insensiblement notre inclination se change et s'accommode à la nécessité, est la plus juste matière d'un livre, comme celui de Pascal. Rien n'est si solide, rien n'est si utile que ces sortes de méditations : hé! qui sont les personnes de votre âge qui en sachent faire? Je n'en connois point ; vous avez un fonds de raison et de courage que j'honore ; pour moi je n'en ai pas tant, sur-tout quand mon cœur prend le soin de m'affliger; mes paroles sont assez bonnes; je les range comme ceux qui disent bien : mais la tendresse de mes sentiments me tue; par exemple, je n'ai point été trompée dans les douleurs d'être séparée de vous; je les ai imaginées comme je les sens; j'ai compris que rien ne me rempliroit votre place, que votre souvenir me seroit toujours sensible au cœur : que je m'ennuierois de votre absence, que je serois en peine de votre santé, que jour et nuit je serois occupée de vous. Je sens tout cela comme je l'avois prévu : il y a plusieurs endroits sur lesquels je n'ai pas la force d'appuyer : toute ma pensée glisse sur cela, comme vous dites si bien; et je n'ai point trouvé que le proverbe fût vrai pour moi, d'*avoir la robe selon le froid;* je n'ai point de robe pour ce froid-là. Mais cependant je m'amuse, et le temps passe toujours; et ce fait particulier n'empêche pas la règle générale qui est toujours vraie, et qui le sera toujours. Nous craignons quasi toujours des maux qui perdent ce nom par le changement de nos pensées et de nos inclinations. Je prie Dieu qu'il vous conserve votre bon esprit. Vous me voulez aimer, et pour vous, et pour votre enfant : hé! ma chère fille, n'entreprenez point tant de choses. Quand vous pourriez atteindre à m'aimer autant que je vous aime, ce qui n'est pas une chose possible, ni même dans l'ordre de Dieu, il faudroit toujours que ma petite fût par-dessus le marché; c'est le trop plein de la tendresse que j'ai pour vous.

J'allai dîner mercredi^a chez M. de Chaulnes, qui fait

---

[a] *Lundi* dans l'édition de 1734 et de 1754. *Mercredi* dans l'édition

tenir les états deux fois le jour, de peur qu'on ne vienne me voir. Je n'ose vous dire les honneurs qu'on me fait dans ces états; cela est ridicule : cependant je n'y ai point encore couché, et je ne puis quitter mes bois ni mes promenades, quelque prière que l'on m'en fasse. Il y a quatre jours que je suis ici; il fait un si beau temps que je ne puis me renfermer dans une petite ville.

Mais, ma fille, qui vous accouchera, si vous accouchez à Grignan? Le secours viendra-t-il de loin? N'oubliez pas du moins comme vous accouchâtes en dernier lieu, et n'oubliez pas ce qui vous arriva la première fois, ni le besoin que vous eûtes d'un homme habile et hardi. Vous êtes quelquefois en peine comment vous pourriez faire pour me témoigner votre amitié, voilà justement l'occasion où je vous en demande une preuve; voilà sur quoi je vous devrai du reste, si vous voulez bien, pour l'amour de moi, avoir beaucoup de soin de vous. Ah! mon enfant, qu'il vous sera toujours aisé de vous acquitter avec moi! Des trésors et tous les biens du monde me pourroient-ils donner autant de joie que votre amitié? Comme aussi, tournez la médaille, l'enfer n'est pas pis que le contraire.

Votre lettre à madame de Villars est très bonne; il faudroit être sourde pour ne pas vous entendre. Elle ne paroît pourtant pas d'un style aussi aisé que d'autres que j'ai vues de vous; mais madame de Villars en sera

---

de Rouen de 1726. Je crois cette dernière leçon la meilleure, parceque madame de Sévigné écrit le dimanche, et dit qu'il y a quatre jours qu'elle est aux Rochers.

très contente, et personne n'écrit mieux que vous. Quand le coadjuteur n'aura plus mal au pied, je le conjure de vouloir bien faire réponse à M. d'Agen sur cette religieuse, qui met tout son diocèse sens dessus dessous : je prendrai cette lettre pour être à moi, et lui ferai crédit de trois mois. Je ne puis m'imaginer ses allures, comme celles de M. de La Rochefoucauld; elles sont bien différentes de celles que l'on a, quand on travaille à les mériter : ceci n'est-il point un peu *labyrinthe?* l'entendez-vous? cela s'appelle des choses fines.

Mais qu'est-ce que vous me dites d'avoir mal à la hanche? Votre petit garçon seroit-il devenu fille? Ne vous en mettez pas en peine, je vous aiderai à l'exposer sur le Rhône dans un petit panier de jonc, et puis elle abordera dans quelque royaume, où sa beauté sera le sujet d'un roman : me voilà comme Don Quichotte. Il y a d'horribles endroits dans Cléopâtre, mais il y en a de beaux, et la droite vertu est bien dans son trône. Nous avons achevé le Tasse avec plaisir et déplaisir, nous ne savons plus où nous attacher; il faudra attendre que les états soient partis pour entreprendre quelque chose. Étoit-ce à vous que je mandois l'autre jour qu'il sembloit que tous les pavés de Vitré fussent métamorphosés en gentilshommes? Je n'ai jamais vu tant de monde; je ne m'imagine point que les états de Languedoc puissent être plus beaux. Mais vous, ma fille, donnez-moi des nouvelles de ce qui se passe autour de vous. Ne sentez-vous point un peu la pesanteur de votre charge? J'en suis accablée. N'espérez-vous pas toujours la même grâce de votre assemblée? comment êtes-vous avec Le *Mar-*

seille? (*M. de Forbin-Janson.*) Hé, mon Dieu, que je suis bien de Provence, et que ce pays-là est bien devenu le mien! Ah! ma bonne, falloit-il que ma vie fût rangée et marquée si loin de la vôtre?

A Monsieur DE GRIGNAN.

Il n'y avoit que vous, mon cher Comte, qui pussiez me résoudre à donner ma fille à un Provençal : mais, dans la vérité, cela est ainsi, j'en prends à témoins Caderousse[a] et Mérinville; car si j'avois trouvé autant de facilité et de disposition dans le cœur de ma fille pour ce dernier que j'en ai trouvé pour vous, et que je n'eusse pas été la reine des incidents, par la peur que j'avois de conclure, c'en étoit fait. Ne doutez jamais de ma véritable amitié, et d'une estime très distinguée; un moment de réflexion vous fera voir que je dis vrai. Je ne suis point surprise que ma fille ne vous parle point de moi; elle m'en faisoit autant de vous l'année passée : croyez donc, sans qu'elle vous le dise, que je ne vous oublie jamais : la voilà qui gronde, et qui dit que vous prenez ce prétexte pour excuser votre paresse : je laisse entre vous ce débat, et je vous assure que, quoique vous soyez l'homme du monde le plus heureux à être aimé, vous ne l'avez jamais été, ni ne le pouvez être de

---

[a] Juste-Joseph-François de Tournon de Cadart-d'Ancezune, créé duc de Caderousse en 1663 par le pape Alexandre VII; il épousa, en 1665, mademoiselle de Guénégaud. *Voyez* la lettre 48, tom. 1er, page 117. — Charles Desmontiers, comte de Mérinville. Tous deux avoient recherché madame de Grignan en mariage.

personne plus sincèrement que de moi. Je vous souhaite tous les jours dans mon mail : mais vous êtes glorieux; je vois bien que vous voulez que je vous aille voir la première : vous êtes bien heureux que je ne sois pas une vieille maman", et que je sois ravie d'employer le reste de ma santé à faire ce voyage. Notre abbé en a plus d'envie que moi; c'est quelque chose. Adieu, mon cher Grignan; aimez-moi toujours bien; donnez-moi de votre vue, je vous donnerai de mes bois[b].

A Madame DE GRIGNAN.

Ma chère enfant, je reviens à vous pour vous dire que M. d'Andilly m'a envoyé le recueil qu'il a fait des lettres de M. de Saint-Cyran[c]; c'est une des plus belles choses du monde : ce sont proprement des maximes et des sentences chrétiennes, mais si bien tournées qu'on les retient par cœur, comme celles de M. de La Rochefoucauld. Quand ce livre se débitera, priez madame de La Fayette ou M. d'Hacqueville d'en demander un exem-

---

[a] Madame de Sévigné avoit alors 45 ans.

[b] La vue de Grignan est belle et étendue; celle des Rochers est sauvage, et bornée de tous côtés par des bois.

[c] Verger de Hauranne, abbé de Saint-Cyran, le véritable fondateur du jansénisme. Il crut avoir trouvé dans la lecture des PP. et des conciles le germe d'un nouveau système sur la grâce, et il parvint à le faire adopter par Jansénius et par un grand nombre de théologiens. Après la mort de l'évêque d'Ypres, il chercha à répandre sa doctrine, et la fit partager au monastère de Port-Royal, et aux Arnauld, Le Maître, Nicole, Pascal, disciples qui ont laissé loin derrière eux le maître qui les avoit formés.

plaire pour vous à M. d'Andilly; il vous sera très obligé de cette confiance: si vous faites réflexion qu'il n'a jamais eu un sou d'aucun de ses livres, vous verrez bien que c'est l'obliger que d'en vouloir un de sa main. Je défie M. Nicole de mieux dire que ce que vous avez écrit sur le changement de nos passions; il n'y a pas un mot de plus ou de moins que ce qu'il faut.

170.

A la même.

A Vitré, mercredi 12 août 1671.

Enfin, ma chère fille, me voilà en pleins états; sans cela les états seroient en pleins Rochers. Dimanche dernier, aussitôt que j'eus cacheté mes lettres, je vis entrer quatre carrosses à six chevaux dans ma cour, avec cinquante gardes à cheval, plusieurs chevaux de main et plusieurs pages à cheval. C'étoient M. de Chaulnes, M. de Rohan, M. de Lavardin, MM. de Coëtlogon, de Lomaria, les barons de Guais, les évêques de Rennes, de Saint-Malo, les MM. d'Argouges, et huit ou dix que je ne connois point; j'oublie M. d'Harouïs, qui ne vaut pas la peine d'être nommé. Je reçois tout cela: on dit et on répondit beaucoup de choses. Enfin, après une promenade dont ils furent fort contents, une collation très bonne et très galante sortit d'un des bouts du mail, et sur-tout du vin de Bourgogne qui passa comme de l'eau de Forges; on fut persuadé que cela s'étoit fait avec un coup de baguette. M. de Chaulnes me pria instamment d'aller à Vitré. J'y vins donc lundi au soir; madame de Chaulnes me donna à souper, avec la comédie de *Tartuffe*, point trop mal jouée, et un bal où le passe-pied et le menuet pensèrent me faire pleurer: cela me fait souvenir de vous si vivement que je n'y puis résister; il faut promptement que je me dissipe. On me parle de vous très souvent, et je ne cherche point long-temps mes réponses, car j'y pense à l'instant même, et je crois toujours que c'est qu'on voit mes pensées au travers de mon corps-de-jupe. Hier, je reçus toute la Bretagne à ma tour de Sévigné: Je fus encore à la comédie; c'étoit *Andromaque*, qui me fit pleurer plus de six larmes: c'est assez pour une troupe de campagne. Le soir on soupa, et puis le bal. Je voudrois que vous eussiez vu l'air de M. de Lomaria[a], et de quelle manière il ôte et remet son chapeau; quelle légèreté! quelle justesse! Il peut défier tous les courtisans, et les confondre, sur ma parole: il a soixante mille livres de rente, et sort de l'académie; il ressemble à tout ce qu'il y a de plus joli, et voudroit bien vous épouser. Au reste, ne croyez pas que votre santé ne soit point bue ici; cette obligation n'est pas grande, mais telle qu'elle est, vous l'avez tous les jours à toute la Bretagne: on commence par moi, et puis madame de Grignan vient tout naturellement.

[a] Louis-François Duparc, marquis de Lomaria, qui fut lieutenant-général des armées du roi, et mourut en 1709.

M. de Chaulnes vous fait mille compliments. Les civilités qu'on me fait sont si ridicules, et les femmes de ce pays si sottes, qu'elles laissent croire qu'il n'y a que moi dans la ville, quoiqu'elle soit toute pleine. Il y a, de votre connoissance, Tonquedec, le comte des Chapelles, Pomenars, l'abbé de Montigni, qui est évêque de Saint-Paul-de-Léon, et mille autres : mais ceux-là me parlent de vous, et nous rions un peu de notre prochain. Il est plaisant ici le prochain, particulièrement quand on a dîné ; je n'ai jamais vu tant de bonne chère. Madame de Coëtquen est ici avec la fièvre ; Chesières se porte mieux ; on a député des états pour lui faire un compliment. Nous sommes polis pour le moins autant que le poli Lavardin : on l'adore ici, c'est un gros mérite qui ressemble au vin de Grave. Mon abbé bâtit, et ne veut pas venir s'établir à Vitré ; il y vient dîner : pour moi, j'y serai encore jusqu'à lundi ; et puis j'irai passer huit jours dans ma pauvre solitude, après quoi je reviendrai dire adieu ; car la fin du mois verra la fin de tout ceci. Notre présent est déjà fait, il y a plus de huit jours : on a demandé trois millions ; nous avons offert sans chicaner deux millions cinq cent mille livres, et voilà qui est fait. Du reste, M. le gouverneur aura cinquante mille écus, M. de Lavardin quatre-vingt mille francs, le reste des officiers à proportion ; le tout pour deux ans. Il faut croire qu'il passe autant de vin dans le corps de nos Bretons, que d'eau sous les ponts, puisque c'est là-dessus qu'on prend l'infinité d'argent qui se donne à tous les états.

Vous voilà bien instruite, Dieu merci, de votre bon pays : mais je n'ai point de vos lettres, et par conséquent point de réponse à vous faire; ainsi je vous parle tout naturellement de ce que je vois, et de ce que j'entends: Pomenars est divin; il n'y a point d'homme à qui je souhaite plus volontiers deux têtes; jamais la sienne n'ira jusqu'au bout. Pour moi, ma fille, je voudrois déjà être au bout de la semaine, afin de quitter généreusement tous les honneurs de ce monde, et de jouir de moi-même aux Rochers. Adieu, ma très chère, j'attends toujours vos lettres avec impatience; votre santé est un point qui me touche de bien près : je crois que vous en êtes persuadée, et que, sans donner dans *la justice de croire*, je puis finir ma lettre et dormir en repos sur ce que vous pensez de mon amitié pour vous. Ne direz-vous point à M. de Grignan que je l'embrasse de tout mon cœur?

171.*

A la même.

A Vitré, dimanche 16 août 1671.

Quoi! ma chère fille, vous avez pensé brûler, et vous voulez que je ne m'en effraie pas! Vous voulez accoucher à Grignan, et vous voulez encore que je ne m'en inquiète pas! Priez-moi en même temps de ne vous aimer guère; mais soyez assurée que pendant que vous me serez ce que vous êtes à mon cœur, c'est-à-dire, pendant que je vivrai, je ne puis jamais voir tranquillement tous les maux qui vous peuvent arriver. Je prie Deville de faire tous les soirs une ronde pour éviter les accidents du feu. Si le hasard n'avoit fait lever M. de Grignan plus matin que le jour, voyez un peu où vous en étiez, et ce que vous deveniez avec votre château. Je crois que vous n'avez pas oublié de remercier Dieu : pour moi j'y ai trop d'intérêt pour ne l'avoir pas fait.

Avez-vous écrit, ou du moins fait faire un compliment à madame et à M. de Lavardin[a]. Je serois bien ici en main pour le leur faire tout à mon aise; mais cela n'auroit pas l'air assez vraisemblable. Il fait ici l'amoureux d'une *petite madame*; j'ai trouvé que c'est une contenance dont il a besoin comme d'un éventail. Je voudrois bien que vous eussiez un fils comme madame de Simiane; d'où est la sage-femme qui l'a accouchée? Parlez-moi souvent de ce qui touche votre personne. J'ai dit à madame de Chaulnes les compliments que vous lui faites; elle les a reçus d'une manière, et vous en rend de si bons, que je suis persuadée qu'elle voudroit, au prix des Molac et des Lavardin[1], que vous fussiez sa lieutenante-générale : il n'y a que ces charges de belles; les lieutenants de roi ne sont pas dignes de porter votre robe. Je suis encore ici; M. et madame de Chaulnes font de leur mieux pour m'y retenir : ce sont sans cesse des distinctions, peut-être peu sensibles pour nous, mais qui me font admirer la bonté des dames de ce pays-ci; je ne

---

[a] Sur la mort de M. de Beaumanoir, évêque du Mans. (*Voyez* la lettre du 2 août. Il étoit oncle de M. de Lavardin.)

[1] Lieutenants-généraux de la province de Bretagne.

m'en accommoderois pas comme elles, avec toute ma civilité et ma douceur. Vous croyez bien aussi que sans cela je ne demeurerois pas à Vitré, où je n'ai que faire. Les comédiens nous ont amusés, les passe-pieds nous ont divertis, la promenade nous a tenu lieu des Rochers. Nous fîmes hier de grandes dévotions, et demain je m'en vais aux Rochers, où je serai ravie de ne plus voir de festins, et d'être un peu à moi : je meurs de faim au milieu de toutes ces viandes, et je proposois l'autre jour à Pomenars d'envoyer accommoder un gigot de mouton à la tour de Sévigné pour minuit, en revenant de chez madame de Chaulnes : enfin, soit besoin ou dégoût, je meurs d'envie d'être dans mon mail; j'y serai huit ou dix jours. Notre abbé, La Mousse et *Marphise* ont grand besoin de ma présence ; ces deux premiers viennent pourtant dîner ici quelquefois : il y est très souvent question de madame la gouvernante de Provence, c'est ainsi que M. de Chaulnes vous nomme en commençant votre santé. On contoit hier au soir à table qu'Arlequin, l'autre jour à Paris, portoit une grosse pierre sous son petit manteau; on lui demandoit ce qu'il vouloit faire de cette pierre; il dit que c'étoit un échantillon d'une maison qu'il vouloit vendre; cela me fit rire ; je jurai que je vous le manderois : si vous croyez, ma fille, que cette invention fût bonne pour vendre votre terre, vous pourriez vous en servir. Que dites-vous du mariage de Monsieur? Ce sont des traits de la Palatine; c'est sa nièce[a]

---

[a] La princesse Elisabeth-Charlotte de Bavière, comtesse palatine du Rhin. Ses Mémoires ont été publiés d'abord sous le titre de *Frag-*

et celle de la princesse de Tarente. Vous comprenez bien la joie qu'aura MONSIEUR d'avoir à se marier en cérémonie : quelle joie encore d'avoir une femme qui n'entende point le françois! On dit qu'elle est belle; du reste, elle n'est pas plus riche que mademoiselle de G....*. On dit que quand le mariage fut déclaré, les *anges* disparurent pour huit jours, ne pouvant soutenir les premiers jours de cette nouvelle. Hélas! si cette MADAME pouvoit nous bien représenter celle que nous avons perdue!

Madame de La Fayette m'a mandé qu'elle alloit vous écrire, mais que la migraine l'en empêche; elle est fort à plaindre d'être si sujette à ce mal : je ne sais s'il ne ne vaudroit pas mieux n'avoir pas autant d'esprit que Pascal[1], que d'en avoir les incommodités. La date de votre lettre est admirable : voilà qui est donc bien, je n'ai que vingt ans; puisqu'il est ainsi, vous n'avez pas sujet de craindre pour ma santé; n'en soyez point en

ments de lettres originales, puis, en 1807, sous celui de *Mélanges historiques sur la fin du règne de Louis XIV*, etc. Ils sont écrits sans prétention, et portent avec eux un grand caractère de franchise. Il ne faut pas y prendre à la lettre tout ce qu'elle dit de madame de Maintenon, qu'elle haïssoit. Anne de Gonzague, princesse palatine, sa tante, est cette femme habile et adroite qui joue un si grand rôle dans les troubles de la fronde. Tout le monde connoit son oraison funèbre dans laquelle Bossuet avoit plus d'un écueil à éviter. On a publié sous son nom des Mémoires qui sont supposés. M. Senac de Meilhan en est l'auteur.

* Mme de Grancey, qui passoit pour être la maîtresse de Monsieur.

[1] Blaise Pascal, un des plus beaux génies de son siècle, avoit été sujet à de grands maux de tête; il mourut dans la fleur de l'âge le 19 août 1662.

peine, songez seulement à la vôtre. Cette émotion que la crainte du feu vous a donnée me déplaît beaucoup : ce fut en suite d'une émotion qu'arriva votre accouchement de Livry : tâchez donc, ma chère enfant, d'éviter autant que vous pourrez tout ce qui peut vous émouvoir. J'aime déjà ce chamarier[1] de Rochebonne ; c'est une *bonne roche* que celle dont vous me dépeignez son ame : c'est à M. de Grignan que j'adresse cette *gentillesse*, comme à celui qui m'y saura bien répondre. Je suis bien aise d'avoir encore une maison assurée à Lyon, outre celle de l'intendant.

Autant qu'un voyage en ce monde peut être sûr, celui de Provence l'est pour l'année qui vient. Ma chère enfant, gouvernez-vous bien entre-ci et là, c'est mon unique soin, et la chose du monde dont je vous serai le plus sensiblement obligée ; c'est là que vous pouvez me témoigner solidement l'amitié que vous avez pour moi. Il me semble que vous voyez bien des Provençaux à Grignan : si vous saviez aussi la quantité de Bretons que l'on voit tous les jours ici, cela n'est pas imaginable. Vous me ravissez quand vous me dites que vous aimez le coadjuteur, et qu'il vous aime : j'ai cette union dans la tête ; il me semble qu'elle est entièrement nécessaire à votre bonheur ; conservez-la, et prenez de ses conseils pour vos affaires. Notre abbé vous adore toujours ; la petite Mousse a une dent de moins, et ma petite enfant une dent de plus : ainsi va le monde. Je bénis *Fluchère* de vous avoir sauvée du feu, et je vous embrasse mille

---

[1] Dignité du chapitre de Saint-Jean de Lyon.

fois plus tendrement que je ne puis vous dire. Adieu, ma très chère et très aimable. Chesières est guéri au bruit du trictrac de chez M. d'Harouïs.

172.

A la même.

Aux Rochers, mercredi 19 août 1671.

Vous me dites fort plaisamment l'état où vous met mon papier parfumé : ceux qui vous voient lire mes lettres croient que je vous apprends que je suis morte, et ne se figurent point que ce soit une moindre nouvelle. Il s'en faut peu que je ne me corrige de la manière que vous l'avez imaginé; j'irai toujours dans les excès pour ce qui vous sera bon, et qui dépendra de moi. J'avois déjà pensé que mon papier pourroit vous faire mal, mais ce n'étoit qu'au mois de novembre que j'avois résolu d'en changer; je commence dès aujourd'hui, et vous n'avez plus à vous défendre que de la puanteur.

Vous avez une assez bonne quantité de Grignans; Dieu vous délivre de la tante[1], elle m'incommode d'ici. Les manches du chevalier font un bel effet à table : quoiqu'elles entraînent tout, je doute qu'elles m'entraînent

[1] Anne d'Ornano, comtesse d'Harcourt, tante de M. de Grignan. *Voyez* la lettre du 26 juillet précédent.

aussi; quelque foiblesse que j'aie pour les modes, j'ai une grande aversion pour cette saleté. Il y auroit de quoi en faire une belle provision à Vitré; je n'ai jamais vu une si grande chère; nulle table à la cour ne peut être comparée à la moindre des douze ou quinze qui y sont, aussi est-ce pour nourrir trois cents personnes qui n'ont que cette ressource pour manger. Je partis lundi de cette bonne ville, après avoir fait vos compliments à madame de Chaulnes et à mademoiselle de Murinais, qui a quelque chose dans l'esprit et dans l'humeur, qui vous seroit très agréable; on ne peut jamais ni mieux les recevoir, ni mieux les rendre. Toute la Bretagne étoit ivre ce jour-là; nous avions dîné à part. Quarante gentilshommes avoient dîné en bas, et avoient bu chacun quarante santés : celle du roi avoit été la première, et tous les verres cassés après l'avoir bue; le prétexte étoit une joie et une reconnoissance extrême de cent mille écus que le roi a donnés à la province sur le présent qu'on lui a fait, voulant récompenser, par cet effet de sa libéralité, la bonne grace qu'on a eue à lui obéir. Ce n'est donc plus que deux millions deux cent mille livres, au lieu de cinq cents. Le roi a écrit de sa propre main des bontés infinies pour sa bonne province de Bretagne : le gouverneur a lu la lettre aux états, et la copie en a été enregistrée : il s'est élevé jusqu'au ciel un cri de *vive le roi*, et tout de suite on s'est mis à boire, mais boire, Dieu sait. M. de Chaulnes n'a pas oublié la gouvernante de Provence, et un Breton ayant voulu vous nommer, et sachant mal votre nom, s'est levé, et a dit tout haut : C'est donc à la santé de madame de *Carignan* : cette sottise a fait rire MM. de Chaulnes et d'Harouïs jusqu'aux larmes : les Bretons ont continué, croyant bien dire, et vous ne serez d'ici à plus de huit jours que madame de *Carignan*; quelques uns disent la comtesse de *Carignan* : voilà en quel état j'ai laissé les choses.

J'ai fait voir à Pomenars ce que vous dites de lui; il en est ravi, il veut vous écrire, et en attendant je vous assure qu'il est si hardi et si effronté, que tous les jours du monde il fait quitter la place au premier président, dont il est ennemi, aussi bien que du procureur-général. Madame de Coëtquen[a] venoit de recevoir la nouvelle de la mort de sa petite fille; elle s'étoit évanouie; elle en est très affligée, et dit que jamais elle n'en aura une si jolie : mais son mari est inconsolable; il revient de Paris, après s'être accommodé avec Le Bordage; c'étoit la plus grande affaire du monde, il a donné tous ses ressentiments à M. de Turenne[b] : vous ne vous en souciez guère; mais cela se trouve au bout de ma plume. Il y avoit dimanche un bal qui fut joli : nous y vîmes une Basse-Brete qu'on nous avoit assuré qui levoit la paille : ma foi, elle étoit ridicule et faisoit des hauts-le-corps qui nous faisoient éclater de rire; mais il y avoit d'au-

[a] Marguerite de Rohan-Chabot, femme de Malo, marquis de Coëtquen, gouverneur de Saint-Malo. Elle étoit sœur de madame de Soubise, et mourut en 1679.

[b] On sait que Turenne étoit bien avec madame de Coëtquen. C'est à elle qu'il révéla le secret du voyage de madame Henriette en Angleterre. Par cette indiscrétion, le chevalier de Lorraine, amant de cette dame, en fut instruit, et MONSIEUR le sut, malgré la défense du roi.

tres danseuses et des danseurs qui nous ravissoient. Si vous me demandez comment je me trouve des Rochers après tout ce bruit, je vous dirai que j'y suis transportée de joie; j'y serai pour le moins huit jours, quelque façon qu'on me fasse pour me faire retourner : j'ai un besoin de repos qui ne se peut dire, j'ai besoin de dormir, j'ai besoin de manger, car je meurs de faim à ces festins; j'ai besoin de me rafraîchir, j'ai besoin de me taire; tout le monde m'attaquoit, et mon poumon étoit usé. Enfin, ma chère enfant, j'ai retrouvé mon abbé, ma Mousse, ma chienne, mon mail, Pilois, mes maçons; tout cela m'est uniquement bon, en l'état où je suis : quand je commencerai à m'ennuyer, je m'en retournerai. Il y a des gens qui ont de l'esprit dans cette immensité de Bretons, et il y en a qui sont dignes de me parler de vous.

J'ai été blessée, comme vous, de l'*enflure de cœur*[1] : ce mot d'*enflure* me déplaît; et pour le reste, ne vous avois-je pas dit que c'étoit de la même étoffe que Pascal? Mais cette étoffe est si belle qu'elle me plaît toujours : jamais le cœur humain n'a été mieux anatomisé que par ces messieurs-là. Si vous continuez à nous en mander votre avis, La Mousse vous répondra mieux que moi, car je n'en ai lu encore que vingt feuillets. Je suis au désespoir de mes paquets perdus : ces chères, ces aimables lettres dont je suis entourée, que je relis mille fois, que je regarde, que j'approuve, n'est-ce pas un grand déplaisir pour moi de savoir que vous m'en écriviez deux toutes les semaines, et de n'en avoir reçu qu'une plus

---

[1] Expression de M. Nicole dans ses *Essais de morale*.

de quatre semaines de suite? Si c'étoit pour vous soulager, je l'approuverois, et même je vous le conseillerois; mais vous les avez écrites, et je ne les ai pas. Si vous aviez le mémoire de vos dates, vous verriez bien les lettres qui vous manquent : vous l'aviez pour ce fripon de Grignan; faut-il que je l'embrasse après cette préférence? Parlez-moi de madame de Rochebonne[1], et faites des amitiés à mon cher coadjuteur et au bel air du chevalier : je défends à ce dernier de monter à cheval devant vous[a]. On me mande que *mes petites entrailles*[2] se portent bien, elles vont être habillées; cela est joli, de *petites entrailles* avec une robe. Si madame de Simiane[b] vouloit savoir des nouvelles de son premier sénéchal, vous pourriez lui dire qu'il planta là cette maîtresse qu'il avoit; qu'après elle, il a épousé la femme d'un homme qui enfin la lui laissa; et que présentement il l'a laissée pour une autre toute mariée aussi, qu'il a enlevée de vive force. C'est l'une des plus belles choses du monde; mais ce qu'il y a de plus merveilleux, c'est qu'il a un cadet qui en a fait autant en Basse-Bretagne : on lui a

---

[1] Thérèse Adhémar-de-Monteil, femme de Charles-François de Châteauneuf, comte de Rochebonne, et sœur de M. de Grignan.

[a] Ce fut une peur qu'éprouva madame de Grignan en voyant le chevalier de Grignan monter à cheval, qui fut cause de la fausse couche qu'elle fit à Livry. *Voyez* la lettre du 6 septembre suivant.

[2] C'est ainsi que madame de Sévigné nommoit sa petite-fille (*Marie-Blanche*), qu'elle avoit laissée à Paris en nourrice.

[b] Madame de Simiane, qui fut dans la suite belle-mère de madame de Grignan, habitoit Vauréas, près de Grignan. *Voyez* une note de la lettre du 19 février 1672.

envoyé des gardes pour l'amener; il y a des gens dont l'étoile fait rire.

M. d'Harouïs est aussi étonné que vous de l'aventure de madame de Lionne[1]. Votre raisonnement est bon; mais, quoique le mari fût accoutumé à sa propre disgrace, il ne l'étoit pas à celle de son gendre; et c'est ce qui l'a fait éclater, car vous savez bien l'humeur complaisante, et même *serviable* de la mère. Vous avez fait des merveilles d'écrire à madame de Lavardin; je le souhaitois, vous avez prévenu mes desirs. Voilà tout présentement le laquais de l'abbé, qui, se jouant comme un jeune chien avec l'aimable *Jacquine*[2], l'a jetée par terre, et lui a rompu le bras, et démis le poignet; les cris qu'elle fait sont épouvantables, c'est comme si une furie s'étoit rompu le bras en enfer : on envoie quérir cet homme qui vint pour Saint-Aubin. J'admire comme les accidents viennent, et vous ne voulez pas que j'aie peur de verser; c'est cela que je crains; car si quelqu'un m'assuroit que je ne me ferois point de mal, je ne haïrois pas à rouler quelquefois cinq ou six tours dans un carrosse; cette nouveauté me divertiroit: mais, après ce que je viens de voir, un bras rompu me fera toujours peur. Adieu, ma très belle; vous savez comme je suis à vous, et que l'amour maternel y a moins de part que l'inclination.

[1] *Voyez* la lettre du 2 août 1671, page 140.
[2] Une des filles de la basse-cour des Rochers.

173.

A la même.

Aux Rochers, dimanche 23 août 1671.

Vous étiez donc avec votre présidente de Charmes, quand vous m'avez écrit! Son mari étoit intime ami de M. Fouquet, dis-je bien? Enfin, ma fille, vous n'êtes point seule, et M. de Grignan avoit raison de vous faire quitter votre cabinet, pour entretenir votre compagnie: ce qu'il auroit pu retrancher, c'est sa barbe de capucin; il est vrai qu'elle ne lui fait point de tort, puisqu'à Livry, avec *sa touffe ébouriffée*[1], vous ne pensiez pas qu'*Adonis* fût plus beau; je redis quelquefois ces quatre vers avec admiration. Je suis surprise comme le souvenir de certains temps fait de l'impression sur l'esprit, soit en bien, soit en mal; je me représente cette automne-là délicieuse, et puis j'en regarde la fin avec une horreur qui me fait suer les grosses gouttes[2]; et cependant il faut remercier Dieu du bonheur qui vous tira d'affaire. Les réflexions que vous faites sur la mort de

---

[1] Hémistiche d'un bout rimé rempli par madame de Grignan.

[2] A cause de la fausse couche que madame de Grignan fit à Livry, le 4 novembre 1669. (*Voyez* la note de la page 163.)

M. de Guise" sont admirables; elles m'ont bien creusé les yeux dans mon mail; car c'est là où je rêve à plaisir. Le pauvre La Mousse a eu mal aux dents; de sorte que depuis long-temps je me promène toute seule jusqu'à la nuit, et Dieu sait à quoi je ne pense point. Ne craignez point pour moi l'ennui que me peut donner la solitude; hors les maux qui viennent de mon cœur, contre lesquels je n'ai point de force, je ne suis à plaindre sur rien: mon humeur est heureuse, elle s'accommode et s'amuse de tout; et je me trouve mieux d'être ici toute seule que du fracas de Vitré. Il y a huit jours que je suis ici, dans une paix qui m'a guérie d'un rhume épouvantable; j'ai bu de l'eau, je n'ai point parlé, je n'ai point soupé; et, quoique je n'en aie point raccourci mes promenades, je me suis guérie. Madame de Chaulnes, mademoiselle de Murinais, madame Fourché, et une fille de Nantes fort bien faite, vinrent ici jeudi : madame de Chaulnes entra en me disant qu'elle ne pouvoit être plus long-temps sans me voir, que toute la Bretagne lui pesoit sur les épaules, et qu'enfin elle se mouroit. Là-dessus elle se jette sur mon lit, on se met autour d'elle, et en un moment la voilà endormie de pure fatigue : nous causons toujours; elle se réveille enfin, trouvant plaisante et adorant l'aimable liberté des Rochers. Nous allâmes nous promener, nous nous assîmes dans le fond de ces bois; pendant que les autres jouoient au mail, je lui faisois conter Rome, et par quelle aventure elle avoit épousé M. de Chaulnes : car je cherche toujours à ne me point

―――――――――

" Le duc de Guise mourut de la petite vérole le 30 juillet 1671.

ennuyer; pendant que nous en étions là, voilà une pluie traîtresse comme une fois à Livry, qui, sans se faire craindre, se met d'abord à nous noyer, mais noyer à faire couler l'eau de par-tout sur nos habits : les feuilles furent percées dans un moment, et nos habits percés dans un autre moment : nous voilà toutes à courir; on crie, on tombe, on glisse; enfin on arrive, on fait grand feu : on change de chemise, de jupe, je fournis à tout ; on se fait essuyer ses souliers; on pâme de rire : voilà comme fut traitée la gouvernante de Bretagne dans son propre gouvernement; après cela on fit une jolie collation, et puis cette pauvre femme s'en retourna plus fâchée sans doute du rôle ennuyeux qu'elle alloit reprendre, que de l'affront qu'elle avoit reçu ici. Elle me fit promettre de vous mander cette aventure, et d'aller demain lui aider à soutenir le reste des états, qui finiront dans huit jours. Je lui promis l'un et l'autre; je m'acquitte aujourd'hui de l'un, et demain je m'acquitterai de l'autre, ne trouvant pas que je puisse me dispenser de cette complaisance.

Madame de La Fayette vous aura mandé comme M. de La Rochefoucauld a fait duc le prince (*de Marsillac*) [a] son fils, et de quelle façon le roi a donné une nouvelle pension : enfin la manière vaut mieux que la chose, n'est-il pas vrai? Nous avons quelquefois ri de ce discours commun à tous les courtisans. Vous avez présentement le prince Adhémar [b], dites-lui que j'ai reçu sa

---

[a] Il étoit bien loin d'avoir le mérite de son père; mais il plaisoit à Louis XIV. Il devint dans la suite le favori de M⁵ʳ le dauphin.

[b] Le chevalier de Grignan, alors âgé de 27 ans.

dernière lettre, et embrassez-le pour moi. Vous avez, à mon compte, cinq ou six Grignan; c'est un bonheur, comme vous dites, qu'ils soient tous aimables et d'une bonne société, sans cela ils feroient l'ennui de votre vie, au lieu qu'ils en font la douceur et le plaisir. On me mande qu'il y a de la rougeole à Sully, et que ma tante va prendre *mes petites entrailles* pour les amener chez elle: cela fâchera bien la nourrice, mais que faire? C'est une nécessité. C'en sera une bien dure que de demeurer en Provence pour les gages, quand vous verrez partir d'auprès de vous madame de Senneterre pour Paris: je voudrois bien, ma chère enfant, que vous eussiez assez d'amitié pour moi pour ne me pas faire le même tour quand j'irai vous voir l'année qui vient. Je voudrois qu'entre ci et là vous fissiez l'impossible pour vos affaires; c'est ce qui fait que j'y pense, et que je m'en tourmente tant. Il faut donc que je vous ramène chez moi, qui est chez vous.

M. de Chesières est ici; il a trouvé mes arbres crus; il en est fort étonné, après les avoir vus *pas plus grands que cela*, comme disoit M. de Montbazon de ses enfants. Je suis fort aise que la maladie du pauvre Grignan ait été si courte; je l'embrasse et lui souhaite toutes sortes de biens et de bonheurs, aussi bien qu'à sa chère moitié, que j'aime plus que moi-même; je le sens du moins mille fois davantage. Notre abbé est à vous; La Mousse attend cette lettre que vous composez.

174.

A la même.

A Vitré, mercredi 26 août 1671, dans le cabinet
de madame DE CHAULNES.

On me prie d'abord de vous faire mille amitiés pleines de tendresse et d'estime. Après un si heureux commencement, vous devriez espérer une lettre agréable; mais je doute fort que cela puisse être, car vous saurez, ma chère fille, que je ne sais rien. Si je vous entretenois de mes pensées, je vous parlerois de vous; et vous êtes trop près du sujet pour que cela pût vous divertir. Je vins ici dimanche au soir assez tard : M. de Chaulnes fit la plaisanterie de m'envoyer querir par ses gardes, m'écrivant que j'étois nécessaire pour le service du roi, et que madame de Chaulnes m'attendoit à souper. J'y vins, j'y fus reçue en perfection, et je trouvai beaucoup de monde d'augmentation; tant pis! Lundi, M. d'Harouïs donna un dîner à M. et à madame de Chaulnes, à tous les magistrats et commissaires; j'y étois, l'abbé y vint : le prétexte étoit de voir les réparations que je demande qu'on fasse à la tour de Sévigné[a]; on n'y regarda point. Ce fut le plus beau repas que j'aie vu depuis que je suis

---

[a] Les réparations étoient aux dépens des états, parceque cette tour faisoit partie des murailles de la ville.

au monde : mais écoutez le malheur. Comme nous montions en carrosse pour y aller, voilà une foiblesse qui prend à M. de Chaulnes, avec le frisson, en un mot, la fièvre : madame de Chaulnes, tout affligée, s'enferme avec lui; et mademoiselle de Murinais et moi nous tenons leur place. M. d'Harouïs fut tout mortifié; tout fut triste, on ne songea qu'à ce contre-temps. Le soir la fièvre le quitta; mais je crois qu'il l'a présentement, et c'est la tierce. Voilà comme les maux viennent; conservez-vous : si vous étiez dans un autre état, je vous dirois de marcher; mais je ne le dis pas. Je suis persuadée que la plupart des maux viennent d'avoir le cul sur la selle. Pomenars vous fait dix mille compliments; il conte qu'une femme l'autre jour à Rennes ayant ouï parler des *medianoches*^a, dit à quatre heures du soir qu'elle venoit de faire *medianoche* chez la première présidente; cela est bien d'une sotte bête qui veut être à la mode : voilà tout ce que je vous écrirai d'ici; peut-être que tantôt je dirai encore quelque chose en fermant mon paquet. Quoi qu'il en soit, ma très aimable, vous savez bien que je suis tout à vous, mais dans la vérité, et nullement par manière de parler. Je veux vous parler d'un bal qu'il y eut hier au soir : hormis les grands bals que nous avons vus, on ne peut en faire un plus joli. Plusieurs beautés de Basse-Bretagne y brilloient, et mademoiselle de Lanion^b sur-tout, qui est une très belle fille, et qui

---

^a Expression empruntée de l'espagnol; c'étoit un repas en gras, fait à minuit les jours maigres. On en voit beaucoup d'exemples dans les Mémoires de madame de Motteville.

^b Ce nom se trouve dans l'édition de Rouen de 1726.

danse très bien : elle a un amant qu'elle va épouser; il étoit derrière elle : mais M. de Rohan, qui la trouve belle, dès l'année passée, s'est pendu à son oreille d'une si étrange façon; et elle s'est fichée dans ses cheveux, pour lui répondre, d'une si extraordinaire manière, que l'amant a quitté la place. La demoiselle ne s'en est pas émue; sa mère lui faisoit des yeux; point de nouvelles; enfin elle a donné dans la seigneurie à bride abattue : cela nous a fort réjouis. Mais sera-t-il possible, ma fille, que M. de Grignan ne me donne jamais le plaisir de vous voir danser un moment? Quoi! je ne reverrai jamais cette danse et cette grace parfaite qui m'alloit droit au cœur? J'en vois ici des morceaux séparés, mais je voudrois bien revoir le tout ensemble. Je meurs quelquefois d'envie de pleurer au bal, et quelquefois j'en passe mon envie, sans que personne s'en aperçoive; certains airs, certaines danses font cet effet très ordinairement. Mon petit Lomaria a toujours un air charmant : il fut un peu hier au soir tout auprès de la cadence; je ne sais s'il n'étoit point ivre; cela se dit ici sans qu'on s'en offense : Adieu, ma très chère enfant.

175.

A la même.

Aux Rochers, dimanche 30 août 1671.

Vraiment, ma fille, il n'en faut pas douter, je perds toutes les semaines une de vos lettres, ou du moins très souvent : vous seriez dix jours sans m'écrire, quand je n'en reçois qu'une : je suis assurée que cela n'est pas, et que, par exemple, j'en ai perdu une très bonne cet ordinaire, et n'ai reçu que celle que vous m'écriviez dans l'accablement de vos Provençaux. Je suis triste de ce malentendu ; et vous verriez aisément ce désordre si vous écriviez vos dates : un chagrin que cela me donne encore, c'est que je commence toutes mes lettres par ce sot chapitre ; c'est un beau début et bien agréable !

Parlons un peu de votre sang, que vous dites qui n'est point échauffé : j'en suis bien aise pour une raison, et j'en suis fâchée pour une autre, c'est qu'il y a moins de remède ; et comme c'est l'air, et qu'il faudroit faire changer de place aux brouillards, et mettre au-dessus de votre tête ce qui est au-dessous de vos pieds [1], je ne vois pas trop bien quel remède je pourrois apporter à ce malheur ; j'en sais un pourtant dont j'espère que vous

[1] A cause de la situation de Grignan, dont le château est fort élevé.

vous servirez quand j'irai en Provence. C'est un grand déplaisir que votre beau teint ne puisse pas soutenir l'air de Provence; autrefois, dans ma jeunesse, l'air de Nantes, un peu mêlé de celui de la mer, me perdoit tout le mien; mais, ma chère enfant, c'est un bon air que celui de l'Isle-de-France : l'air de Vitré tue tout le monde; le serein du parc est une chose que je ne soutiens pas, moi qui soutenois, sans trembler, tout celui de Livry. M. de Chaulnes se porte bien mieux; ils partiront tous avant qu'il soit six jours : la compagnie est belle et bonne; mais c'est avec une grande joie qu'on se sépare. Je revins ici vendredi voir un peu mon abbé, ma Mousse et mes bois. Aujourd'hui j'attends M. de Rennes et trois autres évêques à dîner ; je leur donnerai une pièce de bœuf salé. Après le dîné, madame de Chaulnes me vient reprendre pour me remener à Vitré dire adieu à la seigneurie. M. Boucherat, M. le premier président et la voiture complète des magistrats doivent venir aussi : comme ils m'emmèneront, et que je n'aurai plus le temps de fermer mes lettres, je les vais cacheter dès ce matin. Le contrat de notre province avec le roi fut signé vendredi; mais auparavant on donna deux mille louis d'or à madame de Chaulnes, et beaucoup d'autres présents : ce n'est pas que nous soyons riches; mais c'est que nous avons du courage, c'est que nous sommes honnêtes, et qu'entre midi et une heure nous ne savons pas refuser nos amis; c'est l'heure du berger: les vapeurs de vos fleurs d'oranges ne font pas de si bons effets. J'ignore comment vous vous portez; mais votre santé est bue tous les jours par plus de cent gentilshommes qui ne vous ont jamais vue, et qui ne vous verront jamais; ceux qui vous ont vue ne sont pas ceux qui célèbrent le mieux votre santé. Lavardin et des Chapelles ont rempli des bouts rimés que je leur ai donnés; ils sont jolis, je vous les enverrai : vous serez bien aise aussi de savoir que l'autre jour M. de *Bruquenvert* dansa très bien le passe-pied avec mademoiselle *Kerikinili :* voilà de ces choses que vous ne devez pas ignorer; ne m'attaquez pas sur les noms, j'y suis forte présentement. Les grandeurs de province sont ici dans leur lustre; de sorte que l'autre jour la beauté de la charge de M. de Grignan fut admirée et enviée : être seul est une chose qui charme fort M. de Molac, qui est accablé par M. de Lavardin; M. de Lavardin par M. de Chaulnes, et les lieutenants de roi par les lieutenants-généraux. On vouloit aussi, dans l'humeur de faire des présents, proposer aux états de donner dix mille écus à M. et à madame de Grignan. M. de Chaulnes soutenoit qu'ils écouteroient la proposition; d'autres, qu'ils feroient le présent; enfin nous en demeurâmes à l'envie d'en faire courir le bruit sourdement, faire murmurer quelques Bas-Bretons, et puis les radoucir à table, et leur faire promettre de le proposer. Mais que dites-vous de M. de Coulanges qui s'en va vous voir? Le joli homme! qu'il est heureux! Je crois, ma fille, que vous serez fort aise de le voir *tourner* dans votre château; sa gaieté vous en donnera, il vous dira comme votre fille est jolie. Tout ce que je desire, et qui est bien assez pour moi, c'est que vous vous portiez bien, et que pour l'amour de moi vous ayez de l'application à votre santé et à votre conservation.

Je trouve votre esprit dans une philosophie et dans une tranquillité qui me paroît bien plus au-dessus des brouillards et des grossières vapeurs, que le château de Grignan. C'est tout de bon que les nuages sont sous vos pieds; vous êtes élevée dans la moyenne région, et vous ne m'empêcherez pas de croire que ces beaux noms, que vous dites que vous donnez à des qualités naturelles, sont un effet de votre raison et de la force de votre esprit. Dieu vous le conserve si droit, il ne vous sera pas inutile; mais il faut un peu agir, afin que votre philosophie ne se tourne pas en paresse, et que vous puissiez être en état de revoir un pays où les nues seront au-dessus de vous. Il me semble que je vous vois dans l'indolence que vous donne l'impossibilité; ne vous y abandonnez qu'autant qu'il est nécessaire pour votre repos, et non pas assez pour vous ôter l'action et le courage. Je vous plains bien d'avoir des femmes; vous savez comme je les hais. Vos statues d'hommes sur des piédestaux sont bien ennuyeuses : vous me ferez aimer l'amusement de nos Bretons, plutôt que l'indolence parfumée de vos Provençaux; mais où sont donc ces esprits si vifs, si brillants, ces têtes si près du bonnet, et ces imaginations échauffées par un si beau soleil? Au moins vous devriez avoir des fous, et dans la quantité vous en trouveriez quelqu'un qui vous pourroit divertir. Je ne comprends pas bien votre Provence ni vos Provençaux : ah! que je comprends bien mieux mes Bretons! Si je vous disois tous ceux qui vous font des compliments, il faudroit un volume : M. et madame de Chaulnes, M. de Lavardin, le comte des Chapelles, Tonquedec, l'abbé de Montigni, évêque de Léon; d'Harouïs, Fourché, Chesières, etc., sans compter mon abbé qui n'a point reçu votre dernière lettre, et notre Mousse qui attend celle que vous composez. Pour moi, ma fille, sans en faire à deux fois, je vous conjure d'embrasser tous vos aimables Grignan. J'ai vu des manches comme celles du chevalier; ah! qu'elles sont belles dans le potage et sur des salades! Adieu, ma très belle et très infiniment chère; je ne vous dis rien de mon amitié, c'est que je ne vous aime pas.

176.

A la même.

A Vitré, mercredi 2 septembre 1671.

Voici une lettre qui m'est venue droit de Paris, sans passer par les mains de du Bois[1], et de plus, je l'ai reçue selon votre date, cinq jours après qu'elle a été écrite; de sorte que toute cette lettre est miraculeuse : il n'est pas besoin de tant de merveilles pour me rendre vos lettres bien chères. Votre souvenir est au-dessus des distractions; c'est lui qui les fait aux autres; nos états ont beau crier, danser, boire, votre idée se sait toujours

[1] Commis de la poste, qui prenoit soin des lettres de madame de Sévigné, pour les lui faire tenir plus promptement en Bretagne.

faire place. Il y a ici de grandes fronderies, mais cela s'apaise en vingt-quatre heures, et j'espère que dans trois jours tout sera fini; je le souhaite beaucoup. Je n'ose plus aller aux Rochers; on en a trouvé le chemin; il y avoit dimanche cinq carrosses à six chevaux. Je meurs d'envie d'être retournée dans ma solitude; on l'a trouvée belle; Combourg*a* n'est pas si beau. Il ne faut pas que vous croyiez que nos maisons de Bretagne soient comme Grignan, il s'en faut beaucoup. Pour M. de Lomaria, sans tourner autour du pot, il a tout l'air de Termes; sa danse, sa révérence, mettre et ôter son chapeau, sa taille, sa tête; voyez si ce petit *vilain*-là n'est pas assez joli. La *Murinette*[b] beauté le voudroit bien épouser, mais il n'est pas de même pour elle. Le comte des Chapelles est ravi de ce que vous avez mis de lui dans ma lettre. Nous parlons sans cesse de vous, lui et Pomenars; ce dernier vous mande que sa hardiesse est encore augmentée, qu'il ne peut jamais être pendu, puisqu'il ne l'a point été. L'abbé vient quelquefois dîner ici avec La Mousse, qui n'est nullement embarrassé de tout ceci : je l'ai si bien fait valoir par-tout, et chez madame de Chaulnes, et chez M. Boucherat, et chez l'évêque de Léon, qu'il y est comme chez moi. Il parle des petites parties avec cet évêque, qui est cartésien à brûler; mais, dans le même feu, il soutient aussi que les

---

a Combourg est un ancien château, flanqué de grosses tours, qui est sur la route de Dol en Bretagne à Rennes.

b Elle épousa, en 1674, le marquis de Kerman. *Voyez* la note de la lettre du 22 juillet, page 124 de ce volume.

bêtes pensent » : voilà mon homme ; il est très savant là-dessus ; il a été aussi loin qu'on peut aller dans cette philosophie, et M. le Prince en est demeuré à son avis. Leurs disputes me réjouissent fort. On me mande que notre petite est fort jolie ; elle me divertira bien cet hiver chez moi. Adieu, ma très chère, je vous embrasse ; mais quelle extrême joie quand j'entendrai le son de votre voix ! J'espère que ce jour arrivera comme tant d'autres qu'on ne souhaite point.

« Les philosophes ont été long-temps partagés sur la nature de l'intelligence que l'on remarque dans les animaux. Les uns regardoient leur instinct comme une ame d'une nature inférieure à la nôtre, et se trouvoient conduits, par ce raisonnement, à décider, par une alliance de mots qui se repoussent, que les brutes avoient une *ame matérielle*. Les autres, effrayés des conséquences, pensoient, avec Descartes, que les bêtes étoient de pures machines ; système que La Fontaine développe avec toute l'exactitude philosophique dans les vers suivants :

> Telle est la montre qui chemine
> A pas toujours égaux, aveugle et sans dessein.
> Ouvrez-la, lisez dans son sein :
> Mainte roue y tient lieu de tout l'esprit du monde ;
> La première y meut la seconde,
> Une troisième suit ; elle sonne à la fin.
> Au dire de ces gens, la bête est toute telle.
> L'objet la frappe en un endroit :
> Ce lieu frappé s'en va tout droit,
> Selon nous, au voisin en porter la nouvelle :
> Le sens de proche en proche aussitôt la reçoit,
> L'impression se fait ; . . . . .
>
> Liv. X, fab. 1re

177.

A la même.

A Vitré, dimanche 6 septembre 1671.

Ah! ma fille, que vous veut donc ce feu qui tourne autour de vous, et qui vous fait des frayeurs à toute heure? Pour vous dire le vrai, je doute que cela ne vous fasse point de mal; souvenez-vous de ce que vous fit une fois la peur de voir le chevalier à cheval. Je voudrois que du moins cela vous servît à faire redoubler le soin de tous vos gens, pour empêcher que le malheur du feu n'arrive chez vous : j'exhorte Deville, par l'affection qu'il a pour vous, à faire sa ronde plus exactement que jamais. Au reste, vous croyez qu'un rhume n'est rien en l'état où vous êtes; je vous avertis que c'est beaucoup, et que peut-être vous n'en guérirez qu'en accouchant. Je vous recommande aussi la sagesse dans votre septième. On porte quelquefois les filles heureusement, et les garçons ont des fantaisies de venir plus tôt, et en prennent le chemin au sept : faites réflexion sur ce discours; je défie madame du Pui-du-Fou de mieux dire. Après cette leçon de *matrone*, je vous ferai mille compliments de la part de Chesières. Vous vous êtes souvenue très à propos du vers de M. de Grignan; vous aurez vu, par une de mes lettres, que je suis bien loin d'oublier ce temps-là. Vous avez une tribu de Grignan, mais ils sont tous si aimables qu'on doit se réjouir avec vous de cette bonne compagnie. Je suis étonnée d'apprendre que vous avez M. de Chute[a] : il est vrai que j'ai été trois jours avec lui à Savigni, il me paroissoit fort honnête homme, je lui trouvois une ressemblance en détrempe qui ne le brouilloit pas avec moi. S'il vous conte ce qui m'arriva à Savigni, il vous dira que j'eus le derrière fort écorché d'avoir couru un cerf avec madame de Sully, qui est présentement madame de Verneuil. Vous croyez ne me rien dire en m'assurant que vous aimez ceux qui vous parlent de moi, c'est une marque d'amitié tellement naturelle, que je veux vous en remercier tout-à-l'heure, et vous embrasser de tout mon cœur. Il y a encore des marques d'aversion qui font bien mourir : je suis trop habile sur ce chapitre; mais il faut avouer aussi que je ne l'ai pas appris sans mettre beaucoup au jeu. Que dites-vous de Marsillac, qui est duc? J'approuve fort ce qu'a fait son père; c'étoit le seul moyen de le faire jouir de cette dignité sans une extrême douleur; c'eût été un honneur bien empoisonné que de l'avoir en perdant un tel père : il me semble aussi que le nom de M. de La Rochefoucauld, joint à son mérite, est une dignité fort au-dessus de celle qu'il a donnée. La Marans vouloit aller l'autre jour à Livry avec madame de La Fayette;

[a] Clermont Chate. C'est le même qui eut une intrigue avec la princesse de Conti, et qui la sacrifia à la demoiselle Choin. On y reviendra dans le cours de ces lettres. (*Voyez* les Mémoires de St-Simon, tome III, page 46.) La terre de Savigni appartenoit au marquis de Vins, beau-frère de M. de Pomponne.

on la renvoya sans autre forme de procès. Elle contoit qu'elle avoit eu tout le jour M. le Prince chez elle, et on ne fit pas semblant de l'écouter. Oh! ma fille, cela est bon, et fait bien enrager les folles qui se vantent. En fermant ma lettre, je vous parlerai des états, et de mon heureux retour aux Rochers.

Il n'est si bonne compagnie qui ne se sépare, dit M. de Chaulnes aux Bretons, en les renvoyant chez eux. Les états finirent à minuit; j'y fus avec madame de Chaulnes et d'autres femmes; c'est une très belle, très grande et très magnifique assemblée. M. de Chaulnes a parlé à *tutti quanti* avec beaucoup de dignité, et en termes fort convenables à ce qu'il avoit à dire. Après dîner, chacun s'en va de son côté. Je serai ravie de retrouver mes Rochers. J'ai fait plaisir à plusieurs personnes; j'ai fait un député, un pensionnaire : j'ai parlé pour des misérables, et de *Caron pas un mot*", c'est-à-dire, rien pour moi; car je ne sais point demander sans raison. Voici ce que je fis l'autre jour : vous savez comme je suis sujette à me tromper; je vis avant dîner, chez M. de Chaulnes, un homme au bout de la chambre, que

---

" Allusion à un dialogue de Lucien, intitulé *Caron ou le Contemplateur*. C'est une des plus heureuses allégories qui aient été écrites sur la vie humaine. Caron s'étonne de ce qu'aucun mortel n'entre dans sa barque sans verser des larmes. Il la quitte pendant quelques heures, et vient sur la terre pour découvrir ce qui peut causer aux hommes de si vifs regrets. Il rencontre Mercure qui s'offre à lui servir de guide. Ce dieu entasse plusieurs montagnes les unes sur les autres; il aide le vieux Caron à les gravir, et, parvenu au sommet, il lui montre l'univers. Caron voit les hommes qui s'agitent de toutes parts; les uns amassent des richesses, les autres poursuivent des

je crus être le maître-d'hôtel; j'allai à lui, et lui dis : « Mon pauvre monsieur, faites-nous dîner, il est une « heure, je meurs de faim. » Cet homme me regarde, et me dit : « Madame, je voudrois être assez heureux « pour vous donner à dîner chez moi; je me nomme Pé- « caudière, ma maison n'est qu'à deux lieues de Lan- « derneau. » Mon enfant, c'étoit un gentilhomme de Basse-Bretagne : ce que je devins n'est pas une chose qu'on puisse redire; je ris encore en vous l'écrivant. Voilà une pièce que M. de Chaulnes vous envoie; je la crois de Pélisson, d'autres disent de Despréaux*; mandez-m'en votre avis : pour moi, je vous avoue que je la trouve parfaite; lisez-la avec attention, et voyez combien il y a d'esprit. J'ai mille compliments à vous faire de tout le monde. On a donné cent mille écus de gratifications, deux mille pistoles à M. de Lavardin, autant à M. de Molac, à M. Boucherat, au premier président, au lieutenant de roi, etc. deux mille écus au comte des Chapelles, autant au petit Coëtlogon; enfin des magnificences. Voilà une province!

Madame de La Fayette est à Livry, d'où elle m'écrit

honneurs, d'autres ne respirent que les combats; le plus grand nombre ne cherche qu'à passer le temps au milieu des plaisirs et des voluptés, et Caron, fatigué de ce spectacle, finit par s'écrier : « Dieux! « qu'est-ce des pauvres mortels! Rois, lingots, sacrifices, combats, et « de Caron pas un mot! » *Voyez* les Dial. de Lucien, trad. de Perrot d'Ablancourt, tome I*er*, page 191. Paris, 1660.

* On voit, par la lettre du 20 septembre, qu'il s'agissoit de l'arrêt burlesque en faveur de la doctrine d'Aristote contre le cartésianisme. *Voyez* la note sous cette lettre.

des gaillardises, malgré tous ses maux; M. de La Rochefoucauld m'écrit aussi; ils me disent qu'ils me souhaitent : mais c'est moi qui souhaite bien de vous y revoir; cette espérance me soutient la vie. Au reste, j'ai supputé, vous aurez achevé dans cinquante ans de traduire le Pétrarque, à un sonnet par mois; cet ouvrage est digne de vous; ce ne sera pas un impromptu. Adieu, ma chère enfant, songez quelquefois à moi avec vos Grignan; je m'en vais aux Rochers, si contente d'être hors d'ici, que je suis honteuse d'être si aise en votre absence. Quand je relis mes lettres, je suis toujours tentée de les brûler, en voyant les bagatelles que je mande; mais dites, ne vous fatiguent-elles point? car je pourrois fort bien les retrancher, sans vous aimer moins pour cela.

178.

A la même.

Aux Rochers, mercredi 9 septembre 1671.

Enfin me voilà toute reposée, toute tranquille, toute contente dans ma solitude; j'ai eu tantôt encore un petit reste des états. M. de Lavardin[1] est demeuré à Vitré pour faire son entrée à Rennes; il est présentement le

[1] Lieutenant-général au gouvernement de la haute et basse Bretagne.

gouverneur, depuis le départ de M. de Chaulnes, et il n'est plus suffoqué par sa présence, de sorte que les trompettes, les gardes, tout est étalé. Il est venu me voir en cet équipage, avec vingt gentilshommes de cortége; le tout ensemble faisoit un véritable escadron : dans ce nombre étoient des Lomaria, des Coëtlogon, des abbés de Feuquières et plusieurs qui ne s'estiment pas moins que les autres. On s'est promené, on a mangé légèrement, et le comte des Chapelles, que j'ai amené de Vitré, m'a aidé à faire les honneurs. Le voilà encore qui a bien la mine de vous dire lui-même combien nous parlons de vous, et combien toutes choses nous en font souvenir. Nous sentons plus que jamais que la mémoire est dans le cœur*; car, quand elle ne nous vient pas de cet endroit, nous n'en avons pas plus que des lièvres. Nous avons trouvé un petit bois où, entre plusieurs belles choses que vous avez écrites, nous avons vu : *Dieux! que j'aime la tigrerie!* C'est le métier des beaux esprits : nous vous prions de nous mander si cette vertu n'est point un peu endormie en vous, par le peu d'occupation que vous lui donnez : nous ne voyons pas bien sur qui vous pourriez l'exercer, et cela fait espérer que vous en perdrez l'habitude.

* Massieu, sourd-muet, élève de M. l'abbé Sicard, a dit que la *reconnoissance étoit la mémoire du cœur;* et cette définition a paru aussi neuve que piquante.

Monsieur DES CHAPELLES.

Il seroit difficile, madame la Comtesse, que cette vertu eût moins d'occupation où vous êtes, que quand vous écrivites cette belle sentence. Il me souvient, hélas! que j'étois jaune et mourant, et que vous étiez belle et de bon goût, et qu'ainsi vous n'aviez nulle occasion de vous entretenir dans cet exercice. Il vaut bien mieux que je vous parle d'une autre devise que j'ai retrouvée auprès de celle-là, et qui est écrite du même temps : *Meglio morir in presenza, che viver in assenza.* Celle-ci me plaît encore à tel point que je crois que je la rendrai véritable, et que je ne sortirai pas deux fois en ma vie des Rochers sans en mourir de regret : peut-être que mourir pour mourir, c'eût été mieux fait de mourir dès la première fois; car, toute belle et charmante que vous êtes, personne n'est encore mort en votre honneur; et si j'avois eu cet esprit-là, c'étoit de quoi nous illustrer tous deux : mais, comme vous savez, ce qui ne se fait pas une fois, se fait une autre; et je trouve même, pourvu qu'on ôte à notre Marquise la part qu'elle y prétend, qu'il sera encore plus extraordinaire de mourir dans cette dernière occasion; en sorte qu'on pourra dire que la mémoire est dans le cœur, ou que le cœur est dans la mémoire, choisissez : mais je crains bien que vous ne sentiez guère ni l'un ni l'autre pour moi, puisque vous ne prenez pas la peine de me faire réponse; j'en suis plus affligé qu'offensé, car je me faisois un grand plaisir de revoir une écriture pour laquelle je conserve un goût infini, quoiqu'elle n'ait jamais servi à me marquer la moindre apparence d'amitié; mais des reproches à une *tigresse*, c'est des marguerites devant des pourceaux. Au reste, M. de Lavardin vient d'honorer les Rochers de sa présence, accompagné de beaucoup de noblesse : il a été reçu avec toute la politesse imaginable, et une collation très propre et très galante qu'on a fait trouver dans le bois; après quoi nous l'avons vu partir entouré de quantité de gardes : ainsi finit l'histoire et la lettre en même temps, si vous l'avez agréable; aussi bien ne puis-je sortir de l'humeur triste et sérieuse où me jette le souvenir de vous avoir vue dans ce même lieu.

Madame DE SÉVIGNÉ.

Je lui ôte la plume, car il ne finiroit jamais : il s'est tellement attendri par la pensée de vous avoir vue ici, que M. de Lavardin nous en a trouvés l'un et l'autre tout tristes, et même cela nous donnoit un air coupable : il sembloit que la compagnie nous embarrassât; et il étoit vrai, nous avions affaire en Provence quand ils sont arrivés; ou, pour mieux dire, nous avions affaire ici; car c'étoit en se souvenant de vous y avoir vue, qu'on se plaignoit de ne plus vous y voir. Pour moi, je ne m'accoutume point qu'on m'ait ôté ma fille, qu'on me l'ait enlevée et emmenée si loin; et je crois que je succomberois à tout moment à cette pensée, sans l'estime et sans l'amitié que j'ai pour M. de Grignan et pour tous les Grignan, et j'ajoute, sans la persuasion où je suis de la tendresse qu'ils ont pour vous.

179.

A la même.

Aux Rochers, dimanche 13 septembre 1671.

La peur que vous avez eue, ma fille, et qui vous oblige à garder le lit, m'en fait bien plus qu'à vous : je suis persuadée que rien ne vous est si contraire que ces sortes d'émotions; ce fut l'unique sujet du malheur qui vous arriva à Livry [1]; et si c'étoit encore le même chevalier sur le même cheval, il ne mourroit que de ma main. Vous deviez bien me mander ce qui vous avoit effrayée; songez qu'il faut que je sois huit jours sans savoir ce qu'aura produit votre sagesse. Notre coadjuteur m'a écrit des merveilles, mais je ne suis pas d'assez bonne humeur pour lui faire réponse; la main droite est plus embarrassée par le chagrin de l'esprit, que par la goutte de la main gauche. Quoiqu'il m'explique fort nettement la relation qu'il y a de l'un à l'autre, j'ai été tentée, au bout de son raisonnement, de dire comme le *Médecin malgré lui*[2], après un discours à-peu-près de la même force : *et voilà justement ce qui fait que*

---

[1] Cette fausse couche dont il est parlé ci-devant dans une note de la lettre du 19 août. *Voyez* la page 163.

[2] Comédie de Molière.

votre fille est muette. Des comédiens de campagne ont joué parfaitement bien cette pièce à Vitré; on en pensa pâmer de rire. Ce que vous dites de la *Murinette* est extrêmement vrai; son humeur est aimable, quoiqu'elle ait quelque chose de brusque et de sec; mais cela est ajusté avec de si bons sentiments, qu'il est impossible que cela déplaise. Je m'en vais envoyer à Nantes vos deux lettres à d'Harouïs et au comte des Chapelles; ce dernier ne respiroit que cette réponse : pour d'Harouïs ¹, vous saurez qu'il s'embarquoit aux états à payer cent mille francs plus qu'il n'avoit de fonds, et trouvoit que cela ne valoit pas la peine de le dire : un de ses amis s'en aperçut; il est vrai que ce ne fut qu'un cri de toute la Bretagne, jusqu'à ce qu'on lui eût fait justice; il est adoré par-tout, et c'est avec raison. Un beau matin nos états donnèrent des gratifications pour cent mille écus; un Bas-Breton me dit qu'il avoit pensé que les états alloient mourir, de les voir ainsi faire leur testament, et donner leur bien à tout le monde : plût à Dieu qu'à proportion on fût aussi libéral dans votre Provence! J'aime nos Bretons; ils sentent un peu le vin; mais votre fleur d'orange ne cache pas de si bons cœurs. J'en excepte les Grignan, un, deux, trois, quatre, cinq, six, que j'aime, que j'estime, et que j'honore tous au prorata de leurs dignités. Vous avez des fruits que je dévore déjà par avance; j'en mangerai l'année qui vient, si je ne meurs entre-ci et là. Quelle joie, ma fille! et que j'aime le temps, quelque mal qu'il puisse me faire d'ailleurs,

¹ Il étoit trésorier des états de Bretagne.

quand je songe au bien qu'il m'apporte tous les jours! Conservez votre santé, votre beauté, votre amitié, afin que rien ne manque à ma joie. Que dites-vous de celle de M. d'Andilly, de voir M. de Pomponne, ministre et secrétaire d'état [1]? En vérité, il faut louer le roi d'un si beau choix : il étoit en Suède, le roi pense à lui, et lui donne cette charge de M. de Lionne, avec toutes les facilités nécessaires pour faire qu'il la puisse payer. Quelles merveilles ne fera-t-il point dans cette place, et quelle joie ses amis n'en doivent-ils point avoir? Vous savez la part que j'y dois prendre; c'est sur un choix comme celui-là que je ferois fort bien une ode à la louange de Sa Majesté. Un petit mot de réjouissance au père et au fils ne seroit-il point de bonne grace à vous, qui êtes si aimée de toute la famille! Mais il faut vous bien porter, et que cette peur ne vous ait rien gâté. Il me semble que vous êtes dans votre septième, cela me fait trembler, et d'autant plus que c'est un garçon; vous me le promettez au moins; n'allez pas, par votre négligence, le laisser devenir fille. Je vous avoue que j'ouvrirai vos lettres de vendredi avec une grande impatience et une

---

[1] M. de Pomponne étoit ambassadeur en Suède, lorsqu'il fut fait secrétaire d'état des affaires étrangères. Il n'avoit pas assez de fortune pour acquitter cette charge, dont le prix étoit fort considérable. Celle de premier écuyer de la grande écurie étoit vacante, le roi la lui donna pour qu'il la vendit à son profit; il y joignit un *brevet de retenue* de 400,000 liv., c'est-à-dire, l'autorisation de ne verser au trésor que l'excédant de cette dernière somme, et il écrivit de sa main à M. de Pomponne, le 5 septembre, une lettre conçue dans les termes les plus obligeants. Personne, mieux que Louis XIV, n'a su accompagner les bienfaits de cette grace exquise, qui surpasse le don, et fait que la reconnoissance n'a plus de bornes.

grande émotion : mais elles ne sont pas d'importance mes émotions, et un verre d'eau en fait le remède. Vous prenez goût à Nicole; je ne sais où je prendrai un autre livre de morale pour vous soutenir le cœur; je vous renverrai à nos anciens amis. On dit que M. de Condom en a fait un, où il assure que, pourvu que l'on croie les mystères, c'est assez, et improuve fort toutes les chicanes sur le Saint-Sacrement, qui ne font que des hérésies; j'entends dire qu'il n'y a rien de plus beau : voilà votre fait ".

« Il ne faut pas prendre à la lettre ce que madame de Sévigné écrit ici à sa fille; elle n'avoit pas lu ce livre, dont il n'existoit qu'un petit nombre d'exemplaires distribués aux évêques de France pour recueillir leurs observations. L'édition qui fut rendue publique ne parut qu'à la fin de 1671. Madame de Sévigné est ici l'écho des bruits que les protestants avoient répandus sur l'*Exposition de la doctrine de l'Église catholique*. Ce livre fut composé pour convertir Turenne. Bientôt des copies le multiplièrent. Les ministres de la réforme prétendirent qu'il ne contenoit pas la doctrine reconnue par l'Église romaine; que Bossuet y faisoit des concessions qui ne seroient pas accordées, et modifioit les principes de Rome pour mieux défendre sa cause. Bossuet répondit à ces inculpations en faisant imprimer son livre. L'*Exposition* fut aussitôt traduite dans toutes les langues; elle reçut du pape une solennelle approbation dans deux brefs honorables adressés à Bossuet; les évêques et les cardinaux en firent autant, et depuis elle a toujours été regardée comme l'expression fidèle des sentiments de l'église sur les matières controversées. Bossuet y montre la religion dégagée de toutes les absurdités que ses ennemis s'étoient plu à lui attribuer, afin de trouver le prétexte de crier à la superstition. Comment ne pas s'étonner qu'un des éditeurs de madame de Sévigné ait eu le courage d'imprimer que les docteurs condamnèrent le livre de Bossuet, et que le pape lui refusa son approbation!

La Mousse prépare déjà sa réponse à cette belle pièce que vous composez. Je crois que vous vous moquez quand vous me parlez de mes libéralités présentes; c'est pour me faire honte : ah! ma fille, quelle poussière au prix de ce que je voudrois faire! Je me réjouis de M. de Pomponne, quand je songe que je pourrai peut-être vous servir par lui : mais vous n'avez besoin que de M. de Grignan et de vous. Enfin nous ne pouvions pas souhaiter à cette place un homme qui fût plus de nos amis. M. de Coulanges, qui va vous voir, vous dira de quelle grace le roi a fait cette action.

180.

A la même.

Aux Rochers, mercredi 16 septembre 1671.

Je suis méchante aujourd'hui, ma fille; je suis comme quand vous disiez, *vous êtes méchante.* Je suis triste, je n'ai point de vos nouvelles; *la grande amitié n'est jamais tranquille.* MAXIME. Il pleut, nous sommes seuls; en un mot, je vous souhaite plus de joie que je n'en ai aujourd'hui. Ce qui embarrasse fort mon abbé, La Mousse et mes gens, c'est qu'il n'y a point de remède à mon chagrin : je voudrois qu'il fût vendredi pour avoir une de vos lettres, et il n'est que mercredi : voilà sur quoi on ne sait que me faire; toute leur habileté est à bout; et si, par l'excès de leur amitié, ils m'assuroient, pour me faire plaisir, qu'il est vendredi, ce seroit encore pis; car, si je n'avois point de vos lettres ce jour-là, il n'y auroit pas un brin de raison avec moi; de sorte que je suis contrainte d'avoir patience, quoique la patience soit une vertu, comme vous savez, qui n'est guère à mon usage : enfin je serai satisfaite avant qu'il soit trois jours. J'ai une extrême envie de savoir comment vous vous portez de cette frayeur : c'est mon aversion que les frayeurs; car, quoique je ne sois point grosse, elles me le font devenir, c'est-à-dire, elles me mettent dans un état qui renverse entièrement ma santé. Mon inquiétude présente ne va point jusque-là; je suis persuadée que la sagesse que vous avez eue de garder le lit vous aura entièrement remise. Ne venez point me dire que vous ne me manderez plus rien de votre santé, vous me mettriez au désespoir; et, n'ayant plus de confiance à ce que vous me diriez, je serois toujours comme je suis présentement. Il faut avouer que nous sommes à une belle distance l'une de l'autre, et que, si l'on avoit quelque chose sur le cœur dont on attendît du soulagement, on auroit un beau loisir pour se pendre.

Je voulus hier prendre une petite dose de *morale*, je m'en trouvai assez bien : mais je me trouvai encore mieux d'une petite critique contre la *Bérénice* de Racine, qui me parut fort plaisante et fort ingénieuse; c'est de l'auteur [a] des *Sylphides*, des *Gnomes* et des *Sala-*

---

[a] L'abbé de Montfaucon-de-Villars; il étoit d'une famille noble de Languedoc. Sa critique de Bérénice parut en 1671; elle a été réim-

mandres : il y a cinq ou six petits mots qui ne valent rien du tout, et même qui sont d'un homme qui ne sait pas le monde; cela fait quelque peine; mais comme ce ne sont que des mots en passant, il ne faut pas s'en offenser : je regarde tout le reste, et le tour qu'il donne à sa critique, je vous assure que cela est très joli. Comme je crus que cette bagatelle vous auroit divertie; je vous souhaitai dans votre petit cabinet auprès de moi, sauf à vous en retourner dans votre beau château, quand vous auriez achevé cette lecture. Je vous avoue pourtant que j'aurois quelque peine à vous laisser partir sitôt; c'est une chose bien dure pour moi que de vous dire adieu; je sais ce que m'a coûté le dernier : il seroit bien de l'humeur où je suis d'en parler; mais je n'y pense encore qu'en tremblant; ainsi vous êtes à couvert de ce chapitre. J'espère que cette lettre vous trouvera gaie; si cela est, je vous prie de la brûler tout-à-l'heure; ce seroit une chose bien extraordinaire qu'elle fût agréable avec le chien d'esprit que je me sens. Le coadjuteur est bien heureux que je ne lui fasse pas réponse aujourd'hui.

J'ai envie de vous faire vingt-cinq ou trente questions pour finir dignement cet ouvrage. Avez-vous des muscats? vous ne me parlez que des figues? avez-vous bien chaud? vous ne m'en dites rien; avez-vous de ces aimables bêtes que nous avions à Paris? avez-vous eu

---

primée en 1740 dans un recueil de dissertations sur Corneille et Racine. Cet abbé de Villars est connu principalement par l'ouvrage intitulé *le comte de Gabalis*.

long-temps votre tante d'Harcourt? Vous jugez bien qu'après avoir perdu tant de vos lettres, je suis dans une assez grande ignorance, et que j'ai perdu la suite de votre discours. Ah! que je voudrois bien battre quelqu'un! et que je serois obligée à quelque Breton qui me viendroit faire une sotte proposition qui me mît en colère! Vous me disiez l'autre jour que vous étiez bien aise que je fusse dans ma solitude, et que j'y penserois à vous : c'est bien rencontré; c'est que je n'y pense pas assez dans tous les autres lieux. Adieu, ma fille, voici le bel endroit de ma lettre; je finis, parceque je trouve que ceci s'extravague un peu; encore a-t-on son honneur à garder.

181.

A la même.

Aux Rochers, dimanche 20 septembre 1671.

Ce n'est pas sans raison, ma chère fille, que vous fûtes troublée du mal du pauvre chevalier de Buous; il est étrange : c'est un garçon qui me plaisoit dès Paris; je n'ai pas de peine à croire tout le bien que vous m'en dites; ce qui est plus extraordinaire, c'est cette crainte de la mort; c'est un beau sujet de faire des réflexions, que l'état où vous le dépeignez. Il est certain qu'en ce temps-là nous aurons de la foi de reste : elle fera tous nos désespoirs et tous nos troubles; et ce temps que nous prodiguons, et que nous voulons qui coule présentement, nous manquera; et nous donnerions toutes choses pour avoir un de ces jours que nous perdons avec tant d'insensibilité : voilà de quoi je m'entretiens quelquefois dans ce mail que vous connoissez. La morale chrétienne est excellente à tous les maux; mais je la veux chrétienne; elle est trop creuse et trop inutile autrement. Ma Mousse me trouve quelquefois assez raisonnable là-dessus; et puis un souffle, un rayon de soleil emporte toutes les réflexions du soir. Nous parlons quelquefois de l'opinion d'Origène et de la nôtre : vous aurez peine à nous faire entrer une éternité de supplices dans la tête, à moins que d'un ordre du roi et de la sainte écriture, la soumission n'arrive au secours.

Je suis fort aise que vous ayez trouvé cette requête[a] jolie; sans être aussi habile que vous, je l'ai entendue *per discrezione*, elle m'a paru admirable. La Mousse

---

[a] Dans sa lettre du 6 septembre, madame de Sévigné avoit envoyé à sa fille l'arrêt burlesque de Boileau en faveur de la doctrine d'Aristote. On voit par cette lettre-ci qu'elle y avoit joint la requête à laquelle l'arrêt sert de réponse. Cette requête est de Bernier, elle est loin de la fine plaisanterie de l'arrêt. Au reste, le peu que madame de Sévigné dit ici de ces deux pièces nous en donne la date positive. Brossette, dans ses Commentaires sur Boileau, tom. III, page 402, Amsterdam, 1772, croyoit, sur l'autorité d'un manuscrit, que l'arrêt burlesque avoit été composé le 12 août 1671. Les deux lettres que l'on vient de voir confirment cette opinion. L'arrêt fut imprimé sur feuilles volantes en 1674; mais il en circuloit auparavant des copies.

est fort glorieux d'avoir fait en vous une si merveilleuse écolière ª.

Je vous plains de quitter Grignan, vous êtes en bonne compagnie; c'est une belle maison, une belle vue, un bel air : vous allez dans une petite ville étouffée¹, où peut-être il y aura des maladies, et du mauvais air; et ce pauvre Coulanges qui ne vous trouvera point; il me fait pitié. Enfin sa destinée n'est pas de vous voir à Grignan; peut-être le menerez-vous à vos états : mais c'est une grande différence, et vous devez bien sentir le désagrément de ce voyage, dans l'état où vous êtes, et dans la saison où nous sommes. Vous y verrez l'effet des protestations de M. de Marseille; je les trouve bien sophistiquées, et avec de grandes restrictions. Les assurances que je lui donne de mon amitié sont à-peu-près dans le même style : il vous assure de son service, sous condition; et moi, je l'assure de mon amitié, sous condition aussi, et lui disant que je ne doute point du tout que vous n'ayez toujours de nouveaux sujets de lui être obligée.

M. de Lavardin vint tout droit de Rennes ici jeudi au soir, et me conta les magnificences de la réception qu'on lui a faite. Il prêta le serment au parlement, et fit une très agréable harangue. Je le remenai le lendemain à Vitré, pour reprendre son équipage, et gagner Paris.

L'évêque de Léon a été à la dernière extrémité à Vitré,

ª L'abbé La Mousse étoit cartésien.

¹ Lambesc, petite ville de Provence où se tient l'assemblée des états de la province.

avec un transport au cerveau, qui le rendoit bien pareil à *Marphise*[1]; il est hors d'affaire. Je serai ici jusqu'à la fin de novembre, et puis j'irai embrasser et mener chez moi mes *petites entrailles*; et au printemps, si Dieu me prête vie, je verrai la Provence : notre abbé le souhaite pour vous aller voir avec moi, et vous ramener; il y aura bien long-temps que vous serez en Provence. Il est vrai qu'il ne faudroit s'attacher à rien, et qu'à tout moment on se trouve le cœur arraché dans les grandes et petites choses; mais le moyen? Il faut donc toujours avoir cette *morale* dans les mains, comme du vinaigre au nez, de peur de s'évanouir. Je vous avoue, ma fille, que mon cœur me fait bien souffrir; j'ai bien meilleur marché de mon esprit et de mon humeur. "Je suis très contente de votre amitié. Ne croyez pas au moins que je sois trop délicate et trop difficile; ma tendresse me pourroit rendre telle, mais je ne l'ai jamais écoutée; et quand elle n'est point raisonnable je la gourmande : mais croyez-moi de bonne foi, et dans le temps que je vous aime le plus, et que je crois que vous m'aimez, croyez que les choses qui m'ont touchée auroient touché qui que ce soit au monde. Je vous dis tout cela pour vous ôter de l'esprit qu'il y ait aucune peine à vivre

---

[1] C'est-à-dire, à la petite chienne de madame de Sévigné, qui, selon Descartes, n'étoit qu'une machine.

[2] Le passage qui suit jusqu'à la fin de l'alinéa ne se trouve que dans l'édition de 1726. On a supprimé avec soin, dans l'édition de 1734, et dans celle de 1754, les passages qui indiquoient qu'il avoit existé des mésintelligences entre la mère et la fille. (*Voyez*, au surplus, la Notice bibliographique.)

avec moi, ni qu'il faille des observations fatigantes. Non, ma bonne, il faut faire comme vous faites, et comme vous avez su si bien faire quand vous avez voulu; cette capacité qui est en vous rendroit le contraire plus douloureux. Mais où vais-je? comptez au moins que vous ne perdez aucune de vos tendresses pour moi : je vois, et je sens tout, et j'ai toute l'application qui est inséparable de la grande amitié.

Je vous trouve admirable de faire des portraits de moi, dont la beauté vous étonne vous-même : savez-vous bien que vous vous jouez à me trouver médiocre, de la dernière médiocrité, quand vous me comparerez à votre idée pleine d'exagération? Voici qui ressemble un peu *à détruire par sa présence*; mais cela est vrai, il faut que cela passe. J'ai ri de ce *Carpentras*[1] que vous enfermez pendant que vous avez affaire, en l'assurant qu'il veut faire la *Siesta*. Vos dames sont bien dépeintes avec leurs habits d'oripeau : mais quels chiens de visages! je ne les ai jamais vus nulle part. Que le vôtre, que je vois avec ce petit habit uni, est agréable et beau! et que je voudrois bien le voir et le baiser de tout mon cœur! Au nom de Dieu, mon enfant, conservez-vous, évitez les occasions d'être effrayée. Je n'approuve guère d'avoir voyagé dans votre septième : je prie Dieu qu'il guérisse ce pauvre chevalier (*de Buous*); j'embrasse les vauriens. Vous ne pouviez pas me donner une plus petite idée de la place que j'ai dans le cœur de M. de Gri-

---

[1] Évêque de Carpentras, fort ennuyeux.* C'étoit Gaspard de Vintimille, mort le 6 décembre 1684.

gnan, qu'en me disant que c'est le reste de ce que vous n'y occupez pas : je sais ce que c'est que de tels restes ; il faut être bien aisée à contenter pour en être satisfaite. Savez-vous que le roi a reçu M. d'Andilly comme nous aurions pu faire? Vivons, et laissons M. de Pomponne s'établir dans une si belle place.

182.

A la même.

Aux Rochers, mercredi 23 septembre 1671.

Nous voilà, ma chère enfant, retombés dans le plus épouvantable temps qu'on puisse imaginer : il y a quatre jours qu'il fait un orage continuel ; toutes nos allées sont noyées, on ne s'y promène plus. Nos maçons, nos charpentiers gardent la chambre ; enfin j'en hais ce pays, et je souhaite votre soleil à tout moment ; peut-être que vous souhaitez ma pluie ; nous faisons bien toutes deux.

Nous avons à Vitré ce pauvre petit abbé de Montigni, évêque de Léon, qui part aujourd'hui, comme je crois, pour voir un pays beaucoup plus beau que celui-ci. Enfin, après avoir été ballotté cinq ou six fois de la mort à la vie, les redoublements de la fièvre ont décidé en faveur de la mort : il ne s'en soucie guère, car son cerveau est embarrassé ; mais son frère l'avocat-général[1]

[1] Au parlement de Rennes.

s'en soucie beaucoup, et pleure très souvent avec moi ; car je vais le voir, et suis son unique consolation : c'est dans ces occasions qu'il faut faire des merveilles. Du reste, je suis dans ma chambre à lire, sans oser mettre le nez dehors. Mon cœur est content, parceque je crois que vous vous portez bien ; cela me fait supporter les tempêtes, car ce sont des tempêtes continuelles : sans le repos que me donne mon cœur, je ne souffrirois pas impunément l'affront que me fait le mois de septembre ; c'est une trahison, dans la saison où nous sommes, au milieu de vingt ouvriers : je ferois un beau bruit, *Quos ego!*

Je poursuis cette *morale* de Nicole que je trouve délicieuse ; elle ne m'a encore donné aucune leçon contre la pluie, mais j'en attends, car j'y trouve tout ; et la conformité à la volonté de Dieu me pourroit suffire, si je ne voulois un remède spécifique. Enfin je trouve ce livre admirable ; personne n'a écrit comme ces messieurs, car je mets Pascal de moitié à tout ce qui est beau. On aime tant à entendre parler de soi et de ses sentiments, que, quoique ce soit en mal, on en est

---

" Virgile, Énéide, liv. Iᵉʳ, vers 134. Neptune, en prononçant ces deux mots, fait disparoître les vents qui ont excité une tempête sans son ordre. Madame de Sévigné avoit appris le latin, c'étoit l'usage d'alors ; madame de La Fayette le savoit très bien, et madame de Rochechouart, abbesse de Fontevrault, le possédoit ; il est singulier que l'éducation des hommes fût quelquefois plus négligée. Renauld, chevalier de Sévigné, s'étant retiré à Port-Royal à l'âge de 57 ans, se mit à apprendre le latin, et il y réussit. (*Voyez* le Nécrologe de Port-Royal.) Bussy Rabutin convient, dans une de ses lettres, qu'il n'avoit jamais lu Horace ni Tacite.

charmé. J'ai même pardonné l'*enflure* du cœur en faveur du reste, et je maintiens qu'il n'y a point d'autre mot pour expliquer la vanité et l'orgueil, qui sont proprement du vent : cherchez un autre mot ; j'achèverai cette lecture avec plaisir. Nous lisons aussi l'histoire de France depuis le roi Jean ; je veux la débrouiller dans ma tête, au moins autant que l'histoire romaine, où je n'ai ni parents, ni amis ; encore trouve-t-on ici des noms de connoissance : enfin, tant que nous aurons des livres, nous ne nous pendrons pas ; vous jugez bien qu'avec cette humeur je ne suis point désagréable à notre Mousse. Nous avons pour la dévotion ce recueil des lettres de M. de Saint-Cyran, que M. d'Andilly vous enverra, et que vous trouverez admirable. Voilà, mon enfant, tout ce que vous peut dire une vraie solitaire.

On me mande que madame de Verneuil est très malade. Le roi causa une heure avec le bon homme d'Andilly[a] aussi plaisamment, aussi bonnement, aussi agréablement qu'il est possible : il étoit aise de faire voir son esprit à ce bon vieillard, et d'attirer sa juste admiration ; il témoigna qu'il étoit plein du plaisir d'avoir choisi M. de Pomponne, qu'il l'attendoit avec impatience, qu'il auroit soin de ses affaires, sachant qu'il n'étoit pas riche.

---

[a] Lorsque le roi déclara, le 6 septembre 1671, qu'il avoit choisi M. de Pomponne pour remplacer M. de Lionne, quelques personnes qui étoient présentes dirent que M. d'Andilly ne manqueroit sans doute pas de venir rendre au roi ses très humbles remerciements. Louis XIV répondit *qu'il le croyoit*. Il fallut à M. d'Andilly cette espèce d'ordre pour le ramener à la cour après vingt-six ans de retraite. (*Relation manuscrite* de M. d'Andilly.)

Il dit au bon homme qu'il y avoit de la vanité à lui d'avoir mis dans sa préface de Josephe qu'il avoit quatre-vingts ans, que c'étoit un péché; enfin on rioit, on avoit de l'esprit. Le roi ajouta qu'il ne falloit pas croire qu'il le laissât en repos dans son désert, qu'il l'enverroit quérir, qu'il vouloit le voir comme un homme illustre par toutes sortes de raisons. Comme le bon homme l'assuroit de sa fidélité, le roi dit qu'il n'en doutoit point, et que quand on servoit bien Dieu, on servoit bien son roi. Enfin ce furent des merveilles; il eut soin de l'envoyer dîner, et de le faire promener dans une calèche*: il en a parlé un jour entier en l'admirant. Pour M. d'Andilly, il est transporté, et dit de moment en moment, sentant qu'il en a besoin, il faut s'humilier. Vous pouvez penser la joie que cela me causa, et la part que j'y prends. Je voudrois bien que mes lettres vous donnassent autant de plaisir que les vôtres m'en donnent. Ma chère enfant, je vous embrasse de tout mon cœur.

*Le roi chargea M. Bontemps, capitaine de Versailles, de donner à dîner à M. d'Andilly; il lui envoya des fruits de sa table par M. de La Quintinie, directeur général de ses jardins fruitiers; après le dîner, ayant dit à M. de Bartillat qu'il seroit bien aise que M. d'Andilly vît jouer les eaux, celui-ci y alla dans le carrosse de M. Bontemps; et, comme la longue file des voitures ne lui permettoit pas d'arriver aussitôt que Sa Majesté aux endroits où celle-ci mettoit pied à terre, le roi envoyoit un valet-de-pied pour lui faire faire jour à travers la foule. Il poussa l'attention pour ce vieillard jusqu'à lui dire, lorsqu'on fut à la grotte, de se tenir tout contre la portière de sa voiture, afin de n'être pas mouillé par les jets d'eau. (*Relation manuscrite par M. d'Andilly.*)

183.*

A la même.

Aux Rochers, dimanche 27 septembre 1671.

Je le veux, ma chère fille, ne parlons plus de la perte de nos lettres, cela ennuie de toute façon : je n'ai pas trop de peine à m'en taire présentement, car, Dieu merci, je les reçois depuis un mois comme je le puis souhaiter, et vous pouvez m'écrire un peu plus franchement qu'à celui qui les avoit prises, et que vous croyez toujours entretenir quand vous m'écrivez ; cependant vous voulez fort bien qu'il sache que vous m'aimez, vous ne lui celez rien là-dessus, et vous en parlez, ce me semble, sans crainte d'être entendue. Ce que vous me dites sur ce sujet me remplit le cœur. Je vous avoue que je vous crois, et que cette confiance fait l'unique douceur de ma vie et le but de tous mes désirs : elle est accompagnée de plusieurs amertumes, mais enfin ce sont des suites nécessaires ; et quand on ne souffre que par la tendresse, on trouve de la patience. Je finis toujours ce chapitre le plus tôt que je puis ; je ne le finirois point, si je n'avois un soin extrême de finir.

Je suis ravie que vous ayez une belle-sœur aimable, et qui vous puisse servir de compagnie et de consolation ; c'est une chose que je vous souhaite à tout moment, et personne n'a plus besoin que vous d'une société agréable; sans cela, vous vous creusez l'esprit d'une si étrange manière, que vous vous détruisez vous-même : vous ne vous amusez point à des bagatelles; vous rêvez noir, si vous n'avez de la conversation. On ne peut être plus contente que je le suis de l'approbation que vous donnez à cette aimable belle-sœur; je compte que c'est madame de Rochebonne qui a de l'air du coadjuteur, et son esprit, et son humeur, et sa plaisanterie. Si vous voulez lui faire mes compliments par avance, vous me ferez beaucoup de plaisir.

Voilà M. de Pomponne en état d'être envié. Vous me parlez sur cela bien agréablement. Je m'en vais en écrire au bon homme¹; je vous ai dit tout ce que je savois là-dessus : il m'a écrit deux fois depuis sa faveur, et moi aussi deux fois; il n'a rien de plus sensible que mon amitié, à ce qu'il me mande, et de voir que mes approbations ont vingt ans d'avance sur toutes celles qu'on va donner à son fils, et vingt ans dont il y a eu des années difficiles à soutenir*. Enfin voici un changement extraordinaire; c'est un plaisir que d'être spectateur. En voici encore un du comte de Guiche qui revient; mais je fais la charge de d'Hacqueville qui est depuis vingt jours au chevet du maréchal (*de Gramont*)², malade, et qui sans doute vous aura mandé toutes choses, et la visite

¹ M. d'Andilly, père de M. de Pomponne.

* On a vu que M. de Pomponne avoit partagé jusqu'à un certain dégré la disgrace de M. Fouquet. Les discussions relatives au formulaire contribuèrent à mettre mal en cour M. Arnauld-d'Andilly.

² Père du comte de Guiche.

que le roi lui fit il y a cinq ou six jours. Je crois que Vardes ne sera pas long-temps à recevoir la même grace que le comte de Guiche; il me semble que leurs malheurs figurent ensemble ¹; c'est à vous à nous mander ce qu'on en espère en votre pays. Voilà une lettre que j'écris à votre évêque; lisez-la, vous verrez mieux que moi si elle est à propos, ou non; d'ici je ne la crois pas mal, mais ce n'est pas d'ici qu'il en faut juger. Vous savez que je n'ai qu'un trait de plume, ainsi mes lettres sont fort négligées; mais c'est mon style, et peut-être qu'il fera autant d'effet qu'un autre plus ajusté : si j'étois à portée d'en recevoir votre avis, vous savez combien je l'estime, et combien de fois il m'a réformée; mais nous sommes aux deux bouts de la France, en sorte qu'il n'y a qu'une chose à faire, qui est de juger si ma lettre convient ou non, et sur cela, de la donner ou de la brûler. Ce n'est pas sans chagrin qu'on sollicite une si petite chose, mais il faut se vaincre dans les sentiments qu'on auroit fort naturellement là-dessus; j'ai de plus à vous dire que j'ai vu faire ici des pas pour moins, et que tout ce qui vient tous les ans est excellent, et qu'enfin chacun a ses raisons. Pour vos dates, ma chère enfant, je suis de votre avis; c'est une légèreté que de changer tous les jours : quand on se trouve bien du 26 ou du 16,

---

¹ Le comte de Guiche et le marquis de Vardes avoient été exilés presque en même temps; mais l'exil de ce dernier ne finit qu'en 1682. *Le comte de Guiche avoit composé avec Vardes cette lettre espagnole qui joue un si grand rôle dans les intrigues de ce règne. *Voyez* ce qui en a été dit dans une note de la lettre du 11 mars précédent, tome 1ᵉʳ, page 287.

par exemple, pourquoi changer? c'est même une chose désobligeante pour ceux qui vous l'ont dit. Un homme d'honneur, un honnête homme vous dit une chose bonnement et comme elle est, et vous ne le croyez qu'un jour; le lendemain, qu'un autre vous dise autrement, vous le croyez; vous êtes toujours pour le dernier qui parle: c'est le moyen de faire autant d'ennemis qu'il y a de jours en l'an. Ne prenez point cette conduite, tenez-vous au 26 ou au 16, quand vous vous en trouverez bien; ne suivez point mon exemple, ni celui du monde corrompu, qui suit le temps et change comme lui : soyez constante, et croyez qu'au lieu de vouloir vous soumettre à mon calendrier, c'est moi qui approuve le vôtre : je fais juge M. le coadjuteur ou madame de Rochebonne, si je ne dis pas bien. J'ai grande envie de savoir si vous aurez vu ce pauvre Coulanges; cela est bien cruel qu'il ait pris la peine de faire tant de chemin pour vous voir un moment, et peut-être point du tout. Le pauvre Léon a toujours été à l'agonie depuis que je vous ai mandé qu'il se mouroit; il y est plus que jamais, et il saura bientôt mieux que vous si la matière raisonne. C'est un dommage extrême que la perte de ce petit évêque; c'étoit, comme disent nos amis, un esprit *lumineux* " sur la philosophie. Le vôtre l'est aussi : vos let-

" Cette expression étoit nouvelle, on la devoit aux écrivains de Port-Royal. L'évêque de Léon avoit un talent remarquable pour la poésie. Les recueils manuscrits du temps présentent un assez grand nombre de pièces qui portent son nom. Saint-Marc a fait connoître le *Palais des Plaisirs*, qui est, je crois, la seule pièce de Montigny qui ait été imprimée. (*Voyez* les OEuvres de Montplaisir, 1759,

tres sont ma vie; je ne vous dis pas la moitié ni le quart de l'amitié que j'ai pour vous.

184.*

A la même.

Aux Rochers, mercredi 30 septembre 1671.

Je crois qu'à présent l'opinion *léonique* est la plus assurée; il voit de quoi il est question, et si la matière raisonne ou ne raisonne pas, et quelle sorte de petite intelligence Dieu a donnée aux bêtes, et tout le reste. Vous voyez bien que je le crois dans le ciel, *o che spero!* il mourut lundi matin [1]; je fus à Vitré, je le vis, et je

---

page 45.) Un manuscrit avoit appris à cet éditeur que Montigny s'étoit proposé, dans cette pièce, de répondre au *Séjour des ennuis* de Montplaisir, et il a cru retrouver ce dernier poëme dans les *Stances sur l'hiver* qu'on lit au Recueil de Sercy, t. Ier, p. 132, et qui portent pour signature la lettre M. Je crois que c'est une erreur de Saint-Marc. L'abbé de Montigny oppose la description brillante des divertissements de la cour de Saint-Germain-en-Laye, à la peinture que Montplaisir avoit faite des *ennuis* qui avoient accablé la cour pendant son séjour d'Arras. Cette dernière pièce a été imprimée dans le Recueil de Pélisson et de madame de La Suze, t. Ier, p. 33, édition de 1741. Pélisson a souvent aidé cette dame, et leurs ouvrages ont été publiés ensemble, avec d'autres pièces qui leur sont étrangères.

[1] La date de cette lettre a été exactement prise sur l'original, en sorte qu'on ne peut douter que l'évêque de Léon ne soit mort le 28

voudrois ne l'avoir point vu. Son frère l'avocat-général me parut inconsolable; je lui offris de venir pleurer en liberté dans mes bois : il me dit qu'il étoit trop affligé pour chercher cette consolation. Ce pauvre petit évêque avoit trente-cinq ans; il étoit établi; il avoit un des plus beaux esprits du monde pour les sciences; c'est ce qui l'a tué : comme Pascal, il s'est épuisé. Vous n'avez pas trop affaire de ce détail, mais c'est la nouvelle du pays, il faut que vous en passiez par-là; et puis il me semble que la mort est l'affaire de tout le monde, et que les conséquences viennent bien droit jusqu'à nous.

Je lis M. Nicole avec un plaisir qui m'enlève; surtout je suis charmée du troisième traité, des moyens de conserver la paix avec les hommes " : lisez-le, je vous prie, avec attention, et voyez comme il fait voir nettement le cœur humain, et comme chacun s'y trouve, et philosophes, et jansénistes, et molinistes, et tout le monde enfin : ce qui s'appelle chercher dans le fond du cœur avec une lanterne, c'est ce qu'il fait; il nous découvre ce que nous sentons tous les jours, et que nous n'avons pas l'esprit de démêler, ou la sincérité d'avouer; en un mot, je n'ai jamais vu écrire comme ces messieurs-là. Sans la consolation de la lecture, nous mourrions

---

septembre, qui étoit le lundi dont parle madame de Sévigné, et non le 26 du même mois, comme on l'a prétendu selon d'autres Mémoires, puisque madame de Sévigné assure avoir été ce lundi-là à Vitré, et avoir vu M. de Léon.

" C'est l'un des plus beaux traités de Nicole. Le témoignage de Voltaire n'est pas suspect; il l'appelle un chef-d'œuvre, auquel on ne trouve rien d'égal en ce genre dans l'antiquité. (Siècle de Louis XIV.)

d'ennui présentement; il pleut sans cesse : il ne vous en faut pas dire davantage pour vous représenter notre tristesse. Mais vous qui avez un soleil que j'envie, je vous plains d'avoir quitté votre Grignan; il y fait beau, vous y étiez en liberté avec une bonne compagnie, et, au milieu de l'automne, vous le quittez pour vous enfermer dans une petite ville; cela me blesse l'imagination. M. de Grignan ne pouvoit-il point différer son assemblée? N'en est-il point le maître? Et ce pauvre M. de Coulanges, qu'est-il devenu? Notre solitude nous fait la tête si creuse, que nous nous faisons des affaires de tout; je lis et relis vos lettres avec un plaisir et une tendresse que je souhaite que vous puissiez imaginer, car je ne vous le saurois dire; il y en a une dans vos dernières que j'ai le bonheur de croire, et qui soutient ma vie; les réponses font de l'occupation, mais il y a toujours du temps de reste. Notre abbé est trop glorieux de toutes les douceurs que vous lui mandez; je suis contente de lui sur votre sujet.

Pour La Mousse, il fait des catéchismes les fêtes et les dimanches; il veut aller en paradis; je lui dis que c'est par curiosité, et afin d'être assuré une bonne fois si le soleil est un amas de poussière qui se meut avec violence, ou si c'est un globe de feu. L'autre jour il interrogeoit des petits enfants; et, après plusieurs questions, ils confondirent le tout ensemble, de sorte que, venant à leur demander qui étoit la vierge, ils répondirent tous l'un après l'autre que c'étoit le créateur du ciel et de la terre : il ne fut point ébranlé par les petits enfants; mais voyant que des hommes, des femmes et même des vieillards disoient la même chose, il en fut persuadé, et se rendit à l'opinion commune. Enfin il ne savoit plus où il en étoit, et, si je ne fusse arrivée là-dessus, il ne s'en fût jamais tiré : cette nouvelle opinion eût bien fait un autre désordre que le mouvement des petites parties. Adieu, ma très chère enfant; vous voyez bien que ce qui s'appelle se chatouiller pour se faire rire, c'est justement ce que nous faisons. Je vous embrasse très tendrement, et vous prie de me laisser penser à vous et vous aimer de tout mon cœur.

185.*

A la même.

Aux Rochers, dimanche 4 octobre 1671.

Vous voilà donc à votre assemblée : je vous ai mandé combien je trouvois mauvais que M. de Grignan l'eût mise en ce temps, pour vous ôter tout l'agrément de votre séjour de campagne, et tout le plaisir de votre bonne compagnie. Vous avez perdu aussi le pauvre Coulanges, qui m'écrit de Lyon tous ses déplaisirs, et ne songe plus qu'à s'en retourner à Paris, c'est-à-dire à Autry*, d'où il ne seroit pas sorti sans l'espérance de

* Terre près de Gien, appartenant alors à la comtesse de Sansay, sœur de Coulanges, et aujourd'hui à la famille Séguier-de-Saint-Brisson.

vous voir : toute sa consolation, c'est de parler de vous avec ce chamarier de Rochebonne qui ne peut se taire de vos perfections. Si je n'avois point trouvé ridicule de vous envoyer toutes mes lettres, je vous aurois envoyé celle-là avec celle du comte des Chapelles; mais voilà sa réponse qui suffira, avec deux autres lettres que je veux que vous ayez, celle de M. Le Camus et celle de M. d'Harouïs. Je pense que, pour vous donner le temps de lire tout ce que je vous envoie, la civilité m'obligeroit à finir ici ma lettre; mais je veux savoir auparavant si vous n'avez point ri de la rêverie naturelle que je fis à Vitré, en priant ce gentilhomme de Basse-Bretagne de nous faire vitement dîner. Je crus que cela vous feroit souvenir de cet homme à la Merci*, que je voulois qui raccommodât mes manches, et qui étoit le clerc d'un secrétaire du roi. Mais ce que vous me dites du soleil et de la lune, de M. de Chaulnes et de M. de Lavardin est très bien dit, et pour vous, vous êtes toujours sur l'horizon. Cela est vrai, ma fille, vous ne vous reposez jamais, vous êtes toujours dans le mouvement, et je tremble quand je pense à votre état et à votre courage, qui assurément passe de beaucoup vos forces. Je conclus comme vous que, quand vous voudrez vous reposer, il ne sera plus temps, et qu'il n'y aura aucune ressource à vos fatigues passées. Cette pensée m'occupe et m'afflige beaucoup, car enfin ce ne sont plus ici les premiers pas, ce sont les derniers : ce sont des brèches sur d'au-

---

* A l'église des pères de la Merci, rue du Chaume. Elle a été abattue depuis la révolution; il en existe encore quelques murailles.

tres brèches, et des abymes sur des abymes. Nous en parlons souvent, notre abbé et moi, quoique peu instruits ; mais, à vue de pays, on juge bien où tout ceci peut aller : cet endroit est bien digne de votre attention, car il n'y va pas d'une chute médiocre. On va bien loin, dit-on, quand on est las; mais quand on a les jambes rompues, on ne va plus du tout. Je crois que vous êtes assez habile pour appuyer sur ces considérations, et pour en parler avec notre coadjuteur, qui a tout ce qui est nécessaire pour vous bien conseiller ; car il a un grand sens, un bon esprit, un courage digne du nom qu'il porte : il faut tout cela pour décider dans une occasion comme celle-ci. Notre abbé s'estime bien heureux que vous comptiez son avis pour quelque chose ; il ne souhaite la vie et la santé que pour vous aller donner ses conseils, et prendre le jeton dont vous savez qu'il s'aide parfaitement bien ". Voici, ma chère enfant, une lettre qui n'est pas délicieuse; mais encore faut-il parler quelquefois des choses importantes qui tiennent au cœur : vous savez d'ailleurs, et je vous l'ai dit en chanson, qu'on *ne rit pas toujours*. Non assurément, il s'en faut de beaucoup ; cependant soyez en garde pour ne pas faire de la bile noire : songez uniquement à votre santé, si vous aimez la mienne, et croyez qu'aussitôt que je serai délogée à pâques, je ne penserai plus qu'à vous aller voir et à vous donner toutes les facilités pos-

<small>" M. de Grignan n'avoit pas une assez grande fortune pour soutenir les dépenses énormes qu'il faisoit dans son gouvernement. On trouvera dans le cours de ces lettres mille autres passages, plus forts que celui-ci, qui le prouvent jusqu'à la dernière évidence.</small>

sibles pour revenir avec moi, dans un degré moins élevé, mais plus commode. Que dit Adhémar du retour du comte de Guiche? Adieu, mon enfant, je suis à vous. J'embrasse M. le lieutenant-général qui n'est plus chasseur.

---

186. *

A la même.

Aux Rochers, mercredi 7 octobre 1671.

Vous savez que je suis toujours un peu entêtée de mes lectures. Ceux à qui je parle ont intérêt que je lise de beaux livres. Celui dont il s'agit présentement, c'est cette ***Morale*** de Nicole; il y a un Traité sur les moyens d'entretenir la paix entre les hommes, qui me ravit; je n'ai jamais rien vu de plus utile, ni si plein d'esprit et de lumière; si vous ne l'avez pas lu, lisez-le; et si vous l'avez lu, relisez-le avec une nouvelle attention : je crois que tout le monde s'y trouve; pour moi, je suis persuadée qu'il a été fait à mon intention; j'espère aussi d'en profiter, j'y ferai mes efforts. Vous savez que je ne puis souffrir que les vieilles gens disent : Je suis trop vieux pour me corriger; je pardonnerois plutôt aux jeunes gens de dire : Je suis trop jeune. La jeunesse est si aimable qu'il faudroit l'adorer, si l'âme et l'esprit étoient aussi parfaits que le corps; mais quand on n'est plus jeune, c'est alors qu'il faut se perfectionner, et tâcher de regagner, par les bonnes qualités, ce qu'on perd du côté des agréables. Il y a long-temps que j'ai fait ces réflexions, et, par cette raison, je veux tous les jours travailler à mon esprit, à mon ame, à mon cœur, à mes sentiments. Voilà de quoi je suis pleine et de quoi je remplis cette lettre, n'ayant pas beaucoup d'autres sujets.

Je vous crois à Lambesc, mais je ne vous vois pas bien d'ici; il y a des ombres dans mon imagination qui vous couvrent à ma vue. Je m'étois fait le château de Grignan, je voyois votre appartement, je me promenois sur votre terrasse, j'allois à la messe dans votre belle église; mais je ne sais plus où j'en suis : j'attends avec impatience des nouvelles de ce lieu-là et des manières de l'évêque. Il y avoit dans mon dernier paquet une lettre qui me donnoit beaucoup d'espérance. Quoique vous ayez été deux ordinaires sans m'écrire, j'espère un peu vendredi d'avoir une lettre de vous, et si je n'en ai point, vous avez été si prévoyante, que je ne serai point en peine; il y a des soins, comme, par exemple, celui-là, qui marquent tant de bonté, de tendresse et d'amitié, qu'on est charmé. *Amen*, ma très chère et très aimable; je ne veux point vous écrire davantage aujourd'hui, quoique mon loisir soit grand : je n'ai que des riens à vous mander, c'est abuser d'une lieutenante-générale qui tient les états dans une ville, et qui n'est pas sans affaires; cela est bon quand vous êtes dans votre palais d'Apollidon. Notre abbé, notre Mousse sont toujours tout à vous; et pour moi, ma fille, ai-je besoin de vous dire ce que je vous suis et ce que vous m'êtes?

Le comte de Guiche est à la cour tout seul de son air et de sa manière, un héros de roman, qui ne ressemble point au reste des hommes : voilà ce qu'on me mande.

187.

A la même.

Aux Rochers, dimanche 11 octobre 1671.

Vous avez été fâchée de quitter Grignan; vous avez eu raison; j'en ai été quasi aussi triste que vous, et j'ai senti votre éloignement de vingt lieues, comme je sentirois un changement de climat. Rien ne me console que la sûreté où vous serez à Aix pour votre santé; vous accoucherez au bout de l'an tout juste. J'emploie tous mes jours à songer à ceux de l'année dernière que je passois avec vous; il est vrai qu'on ne peut pas avoir moins perdu de temps que vous avez fait : mais si, après cette couche-ci, M. de Grignan ne vous donne quelque repos, comme on fait à une bonne terre, bien loin d'être persuadée de son amitié, je croirai qu'il veut se défaire de vous; et le moyen de résister à ces continuelles fatigues? Il n'y a ni jeunesse, ni santé qui n'en soient détruites. Enfin je lui demande pour vous cette marque de sa tendresse et de sa complaisance : je ne veux point vous trouver grosse, je veux que vous veniez vous promener avec moi dans ces prés, que vous me promettez, et que nous mangions de ce divin muscat, sans crainte de la colique. Nous ne pensons qu'à notre voyage; et si notre abbé peut vous être bon à quelque chose, il sera au comble de ses desirs : vous nous souhaitez, il n'en faut pas tant pour nous faire voler vers vous. Nous quitterons les Rochers à la fin du mois qui vient; il me semble que ce sont les premiers pas, et j'en sens de la joie; j'en aurai beaucoup si vous arrivez à Aix en bonne santé.

Je ne trouve pas bien prudent d'avoir fait ce voyage de Lambesc au milieu de votre sept. Mais quelle folie de s'appeler *M. et Mme de Grignan, et le chevalier de Grignan*[1], et venir vous faire la révérence? Qu'est-ce que ces Grignan-là? Pourquoi n'êtes-vous pas uniques en votre espèce? Celle de vos scorpions me fait grand' peur; vous savez bien au moins que leur piqûre est mortelle : je suis persuadée que, puisque vous avez des bâtiments pour vous garantir du chaud, vous n'êtes point aussi sans de l'huile de scorpion, pour vous servir de contre-poison. Je ne connoissois la Provence que par les grenadiers, les orangers et les jasmins : voilà comme on nous la dépeint. Pour nous, ce sont des châtaignes qui font notre ornement; j'en avois l'autre jour trois ou quatre paniers autour de moi; j'en fis bouillir, j'en fis rôtir, j'en mis dans ma poche : on en sert dans les plats, on marche dessus; c'est la Bretagne dans son triomphe.

[1] Ils étoient d'une maison ancienne établie à Salon, et dont le nom étoit *Grignan*.

M. d'Usez* est à son abbaye près d'Angers : il m'a envoyé un exprès ; il dit qu'il me viendra voir, mais je n'en crois rien : il dit que vous êtes adorable, et adorée de tous les Grignan, je le crois : vous l'êtes ici au moins autant, sans offenser personne. Mon oncle est, comme je le souhaite, sur votre sujet ; Dieu nous le conserve. La Mousse approuve fort que vous laissiez reposer votre lettre ; on ne juge jamais bien d'abord de ces sortes d'ouvrages ; il vous conseille même de la faire voir à quelqu'un de vos amis, ils en jugent mieux que nous-mêmes ; en attendant il est tout à vous. Que dirai-je à nos Grignan? Vous êtes bien méchante de leur faire voir toutes mes folies : pour vous qui les connoissez, il n'est pas possible de vous les cacher ; mais eux avec qui j'ai mon honneur à garder... Adieu, ma chère enfant, je vous recommande ma vie ; vous savez ce que vous avez à faire pour la conserver.

188.

A la même.

Aux Rochers, mercredi 14 octobre 1671.

Je m'en vais vous mander un petit secret ; n'en parlez pas, je vous prie, si personne ne vous l'a mandé. Vous

* Jacques Adhémar de Monteil-de-Grignan, évêque d'Usez, abbé

saurez que notre pauvre d'Hacqueville¹ a tant fait, et s'est si fort tourmenté autour de ses amis, qu'il en est tombé malade; on prend même plaisir à dire que c'est de la petite-vérole, et qu'il a vu tous les jours M. de Chevreuse qui l'a; je ne le crois point, mais voici ce qui est. On lui a écrit une lettre d'une main inconnue, par laquelle on lui demande une heure du lendemain, pour une consultation qui doit se faire chez le cardinal de Retz. On marque ensuite toutes les heures du jour, comme il a accoutumé de les employer; on le prie de venir voir donner un remède à cinq heures à M. le maréchal de Gramont, et d'aller querir dans son carrosse M. Brayer pour le petit de Monaco; on l'avertit d'envoyer savoir des nouvelles de tous les malades dont on lui fait la liste; on le conjure de ne pas manquer de se trouver le soir chez mademoiselle de Clisson², qui a de grands maux de mère; on parle du commerce de Provence et de tous les pays de l'Europe, et l'on finit par, *dormez, dormez, vous ne sauriez mieux faire*. Enfin il a montré cette lettre avec un tel chagrin, que je meurs de peur que cela n'augmente sa fièvre. Ne me citez jamais sur la vie; on vous le mandera peut-être d'ailleurs.

de Saint-Georges d'Angers, frère de l'archevêque d'Arles, oncle du comte de Grignan, mort à Grignan le 13 septembre 1674.

¹ C'est de lui qu'on disoit *les d'Hacqueville*, parcequ'il étoit d'un caractère si officieux qu'il se reproduisoit en quelque sorte pour le service de ses amis.

² Fille d'honneur de Madame; elle fut mariée au marquis de Roquelaure.

Je sais que M. de Coulanges a eu le courage de vous aller chercher à Lambesc. Ma fille, que je l'aime d'avoir pris cette peine! qu'il a bien fait! qu'il est aimable! que je l'embrasserai de bon cœur! et que vous méritez bien qu'on en fasse davantage pour vous! mais tout le monde n'est pas digne de le comprendre, et c'est un mérite que d'être entré, comme il a fait, dans cette vérité. Aussi vous lui avez écrit des merveilles, et je vous en loue et vous en remercie, car vous savez comme je l'aime. Adhémar sera trop aise de revenir avec lui.

L'abbé Têtu est retourné en Touraine*, n'ayant pu durer à Paris; et pour varier un peu la phrase, il a mené à ce second voyage toute la *case* de Richelieu. Si vous pouviez croire que ce fût pour vous que Paris lui fût insupportable, vous seriez bien glorieuse; mais vous seriez seule de votre sentiment.

Il y a de la division dans la maison de Gramont entre les deux frères [1]; notre ami d'Hacqueville est fort mêlé là-dedans. Louvigny n'a pas assez d'argent pour acheter la charge [2]; je ne sais si l'on vous mande ce détail.

J'étois hier dans une petite allée à main gauche du mail, très obscure, je la trouvai belle; je fis écrire sur un arbre : *E di mezzo l'orrore, esce il diletto.*

Si M. de Coulanges est encore avec vous, embrassez-

---

* A l'abbaye de Fontevrauld, dont madame de Rochechouart étoit abbesse.

[1] Le comte de Guiche et le comte de Louvigny, depuis duc de Gramont.

[2] De colonel des gardes françoises.

le pour moi, en l'assurant que je suis fort contente de lui. Et ces pauvres Grignan n'auroient-ils rien? Et vous, ma chère petite, quoi! pas un mot d'amitié?

~~~~~~~~~~~~~~~~~~~~~~~~~~~~~~~~~~~~~~~

189.

A la même.

Aux Rochers, dimanche 18 octobre 1671.

L'envie que vous avez d'envoyer ma première lettre à quelqu'un, afin qu'elle ne soit pas perdue, m'a fait rire, et souvenir d'une Bretonne qui vouloit avoir un *factum* qui m'avoit fait gagner un procès, comme un sûr moyen de gagner le sien.

Vous voilà donc à Lambesc, ma fille; mais vous êtes grosse jusqu'au menton. La mode de Provence me fait peur. Quoi! ce n'est donc rien que de ne faire qu'un enfant; une fille n'oseroit s'en plaindre, et les femmes en font ordinairement deux ou trois. Je n'aime point cette grosseur excessive; tout au moins cela vous donne de cruelles incommodités.

Écoutez, M. le Comte, c'est à vous que je parle, vous n'aurez que des rudesses de moi pour toutes vos douceurs : vous vous plaisez dans vos œuvres; au lieu d'avoir pitié de ma fille, vous ne faites qu'en rire; il paroît bien que vous ne savez ce que c'est que d'accoucher. Mais écoutez, voici une nouvelle que j'ai à vous dire :

c'est que, si, après ce garçon-ci, vous ne lui donnez quelque repos, je croirai que vous ne l'aimez point, et que vous ne m'aimez point aussi, je n'irai point en Provence: vos hirondelles auront beau m'appeler, point de nouvelles; et de plus, j'oubliois ceci; c'est que je vous ôterai votre femme : pensez-vous que je vous l'aie donnée pour la tuer, pour détruire sa santé, sa beauté, sa jeunesse? Il n'y a point de raillerie, je vous demanderai cette grace à genoux en temps et lieu; en attendant, admirez ma confiance de vous faire une menace de ne point aller en Provence. Vous voyez par-là que vous ne perdez ni votre amitié, ni vos paroles; nous sommes persuadés, notre abbé et moi, que vous serez fort aise de nous voir. Nous vous mènerons La Mousse, qui vous rend grace de votre souvenir : et pourvu que je ne trouve point une femme grosse, et toujours grosse, et encore grosse, vous verrez si nous ne sommes pas des gens de parole : en attendant, ayez-en un soin extrême, et prenez garde qu'elle n'accouche à Lambesc. Adieu, mon cher Comte.

Je reviens à vous, ma belle, et vous dis donc que je vous plains fort; songez à ne point accoucher à Lambesc; quand vous aurez passé le huitième, il n'y a plus d'heure. Vous avez présentement M. de Coulanges; qu'il est heureux de vous voir! qu'il a bien fait d'avoir pris courage, et vous de l'avoir pressé! embrassez-le pour moi, et tous vos Grignan, car on ne sauroit s'empêcher de les aimer. Ma tante[a] me mande que votre enfant

---

[a] La marquise de La Trousse, née Coulanges.

pince tout comme vous; elle est méchante : je meurs d'envie de la voir; hélas! j'aurois grand besoin de cet homme noir pour me faire prendre un chemin dans l'air; celui de terre devient si épouvantable, que je crains quelquefois que nous ne soyons assiégés ici par les eaux. Il est vrai qu'après vous avoir vue partir pour la Provence, au milieu des abymes, il faut croire qu'il n'y a rien d'impossible.

Je reviens à votre histoire : je m'étois moquée de celle de La Mousse; mais je ne me moque pas de celle-ci : vous me l'avez très bien contée, et si bien que j'en frissonnois en la lisant, le cœur m'en battoit; en vérité, c'est la plus étrange chose du monde. Cet *Auger* enfin, c'est un garçon que j'ai vu, à qui je parlerai, et qui conte cela tout naïvement; je crois que rien ne peut être plus positif; c'est un sylphe assurément. Après la promesse que vous faites, je ne doute pas qu'il n'y ait presse à qui vous apportera ici; la récompense est digne d'être bien disputée; et si je ne vous vois arriver, je croirai que cela vient de la guerre que cette préférence aura émue entre eux; cette guerre sera bien fondée, et si les sylphes pouvoient périr, ils ne pourroient le faire dans une plus belle occasion. Enfin, ma fille, je vous remercie mille fois de m'avoir si bien conté cette histoire d'original : c'est la première de cette nature dont je voudrois répondre.

Je trouve plaisants les miracles de votre solitaire : mais s'il les croit, j'en doute fort, et M. de Grignan a grande raison de l'aller prêcher de temps en temps : sa vanité pourroit bien le conduire du milieu de son désert dans le milieu de l'enfer*; ce seroit un beau chemin, il n'eût pas été besoin de prendre tant de peine : s'il ne va que là, on y va fort bien de par-tout. Je craindrai fort pour son salut, jusqu'à ce que vous m'en assuriez : je vous crois, et je sais que vous êtes tout comme il faut pour n'être persuadée qu'à bonnes enseignes. Dieu est tout puissant, qui est-ce qui en doute? Mais nous ne méritons guère qu'il nous montre sa puissance.

Je suis fort aise que M. de Grignan ait bien harangué, cela est agréable pour soi; on ne se soucie pas des autres. M. de Chaulnes parla bien aussi, un peu pesamment, mais cela n'étoit pas mal à un gouverneur. Pour M. de Lavardin, il a la langue fort bien pendue. J'ai mandé à Corbinelli qu'assurément son paquet avoit été perdu avec tant d'autres lettres que je regrette tous les jours. Adieu, ma chère enfant, je vous aime si passionnément que j'en cache une partie, de peur de vous accabler. Je vous remercie de vos soins, de votre amitié, de vos lettres; ma vie tient à toutes ces choses-là.

* Il sembleroit, par ce passage, que madame de Sévigné auroit connu un conte de nos vieux rimeurs du XIIIe siècle, intitulé : *Le Prévôt d'Aquilée*. On peut voir les fabliaux de Le Grand-d'Aussi, tome V, page 141, édition de 1781, et l'ancien texte de ce conte, publié en 1815 par M. de Roquefort, dans *l'État de la poésie françoise dans les XIIe et XIIIe siècles*, page 314.

190.

A la même.

Aux Rochers, mercredi 21 octobre 1671.

Que votre ventre me pèse, ma chère petite! Songez que vous n'êtes pas seule à étouffer, et que le grand intérêt que je prends à votre santé me feroit devenir habile, si j'étois auprès de vous. Les avis que je donne à la Deville feroient croire à madame *Moreau*[a] que j'aurois eu des enfants : en vérité, j'en ai beaucoup appris depuis trois ans. J'avoue que d'abord l'honnêteté et la *préciosité* d'un long veuvage m'avoient laissée dans une profonde ignorance; mais je deviens *matrone*, à vue d'œil.

Vous avez présentement M. de Coulanges; il vous aura bien réjoui le cœur; mais quand vous recevrez cette lettre, vous ne l'aurez plus; je l'aimerai toute ma vie du courage qu'il a eu de vous aller trouver jusqu'à Lambesc. J'ai fort envie de savoir des nouvelles de ce pays-là; je suis accablée de celles de Paris; sur-tout, la répétition du mariage de Monsieur me fait sécher sur pied; je suis en butte à tout le monde, et tel qui ne m'a point écrit, se réveille pour mon malheur afin de me

---

[a] Elle avoit gardé madame de Grignan pendant sa couche. (*Voyez* la lettre du 11 novembre suivant.)

l'apprendre. Je viens d'écrire à l'abbé (*Le Camus*) de Pontcarré. « Que je le conjure de ne m'en plus rompre « la tête, ni de la Palatine qui va quérir la Princesse[1], « ni du maréchal du Plessis qui va l'épouser à Metz, ni « de MONSIEUR qui va consommer à Châlons, ni du roi « qui va les voir à Villers-Cotterets; qu'en un mot, je « n'en veux plus entendre parler qu'ils n'aient couché « et recouché ensemble; que je voudrois être à Paris « pour n'entendre plus parler de nouvelles; que du « moins si je pouvois me venger sur les Bretons de la « cruauté de mes amis, je prendrois patience; mais « qu'ils sont six mois à tourner sans ennui sur une nou- « velle de la cour, et à la regarder de tous les côtés; que « pour moi j'ai encore un petit reste de bel air qui me « rend *précieuse*, et qui fait que je me lasse aisément. » En effet, je me détourne des lettres où je crois qu'on me va parler encore de nouvelles, et je me jette avidement sur les lettres d'affaires. Je lus hier avec un plaisir ex- trême une lettre du bon homme Lamaison[a], que j'é- tois bien assurée qui ne me diroit pas un mot de ce ma- riage, mais qui salue toujours fort humblement madame la comtesse, comme si elle étoit encore à mes côtés. Hélas! il ne me faudroit guère prier pour me faire pleu- rer présentement; un tour de mail sur le soir en feroit l'office.

A propos, il y a des loups dans mon bois; j'ai deux ou

---

[1] Elisabeth-Charlotte de Bavière, fille de Charles Louis, électeur palatin.

[a] Régisseur de la terre de Bourbilly.

trois gardes qui me suivent les soirs, le fusil sur l'épaule; *Beaulieu* est le capitaine. Nous avons honoré depuis deux jours le clair de la lune de notre présence, entre onze heures et minuit. Avant-hier nous vîmes d'abord un homme noir; je songeai à celui d'*Auger*, et je me préparois déjà à refuser sa jarretière. Il s'approcha, et nous trouvâmes que c'étoit M. de La Mousse. Un peu plus loin nous vîmes un corps blanc tout étendu, nous approchâmes de celui-là, c'étoit un arbre que j'avois fait abattre la semaine passée. Voilà des aventures bien extraordinaires, je crains que vous n'en soyez effrayée en l'état où vous êtes; buvez un verre d'eau, ma fille. Si nous avions des sylphes à notre commandement, nous pourrions vous conter quelque histoire digne de vous divertir; mais il n'appartient qu'à vous de voir une telle diablerie, sans pouvoir en douter. Quand ce ne seroit que pour parler à *Auger*, il faut que j'aille en Provence : cette histoire m'a bien occupée et bien divertie; j'en ai envoyé la copie à ma tante, croyant que vous n'auriez pas eu le courage de l'écrire deux fois si bien et si exactement. Dieu sait quel goût je trouve à ces sortes de choses en comparaison des *Renaudot*[1], qui égaient leur plume à mes dépens. Adieu, ma chère belle, je vous vois, et je pense à vous sans cesse. Mille amitiés aux Grignan, à proportion de ce que vous croyez qu'ils m'aiment : cette règle est bonne, je m'en fie à vous.

[1] C'est-à-dire, des faiseurs de gazettes. L'invention des gazettes est due aux *Renaudot*.

191.*

A la même.

Aux Rochers, dimanche 25 octobre 1671.

Me revoilà dans mes lamentations de Jérémie; je n'ai reçu qu'un paquet cette semaine, et je dois croire l'autre perdu : vous n'avez point été sept jours sans m'écrire; il y a cela entre vos lettres; ma fille, c'est un démon qui les dérobe, et qui s'en joue, c'est le sylphe d'*Auger :* quoi qu'il en soit, j'en suis inconsolable. Voilà une lettre pour votre évêque; vous avez très bien fait d'ouvrir la sienne, elle est toute farcie de tendresse; je le prends par ses paroles, et je compte là-dessus plus qu'il ne voudroit : c'est très bien fait, pourquoi s'embarque-t-il dans de si extrêmes protestations ? Je crois que ma réponse n'est point mal : la fin est bien méchante et bien commune; j'ai quasi donné dans la *justice de croire;* mais voilà justement où je ne m'en soucie pas. Si vous n'avez point jeté mes dernières lettres, mandez-moi s'il n'y en a pas une du 30 septembre*. Eh bien! c'est justement celle où vous me disiez de l'avoir reçue, que le diable a emportée : j'en reviens toujours là, parceque j'en suis désespérée. On me mande que le

*C'est la 184e. *Voyez* plus haut page 207.

roi a donné un régiment au chevalier de Grignan; je crois que c'est *Adhémar*; si c'est quelque chose de bon, j'en suis ravie. Mais que dirons-nous de Coulanges? N'est-ce point le plus joli homme du monde? J'ai lu sa lettre, tout comme vous l'avez imaginé, c'est-à-dire en pâmant de rire : toute sa lettre est excellente, et ses chapitres; mon Dieu! que j'ai envie de le voir, de l'embrasser, de parler de vous avec lui! Il est ravi de tout ce que vous faites, et en vérité il a raison; on ne peut assez vous admirer, je ne saurois faire les honneurs de vous; j'en suis touchée comme les autres, et j'en demeure d'accord avec mes bons amis, sans faire comme la présidente Jeannin : vous souvient-il de ce petit conte? Enfin, ma fille, que vous manque-t-il? vous le renviez sur M. de Pomponne. Au milieu de mon rire, je me suis senti des serrements de cœur qui ne paroissoient point y devoir tenir une place, et que je trouvois fort bien le moyen d'y mettre; tous chemins vont à Rome, c'est-à-dire, tout me va droit au cœur. M. de Coulanges écrit tout cela bien plaisamment, et nous en avons ri, comme vous l'avez prévu, et assurément aux mêmes endroits. J'examinerai bien cet hiver avec lui tous les chapitres, et sur-tout celui de la coiffure; il me paroît assez comme celui d'Aristote dans son chapitre des chapeaux. Mais le chocolat, qu'en dirons-nous? N'avez-vous point peur de vous brûler le sang? Tous ces effets si miraculeux ne nous cacheront-ils point quelque embrasement. Dans l'état où vous êtes, ma chère enfant, rassurez-moi, car je crains ces mêmes effets. J'ai aimé le chocolat, comme vous savez; il me semble qu'il m'a brûlée, et depuis, j'en ai bien entendu dire du mal; mais vous dépeignez et vous dites si bien les merveilles qu'il fait en vous, que je ne sais plus qu'en penser. Cet endroit de la lettre de Coulanges est très plaisant, mais en tout, je vous assure qu'elle est plaisante. Adieu, ma très chère et très aimable, je prendrai grand plaisir à lire le chapitre de la tendresse que vous avez pour moi, je vous promets de demeurer fixée dans l'opinion que j'en ai; mais, pour plus grande sûreté, soyez fixée aussi à m'en donner des marques, comme vous faites*. Vous savez avec quelle passion je vous aime, et quelle inclination j'ai eue toute ma vie pour vous : tout ce qui peut m'avoir rendue haïssable venoit de ce fonds; il est en vous de me rendre la vie heureuse ou malheureuse. J'embrasse le Comte. La marquise de Coëtlogon prit tant de chocolat, étant grosse l'année passée, qu'elle accoucha d'un petit garçon noir comme un diable, qui mourut. Il est vrai que les lettres de notre petit ami[b] ne sont nullement agréables, il y a trop de paroles; il fait bien d'être honnête homme d'ailleurs. Je fais réponse à M. de Coulanges; ma tante ne le croit plus auprès de vous.

a Les huit lignes qui suivent sont tirées de l'édition de 1734, elles manquent dans l'édition de 1754.

b Elle entend par les *petits amis* M. de Sévigné et La Mousse. *Voyez* la lettre du 28 juin 1671, page 98 de ce vol. M. de Sévigné n'étoit plus aux Rochers; ainsi ce *petit ami* ne peut être que La Mousse.

192.*

A la même.

Aux Rochers, mercredi 28 octobre 1671.

Des scorpions, ma fille! il me semble que c'étoit là un vrai chapitre pour le livre de M. de Coulanges. Celui de l'étonnement de vos entrailles sur la glace et sur le chocolat est une matière que je veux traiter à fond avec lui, mais plutôt avec vous, et vous demander de bonne foi si vos entrailles n'en sont point offensées, et si elles ne vous font point de bonnes coliques, pour vous apprendre à leur donner de telles *antipéristases*[1] : voilà un grand mot. J'ai voulu me raccommoder avec le chocolat; j'en pris avant-hier pour digérer mon dîner, afin de bien souper, et j'en pris hier pour me nourrir, afin de jeûner jusqu'au soir : il m'a fait tous les effets que je voulois; voilà de quoi je le trouve plaisant, c'est qu'il agit selon l'intention. Je ne sais pas ce que vous avez fait ce matin, pour moi, je me suis mise dans la rosée jusqu'à mi-jambes pour prendre des alignements ; je fais des allées de retour tout autour de mon parc, qui seront

[1] Terme de philosophie qui vient du grec, et signifie l'action de deux qualités contraires, dont l'une donne de la vigueur et de l'activité à l'autre.

d'une grande beauté ; si mon fils aime les bois et les promenades, il bénira bien ma mémoire; mais, à propos de mère, on accuse celle du marquis de S......" de l'avoir fait assassiner; il a été criblé de cinq ou six coups de fusil; on croit qu'il en mourra : voilà une belle scène pour notre petite amie. Je mande à mon fils que j'approuve le procédé de cette mère, que voilà comme il faut corriger les enfants, et que je veux faire amitié avec elle. Je crois qu'il est à Paris votre petit frère ; il aime mieux m'y attendre que de revenir ici; il fait bien. Mais que dites-vous de mon mari, l'abbé d'Effiat? Je suis bien malheureuse en maris : il épouse une jeune nymphe de quinze ans¹, fille de M. et de Mme de La Bazinière, façonnière et coquette en perfection; le mariage se fait en Touraine; il a quitté quarante mille livres de rente de bénéfices pour... Dieu veuille qu'il soit content, tout le monde en doute, et trouve qu'il auroit bien mieux fait de s'en tenir à moi.

⁰ Henri de Senneterre (St.-Nectaire), marquis de Châteauneuf, vicomte de Lestranges, fut blessé à Privas le 13 octobre 1671, *à l'occasion d'un grand différent qu'il avoit avec sa mère*, et mourut de ses blessures le 25 du même mois. Il avoit épousé, le 23 juillet 1668, Anne de Longueval, fille d'honneur de la reine, parente de Bussy-Rabutin par sa seconde femme. Elle devoit être très connue de madame de Sévigné, qui l'appelle ici *notre petite amie*. Dans la lettre du 25 novembre, elle parle de madame de Senneterre comme étant veuve depuis très peu de temps. (*Voyez* le Dictionnaire de Moreri.)

¹ Marie-Anne Bertrand de La Bazinière n'épousa point l'abbé d'Effiat, comme le bruit en couroit alors; elle épousa depuis le comte de Nancré. (*Voyez* une note de la lettre du 4 août 1677.)

2. *

M. d'Harouïs m'écrit ceci : « Mandez à madame de
« CARIGNAN¹ que je l'adore; elle est à ses petits états; ce
« ne sont pas des gens comme nous, qui donnons des
« cent mille écus, mais au moins qu'ils lui donnent au-
« tant qu'à madame de Chaulnes pour sa bien-venue. »
Il aura beau souhaiter, et moi aussi; vos esprits sont
secs, et leur cœur s'en ressent; le soleil boit toute leur
humidité, et c'est ce qui fait la bonté et la tendresse.
Ma fille, je vous embrasse mille fois, je suis toujours
dans la douleur d'avoir perdu un de vos paquets la semaine passée : la Provence est devenue mon vrai pays;
c'est de là que viennent tous mes biens et tous mes
maux. J'attends toujours les vendredis avec impatience,
c'est le jour de vos lettres. Saint-Pavin fit autrefois une
épigramme sur les vendredis, qui étoient les jours qu'il
me voyoit chez l'abbé; il parloit aux Dieux, et finissoit :

> Multipliez les vendredis,
> Je vous quitte de tout le reste².

¹ Plaisanterie au sujet de la méprise d'un gentilhomme breton,
qui, buvant la santé de madame DE GRIGNAN, pendant les états, disoit *madame* DE CARIGNAN; ce qui fut suivi de plusieurs autres Bretons. *Voyez* ci-devant, page 161.

² J'ai retrouvé cette petite pièce de Saint-Pavin dans un manuscrit du temps. Elle n'a jamais été imprimée, on n'en connoissoit
que les deux vers que cite madame de Sévigné. La voici :

> Seigneur! que vos bontés sont grandes
> De nous écouter de si haut!
> On vous fait diverses demandes,
> Seul vous savez ce qu'il nous faut.
> Je suis honteux de mes foiblesses :
> Pour les honneurs, pour les richesses,

A l'applicazione, signora. M. d'Angers[1] m'écrit des merveilles de vous; il a fort vu M. d'Usèz[2], qui ne peut se taire de vos perfections; vous lui êtes très obligée de son amitié; il en est plein, et la répand avec mille louanges qui vous font admirer. Mon abbé vous aime très parfaitement, La Mousse vous honore, et moi je vous quitte : ah! marâtre; un mot aux chers Grignan.

> Je vous importunai jadis;
> J'y renonce, je le proteste:
> Multipliez les vendredis,
> Je vous quitte de tout le reste.

C'est ce poëte dont Boileau a mis la dévotion au rang des choses impossibles; mais en censurant son impiété, il n'attaqua pas son talent. Saint-Marc a donné une édition très incomplète de ses poésies; il en reste un grand nombre d'inédites, dont quelques unes mériteroient de voir le jour. Peut-être me livrerai-je à ce travail, en écartant soigneusement des pièces qui ne justifient que trop le jugement sévère que Boileau a porté sur leur auteur. L'histoire de la vision qui l'auroit converti est un conte; cette prétendue apparition auroit eu lieu en 1626, et Saint-Pavin n'a certainement pas vécu comme un converti depuis cette époque jusqu'à sa mort, arrivée en 1670. Il paroît qu'il revint, sur la fin de ses jours, à de meilleurs sentiments.

[1] Henri Arnauld, évêque d'Angers.
[2] Jacques Adhémar de Monteil, évêque d'Usèz, oncle de M. de Grignan, alors à son abbaye de Saint-Georges-sur-Loire, diocèse d'Angers.

193.*

A la même.

Aux Rochers, dimanche 1ᵉʳ novembre 1671.

Si cette première lettre de Coulanges que j'ai perdue étoit comme les trois autres, il en faut pleurer; car, tout de bon, on ne peut écrire plus agréablement : vous faites un dialogue entre vous autres, qui vaut tout ce qu'on peut dire; chacun y dit son mot très plaisamment. Pour vous, ma fille, je vous reconnois bien à consentir que Coulanges s'en aille demain, plutôt qu'à demeurer avec vous toute sa vie; cette éternité vous fait peur, comme à moi d'aller en litière avec quelqu'un; je ne veux point vous dire la seule personne du monde avec qui j'y voudrois aller. Je suis fort aise de connoître *Jacquemart* et *Marguerite*¹; il me semble que je suis avec vous tous, et il me semble que je vous vois et M. de Coulanges. Il faut avouer que vous êtes une honnête femme de vous ajuster comme vous faites en Provence avec votre mari, et d'avoir passé neuf mois avec nous à Paris.

¹ C'est ainsi qu'on nomme à Lambesc les deux figures qui frappent les heures à l'horloge du Beffroi de cette ville, où se trouvoit alors madame de Grignan pendant la tenue de l'assemblée des états de Provence.

comme une vraie demoiselle de Lorraine : vous souvient-il de ce manteau noir, dont vous nous honoriez tous les jours? J'espère que je renouvellerai tous vos ajustements quand j'arriverai à Grignan ; mais point de grossesse, mon cher Grignan, je vous en conjure tendrement ; ayez pitié de votre aimable femme, laissez-la reposer comme une bonne terre ; si vous me le promettez, je vous aimerai de tout mon cœur. Je comprends, ma fille, la crainte que vous avez de perdre votre premier président*; votre imagination va vite, car il n'est point en danger : voilà les tours que me fait la mienne à tout moment ; il me semble toujours que tout ce que j'aime, tout ce qui m'est bon, va m'échapper ; et cela donne de telles tristesses à mon cœur, que si elles étoient continuelles comme elles sont vives, je n'y pourrois pas résister ; sur cela il faut faire des actes de résignation à l'ordre et à la volonté de Dieu. M. Nicole n'est-il pas encore admirable là-dessus ? J'en suis charmée, je n'ai rien vu de pareil. Il est vrai que c'est une perfection un peu au-dessus de l'humanité, que l'indifférence qu'il veut de nous pour l'estime ou l'improbation du monde ; je suis moins capable que personne de la comprendre ; mais, quoique dans l'exécution on se trouve foible, c'est pourtant un plaisir que de méditer avec lui, et de faire réflexion sur la vanité de la joie, ou de la tristesse, que nous recevons d'une telle fumée ; et à force de trouver ses raisonnements vrais, il ne seroit pas impossible qu'on s'en servît dans certaines occasions. En un mot,

* M. de Forbin d'Oppède ; il mourut le 14 novembre.

c'est toujours un trésor, quoi que nous en puissions faire, d'avoir un si bon miroir des foiblesses de notre cœur. M. d'Andilly est aussi content que nous de ce beau livre.

M. de Coulanges vous a gagné votre argent ; mais vous avez bien ri en récompense : rien ne peut égaler ce qu'il a écrit à sa femme. Je ne crois pas que je le quitte cet hiver, tant je serai ravie de parler de vous avec un homme qui vous a vue et admirée de si près. Pour Adhémar, puisqu'il est méchant, je le chasserai ; il est vrai qu'il a un régiment, et qu'il entrera par force. On me mande que ce régiment est une distinction agréable ; mais n'est-ce point aussi une ruine ? Ce que je trouve de bon, c'est que le roi se soit souvenu du chevalier de Grignan, en absence ; plût à Dieu qu'il se souvînt aussi de son aîné, puisqu'il va bien jusqu'en Suède chercher de fidèles serviteurs. On dit que M. de Pomponne fait sa charge comme s'il n'avoit jamais fait autre chose ; personne ne s'y est trompé.

J'aime le coadjuteur de m'aimer encore. Adhémar, chevalier, approchez-vous, que je vous embrasse ; je suis attachée à ces Grignan. Il s'en faut bien que le livre de M. Nicole fasse en moi d'aussi beaux effets qu'en M. de Grignan ; j'ai des liens de tous côtés, mais sur-tout j'en ai un qui est dans la moelle de mes os ; et que fera là-dessus M. Nicole ? Mon Dieu ! que je sais bien l'admirer ; mais que je suis loin de cette bienheureuse indifférence qu'il nous veut inspirer ! Adieu, ma très chère petite, ne me plaignez-vous point de ce que je vais souffrir, présentement que vous êtes dans votre neuvième? M. le Comte, j'ai bien de la peine à vous pardonner d'avoir mis encore ma fille en cet état, et je suis bien aise que vous remarquiez quand je ne fais point mention de vous dans mes lettres : voilà justement ce que je voulois. Conservez-vous, ma fille, si vous m'aimez. Je sens de la tristesse de voir tous vos visages de Paris vous quitter l'un après l'autre ; il est vrai que vous avez votre mari, qui est aussi un visage de Paris. Ma fille, il ne faut point se laisser oublier dans ce pays-là, il faut que je vous ramène, je vous en ferai demeurer d'accord.

Le mariage de l'abbé d'Effiat n'est point fait, comme on me l'avoit mandé ; il demande du temps pour y penser, et je crois cette affaire rompue.

194.

A la même.

Aux Rochers, mercredi 4 novembre 1671.

Ah! ma fille, il y a aujourd'hui deux ans qu'il se passa une étrange scène à Livry[1], et que mon cœur fut dans une terrible presse : mais il faut passer légèrement sur de tels souvenirs. Il y a de certaines pensées qui égra-

[1] Il s'agit encore ici de la fausse couche de madame de Grignan, arrivée à Livry le 4 novembre 1669.

tignent la tête. Parlons un peu de M. Nicole, il y a longtemps que nous n'en avons rien dit. Je trouve votre réflexion fort bonne et fort juste sur l'indifférence qu'il veut que nous ayons pour l'approbation ou l'improbation du prochain. Je crois, comme vous, qu'il faut un peu de grace, et que la philosophie seule ne suffit pas. Il nous met à si haut prix la paix et l'union avec le prochain, et nous conseille de l'acquérir aux dépens de tant de choses, qu'il n'y a pas moyen après cela d'être indifférente sur ce que le monde pense de nous. Devinez ce que je fais, je recommence ce traité ; je voudrois bien en faire un bouillon et l'avaler. Ce qu'il dit de l'orgueil et de l'amour-propre, qui se trouvent dans toutes les disputes, et que l'on couvre du beau nom de l'amour de la vérité, est une chose qui me ravit. Enfin ce traité est fait pour bien du monde ; mais je crois qu'on n'a eu principalement que moi en vue. Il dit que l'éloquence et la facilité de parler donnent un certain *éclat* aux pensées ; cette expression m'a paru belle et nouvelle ; le mot d'*éclat* est bien placé, ne le trouvez-vous pas ? Il faut que nous relisions ce livre à Grignan ; si j'étois votre garde pendant votre couche, ce seroit notre fait : mais que puis-je vous faire de si loin ? Je fais dire tous les jours la messe pour vous ; voilà mon emploi, et d'avoir bien des inquiétudes qui ne vous serviront de rien, mais qu'il est impossible de n'avoir pas. Cependant j'ai dix ou douze ouvriers en l'air, qui élèvent la charpente de ma chapelle, qui courent sur les solives, qui ne tiennent à rien, qui sont à tout moment sur le point de se rompre le cou, qui me font mal au dos à force de leur aider d'en bas. On songe à ce bel effet de la Providence, que fait la cupidité; et l'on remercie Dieu qu'il y ait des hommes qui, pour 12 sous, veuillent bien faire ce que d'autres ne feroient pas pour cent mille écus. « O trop heureux ceux qui plantent des « choux! quand ils ont un pied à terre, l'autre n'en est « pas loin. » Je tiens ceci d'un bon auteur[1]. Nous avons aussi des planteurs qui font des allées nouvelles, et dont je tiens moi-même les arbres, quand il ne pleut pas à verse; mais le temps nous désole, et fait qu'on souhaiteroit un sylphe pour nous porter à Paris. Madame de La Fayette me mande que, puisque vous me contez sérieusement l'histoire d'*Auger*, elle est persuadée que rien n'est plus vrai, et que vous ne vous moquez point de moi. Elle croyoit d'abord que ce fût une folie de Coulanges, et cela se pouvoit très bien penser; si vous lui en écrivez, que ce soit sur ce ton.

M. de Louvigny, comme vous voyez, n'a pas eu la force d'acheter la charge[2] de son père. Voilà M. de La Feuillade[3] bien établi; je ne croyois pas qu'il dût si bien rentrer dans le chemin de la fortune. Ma tante a eu une bouffée de fièvre qui m'a fait peur. Votre petite fille

[1] Panurge.

[2] De colonel des gardes françoises, dont le maréchal de Gramont et le comte de Guiche son fils, reçu en survivance, firent agréer au roi leurs démissions en ce temps-là.

[3] François d'Aubusson, duc de La Feuillade, depuis maréchal de France, succéda au maréchal de Gramont, et fut installé par le roi, le 4 janvier 1672, dans la charge de colonel des gardes françoises.

a mal aux dents et pince comme vous, cela est plaisant. Que vous dirai-je de plus? Songez que je suis dans un désert; jamais je n'ai vu moins de monde que cette année. La Troche, que j'attendois, est malade. Nous sommes donc seuls, nous lisons beaucoup; et l'on trouve le soir et le lendemain comme ailleurs. Adieu, ma chère enfant, je suis à vous sans aucune exagération, ni fin de lettre, *hasta la muerte*[a] inclusivement; j'embrasse M. de Claudiopolis[b], et le colonel Adhémar et le beau chevalier. Pour M. de Grignan, il a son fait à part.

195.

A la même.

Aux Rochers, mercredi 11 novembre 1671.

Plût à Dieu, ma fille, que de penser continuellement à vous avec toutes les tendresses et les inquiétudes possibles vous pût être bon à quelque chose! il me semble que l'état où je suis ne devroit point vous être entièrement inutile : cependant il ne vous sert de rien; et de quoi pourroit-il vous servir à deux cents lieues de vous? Je crois que l'on songe à tout où vous êtes, qu'on a

---

[a] Jusqu'à la mort.

[b] M. le coadjuteur d'Arles. Il avoit été sacré évêque de Claudiopolis le 11 décembre 1667.

toutes les prévoyances, qu'on a pris le bon parti, entre aller à Aix, ou retourner à Grignan, qu'on a fait venir de bonne heure une sage-femme pour vous y accoutumer un peu, et vous épargner au moins ce qu'on peut vous épargner, je veux dire, le chagrin et l'impatience que donne un visage entièrement inconnu. Pour une garde, il faut que vos femmes vous secourent en cette occasion; elles se souviennent de tout le manége de madame *Moreau*; et vous, ma fille, vous aurez soin de garder le silence, et vous ne croirez pas faire, comme à Paris, un fort bon marché, d'acheter le plaisir de parler par un grand accès de fièvre. Que vous dirai-je enfin? et que vous puis-je dire que des choses à-peu-près de cet agrément? J'ai la tête pleine de tout ceci, je vous en parle, cela est naturel; si cela vous ennuie, cela est naturel aussi: je ne suis point blessée de toutes les choses qui sont à leur place; il faudroit donc ne point vous écrire jusqu'à ce que je susse que vous êtes accouchée, et ce seroit une étrange chose; il vaut mieux, ma fille, que vous accoutumiez votre esprit à souffrir les pensées justes et naturelles, dont on est rempli dans certaines occasions: peut-être que vous serez accouchée quand vous recevrez cette lettre; mais qu'importe, pourvu qu'elle vous trouve en bonne santé. J'attends vendredi avec de grandes impatiences; voilà comme je suis à toujours pousser le temps avec l'épaule, et c'est ce que je n'aimois point à faire, et que je n'avois fait de ma vie, trouvant toujours que le temps marche assez, sans qu'on le hâte d'aller. Madame de La Fayette me mande qu'elle vous va écrire, je crois qu'elle n'aura pas manqué de vous apprendre que **La Marans** entra l'autre jour chez la reine à la comédie espagnole, tout effarée, ayant perdu la tramontane dès le premier pas; elle prit la place de madame Dufresnoi[a], on se moqua d'elle, comme d'une folle très mal apprise.

L'autre jour, Pomenars passa par ici; il venoit de Laval, où il trouva une grande assemblée de peuple; il demanda ce que c'étoit. C'est, lui dit-on, que l'on pend en effigie un gentilhomme qui avoit enlevé la fille de M. le comte de Créance; *cet homme-là, sire, c'étoit lui-même*[b]. Il approcha, il trouva que le peintre l'avoit mal habillé; il s'en plaignit; il alla souper et coucher chez le juge qui l'avoit condamné; le lendemain, il vint ici se pâmant de rire; il en partit cependant dès le grand matin, le jour d'après.

Pour des devises, hélas! ma fille, ma pauvre tête n'est guère en état de songer, ni d'imaginer : cependant, comme il y a douze heures au jour, et plus de cinquante à la nuit, j'ai trouvé dans ma mémoire *une fusée poussée fort haut*, avec ces mots : *Che peri, pur che s'innalzi*. Plût à Dieu que je l'eusse inventée! je la trouve toute faite pour Adhémar, qu'*elle périsse pourvu qu'elle s'élève;* je crains de l'avoir vue dans ces quadrilles; je ne m'en souviens pourtant pas précisément; mais je la

---

[a] Elle se nommoit de Moresant; Elie Dufresnoi, son mari, fut premier commis de M. de Louvois, et ensuite de Barbesieux; elle étoit maîtresse de Louvois, et avoit une charge chez la reine. Sa fille épousa le marquis d'Alègre en 1680, elle a eu pour gendre le célèbre comte de Boulainvilliers.

[b] Allusion à l'épître de Marot *au roi, pour avoir été dérobé*.

trouve si jolie, que je ne crois point qu'elle vienne de moi*. Je me souviens bien d'avoir vu dans un livre, au sujet d'un amant qui avoit été assez hardi pour se déclarer, *une fusée en l'air*, avec ces mots : *Da l' ardore l' ardire*¹ : elle est belle, mais ce n'est pas cela. Je ne sais même si celle que je voudrois avoir faite est dans la justesse des devises; je n'ai aucune lumière là-dessus; mais en gros elle m'a plu; et si elle étoit bonne, et qu'elle se trouvât dans les quadrilles, ou dans un cachet, ce ne seroit pas un grand mal; il est difficile d'en faire de toutes nouvelles. Vous m'avez entendue mille fois ravauder sur ce demi-vers du Tasse que je voulois employer à toute force, *l'alte non temo* : j'ai tant fait que le comte des Chapelles a fait faire un cachet avec un aigle qui approche du soleil, *l'alte non temo*² ; il est

---

* Madame de Sévigné avoit de cette devise un souvenir confus; il est en effet vraisemblable qu'elle avoit vu, au carrousel donné par Louis XIV, le 5 juin 1662, la devise du comte d'Illiers, qui ne diffère que par une nuance dans l'expression de celle qu'elle indique ici. Ce seigneur, de l'ancienne maison d'Entragues, avoit fait peindre sur ses armes une fusée s'élevant dans les airs, avec ces mots : *poco duri pur ché m'innalzi*, qu'elle dure peu, pourvu qu'elle m'élève. Madame de Sévigné avoit sans doute conduit sa fille à ces fêtes magnifiques qui attirèrent toute l'Europe, et qui ont donné leur nom à la place du Carrousel. Les descriptions en étoient d'ailleurs très répandues, et elle avoit pu parcourir le beau livre qui nous en a fait connoître les détails. Cet ouvrage, sorti des presses de l'imprimerie royale en 1670, et tiré à un seul exemplaire, fait aujourd'hui partie de la bibliothèque de la ville de Versailles, où les curieux vont tous les jours l'admirer.

¹ *Ma hardiesse vient de mon ardeur.*

² *Je ne crains pas de m'élever.* Ou bien, *je ne crains pas les choses élevées.*

joli. Ma pauvre enfant, peut-être que tout cela ne vaut rien, et je ne m'en soucierai guère, pourvu que vous vous portiez bien.

196.

A la même.

Aux Rochers, dimanche 15 novembre 1671.

Quand je vous ai demandé si vous n'aviez point jeté mes dernières lettres, c'étoit un air; car, de bonne foi, quoiqu'elles ne méritent pas tout l'honneur que vous leur faites, je crois qu'après avoir gardé celles que je vous écrivois, quand vous faisiez des poupées, vous garderez encore celles-ci : mais il n'y a plus de cassettes capables de les contenir : hélas ! il faudra des coffres.

Je ne crois pas qu'il y ait rien de plus plaisant que ce que vous dites du nom d'*Adhémar*. Enfin la seule rature de ses lettres, c'est à la signature ". Je suis bien empêchée pour le nom du régiment ; je vous en ai mandé mon avis. Vous savez comme je suis pour *Adhémar*, et que je voudrois le maintenir au péril de ma vie¹ :

" Le chevalier de Grignan avoit pris depuis peu le nom d'Adhémar, et il n'avoit pas encore l'habitude de le signer.

¹ Le régiment dont il s'agit étoit un de ceux qu'on nommoit dans la cavalerie, *régiments des gentilshommes*, et qui portoient le nom des

mais je crains que nous ne soyons pas les plus forts. Pour la devise[1], elle est jolie.

Che perì, pur che m' innalzi.

Voilà le vrai discours d'un petit glorieux, d'un petit ambitieux, d'un petit téméraire, d'un petit impétueux, d'un petit maréchal de France. J'ai bien envie d'en savoir votre avis, et où je l'ai péchée, car je ne crois pas l'avoir faite. Pour M. de Grignan, ah! je le crois; je suis assurée qu'il aime mieux une *grive* que vous; et sur ce pied-là, j'aime mieux un *hibou* que lui : qu'il s'examine, je l'aime comme il vous aime à proportion; je sais bien toujours qu'il y a une chose qui m'en fera juger. Mais, mon enfant, n'admirez-vous point les erreurs et les contre-temps que fait l'éloignement? Je suis en peine de vous quand vous êtes en bonne santé; et quand vous serez malade, une de vos lettres me redonnera de la joie; mais cette joie ne peut être longue; car enfin il faut accoucher, et c'est cela qui vient dans le milieu du cœur et qui me trouble avec raison, jusqu'à ce que j'apprenne votre heureux accouchement. Vous êtes donc résolue d'accoucher à Lambesc? Avez-vous votre chirurgien? La petite Deville me mande que vous le connoissez, c'est beaucoup; je crains qu'il ne soit jeune, puisqu'il vous saigne, et les jeunes gens n'ont guère d'ex-

---

colonels. Celui-ci s'appela *Grignan*, et ne quitta ce nom qu'à la mort du marquis de Grignan, arrivée en 1704.

[1] Le corps de cette devise étoit une fusée volante.

périence. Enfin je ne sais ce que je dis : mais ayez soin de vous par-dessus toutes choses. Le passé doit vous avoir rendue sage; pour moi, je suis d'une capacité qui me surprend.

Vous ai-je dit que je faisois planter la plus jolie place du monde? Je me plante moi-même au milieu de la place, où personne ne me tient compagnie, parcequ'on meurt de froid. La Mousse fait vingt tours pour s'échauffer : l'abbé va et vient pour nos affaires; et moi, je suis là fichée avec ma casaque, à penser à la Provence; car cette pensée ne me quitte jamais. Je voudrois bien apprendre ici les nouvelles de votre accouchement : la fatigue des chemins et ma violente inquiétude ne me paroissent pas deux choses qu'on puisse supporter à-la-fois. Mandez-moi de bonne foi quel nom prendra Adhémar; je le trouve empêché : M. de Grignan défend *Grignan*, et a raison; Rouville [1] défend l'autre; il faudra se réduire *au petit glorieux* [2].

Vous voulez savoir si nous avons encore des feuilles vertes; oui, beaucoup : elles sont mêlées d'aurore et de feuille morte, cela fait une étoffe admirable.

Voilà deux bonnes veuves, madame de Senneterre [3]

---

[1] François, comte de Rouville, homme extraordinaire pour l'autorité qu'il avoit acquise de dire hautement la vérité.

[2] M. de Guilleragues disoit que tous les Grignan étoient glorieux. On lui disoit : Mais ADHÉMAR l'est-il? Il répondit GLORIEUSET, voulant dire moins glorieux que les autres, mais pourtant glorieux; et depuis on l'appela *le petit glorieux*.

[3] Anne de Longueval, veuve de Henri de Senneterre (*St-Nectaire*), mort le 25 octobre 1671. *Voyez* la lettre du 28 octobre précédent.

et madame de Leuville* : l'une est plus riche que l'autre, mais l'autre est plus jolie que l'une. Vous ne me dites rien de votre assemblée, elle dure plus que nos états. Parlez-moi de votre santé, et pour ce que vous appelez des fadaises, je ne trouve que cela de bon : hélas! si vous les haïssiez, vous n'auriez qu'à brûler mes lettres sans les lire. Notre abbé vous embrasse paternellement; il vous conjure de faire, pendant que vous y serez, tous les enfants que vous voudrez faire, et de n'en point garder pour quand nous arriverons. Adieu, ma très chère et très aimable, je vous recommande ma vie.

197.

A la même.

Aux Rochers, mercredi 18 novembre 1671.

Hé, mon Dieu! ma chère enfant, en quel état vous trouvera cette lettre! Il sera le 28 du mois; vous serez accouchée, je l'espère; et très heureusement : j'ai besoin de me dire souvent ces paroles pour me soutenir le cœur, qui est quelquefois tellement pressé que je ne sais qu'en faire; mais il est bien naturel d'être comme je suis dans une occasion comme celle-ci. J'attends mes

---

* Marguerite de Laigne, veuve de Charles-Olivier de Leuville, mort en novembre 1671, âgé de 22 ans.

vendredis, et je supplie ceux qui se sont divertis à prendre vos lettres de finir ce jeu jusqu'à ce que vous soyez accouchée. On en veut aussi aux miennes; j'en suis au désespoir; car vous savez qu'encore que je ne fasse pas grand cas de mes lettres, je veux pourtant toujours que ceux à qui je les écris les reçoivent : ce n'est jamais pour d'autres, ni pour être perdues, que je les écris. J'ai donc regret à tout ce que vous ne recevez pas : quelle vision d'en vouloir à mes lettres! il me semble que nous sommes à un degré de parenté qui ne donne point de curiosité : voilà qui est insupportable, n'en parlons plus. D'Hacqueville me mande qu'il avoit laissé madame de Montausier à l'agonie, et je la crois morte : s'il faut écrire à M. de Montausier et à madame de Crussol [1], me voilà plus empêchée que quand Adhémar écrivit au roi et aux ministres. Je ne saurois plus écrire depuis que mes lettres ne vont point à vous; me voilà demeurée tout court. Je songe quelquefois que, pendant que je me creuse la tête, on tire peut-être le canon, on est aise, on se réjouit pour votre accouchement; cela peut être, mais je ne le sais pas encore, et on languit en attendant. Il gèle à pierre fendre : je suis tout le jour à trotter dans ces bois; il feroit très beau s'en aller, et quand nous partirons la pluie nous accablera. Voilà de belles réflexions; quand on n'a pas autre chose à dire, il vaut tout autant finir.

[1] Fille de madame de Montausier.

198.

A la même.

Aux Rochers, dimanche 22 novembre 1671.

Madame de Louvigny[1] est accouchée d'un fils : vous voyez bien, ma chère enfant, que vous en aurez un aussi : vous vous y attendez d'une telle sorte, que, comme vous dites, *la signora qui mit au monde une fille*[a] ne fut pas plus attrapée que vous le seriez, si ce malheur vous arrivoit. Je fais prier Dieu sans cesse pour cet heureux moment, d'où dépend ma vie plus que la vôtre. Je ne crois pas que je puisse me résoudre à quitter ce lieu avant que d'en savoir des nouvelles : cette sorte d'inquiétude ne peut se porter sur des chemins où je ne recevrois point de lettres ; c'est donc vous, ma fille, qui m'arrêtez. Je suis très affligée de l'état où vous me représentez votre premier président[2] : c'est une perte considérable pour vous ; il faut que votre malheur soit bien fort pour tuer un homme de cet âge, et si bien fait, et d'une si belle physionomie. Si Dieu vous le rend, ce

[1] Marie-Charlotte de Castelnau, femme d'Antoine-Charles, comte de Louvigny, depuis duc de Gramont.

[a] Allusion au conte de l'ermite de La Fontaine. On en a déjà vu une semblable dans la lettre du 19 novembre 1670.

[2] Henri de Forbin d'Oppède.

sera un miracle : je n'eusse jamais cru prendre un si grand intérêt à un premier président de Provence ; mais la Provence est mon pays, depuis que vous y êtes.

Enfin, voilà madame de Richelieu à la place de madame de Montausier [a] ; quelle joie pour bien des gens ! quel chagrin pour d'autres ! Voilà le monde. Vous êtes fort aimée dans cette maison : pour moi, je prends peu d'intérêt à tout cela, et ne conserve mes amis de la cour que dans la vue de vous être quelquefois bonne en votre absence. J'ai reçu une lettre de M. de Pomponne, toute pleine d'une vraie et sincère amitié : il est bien content du roi son maître : il ne trompera personne dans la bonne opinion qu'on a de lui.

Je ne doute nullement de l'histoire d'*Auger*, et n'en ai jamais douté : c'est une vision de madame de La Fayette fondée sur la folie de M. de Coulanges ; présentement, elle la croit comme moi. L'hiver est ici dans toute son horreur ; je suis dans les jardins, ou au coin de mon feu : on ne peut s'amuser à rien ; quand on est loin de ses tisons, il faut courir. Je passerai encore deux vendredis aux Rochers, où j'espère que j'apprendrai votre heureux accouchement. M. de Grignan est obligé d'avoir soin de moi, comme j'ai eu soin de lui en pareille occasion [1].

[a] C'étoit la place de dame d'honneur de la reine.
[1] *Voyez* la lettre du 19 novembre 1670.

199.

A la même.

Aux Rochers, mercredi 25 novembre 1671.

J'ai appris par mes lettres de Paris la mort de votre premier président : je ne puis vous dire combien j'en suis affligée ; il étoit fort honnête homme et fort aimable de sa personne ; mais ce qui me le rendoit très considérable, c'est l'amitié qui étoit entre vous ; c'est de penser à ce que vous étoit une si bonne liaison ; et quand je me suis bien creusée sur ce sujet, je me retourne, et je trouve dans mon cœur l'inquiétude de votre santé, et la pensée de votre accouchement. Je ne sais comment je n'ai pas eu l'esprit de vous conseiller ce que vous avez fait, moi qui craignois également de vous voir affronter la petite vérole à Aix, ou retourner sur vos pas à Grignan : il n'y avoit qu'à ne bouger d'où vous êtes ; vous avez pris le bon parti. Je crois que vous aurez été saignée, je crois que vous aurez été prévoyante ; je crois enfin, et j'espère que tout ira bien. Madame de Louvigny vous a donné un très bon exemple, mais, dans l'attente de cette nouvelle, on souffre beaucoup ; je voudrois bien la recevoir ici. J'attends vendredi de vos lettres avec mon impatience ordinaire ; je crois que vous me parlerez bien aussi de la mort de ce pauvre homme ; je crains qu'elle ne vous ait émue, et ne vous ait fait beaucoup de mal en l'état où vous êtes : je ne puis, ma très chère, vous en dire davantage dans celui où je suis; ce n'est pourtant pas manque de loisir, je vous en assure; ce n'est pas manque aussi d'amitié pour vous; au contraire, c'est ce qui me rend sensible à toutes les pensées de Provence, et qui fait que, ne pouvant vous dire que des choses tristes, et trouvant que vous n'en avez pas besoin, je vous quitte après vous avoir tendrement embrassée.

200.

A la même.

Aux Rochers, dimanche 29 novembre 1671.

Il m'est impossible, très impossible de vous dire, ma chère fille, la joie que j'ai reçue en ouvrant ce bienheureux paquet qui m'a appris votre heureux accouchement. En voyant une lettre de M. de Grignan, je me suis doutée que vous étiez accouchée; mais de ne point voir de ces aimables dessus de lettres de votre main, c'étoit une étrange affaire. Il y en avoit pourtant une de vous du 15; mais je la regardois sans la voir, parceque celle de M. de Grignan me troubloit la tête; enfin je l'ai ouverte avec un tremblement extraordinaire, et j'ai trouvé tout ce que je pouvois souhaiter au monde. Que pensez-vous qu'on fasse dans ces excès de joie?

Demandez au coadjuteur; vous ne vous y êtes jamais trouvée. Savez-vous donc ce que l'on fait? Le cœur se serre, et l'on pleure sans pouvoir s'en empêcher; c'est ce que j'ai fait, ma très belle, avec beaucoup de plaisir : ce sont des larmes d'une douceur qu'on ne peut comparer à rien, pas même aux joies les plus brillantes. Comme vous êtes philosophe, vous savez les raisons de tous ces effets; pour moi, je les sens, et je m'en vais faire dire autant de messes, pour remercier Dieu de cette grace, que j'en faisois dire pour la lui demander. Si l'état où je suis duroit long-temps, la vie seroit trop agréable; mais il faut jouir du bien présent, les chagrins reviennent assez tôt. La jolie chose d'accoucher d'un garçon, et de l'avoir fait nommer par la Provence[1]! voilà qui est à souhait. Ma fille, je vous remercie plus de mille fois des trois lignes que vous m'avez écrites; elles m'ont donné l'achèvement d'une joie complète. Mon abbé est transporté comme moi, et notre Mousse est ravi. Adieu, mon ange; j'ai bien d'autres lettres à écrire que la vôtre.

[1] Il fut tenu sur les fonts par les procureurs du pays de Provence, et nommé *Louis-Provence*.' Il est singulier que, dans beaucoup d'actes passés par le marquis de Grignan, il n'ait pris que le nom de Louis, et jamais celui de Louis-Provence.

201.*

A la même

Aux Rochers, mercredi 2 décembre 1671.

Enfin, ma fille, après les premiers transports de ma joie, j'ai trouvé qu'il me falloit encore vendredi des lettres de Provence, pour me donner une entière satisfaction. Il arrive tant d'accidents aux femmes en couche, et vous avez la langue si bien pendue, à ce que me dit M. de Grignan, qu'il me faut pour le moins neuf jours de bonne santé pour me faire partir joyeusement. J'aurai donc mes lettres de vendredi, et puis je partirai, et je recevrai celles de l'autre vendredi à Malicorne. Je suis tout étonnée de ne plus trouver sur mon cœur, ni le jour, ni la nuit, ce caillou que vous m'y aviez mis par l'inquiétude de votre accouchement. Je me trouve si heureuse, que je ne cesse d'en remercier Dieu; je n'espérois point en être sitôt quitte. J'ai reçu des compliments sans compte et sans nombre, et du côté de Paris par mille lettres, et de celui de la Bretagne; on a bu à la santé du petit bambin à plus d'une lieue à la ronde; j'ai donné de quoi boire, j'ai donné à souper à mes gens, ni plus ni moins que la veille des Rois. Mais rien ne m'a été plus agréable que le compliment de *Pilois*, qui vint le matin avec sa pelle sur le dos, et me dit : « Madame,

« je viens me réjouir, pas moins, parcequ'on m'a dit
« que madame la Comtesse étoit accouchée d'un petit
« gars. » Cela vaut mieux que toutes les phrases du
monde. M. de Montmoron[a] est couru ici ; entre plusieurs propos, on a parlé de devises ; il est très habile
là-dessus : il assure qu'il n'a vu en nul lieu celle que je
conseille à Adhémar. Il connoît une fusée avec ces
mots : *da l' ardore l' ardire*[1] ; mais ce n'est pas cela :
l'autre est plus parfaite, à ce qu'il dit.

Che peri, pur che m' innalzi.

Soit qu'elle vienne de chez moi, ou d'ailleurs, il la
trouve admirable. Mais que dites-vous de M. de Lauzun ? Vous souvient-il quelle sorte de bruit il faisoit il
y a un an ? Qui nous eût dit : dans un an il sera prisonnier, l'eussions-nous cru ? *Vanité des vanités ! et tout
est vanité*[b]. On dit que la nouvelle MADAME est tout
étonnée de sa grandeur : on vous mandera comme elle

[a] Charles de Sévigné, comte de Montmoron, conseiller au parlement de Rennes, cousin de M. de Sévigné.

[1] C'étoit la devise du maréchal de Bassompierre.

[b] Le duc de Lauzun, attribuant à madame de Montespan la rupture de son mariage avec Mademoiselle, ne cessoit de l'accabler d'outrages. (*Voyez les Mémoires de Saint-Simon.*) Madame de Montespan ne les lui pardonna jamais. La faveur de Lauzun ayant excité la jalousie de M. de Louvois, le ministre et la favorite réunirent leurs efforts ; ils ne cessoient de rappeler au roi la morgue et les impertinences de Lauzun, et firent tant qu'ils parvinrent à persuader qu'il étoit dangereux. Je crois que c'est à cette cause qu'il faut attribuer sa disgrace. Il fut arrêté le 25 novembre 1671.

est faite. Quand on lui présenta son médecin, elle dit qu'elle n'en avoit que faire, qu'elle n'avoit jamais été ni saignée, ni purgée, et que, quand elle se trouvoit mal, elle faisoit deux lieues à pied, et qu'elle étoit guérie : *Lasciamo la andar, che farà buon viaggio.* Vous voyez bien que je vous écris comme à une femme qui sera dans son vingt-deuxième ou vingt-troisième jour de couche. Je commence même à penser qu'il est temps de faire souvenir M. de Grignan de la parole qu'il m'a donnée; enfin songez que voici la troisième fois que vous accouchez. Si vous le gouvernez un peu, demandez-lui cette grace en faveur du joli présent que vous lui avez fait. Voici un autre raisonnement : vous avez été bien plus malade que si on vous avoit rouée; cela est certain; ne seroit-il pas au désespoir, s'il vous aime, que tous les ans vous souffrissiez un pareil supplice? Ne craint-il point, à la fin, de vous perdre? Après toutes ces bonnes raisons, je n'ai plus rien à lui dire; sinon que, par ma foi, je n'irai pas en Provence si vous êtes grosse; je souhaite que ce lui soit une menace : pour moi, j'en serois désespérée; mais je soutiendrois la gageure : ce ne seroit pas la première que j'aurois soutenue. Adieu, divine Comtesse; je baise le petit enfant, je l'aime tendrement; mais j'aime mon madame sa mère, et de long-temps ce degré ne lui passera par-dessus la tête. J'ai fort envie de savoir de vos nouvelles, de celles de l'assemblée, de l'effet de votre baptême : un peu de patience m'apprendra tout; mais vous savez que c'est une vertu qui n'est guère à mon usage.

202.

A la même.

Aux Rochers, dimanche 6 décembre 1671.

Ces dernières lettres ne m'étoient pas moins nécessaires pour mon repos, que celles que je reçus il y a huit jours : ce fut une joie si parfaite pour moi que celle de votre heureux accouchement, que, ne pouvant demeurer en cet état, je me tourmentai des accidents qui arrivent quelquefois après. Il me falloit donc ces secondes lettres, et les voilà, ma fille, telles que je pouvois les souhaiter. Vous avez eu la colique, vous avez eu la fièvre de votre lait; mais vous voilà quitte de tout : votre fils a été trois heures sans pisser, à ce que me dit le coadjuteur; vous étiez déja tout épouvantée : ah! vraiment, vous voilà bien plaisante avec votre amour maternel; quelle folie! est-ce qu'on aime cela? Il est blond, c'est ce qui vous charme; vous aimez les blondins, voilà qui est bien honnête. M. de Grignan fait fort bien d'en être jaloux; vous le quittez, dit-il, pour le premier venu; c'est pour le *dernier* venu qu'il veut dire; enfin ce garçon-là fera bien des jaloux. Le coadjuteur m'écrit des détails dignes de M. *Chais* ou de madame *Robinet**; il me semble que vous jouez aux petits

---

* Accoucheur et sage-femme célèbres à Paris.

soufflets avec le coadjuteur, n'est-il point vrai? Je souhaite que ma présence ne vous redonne pas son amitié; c'est un bonheur pour vous que je serai bien aise de trouver tout établi. Approchez, M. le secrétaire (*M. d'Adhémar*), vous riez de ma devise, vous dites qu'elle est dans tous les livres, je le crois; un habile homme pourtant sur cette matière ne l'a point trouvée; mais enfin je n'ai point cru l'avoir faite, je conviens que d'autres l'ont imaginée; mais avouez du moins qu'on ne peut vous l'appliquer sans avoir envie de vous faire plaisir. Et vous, mon cher Comte, je vous plains; je vois bien que vous n'êtes plus rien auprès de ce petit blondin: voilà qui remettra la blancheur dans votre maison, qui, par malheur, s'en étoit un peu éloignée; mais cependant je vous demande pardon de la comparaison du *hibou*, il est vrai qu'elle est choquante; c'est que j'étois outrée de la préférence que vous faisiez hautement d'une *grive* à ma fille : si vous vous en repentez, je me repentirai aussi. J'ai bien envie de savoir des nouvelles de votre assemblée; je voudrois bien que vous y pussiez faire l'affaire du roi et la vôtre : il seroit fâcheux qu'elle se séparât sans rien conclure. M. de Marseille m'accable de son amitié, et me rend compte de son démêlé avec le coadjuteur, et de la santé de ma fille : il a couru à Paris ce démêlé; on me le mande, comme si je n'avois aucun commerce en Provence : hélas! c'est mon vrai pays. Adieu, mon très cher, et vous, brave Adhémar; et vous, ma très chère et très aimable accouchée, il faut que je vous dise comme Barillon me disoit un jour : Ceux qui vous aiment plus que moi vous aiment trop.

Quand on est si loin, on ne fait quasi rien, on ne dit quasi rien, qui ne soit hors de sa place; on pleure quand il faut rire, on rit quand on devroit pleurer; on craint pour les jeunes chirurgiens de soixante-quatre ans [1]; enfin, ma fille, ce sont les contre-temps de l'éloignement. J'y joins l'ignorance de la Provence que je ne connois point : vous avez un avantage qui vous empêche de me faire rire, c'est que vous connoissez ce pays-ci. Tout cela m'oblige de me rapprocher de vous, et d'aller ensuite en Provence afin de m'instruire. Comme je n'ai plus d'inquiétude sur votre compte, je pars dans trois jours, je ne recevrai plus ici de vos lettres, j'en aurai à Malicorne. Je ne puis assez vous remercier des petites lignes que vous mettez dans les lettres de ces Grignan.

Madame de Richelieu est assez bien placée; si madame Scarron y a contribué, elle est digne d'envie : sa joie est la plus solide qu'on puisse avoir en ce monde. On me mande que Vardes revient [2].

[1] *Voyez* la lettre précédente.
[2] C'étoit faux; il ne fut rappelé qu'en 1682, après un exil de 19 ans.

203.

A la même.

Aux Rochers, mercredi 9 décembre 1671.

Je pars tout présentement, ma fille, et je quitte avec regret cette solitude, quand je songe que je ne vous trouverai pas à Paris : je doute même que j'y fusse retournée cet hiver, si le dessein que j'ai de faire le voyage de Provence ne me faisoit prendre cette avance, n'étant pas possible d'y aller d'ici, ni de passer à Paris comme on passe à Orléans. Me voilà donc partie ; je m'en vais coucher chez madame de Loresse votre parente, pour éviter le pavé de Laval ; j'y serai demain, et vendredi j'enverrai quérir mes lettres à Laval, où l'on doit me les adresser, et on viendra me trouver à Mélé*, où je coucherai ; après cela je n'en espère plus qu'à Paris. Si pendant cette marche vous étiez aussi quelque temps sans recevoir de mes nouvelles, vous n'en serez point en peine : je ne suis ni grosse, ni accouchée, ni téméraire en carrosse ; je n'ai point de pont d'Avignon à passer ; le temps est très beau, mon voyage ira son train ; et comme je ne suis plus en peine de vous, il n'y a plus

* A cinq lieues de Laval.

rien à craindre pour moi. Je suis accablée de compliments pour la naissance de mon joli petit-fils; je serai fort aise de savoir encore de ses nouvelles vendredi, et des vôtres encore davantage. Le pauvre M. de Lauzun est à Pignerol; M. d'Harouïs en est très affligé; mais il me mande que la joie de votre accouchement, et le nom et la naissance de votre fils, se sont fait un passage au travers de sa tristesse; et je l'assure aussi, en récompense, que sa tristesse s'est fait un passage au travers de ma joie. Adieu, ma très belle, il faut partir; je suis épouvantée du regret que j'ai de quitter ces bois. Je ne veux point vous dire la part que vous avez à mon indifférence pour Paris; vous ne savez que trop combien vous m'êtes chère.

204.

A la même.

A Malicorne, dimanche 13 décembre 1671.

Enfin, ma fille, me voilà par voie et par chemin; il fait le plus beau temps du monde, en sorte que je fais fort bien une lieue ou deux à pied comme MADAME. Pour La Mousse, il court comme un perdu; il est un peu embarrassé de ne pas bien dormir, car il ne sait point n'être pas à son aise. Je partis donc mercredi, comme je vous l'avois mandé; je vins à Loresse, où l'on me donna deux chevaux; je consentis à la violence qu'on me fit pour les accepter. Nous avons quatre chevaux à chaque calèche; cela va comme le vent. Vendredi j'arrive à Laval, j'arrête à la poste; je vois arriver justement cet honnête homme, cet homme si obligeant, crotté jusqu'au cul, qui m'apportoit votre lettre; je pensai l'embrasser. Vous jugez bien, à m'entendre parler ainsi, que je ne suis point en colère contre la poste: en effet, ce n'est point elle qui a eu tort, c'est assurément, comme vous avez dit, des ennemis du petit Dubois[1], qui, le voyant se vanter de notre commerce, et se panader dans les occupations qu'il lui donnoit, ont pris plaisir à lui donner le déplaisir de lui dérober nos lettres. D'abord je ne m'en suis pas aperçue, parceque je croyois que vous ne m'écriviez qu'une fois la semaine; mais quand j'ai su que vous m'écriviez deux, il seroit malaisé de vous exprimer les regrets et les douleurs que j'ai eus de cette perte. Je reviens à la joie que j'eus de recevoir vos deux lettres dans un même paquet, de la main crottée de ce postillon: je vis défaire la petite malle devant moi; et en même temps, *frast, frast*, je démêle le mien, et je trouve enfin, ma fille, que vous vous portez bien. Vous m'écrivez dans la lettre d'Adhémar; et puis, vous m'écrivez de votre chef, au coin de votre feu, le seizième de votre couche: rien n'est pareil à la joie sensible que me donna cette assurance de votre santé. Je vous conjure de n'en point abuser; ne m'écrivez point de grandes lettres, restaurez-vous, et craignez

---

[1] Commis de la poste de Paris.

de vous épuiser. Hélas! mon enfant, vous avez été cruellement malade; je serois morte de voir un si long travail. On vous saigna enfin, on commençoit d'avoir peur : quand je songe à cet état, j'en suis troublée et j'en tremble, et je ne puis encore me rendormir sur cette pensée, tant elle m'effraie l'imagination. J'ai mandé à madame de La Fayette et à M. d'Hacqueville ce que vous me mandez ; j'eus la même pensée, et je trouvois que La Marans devoit être contente, ou plutôt malcontente, puisqu'elle n'avoit pas sujet d'exercer ses obligeantes et modestes pensées ª ; je trouve plaisant que vous ayez songé à elle. Mais la poste m'attend, comme si j'étois gouvernante du Maine, et je prends plaisir de la faire attendre, par grandeur. Je veux parler de mon petit garçon : ah! qu'il est joli! ses grands yeux sont bien une marque de votre honnêteté; mais c'est assez, je vous prie, que le nez ne demeure pas long-temps entre la crainte et l'espérance; que cela est plaisamment dit! cette incertitude est étrange, jamais un petit nez n'eut tant à craindre ni à espérer : il y a bien des nez entre les deux qu'il peut choisir; puisqu'il a de grands yeux, qu'il songe à vous contenter : vous n'auriez que la bouche, puisqu'elle est petite; ce ne seroit pas assez. Ma fille, vous l'aimez follement; mais donnez-le bien à Dieu, afin qu'il vous le conserve. D'où vient qu'il est si foible? N'est-ce point ce qui l'empéchoit de s'aider pendant votre travail? car j'ai ouï dire aux femmes qui ont eu des enfants, que c'est cette foiblesse qui fait qu'on

---

ª *Voyez* la lettre du 6 février 1671, tome Ier, page 232.

est bien malade. Enfin conservez bien ce cher enfant, mais donnez-l • à Dieu, si vous voulez qu'il vous le donne: cette répétition est digne d'une grand'mère chrétienne; madame *Pernelle* ⁎ en diroit autant ; mais elle diroit bien. Adieu, ma chère Comtesse ; enfin la patience échappe à mon ami le postillon, je ne veux pas abuser de son honnêteté. Je ne recevrai de vos lettres qu'à Paris; je serai ravie d'embrasser ma pauvre petite; vous ne la regardez pas; et moi je veux l'aimer, et prendre sa protection, par excès de générosité.

---

205. *

A la même.

A Paris, vendredi 18 décembre 1671.

J'arrive dans ce moment, ma chère fille ; je suis chez ma tante, entourée, embrassée, questionnée de toute ma famille et de la sienne; mais je quitte tout pour vous dire bonjour, aussi bien qu'aux autres. M. de Coulanges m'attend pour m'emmener chez lui, où il veut que je loge, parcequ'un fils de madame de Bonneuil a la petite-vérole. Elle avoit dessein très obligeamment d'en faire un secret; mais on a découvert le mystère; on a mené ma petite chez M. de Coulanges ; je l'attends ici

⁎ La mère d'Orgon dans le *Tartuffe*.

pour retourner avec elle, parceque ma tante veut voir
notre entrevue. C'eût été une chose fâcheuse pour moi
que d'exposer cette enfant, et d'être bannie, six semaines durant, de chez mes amis, à cause que le fils de
madame de Bonneuil a la petite-vérole. Me voilà donc
chez M. de Coulanges que j'adore, parcequ'il me parle
de vous; mais vous savez ce qui m'arrive, c'est que je
pleure, et mon cœur se presse si étrangement, que je
lui fais signe de la main de se taire, et il se tait. J'ai le
nez rouge et les yeux, et on parle d'autre chose, à
condition pourtant qu'un jour je m'accommoderai à
parler de vous, tant que terre me pourra porter, aux
dépens de tout ce qui en pourra arriver. Il me conte
que vous fermiez les yeux, que vous étiez dans ma
chambre, et que........, vraiment oui, vous étiez à
Paris, parceque voilà M. de Coulanges. Il m'a joué cela
très plaisamment, et je suis ravie que vous soyez encore
un peu folle; je mourois de peur que vous ne fussiez
toujours madame la gouvernante. Mon Dieu, que je
m'en vais causer avec M. de Coulanges! Je vous conjure
de vous conserver vous-même, c'est-à-dire d'être vous-
même le plus que vous pourrez, et que je ne vous trouve
point changée. Songez aussi à votre beauté; engraissez-
vous, restaurez-vous, souvenez-vous de vos bonnes
résolutions; et si M. de Grignan vous aime, qu'il vous
donne du temps pour vous remettre; autrement, c'en
est fait pour jamais, vous serez toujours maigre comme
madame de Saint-Hérem ". Je suis ravie de vous donner

" Madame de Saint-Hérem Montmorin, dont le mari étoit gouverneur de Fontainebleau.

cette idée; rien ne vous doit faire plus de peur que cette ressemblance; évitez-la donc. Pour votre petit garçon, l'état où il a été ne raccommode pas le chocolat avec moi; je suis persuadée qu'il a été brûlé, et c'est un grand bonheur qu'il soit humecté et qu'il se porte bien : le voilà sauvé, je m'en réjouis avec vous.

Monsieur DE COULANGES.

Je ferme les yeux, et quand je les ouvre, je vois cette *mère-beauté* qui fait vos délices et les miennes, et cela me fait voir que je suis à Paris. Je m'en vais bien l'entretenir de toutes vos perfections. Savez-vous bien que je suis plus entêté de vous que jamais, et que j'appréhende de prendre la place du chevalier de Breteuil? Je sais que cette place ne plait point à M. de Grignan, et voilà la seule chose qui me donne de la peine dans une si grande entreprise. Tout de bon, madame la Comtesse, vous êtes un chef-d'œuvre, et c'est de ce mot que je me sers pour parler de vous. Je fus hier voir M. de La Rochefoucauld; je me trouvai en tiers avec lui et M. de Longueville; il ne fut question que de Provence et du bel astre qui y brille. Adieu, ma belle Comtesse, je vois cet homme à la tapisserie, qui ouvre sa poitrine; croyez que si vous voyiez la mienne à l'heure qu'il est, vous verriez mon cœur comme vous voyez le sien : il est à vous, il languit pour vous ce cœur; mais ne le dites pas à M. de Grignan. Votre fille est une petite beauté brune, fort jolie : la voilà, elle me baise et me bave; mais elle ne crie jamais : je l'aime assurément beaucoup moins que vous. Il n'y a plus moyen de parler de vous à cette *mère-beauté*, les grosses larmes lui tombent des yeux : bon Dieu, quelle mère !

~~~~~~

206. *

A la même.

A Paris, mercredi 23 décembre 1671.

Je vous écris un peu de provision, parceque je veux causer un moment avec vous. Après que j'eus envoyé mon paquet le jour de mon arrivée, le petit Dubois m'apporta celui que je croyois égaré : vous pouvez penser avec quelle joie je le reçus. Je n'y pus faire réponse, parceque madame de La Fayette, madame de Saint-Géran, madame de Villars, me vinrent embrasser. Vous avez tous les étonnements que doit donner un malheur comme celui de M. de Lauzun; toutes vos réflexions sont justes et naturelles; tous ceux qui ont de l'esprit les ont faites, mais on commence à n'y plus penser : voici un bon pays pour oublier les malheureux. On a su qu'il avoit fait son voyage dans un si grand désespoir, qu'on ne le quittoit pas d'un moment. On voulut le faire descendre de carrosse à un endroit dangereux, il répondit : *Ces malheurs-là ne sont pas faits pour moi.* Il dit qu'il est innocent à l'égard du roi; mais que son crime est d'avoir des ennemis trop puissants*. Le roi n'a rien dit, et ce silence déclare assez la qualité de son crime. Il crut qu'on le laisseroit à Pierre-Encise, et il commençoit à Lyon à faire ses compliments à M. d'Artagnan; mais quand il sut qu'on le menoit à Pignerol, il soupira, et dit: *Je suis perdu.* On avoit grand'pitié de sa disgrace dans les villes où il passoit : il faut avouer aussi qu'elle est extrême.

Le roi envoya querir dans ce temps-là M. de Marsillac, et lui dit : « Je vous donne le gouvernement de Berry « qu'avoit Lauzun. » Marsillac répondit : « Sire, que « Votre Majesté, qui sait mieux les règles de l'honneur « que personne du monde, se souvienne, s'il lui plaît, « que je n'étois pas ami de Lauzun; qu'elle ait la bonté « de se mettre un moment à ma place, et qu'elle juge « si je dois accepter la grace qu'elle me fait. — Vous êtes, « *dit le roi*, trop scrupuleux ; j'en sais autant qu'un autre « là-dessus; mais vous n'en devez faire aucune difficulté. — Sire, puisque Votre Majesté l'approuve, je « me jette à ses pieds pour la remercier. — Mais, *dit le* « *roi*, je vous ai donné une pension de douze mille francs, « en attendant que vous eussiez quelque chose de mieux. « — Oui, Sire, je la remets entre vos mains. — Et moi, « *dit le roi*, je vous la donne une seconde fois, et je « m'en vais vous faire honneur de vos beaux senti- « ments. » En disant cela, il se tourne vers ses ministres, leur conte les scrupules de M. de Marsillac, et dit : « J'admire la différence; jamais Lauzun n'avoit

---

* *Voyez* la note de la lettre du 2 décembre, plus haut, page 255.

« daigné me remercier du gouvernement de Berry; il
« n'en avoit pas pris les provisions; et voilà un homme
« pénétré de reconnoissance. » Tout ceci est extrêmement vrai; M. de La Rochefoucauld vient de me le conter. J'ai cru que vous ne haïriez pas ces détails; si je me
trompois, mandez-le-moi. Ce pauvre homme est très
mal de sa goutte, et bien pis que les autres années : il
m'a bien parlé de vous; il vous aime toujours comme sa
fille. Le prince de Marsillac m'est venu voir, et l'on me
parle toujours de ma chère enfant. Je ne sais si vous aurez appris que Villarceaux, en parlant au roi d'une
charge pour son fils, prit habilement l'occasion de lui
dire qu'il y avoit des gens qui se mêloient de dire à sa
nièce[1] que Sa Majesté avoit quelque dessein pour elle;
que si cela étoit, il le supplioit de se servir de lui; que
l'affaire seroit mieux entre ses mains que dans celles
des autres, et qu'il s'y emploieroit avec succès. Le roi
se mit à rire, et dit : *Villarceaux, nous sommes trop
vieux, vous et moi, pour attaquer des demoiselles de
quinze ans*, et, comme un galant homme, se moqua
de lui, et conta ce discours chez les dames. *Les anges*
sont enragées, et ne veulent plus voir leur oncle, qui,
de son côté, est un peu honteux. Il n'y a nul chiffre à
tout ceci; mais je trouve que le roi fait par-tout un si

---

[1] Louise-Élisabeth Rouxel, connue sous le nom de *madame de
Grancey*; elle devint dans la suite dame d'atour de Marie-Louise
d'Orléans, reine d'Espagne. Elle étoit sœur cadette de Marie-Louise
Rouxel, comtesse de Marei. On les appeloit les *Anges*. Louis de
Mornay, marquis de Villarceaux, né en 1619, étoit frère de la maréchale de Grancey, mère de ces deux dames.

bon personnage, qu'il n'est nul besoin de tant de mystère.

On a trouvé, dit-on, mille belles merveilles dans les cassettes de M. de Lauzun; des portraits sans compte et sans nombre, des nudités, une sans tête, une autre les yeux crevés; c'est *votre voisine**; des cheveux grands et petits, des étiquettes pour éviter la confusion, et mille autres gentillesses : mais je n'en voudrois pas jurer, car vous savez comme on invente dans ces occasions.

J'ai vu M. de Mêmes, qui enfin a perdu sa chère femme; il a pleuré et sangloté en me voyant; et moi, je n'ai jamais pu retenir mes larmes. Toute la France a visité cette maison; je vous conseille de lui faire vos compliments; vous le devez par le souvenir de Livry que vous aimez encore.

Est-il possible que mes lettres vous soient agréables au point que vous me le dites? Je ne les sens point telles en sortant de mes mains; je crois qu'elles le deviennent quand elles ont passé par les vôtres : enfin, ma chère enfant, c'est un grand bonheur que vous les aimiez, car, de la manière dont vous en êtes accablée, vous seriez fort à plaindre si cela étoit autrement. M. de Coulanges est bien en peine de savoir laquelle de vos *madames* y

---

* On voit dans une note de l'édition de 1734, qu'il s'agit ici de madame de Monaco. Elle étoit fille du maréchal de Gramont; Lauzun en avoit été fort amoureux. Il ne lui pardonna pas ses complaisances pour le roi. On peut voir dans Saint-Simon le tour que Lauzun joua aux deux amants. (*Voyez* les Œuvres de Saint-Simon, tome 10, page 96. *Voyez* aussi la lettre du 6 janvier suivant.)

prend goût : nous trouvons que c'est un bon signe pour elle ; car mon style est si négligé, qu'il faut avoir un esprit naturel et du monde pour pouvoir s'en accommoder. Je vous prie, ma bonne, ne vous fiez point aux deux lits ; c'est un sujet de tentation : faites coucher quelqu'un dans votre chambre. Sérieusement, ayez pitié de votre santé, de votre vie, et de la mienne.

J'ai envoyé quérir Pecquet pour discourir de la petite-vérole de votre enfant ; il en est épouvanté ; mais il admire sa force d'avoir pu chasser ce venin, et croit qu'il vivra cent ans après avoir si bien commencé.

J'ai enfin pris courage, j'ai causé douze heures avec Coulanges* ; je ne comprends pas qu'on puisse parler à d'autres. C'est un grand bonheur que le hasard m'ait fait loger chez lui. Çà courage ! mon cœur, point de foiblesse humaine : et, en me fortifiant ainsi, j'ai passé par-dessus mes premières foiblesses : mais *Cateau* m'a mise encore une fois en déroute ; elle entra, il me sembla qu'elle me devoit dire : — Madame, madame vous donne le bonjour, elle vous prie de la venir voir. — Elle me reparla de tout votre voyage, et que quelquefois vous vous souveniez de moi. Je fus une heure assez impertinente ; je m'amuse à votre fille ; vous n'en faites pas grand cas, mais nous vous le rendons bien : on m'embrasse, on me connoît, on me crie, on m'appelle. Je suis *maman* tout court ; et de celle de Provence, pas un mot.

* M. de Coulanges arrivoit de Provence avec une femme-de-chambre de Mme de Grignan, nommée *Cateau*, dont on n'avoit pas à se louer. (*Voyez* les lettres des 28 juin et 5 juillet 1671, pages 96 et 105.)

L'abbé Têtu a du temps de reste, à cause de l'hôtel de Richelieu qu'il n'a plus; de sorte que nous en profitons. Madame de Soubise est grosse de quatre enfants, à voir son ventre. Au reste, le roi part le 5 janvier pour Châlons, et doit faire plusieurs autres tours, quelques revues chemin faisant; le voyage sera de douze jours, mais les officiers et les troupes iront plus loin : pour moi, je soupçonne encore quelque expédition comme celle de la Franche-Comté. Vous savez que le roi *est un héros de toutes les saisons*[1]. Les pauvres courtisans sont désolés; ils n'ont pas un sou. Brancas me demanda hier de bonne foi si je ne voudrois point prêter sur gages, et m'assura qu'il n'en parleroit point, et qu'il aimeroit mieux avoir affaire à moi qu'à un autre. La Trousse me prie de lui apprendre quelques uns des secrets de Pomenars, pour subsister honnêtement; enfin, ils sont abymés. Voilà Châtillon, que j'exhorte à vous faire un impromptu; il me demande huit jours, et je l'assure déja qu'il ne sera que réchauffé, et qu'il le tirera du fond de cette gibecière que vous connoissez. Adieu, belle Comtesse, il y a raison par-tout; cette lettre est devenue un juste volume. J'embrasse le laborieux Grignan, le seigneur *Corbeau*[2], le présomptueux Adhémar, et le fortuné *Louis-Provence*, sur qui tous les astrologues disent que les Fées ont soufflé. *E con questo mi raccommando.*

[1] C'est la pensée d'un Madrigal de mademoiselle de Scuderi.
[2] Le coadjuteur d'Arles.

207.

A la même.

À Paris, le jour de Noël, vendredi, 1671.

Le lendemain que j'eus reçu votre lettre, M. Le Camus me vint voir : je l'entretins de ce qu'il avoit à dire sur les soins, le zèle et l'application de M. de Grignan pour faire réussir l'affaire de Sa Majesté. M. de Lavardin, qui vint aussi, m'assura qu'il en rendroit compte en bon lieu avant la fin du jour. Je ne pouvois trouver deux hommes plus propres à mon dessein, c'est la basse et le dessus. Le soir, j'allai chez M. d'Usez, qui est encore dans sa chambre; nous parlâmes fort de vos affaires. Nous avions appris les mêmes choses, et le dessein qu'on avoit d'envoyer un ordre pour séparer l'assemblée, et de faire sentir en quelque autre occasion ce que c'est de ne pas obéir.

Au reste, ma fille, j'ai le cœur serré, et très serré de ne point vous avoir ici : je serois bien plus heureuse s'il y avoit quelqu'un que j'aimasse autant que vous, je serois consolée de votre absence; mais je n'ai pas encore trouvé cette égalité, ni rien qui en approche : mille choses imprévues me font souvenir de vous, par-dessus le souvenir ordinaire, et me mettent en déroute. Je suis en peine de savoir où vous irez après votre assemblée.

Aix et Arles sont empestés de la petite-vérole, Grignan est bien froid, Salon est bien seul; venez dans ma chambre, ma chère enfant, vous y serez très bien reçue. Adieu, vous en voilà quitte pour cette fois; ce ne sera point ici un second tome, je ne sais plus rien : si vous vouliez me faire des questions, on vous répondroit. J'ai été cette nuit aux Minimes[a] : je m'en vais en Bourdaloue; on dit qu'il s'est mis à dépeindre les gens, et que l'autre jour il fit trois points de la retraite de Tréville[b]; il n'y manquoit que le nom; mais il n'en étoit pas besoin : avec tout cela on dit qu'il passe toutes les merveilles passées, et que personne n'a prêché jusqu'ici. Mille compliments aux Grignan.

[a] L'église des Minimes, près la place Royale à Paris. Elle a été détruite pendant la révolution.

[b] Bourdaloue plaçoit dans ses discours des portraits et des caractères que l'on appliquoit peut-être à des personnes connues ; mais ce grand prédicateur connoissoit trop bien ses devoirs pour que ses sermons dégénérassent en satires. Peut-être a-t-il fait allusion à la retraite de M. de Tréville, qui fut si accablé de la mort de madame Henriette, qu'il renonça au monde; mais ce n'a été que pour en faire l'éloge. On connoît ces vers de Boileau sur les portraits de Bourdaloue.

> Nouveau prédicateur, aujourd'hui, je l'avoue,
> Écolier, ou plutôt singe de Bourdaloue,
> Je me plais à remplir mes sermons de portraits.
> (Satire X, v. 345.)

208.

A la même.

A Paris, le jour de Noël, à onze heures du
soir, 1671.

Je vous ai écrit ce matin, mais je reçois la lettre que vous m'avez écrite par Rippert*; c'est M. d'Usez qui me l'envoie. Vous me rendez un très bon compte des affaires de Provence; Dieu veuille que le roi se contente de ce que les Provençaux ont résolu : la peinture de leur tête, et du procédé qu'il faut tenir avec eux, est admirable, et le radoucissement de l'évêque est naturel. Voilà madame Scarron qui a soupé avec nous : elle dit que de tous les millions de lettres que madame de Richelieu a reçues, celle de M. de Grignan étoit la meilleure; qu'elle l'a eue long-temps dans sa poche, qu'elle l'a montrée; qu'on ne sauroit mieux écrire, ni plus galamment, ni plus noblement, ni plus tendrement pour feue madame de Montausier¹ ; enfin elle en a été ravie : j'ai juré que je vous le manderois. Je ferai part de votre

* Frère du doyen du chapitre de Grignan.
¹ Madame de Richelieu succédoit à madame de Montausier dans la place de dame d'honneur de la reine.

lettre à d'Hacqueville et à M. Le Camus. Je ne songe qu'à la Provence : je me trouve présentement votre voisine,

> Et de Paris, je ne voi
> Tout au plus que vingt semaines,
> Entre ma Philis et moi.

J'attendois votre frère : on le renvoie de la moitié du chemin à cause du voyage. J'ai été au sermon, mon cœur n'en a point été ému ; ce Bourdaloue

> Tant de fois éprouvé,
> L'a laissé comme il l'a trouvé.

C'est peut-être ma faute. Adieu, mon enfant.

209.

A la même.

A Paris, mercredi 30 décembre 1671.

Une belle et sûre marque de la légère disposition que j'ai à ne pas vous haïr, c'est que je voudrois pouvoir vous écrire douze fois le jour. Cette pensée, ma fille, ne vous fait-elle point comme l'offre que vous faisoit M. de Coulanges, de passer sa vie avec vous? En vérité, vous n'auriez pas peu d'affaires, car je vous écris aussi prolixement que j'écris laconiquement aux autres. J'ai fort interrogé Ripert sur votre santé : je ne suis point contente de vous, il faut que je vous gronde : vous avez traité votre accouchement comme celui de la femme d'un colonel suisse ; vous ne prenez point assez de bouillons ; vous avez caqueté dès le troisième jour, vous vous êtes levée dès le dixième, et vous vous étonnez après cela si vous êtes maigre. J'espérois que vous vous amuseriez à vous conserver, à vous restaurer, à vous rengraisser. Où avez-vous pris la fantaisie d'imiter madame de Crussol ? Je tâche toujours de vous corriger par les exemples ; cette conduite ne la change point, mais elle vous changera ; enfin c'est me fâcher, et m'offenser, que de défigurer votre beau visage ; vous savez comme je l'aime ; ne devriez-vous pas le conserver pour l'amour de moi ?

Vous dites bien, quand vous dites que la Provence est ma demeure fixe, puisque c'est la vôtre. Paris me suffoque, et je voudrois déjà être partie pour Grignan. Mais, ma fille, quelle solitude, si vous allez dans votre château ! vous serez comme Psyché sur sa montagne. Je ne puis être contente où vous n'êtes pas ; c'est une vérité que je sens à toute heure : vous me manquez partout, et tout ce qui me fait souvenir de vous me traverse le cœur. Le voyage du roi devient incertain, quoique les troupes marchent. Le pauvre La Trousse s'en va, et Sévigné s'achemine déjà ; ils vont à Cologne, cette équipée les désespère. Adieu, mon ange : je me trouve très bien chez M. de Coulanges, et je pousserai l'air de la petite-vérole fort loin ; cette grande maison, où je ne trouve que madame de Bonneuil, au lieu de vous,

ne me donne nulle envie d'y retourner. M. de Coulanges
m'est délicieux; nous parlons sans cesse de vous. Je
donnerai votre lettre à M. de La Rochefoucauld; je suis
assurée qu'il la trouvera très bonne. Je hais le dessus
de vos lettres où il y a : *A madame la marquise de
Sévigné*; appelez-moi *Pierrot*. Les autres sont aimables, et donnent une disposition tendre à lire le reste.

210.

A la même.

À Paris, le 1ᵉʳ jour de l'an 1672.

J'étois hier au soir chez M. d'Usez : nous résolûmes
de vous envoyer un courrier. Il m'avoit promis de me
faire savoir aujourd'hui le succès de son audience chez
M. Le Tellier, et même s'il vouloit que j'y menasse madame de Coulanges[1]; mais comme il est dix heures du
soir, et que je n'ai point de ses nouvelles, je vous écris
tout simplement : M. d'Usez aura soin de vous instruire
de ce qu'il a fait. Il faut tâcher d'adoucir les ordres rigoureux, en faisant voir que ce seroit ôter à M. de Grignan le moyen de servir le roi, que de le rendre odieux
à la province, et quand on seroit obligé d'envoyer les

---

[1] Madame de Coulanges étoit nièce de la femme de M. Le Tellier, ministre d'état, et depuis chancelier de France.

ordres, il y a des gens sages qui disent qu'il en faudroit suspendre l'exécution jusqu'à la réponse de Sa Majesté, à laquelle M. de Grignan écriroit une lettre d'un homme qui est sur les lieux, et qui voit que, pour le bien de son service, il faut tâcher d'obtenir un pardon de sa bonté pour cette fois. Si vous saviez comme certaines gens blâment M. de Grignan, pour avoir trop peu considéré son pays, en comparaison de l'obéissance qu'il vouloit établir, vous verriez bien qu'il est difficile de contenter tout le monde; et s'il avoit fait autrement, ce seroit encore pis. Ceux qui admirent la beauté de la place où il est n'en savent pas les difficultés. Par exemple, n'êtes-vous pas à plaindre présentement? Le voyage du roi est entièrement rompu, mais les troupes marchent toujours à Metz. Sévigné y est déjà; La Trousse s'en va; tous deux plus chargés de bonnes intentions que d'argent comptant. Voilà l'archevêque de Rheims[1] qui commence par vous faire mille compliments très sincères; il dit que M. d'Usez n'a point vu son père aujourd'hui : il m'assure encore que le roi est très content de votre mari; qu'il reçoit le présent de votre province; mais que, pour n'avoir pas été obéi ponctuellement, il envoie des lettres de cachet pour exiler des consuls : on ne peut en dire davantage par la poste. Ce qu'il faut faire en général, c'est d'être toujours très passionné pour le service de Sa Majesté; mais il faut tâcher aussi de ménager un peu les cœurs des Provençaux, afin d'être plus en état de faire obéir au roi dans ce pays-là.

[1] Charles-Maurice Le Tellier.

M. de La Rochefoucauld vous mande, et moi avec lui, que si la lettre que vous lui avez écrite ne vous paroît pas bonne, c'est que vous ne vous y connoissez pas : il a raison ; cette lettre est très agréable et très spirituelle : en voilà la réponse. Adieu, ma chère Comtesse ; je pense à vous jour et nuit. Donnez-moi des moyens de vous servir pour amuser ma tendresse.

211.

A la même.

A Paris, mardi 5 janvier 1672.

Le roi donna hier, lundi 4 janvier, audience à l'ambassadeur de Hollande[a] : il voulut que M. le prince, M. de Turenne, M. de Bouillon et M. de Créqui fussent témoins de ce qui se passeroit. L'ambassadeur présenta sa lettre au roi, qui ne la lut pas, quoique le Hollandois proposât d'en faire la lecture : le roi lui dit qu'il

---

[a] Cet ambassadeur étoit Pierre Grotius, fils de l'auteur du *Droit de la guerre et de la paix*. Louis XIV étoit bien résolu, en le recevant, à ne rien accorder. Il alloit faire la guerre à la Hollande, conjointement avec le roi d'Angleterre, aux termes du traité d'alliance que MADAME avoit négocié au mois de juin 1670. Les deux puissances déclarèrent la guerre aux états le 7 avril suivant, et dès le 23 mars les Anglois avoient commis des actes d'hostilité, en attaquant une flotte hollandoise

en savoit le contenu, et qu'il en avoit une copie dans sa poche. L'ambassadeur s'étendit fort au long sur les justifications qui étoient dans la lettre, et que messieurs les états s'étoient examinés scrupuleusement, pour voir ce qu'ils auroient pu faire qui déplût à Sa Majesté; qu'ils n'avoient jamais manqué de respect, et que cependant ils entendoient dire que tout ce grand armement n'étoit fait que pour fondre sur eux; qu'ils étoient prêts de satisfaire Sa Majesté dans tout ce qu'il lui plairoit d'ordonner, et qu'ils la supplioient de se souvenir des bontés que les rois ses prédécesseurs avoient eues pour eux, et auxquelles ils devoient toute leur grandeur. Le roi prit la parole, et dit avec une majesté et une grace merveilleuse, qu'il savoit qu'on excitoit ses ennemis contre lui; qu'il avoit cru qu'il étoit de sa prudence de ne se pas laisser surprendre, et que c'est ce qui l'avoit obligé à se rendre si puissant sur la mer et sur la terre, afin d'être en état de se défendre; qu'il lui restoit encore quelques ordres à donner, et qu'au printemps il feroit ce qu'il trouveroit le plus avantageux pour sa gloire et pour le bien de son état; et fit comprendre ensuite à l'ambassadeur, par un signe de tête, qu'il ne vouloit point de réplique. La lettre s'est trouvée conforme au discours de l'ambassadeur, hormis qu'elle finissoit par assurer Sa Majesté qu'ils feroient tout ce qu'elle ordonneroit, pourvu qu'il ne leur en coûtât point de se brouiller avec leurs alliés.

Ce même jour, M. de La Feuillade fut reçu à la tête du régiment des gardes, et prêta le serment entre les mains d'un maréchal de France, comme c'est la coutume; et le roi, qui étoit présent, dit lui-même au régiment qu'il leur donnoit M. de La Feuillade pour mestre-de-camp, et lui mit *la pique* à la main, chose qui ne se fait jamais que par le commissaire, de la part du roi; mais Sa Majesté a voulu que nulle faveur ni nul agrément ne manquât à cette cérémonie.

MM. Dangeau et Langlée* ont eu de grosses paroles, à la rue des Jacobins, sur un paiement de l'argent du jeu. Dangeau menaça, Langlée repoussa l'injure par lui dire qu'il ne se souvenoit pas qu'il étoit Dangeau, et qu'il n'étoit pas sur le pied dans le monde d'un homme redoutable. On les accommoda; ils ont tous deux tort, et les reproches furent violents et peu agréables pour l'un et pour l'autre*[b]* : Langlée est fier et familier au possible; il jouoit l'autre jour au brelan avec le comte de Gramont, qui lui dit, sur quelques manières un peu libres : « M. de Langlée, gardez ces familiarités-là pour « quand vous jouerez avec le roi. »

Le maréchal de Bellefonds a demandé permission au roi de vendre sa charge *[c]*; jamais personne ne la fera si bien que lui. Tout le monde croit, et moi plus que les autres, que c'est pour payer ses dettes, pour se retirer et songer uniquement à l'affaire de son salut.

M. le procureur-général de la cour des aides (*Nicolas Le Camus*) est premier président de la même compa-

[a] Langlée étoit un homme obscur qui s'étoit introduit à la cour, en y jouant très gros jeu; c'étoit une espèce de banquier de Pharaon.

[b] La partie de cette anecdote qui est relative à Dangeau se lit dans l'édition de 1726; elle a été retranchée dans toutes les autres.

[c] De premier maître d'hôtel du roi.

gnie : ce changement est grand pour lui ; ne manquez pas de lui écrire l'un ou l'autre, et que celui qui n'écrira pas écrive un mot dans la lettre de celui qui écrira. Le président de Nicolaï est remis dans sa charge[1]. Voilà donc ce qui s'appelle des nouvelles.

212.

A la même.

A Paris, mercredi 6 janvier 1672.

Enfin, ma chère fille, vous ne voulez pas que je pleure de vous voir à mille lieues de moi ; vous ne sauriez pourtant empêcher que cet ordre de la Providence ne me soit bien dur et bien sensible : je ne m'accoutumerai de long-temps à cet éloignement : je coupe court, parceque je ne veux point m'embarquer à vous dire les sentiments de mon cœur là-dessus : je ne veux point vous donner un mauvais exemple, ni ébranler votre courage par le récit de mes foiblesses ; conservez toute votre raison ; jouissez de la grandeur de votre ame, pendant que je m'aiderai, comme je pourrai, de toute la tendresse de la mienne. Je fus hier à Saint-Germain, la reine m'attaqua la première ; je fis ma cour à vos dé-

[1] De premier président de la chambre des comptes.

pens, comme j'ai coutume. On traita à fond le chapitre de l'accouchement, à propos du vôtre; puis on parla de mon voyage de Provence, un mot sur celui de Bretagne, et sur le bonheur de madame de Chaulnes, de m'y avoir trouvée : nous étions là toutes deux. Pour MONSIEUR, il me tira près d'une fenêtre pour me parler de vous, et m'ordonna très sérieusement de vous faire ses compliments, et de vous dire la joie qu'il avoit de votre joli accouchement : il appuya sur cela d'une telle sorte, qu'il ne tint qu'à moi d'entendre qu'il vouloit s'attacher à votre service, étant las, comme on dit, *d'adorer l'ange* (*madame de Grancey*), je fis de telles offres le cas que je devois. Je trouvai MADAME mieux que je ne pensois, mais d'une sincérité charmante. Je ne pus voir M. de Montausier; il étoit enfermé avec MONSEIGNEUR. Je ne finirois jamais de vous dire tous les compliments qu'on me fit, et à vous aussi; et de tout cela, autant en emporte le vent : on est ravi de revenir chez soi. Madame de Richelieu me parut abattue; elle fera réponse à M. de Grignan; les fatigues de la cour ont rabaissé son caquet; son moulin me parut en chômage. Mais qui pensez-vous qu'on trouve chez moi? des Provençaux; ils m'ont *tartufiée*[a]. De quoi parle-t-on? de madame de Grignan; qui est-ce qui entre dans ma chambre? votre petite : vous dites qu'elle me fait souvenir de vous, c'est bien dit; vous

---

[a] Texte de 1734. Cette expression a été retranchée dans l'édition de 1754. Elle rend cependant très bien l'idée de madame de Sévigné : de même que M. Orgon ne voit que par les yeux de Tartufe, est devenu *tout Tartufe*, de même madame de Sévigné est devenue *toute Provençale*.

voulez bien au moins que je vous réponde qu'il n'est pas besoin de cela. Je monte en carrosse, où vais-je? chez madame de Valavoire; pourquoi faire? pour parler de Provence, de vos affaires et de vos commissions que j'aime uniquement. Enfin Coulanges disoit l'autre jour: Voyez-vous bien cette femme-là? elle est toujours en présence de sa fille. Vous voilà en peine de moi, ma bonne, vous avez peur que je ne sois ridicule; non, ne craignez rien; on ne peut l'être avec une si agréable folie; et de plus, c'est que je me ménage selon les lieux, les temps, et les personnes avec qui je suis; et l'on jureroit quelquefois que je ne songe guère à vous : ce n'est pas où je suis le plus en liberté.

Je reçois votre lettre du 30, vous me déplaisez, mon enfant, en parlant, comme vous faites, de vos aimables lettres! quel plaisir prenez-vous à dire du mal de votre esprit, de votre style, à vous comparer à la princesse d'Harcourt[a]? Où pêchez-vous cette fausse et offensante humilité? elle blesse mon cœur, elle offense la justice, elle choque la vérité; quelles manières! ah, ma bonne! changez-les, je vous en conjure, et voyez les choses comme elles sont : si cela est, vous n'aurez plus qu'à vous défendre de la vanité, et ce sera une affaire à régler entre votre confesseur et vous. Votre maigreur me tue : hélas! où est le temps que vous ne mangiez qu'une tête de bécasse par jour, et que vous mouriez de peur d'être trop grasse? Si vous devenez grosse sur ces entrefaites, soyez assurée que vous voilà perdue pour

---

[a] Fille du duc de Brancas le *distrait*. (*Voyez* la note, t. 1er, p. 116.

toute votre vie, sans en revenir jamais. Monsieur de Grignan a bien du caquet; il commence à gratter du pied, cela me fait grand'peur, mais s'il succombe à la tentation, ne croyez pas qu'il vous aime; quand on aime bien, on aime tout, et la beauté qui ne donne aucun chagrin, comme la vôtre, n'est pas une chose à oublier : si M. de Grignan la détruit, tenez-vous pour dit que sa tendresse n'est pas d'un bon aloi.

Il est vrai que madame de Soubise vient encore d'accoucher; mais elle relève trop grasse, cela fait qu'on n'a nulle pitié d'elle. Je vous plains bien aussi de vos méchantes compagnies : la nouvelle qu'on y débite du gouvernement de Bretagne donné à M. de Rohan est très belle; cet homme parle comme du temps des ducs (*de Bretagne*) : je vous souhaite quelquefois un petit brin de ce que l'on a ici de reste.

On étoit hier sur votre chapitre chez madame de Coulanges; et madame Scarron[1] se souvint avec combien d'esprit vous aviez soutenu autrefois une mauvaise cause, à la même place, et sur le même tapis où nous étions : il y avoit madame de La Fayette, madame Scarron, Segrais, Caderousse, l'abbé Têtu, Guilleragues, Brancas. Vous n'êtes jamais oubliée, ni tout ce que vous valez : tout est encore vif; mais quand je pense où vous êtes, quoique vous soyez reine, le moyen de ne pas soupirer? Nous soupirons encore de la vie qu'on fait ici et à Saint-Germain; tellement qu'on soupire toujours. Vous savez bien que Lauzun, en entrant en prison, dit :

[1] Françoise d'Aubigné, depuis marquise de Maintenon.

In sæcula sæculorum; et je crois qu'on eût répondu ici en certain endroit, *amen*, et en d'autres, *non*. Vraiment, quand il étoit jaloux de votre *voisine*, il lui crevoit les yeux, il lui marchoit sur la main [a] : et que n'a-t-il pas fait à d'autres? Ah! quelle folie de faire des péchés de cent dix lieues loin!

Votre enfant est jolie; elle a un son de voix qui m'entre dans le cœur : elle a de petites manières qui plaisent, je m'en amuse et je l'aime; mais je n'ai pas encore compris que ce degré puisse jamais vous passer par-dessus la tête. Je vous embrasse de toute la plus vive tendresse de mon cœur.

213.[*]

A la même.

A Paris, 8 janvier 1672 [b].

Devinez où je m'en vais tout-à-l'heure, ma chère bonne; à Livry, et demain dîner à Pomponne avec mon

---

[a] C'est à Saint-Cloud, chez MADAME, que ceci arriva. Madame de Monaco étoit assise sur le parquet à cause de la grande chaleur, et Lauzun, en pirouettant autour des dames, lui marcha dans le creux de la main, ce qu'elle souffrit sans oser se plaindre. *Voyez* aussi la lettre du 23 décembre précédent, page 270.

[b] Cette lettre, publiée dans l'édition de 1726 sous le n° 51, a été retranchée dans les éditions de 1734 et de 1754.

bon homme *" : il m'a priée si tendrement de lui faire cette visite pendant qu'il fait beau, que je n'ai pas voulu le refuser. Vous me paroissez tranquille sur le retour de vos ouvriers; nous ne sommes pas de même, nous craignons le dénouement de tout ceci, qui ne peut être que fâcheux. Nous en parlons, M. l'évêque d'Usez et moi, et regardons les chagrins qui sont attachés à quelque résolution qu'on prenne *b*.

Je veux aussi vous avertir d'une chose que je soutiendrai en face de votre mari et de vous. C'est que si, après être purgée, vous avez seulement la pensée de coucher avec M. de Grignan, comptez que vous êtes grosse, et si quelqu'une de vos matrones dit le contraire, elle sera corrompue par votre mari. Après cet avis, je n'ai plus rien à dire.

Je n'oserois songer à vos affaires; c'est un labyrinthe plein d'amertumes d'où je ne sors point. Je ne sais pas de nouvelles aujourd'hui; si j'avois juré de remplir ma feuille, je vous manderois des sottises, et tout ce qu'on fera dans six semaines, mais c'est un ennui. Ce que j'aime mieux vous dire, c'est qu'on est inhumain dans ce pays pour recevoir les excuses de ceux qui n'écrivent pas dans les occasions. J'ai voulu en user ainsi en Bretagne, il a fallu en venir à y prendre part. Profitez de ce petit discours en l'air.

On parle de plusieurs mariages; quand ils seront si-

---

a Arnauld-d'Andilly. *Voyez* la lettre du 13 janvier, où elle raconte son voyage.

b Voyez la lettre du 1er janvier, page 278.

gnés, je vous les manderai. Adieu, ma bonne, il y a une heure que je me joue avec votre fille, elle est aimable. Il est tard, et je vous quitte pour aller pleurer à Livry, et penser à vous tendrement.

214.

A la même.

A Paris, mercredi 13 janvier 1672.

Eh mon Dieu! ma fille, que me dites-vous? Quel plaisir prenez-vous à dire du mal de votre personne, de votre esprit; à rabaisser votre bonne conduite; à trouver qu'il faut avoir bien de la bonté pour songer à vous? Quoique assurément vous ne pensiez point tout cela, j'en suis blessée, vous me fâchez; et, quoique je ne dusse peut-être pas répondre à des choses que vous dites en badinant, je ne puis m'empêcher de vous en gronder, préférablement à tout ce que j'ai à vous mander. Vous êtes bonne encore quand vous dites que vous avez peur des beaux-esprits: hélas! si vous saviez qu'ils sont petits de près, et combien ils sont quelquefois empêchés de leurs personnes, vous les remettriez bientôt à hauteur d'appui. Vous souvient-il combien vous en étiez quelquefois excédée? Prenez garde que l'éloignement ne vous grossisse les objets; c'est un effet assez ordinaire.

Nous soupons tous les soirs avec madame Scarron,

elle a l'esprit aimable et merveilleusement droit; c'est un plaisir que de l'entendre raisonner sur les horribles agitations d'un certain pays qu'elle connoît bien. Les désespoirs qu'avoit cette d'Heudicourt dans le temps que sa place paroissoit si miraculeuse; les rages continuelles de Lauzun, les noirs chagrins, ou les tristes ennuis des dames de Saint-Germain, et peut-être que la plus enviée (*madame de Montespan*) n'en est pas toujours exempte : c'est une plaisante chose que de l'entendre causer sur tout cela. Ces discours nous mènent quelquefois bien loin de moralité en moralité, tantôt chrétienne, et tantôt politique. Nous parlons très souvent de vous; elle aime votre esprit et vos manières; et quand vous vous retrouverez ici, vous n'aurez point à craindre de n'être pas à la mode.

Mais écoutez la bonté du roi, et songez au plaisir de servir un si aimable maître. Il a fait appeler le maréchal de Bellefonds dans son cabinet, et lui a dit : « Monsieur « le maréchal, je veux savoir pourquoi vous me voulez « quitter; est-ce dévotion? est-ce envie de vous retirer? « est-ce l'accablement de vos dettes? Si c'est le dernier, « j'y veux donner ordre, et entrer dans le détail de vos « affaires. » Le maréchal fut sensiblement touché de cette bonté. « Sire, *dit-il*, ce sont mes dettes; je suis « abymé; je ne puis voir souffrir quelques uns de mes « amis qui m'ont assisté, et que je ne puis satisfaire. Hé « bien! *dit le roi*, il faut assurer leur dette : je vous « donne cent mille francs de votre maison de Versailles, « et un brevet de retenue de quatre cent mille francs, « qui servira d'assurance, si vous veniez à mourir; vous

« paierez les arrérages avec les cent mille francs; cela « étant, vous demeurerez à mon service. » En vérité, il faudroit avoir le cœur bien dur pour ne pas obéir à un maître qui entre avec tant de bonté dans les intérêts d'un de ses domestiques : aussi le maréchal n'y résista pas; et le voilà remis à sa place et comblé de bienfaits. Tout ce détail est vrai.

Il y a tous les soirs des bals, des comédies et des mascarades à Saint-Germain. Le roi a une application à divertir MADAME, qu'il n'a jamais eue pour l'autre. Racine a fait une tragédie qui s'appelle *Bajazet*, et qui lève la paille; vraiment elle ne va pas *empirando* comme les autres. M. de Tallard [a] dit [1] qu'elle est autant au-dessus des pièces de Corneille, que celles de Corneille sont au-dessus de celles de Boyer : voilà ce qui s'appelle louer; il ne faut point tenir les vérités captives. Nous en jugerons par nos yeux et par nos oreilles.

Du bruit de Bajazet mon ame importunée [b],

fait que je veux aller à la comédie; enfin nous en jugerons.

J'ai été à Livry [c]; hélas! ma chère enfant, que je vous ai bien tenu parole, et que j'ai songé tendrement à vous!

[a] Qui fut depuis maréchal de France. Il étoit fils de madame de la Baume.
[1] Exagération outrée.
[b] Elle parodie ce vers d'Alexandre :

Du bruit de ses exploits mon ame importunée...
Acte Ier, scène 2.

[c] Voyez la lettre du 8 janvier.

Il y faisoit très beau, quoique très froid; mais le soleil brilloit; tous les arbres étoient parés de perles et de cristaux : cette diversité ne déplaît point. Je me promenai fort; je fus le lendemain dîner à Pomponne : quel moyen de vous redire ce qui fut dit en cinq heures; je ne m'y ennuyai point. M. de Pomponne sera ici dans quatre jours; ce seroit un grand chagrin pour moi si jamais j'étois obligée à lui aller parler pour vos affaires de Provence : tout de bon, il ne m'écouteroit pas; vous voyez que je fais un peu l'entendue. Mais, de bonne foi, rien n'est égal à M. d'Usez; c'est ce qui s'appelle les grosses cordes; je n'ai jamais vu un homme, ni d'un meilleur esprit, ni d'un meilleur conseil : je l'attends pour vous parler de ce qu'il aura fait à Saint-Germain.

Vous me priez de vous écrire de grandes lettres; je pense que vous devez en être contente; je suis quelquefois épouvantée de leur immensité : ce sont toutes vos flatteries qui me donnent cette confiance. Je vous conjure de vous conserver dans ce bienheureux état, et ne passez point d'une extrémité à l'autre. De bonne foi prenez du temps pour vous rétablir, et ne tentez point Dieu par vos dialogues et par votre voisinage.

Madame de Brissac a une très bonne provision pour son hiver, c'est-à-dire M. de Longueville et le comte de Guiche, mais en tout bien et tout honneur; ce n'est seulement que pour le plaisir d'être adorée. On ne voit plus La Marans chez madame de La Fayette, ni chez M. de La Rochefoucauld. Nous ne savons ce qu'elle fait; nous en jugeons quelquefois un peu témérairement : elle avoit cet été la fantaisie d'être violée; elle vouloit être violée absolument : vous savez ces sortes de folies ; pour moi, je crois qu'elle ne le sera jamais : quelle folle, bon Dieu ! et qu'il y a long-temps que je la vois comme vous la voyez présentement ! Au reste, ma fille, il ne tient pas à moi que je ne voie madame de Valavoire[a] : il est vrai qu'il n'est pas besoin de me dire : *va la voir;* c'est assez qu'elle vous ait vue pour me la faire courir; mais elle court après quelque autre, car j'ai beau la prier de m'attendre, je ne puis parvenir à ce bonheur. C'est à M. Le Grand[b] qu'il faudroit donner votre *turlupinade* : elle est des meilleures. Châtillon[c] nous en donne ici tous les jours des plus méchantes du monde.

---

215. *

A la même.

À Paris, vendredi au soir 15 janvier 1672.

Je vous ai écrit ce matin, ma fille, par le courrier qui vous porte toutes les douceurs et tous les agréments du monde pour vos affaires de Provence; mais je veux vous écrire encore ce soir, afin qu'il ne soit pas dit que la poste arrive sans vous apporter de mes lettres. Tout de

[a] *Voyez* la note de la lettre du 10 juin 1671, p. 82 de ce volume.
[b] Le comte d'Armagnac, grand écuyer de France.
[c] Le comte de Châtillon, premier gentilhomme de la chambre de Monsieur.

bon, ma belle, je crois que vous les aimez; vous me le dites : pourquoi voudriez-vous me tromper en vous trompant vous-même? Mais si par hasard cela n'étoit pas, vous seriez à plaindre de l'accablement où je vous mettrois par l'abondance de mes lettres : les vôtres font ma félicité. Je ne vous ai point répondu sur votre belle ame : c'est Langlade qui dit, *la belle ame*, pour badiner; mais, de bonne foi, vous l'avez fort belle; ce n'est peut-être pas de ces ames du premier ordre, comme *chose*[1], ce Romain qui, pour tenir sa parole, retourna chez les Carthaginois, où il fut pis que martyrisé; mais, au dessous, vous pouvez vous vanter d'être du premier rang : je vous trouve si parfaite et dans une si grande réputation, que je ne sais que vous dire, sinon vous admirer, et vous prier de soutenir toujours votre raison par votre courage, et votre courage par votre raison.

La pièce de Racine m'a paru belle, nous y avons été; ma *belle-fille*[a] m'a paru la plus miraculeusement bonne comédienne que j'aie jamais vue : elle surpasse la De-

---

[1] M. de Sauvebœuf, rendant compte à M. le prince d'une négociation pour laquelle il étoit allé en Espagne, lui disoit : *Chose, chose*, le roi d'Espagne m'a dit, etc.

[a] Madame de Sévigné désigne par ces mots la Champmêlé que son fils avoit aimée. Tous les traits de cette actrice exprimoient la sensibilité; sa voix, douce et pénétrante dans les rôles tendres, acquéroit de la force et de l'énergie, quand la situation théâtrale le demandoit. On a répété que la Desœillets, assistant à ses débuts dans le rôle d'Hermione en 1670, s'étoit écriée : « Il n'y a plus de Desœillets. » Racine fut son maître de déclamation. Racine fils est le premier qui ait avancé qu'elle manquoit d'esprit; tous les contemporains le contredisent sur ce point. La Fontaine auroit-il adressé à

œillets de cent mille piques; et moi, qu'on croit assez bonne pour le théâtre ", je ne suis pas digne d'allumer les chandelles quand elle paroît. Elle est laide de près, et je ne m'étonne pas que mon fils ait été suffoqué par sa présence; mais, quand elle dit des vers, elle est adorable. *Bajazet* est beau; j'y trouve quelque embarras sur la fin; mais il y a bien de la passion, et de la passion moins folle que celle de *Bérénice* : je trouve pourtant, à mon petit sens, qu'elle ne surpasse pas *Andromaque*; et pour les belles comédies de Corneille, elles sont autant au-dessus, que votre idée étoit au-dessus de........ Appliquez, et ressouvenez-vous de cette folie, et croyez que jamais rien n'approchera, je ne dis pas surpassera, je dis que rien n'approchera des divins endroits de Corneille. Il nous lut l'autre jour, chez M. de La Rochefoucauld, une comédie qui fait souvenir de sa défunte veine *b*. Je voudrois cependant que vous fussiez venue

une femme, dont l'esprit n'eût été que le reflet de celui des autres, ces vers charmans qu'on lit en tête de Belphégor :

> Qui ne connoît l'inimitable actrice
> Représentant ou Phèdre, ou Bérénice,
> Chimène en pleurs, ou Camille en fureur?
> Est-il quelqu'un que votre voix n'enchante?
> S'en trouve-t-il une autre aussi touchante,
> Une autre enfin allant si droit au cœur?

Auroit-il dit cela de l'actrice qui n'auroit eu que de la mémoire?

a On voit par-là que madame de Sévigné jouoit très bien la comédie. Elle parle à M. de Pomponne du théâtre de Fresnes, dans la lettre du 1er août 1667. *Voyez* tome Ier, page 118.

b C'en étoit à peine l'ombre, car cette pièce ne pouvoit être que Pulchérie, représentée en 1672.

avec moi après-dîner, vous ne vous seriez point ennuyée; vous auriez peut-être pleuré une petite larme, puisque j'en ai pleuré plus de vingt; vous auriez admiré votre *belle-sœur;* vous auriez vu les *anges,* (*les demoiselles de Grancey*) devant vous, et la Bordeaux[a], qui étoit habillée en petite mignonne. M. le duc étoit derrière, Pomenars au-dessus, avec les laquais, son nez dans son manteau, parceque le comte de Créance le veut faire pendre, quelque résistance qu'il y fasse; tout le bel air étoit sur le théâtre : le marquis de Villeroi avoit un habit de bal; le comte de Guiche ceinturé comme son esprit[b]; tout le reste en bandits. J'ai vu deux fois ce comte chez M. de La Rochefoucauld; il me parut avoir bien de l'esprit, et il étoit moins surnaturel qu'à l'ordinaire.

Voilà notre abbé, chez qui je suis, qui vous mande qu'il a reçu le plan de Grignan, dont il est très content : il s'y promène déjà par avance; il voudroit bien en avoir le profil : pour moi, j'attends à le bien posséder que je sois dedans. J'ai mille compliments à vous faire de tous ceux qui ont entendu les agréables paroles du roi pour M. de Grignan. Madame de Verneuil me vient la première, elle a pensé mourir. Adieu, mon enfant; que

---

[a] Dont la fille fut mariée au comte de Fontaine Martel, premier écuyer de la demoiselle d'Orléans.

[b] Rien n'étoit plus apprêté que le style du comte de Guiche; Bussy-Rabutin parle de ses lettres dans sa correspondance avec madame de Scuderi, et il dit qu'il n'avoit pas toujours le don de les comprendre. L'éditeur a en sa possession une lettre de M. de Guiche, d'après laquelle il peut assurer que Bussy ne mettoit pas d'exagération dans ce jugement. *Voyez* aussi la lettre du 29 avril suivant.

vous dirai-je de mon amitié et de tout l'intérêt que je prends à vous à vingt lieues à la ronde, depuis les plus grandes jusques aux plus petites choses? J'embrasse l'*admirable* Grignan, le *prudent* coadjuteur, et le *présomptueux* Adhémar : n'est-ce pas là comme je les nommois l'autre jour?

~~~~~~

216.

A la même.

A Paris, mercredi 20 janvier 1672.

Voilà les maximes de M. de La Rochefoucauld revues, corrigées et augmentées[a]; c'est de sa part que je vous les envoie; il y en a de divines; et, à ma honte, il y en a que je n'entends point; Dieu sait comme vous les entendrez. Il y a un démêlé entre l'archevêque de Paris[b] et l'archevêque de Rheims : c'est pour une cérémonie. Paris veut que Rheims demande permission d'officier; Rheims jure qu'il n'en fera rien : on dit que ces deux hommes ne s'accorderont jamais bien qu'ils ne soient à trente lieues l'un de l'autre : ils seront donc toujours

---

[a] La première édition avoit paru en 1665 chez Barbin, et la dernière a été donnée par M. Blaise, en 1813, avec des additions importantes puisées dans des manuscrits autographes de l'auteur, déposés à la Bibliothèque royale.

[b] Harlay de Champvallon.

mal. Cette cérémonie est une canonisation d'un Borgia, jésuite; toute la musique de l'Opéra y fait rage : il y a des lumières jusque dans la rue Saint-Antoine; on s'y tue. Le vieux Mérinville [a] est mort sans y être allé.

Ne vous trompez-vous point, ma chère fille, dans l'opinion que vous avez de mes lettres? L'autre jour un pendard d'homme, voyant ma lettre infinie, me demanda si je pensois qu'on pût lire cela : j'en tremblai, sans dessein toutefois de me corriger; et, me tenant à ce que vous m'en dites, je ne vous épargnerai aucune bagatelle, grande ou petite, qui vous puisse divertir; pour moi, c'est ma vie et mon unique plaisir que le commerce que j'ai avec vous; toutes choses sont ensuite bien loin après. Je suis en peine de votre petit frère : il a bien froid, il campe, il marche vers Cologne pour un temps infini : j'espérois de le voir cet hiver, et le voilà. Enfin il se trouve que mademoiselle d'Adhémar est la consolation de ma vieillesse : je voudrois aussi que vous vissiez comme elle m'aime, comme elle m'appelle, comme elle m'embrasse; elle n'est point belle, mais elle est aimable; elle a un son de voix charmant; elle est blanche, elle est nette; enfin je l'aime. Vous me paroissez folle de votre fils; j'en suis fort aise; on ne sauroit avoir trop de fantaisies; musquées ou point musquées, il n'importe.

Il y a demain un bal chez MADAME; j'ai vu chez MADEMOISELLE l'agitation des pierreries : cela m'a fait souvenir de nos tribulations passées, et plût à Dieu y être

---

[a] François Desmontiers, comte de Mérinville, qui avoit été lieutenant-général du gouvernement de Provence, mort en janvier 1672.

encore! Pouvois-je être malheureuse avec vous? Toute ma vie est pleine de repentir : M. Nicole, ayez pitié de moi, et me faites bien envisager les ordres de la Providence. Adieu, ma chère fille, je n'oserois dire que je vous adore, mais je ne puis concevoir qu'il y ait un degré d'amitié au-delà de la mienne; vous m'adoucissez et m'augmentez mes ennuis, par les aimables et douces assurances de la vôtre.

217.

A la même.

A Paris, vendredi 22 janvier 1672, à dix heures du soir.

Enfin, ma fille, c'est tout ce que je puis faire que de quitter le petit coucher de mademoiselle d'Adhémar pour vous écrire : si vous ne voulez pas être jalouse, je ne sais que vous dire; c'est la plus aimable enfant que j'aie jamais vue : elle est vive, elle est gaie, elle a de petits desseins et de petites façons qui plaisent tout-à-fait. J'ai été aujourd'hui chez MADEMOISELLE, qui m'a envoyé dire d'y aller; MONSIEUR y est venu, il m'a parlé de vous, il m'a assuré que rien ne pouvoit tenir votre place au bal; il m'a dit que votre absence ne devoit pas m'empêcher d'aller voir son bal; c'est justement de quoi j'ai grande envie. Il a été fort question de la guerre, qui est enfin très certaine. Nous attendons la résolution de la reine d'Espagne¹ ; et, quoi qu'elle dise, nous voulons guerroyer : si elle est pour nous, nous fondrons sur les Hollandois ; si elle est contre nous, nous prendrons la Flandre ; et quand nous aurons commencé la noise, nous ne l'apaiserons peut-être pas aisément. Cependant nos troupes marchent vers Cologne. C'est M. de Luxembourg qui doit ouvrir la scène. Il y a quelques mouvements en Allemagne.

J'ai fort causé avec M. d'Usez : notre abbé lui a parlé de très bonne grace du dessein qu'il a pour l'abbé de Grignan² : il faut tenir cette affaire très secrète ; c'est sur la tête de M. d'Usez qu'elle roule ; car on ne peut obtenir de Sa Majesté les agréments nécessaires que par son moyen. On me dit en rentrant ici que le chevalier de Grignan³ a la petite-vérole chez M. d'Usez : ce seroit un grand malheur pour lui, un grand chagrin pour ceux qui l'aiment, et un grand embarras pour M. d'Usez, qui seroit hors d'état d'agir dans toutes les choses où l'on a besoin de lui : voilà qui seroit digne de mon malheur ordinaire.

Vous me louez continuellement sur mes lettres, et

¹ Anne-Marie d'Autriche, veuve de Philippe IV, roi d'Espagne, et mère de Charles II, qui ne fut déclaré majeur qu'en 1676, et dont les états étoient alors gouvernés par la reine sa mère, assistée de six conseillers nommés par le feu roi.

² Il paroît que l'abbé de Coulanges cherchoit à résigner l'abbaye de Livry en faveur de l'abbé de Grignan, nommé aussi le *bel abbé*, mort évêque de Carcassonne, à l'âge de 78 ans, le 1ᵉʳ mars 1722. On l'induit encore d'un passage de la lettre du 13 mai suivant.

³ Charles-Philippe Adhémar de Monteil, Chevalier de Malte, petit-neveu de Jacques Adhémar de Monteil, évêque d'Usez.

je n'ose plus parler des vôtres, de peur que cela n'ait l'air de rendre louanges pour louanges; mais encore ne faut-il pas se contraindre jusqu'à ne pas dire la vérité : vous avez des pensées et des tirades incomparables, il ne manque rien à votre style : d'Hacqueville et moi, nous étions ravis de lire certains endroits brillants; et même dans vos narrations, l'endroit qui regarde le roi, votre colère contre Lauzun et contre l'évêque, ce sont des traits de maître : quelquefois j'en donne aussi une petite part à madame de Villars; mais elle s'attache aux tendresses, et les larmes lui en viennent fort bien aux yeux. Ne craignez point que je montre vos lettres mal-à-propos; je sais parfaitement bien ceux qui en sont dignes, et ce qu'il en faut dire ou cacher.

Ecoutez, ma fille, une bonté et une douceur charmante du roi votre maître, cela redoublera bien votre zèle pour son service. Il m'est revenu de très bon lieu que l'autre jour M. de Montausier[1] demanda une petite abbaye à Sa Majesté pour un de ses amis; il en fut refusé, et sortit fâché de chez le roi en disant : *Il n'y a que les ministres et les maîtresses qui aient du pouvoir en ce pays.* Ces paroles n'étoient pas trop bien choisies; le roi les sut : il fit appeler M. de Montausier, lui reprocha avec douceur son emportement, le fit souvenir du peu de sujet qu'il avoit de se plaindre de lui, et le lendemain il fit madame de Crussol[2] dame du palais :

[1] Charles de Sainte-Maure, duc de Montausier, gouverneur de Louis Dauphin de France, fils unique de Louis XIV.

[2] Marie-Julie de Sainte-Maure, femme d'Emmanuel de Crussol, duc d'Usez, et fille de M. de Montausier.

je vous dis que voilà des conduites de Titus : vous pouvez juger si le gouverneur a été confondu, aussi bien que l'évêque, qui vous doit sa députation. Ces manières de se venger sont bien cruelles. Le roi a raccommodé l'archevêque de Rheims avec celui de Paris. Que vous dirai-je encore? ma pauvre tante est accablée de mortelles douleurs; cela me fait une tristesse et un devoir qui m'occupent.

218. **

Au Comte DE BUSSY.

A Paris, ce 24 janvier 1672.

Je trouve fort plaisant, mon cousin, que ce soit précisément dans la chambre de notre petite sœur de Sainte-Marie que l'envie me prenne de vous écrire*. Il sembleroit quasi que notre amitié fût fondée sur la sainteté de notre grand'mère. Le moyen d'en juger autrement, en voyant que tant d'autres lieux, où je vous ai vu, me font moins souvenir de vous que celui-ci où je ne vous ai vu de ma vie. Vous avez ici une fille qui contribue à ce miracle. Elle n'est non plus sotte que si elle vous voyoit tous les jours, et elle est aussi sage que si elle ne partoit

---

* La dernière lettre de madame de Sévigné au comte de Bussy avoit été écrite dans cette cellule. *Voyez* la lettre du 17 mai 1671.

pas de Sainte-Marie. C'est une créature dont le fond est d'un christianisme fort austère, chamarré de certains agréments de Rabutin qui lui donnent un charme extraordinaire. Je doute que tous vos autres enfants valent mieux que celle-ci. Mais en voilà assez pour lui donner de la vanité. J'ai été huit mois en Bretagne, pendant lesquels je ne me suis jamais trouvé assez d'esprit pour vous écrire. J'ai eu dessein de ressusciter notre commerce à mon retour, et je commence ici. Bon jour, bonne œuvre. Je ne vous dirai point de nouvelles, et je ne vous parlerai point du prochain. Vous savez tout ce qui se passe, au moins je le veux croire : car je ne crois pas qu'il soit trop sûr d'écrire de certaines choses :

> On sait de cent paquets les tristes aventures,
> Et tous les grands chemins sont remplis de parjures.

Il y a des comédies nouvelles dont j'ai la vanité de croire que vous jugerez comme moi. Adieu, mon cousin, vous ne sauriez croire combien je mérite l'honneur de votre amitié.

219. **

Du Comte de Bussy *à Madame* de Sévigné.

A Chaseu, ce 28 janvier 1672.

Savez-vous bien, Madame, ce qui fait que vous m'écrivez de Sainte-Marie, où vous ne m'avez jamais vu, plutôt que de mille autres lieux où vous m'avez vu mille fois. C'est que ma fille vous y fait ressouvenir de moi; et qu'étant bientôt lasse des matières qu'on traite en ces lieux-là, vous usez une partie du temps de votre visite à faire une lettre à son père. Ainsi, Madame, tout ce que j'en puis juger, c'est que vous aimez mieux parler au monde qu'à moi; mais que vous aimez mieux me parler qu'à Dieu; vous en conviendrez, si vous êtes sincère. Quand j'ai lu l'endroit où vous me mandez *que ma fille n'est non plus sotte que si elle me voyoit tous les jours, et qu'elle est aussi sage que si elle ne partoit pas de Sainte-Marie*, je croyois qu'il y eût, *aussi sage que si elle ne m'avoit jamais vu*. Car effectivement une demoiselle peut devenir agréable à me pratiquer; mais il est difficile qu'elle devienne par-là bonne religieuse. Ma fille de Sainte-Marie en est une, à ce que j'ai appris par d'autres que par vous; et le témoignage que vous me donnez des agréments de son esprit est ce qu'on appelle l'approbation des docteurs. Ses sœurs ont aussi leur mérite, et si ma disgrace leur a fait perdre des avantages du côté de la fortune, elle leur en a donné du côté de la bonne nourriture et de l'esprit. Vous me deviez écrire de Bretagne : nous y avons perdu tous deux. Vous vous moquez de me mander que vous ne vous êtes pas trouvé assez d'esprit pour cela. Songez-vous à faire de belles lettres pour moi? il me paroît qu'elles ne le peuvent être dès qu'on y songe. Il est vrai que je sais ce qui se passe ; mais je ne le saurois point, si tous mes amis avoient sur cela autant de prudence que vous.

Avez-vous fait les deux vers que vous m'envoyez sur ce sujet? les avez-vous retournés, ou seulement copiés? Ils sont capables de faire trembler tous les gazetiers de France ; il est vrai qu'en voici qui les rassurent :

> Qu'il se perde tant de paquets
> Qu'on dit tous les jours par la ville,
> Ce sont contes à plaisir ; mais,
> Pour un perdu, l'on en dit mille.

220.

De Madame DE SÉVIGNÉ *à Madame* DE GRIGNAN.

A Paris, mercredi 27 janvier 1672.

Je n'ai jamais rien vu de si aimable que vos lettres. Vous êtes contente de mon amitié, et vous me le dites d'une manière à pénétrer de tendresse un cœur comme le mien : vous voyez tout ce qui s'y passe ; vous découvrez que la plus grande partie de mes actions se fait en vue de vous être bonne à quelque chose : vous expliquez le voyage de Pomponne dans sa vraie signification; les visites de M. Le Camus tout de même; et en vérité, ma fille, vous ne vous trompez pas, et, tant que votre pénétration me rendra de si bons offices, je ne crains pas que votre amitié diminue. J'admire votre humeur; elle est au-delà de tout ce qu'on peut vous souhaiter: si vous en avez une autre moins commode, il faut lui pardonner en faveur de celle-là, et pardonner aussi à ceux à qui vous vous découvriez assez peu, pour ne leur pas laisser voir clairement toutes vos bonnes qualités; comme alors elles n'étoient pas exercées, on ne le pouvoit savoir que par vos paroles.

Mais, ma chère enfant, cette grande paresse de ne vouloir pas seulement penser à sortir un moment d'où vous êtes, me blesse le cœur. Je trouve les pensées de M. de Grignan bien plus raisonnables : celle qu'il avoit pour la charge du maréchal de Bellefonds, au cas qu'il l'eût quittée, étoit tout-à-fait de mon goût; vous aurez vu comme la chose a tourné; mais j'aimerois assez que le desir de vous rapprocher ne vous quittât point, quand il arrive des occasions; et M. d'Usez auroit fort bonne grace à témoigner au roi qu'il est impossible de le servir si loin de sa personne, sans beaucoup de chagrin, sur-tout quand on a passé la plus grande partie de sa vie auprès de lui.

L'autre jour, M. de Berni[1], à Versailles, passa par

---

[1] Fils de M. de Lionne, secrétaire d'état.

une fenêtre, croyant passer par une porte, et tomba du premier étage sur un petit garçon qui fut blessé, et qui l'empêcha d'être tué : il fut secouru ; il a la tête très fracassée, mais on ne croit pas qu'il en meure : voilà ce que font les croisées coupées jusqu'en bas ; on ne sauroit jamais manquer à mettre par-tout des garde-fous : cet accident fit grand bruit à Versailles.

Je vous prie, ma fille, dites-moi souvent dans vos lettres quelque petit mot de ma tante, ce lui est une consolation dans ses continuelles douleurs. J'ai envoyé vos lettres : celle de madame de La Fayette est extrêmement jolie. Le commencement de votre dernière est étrange : vous me donnez à deviner ce que vous avez fait la nuit ; j'ai tremblé depuis les pieds jusqu'à la tête ; je croyois que tout fût perdu ; il se trouve que vous avez attendu votre courrier, et que vous avez bu joyeusement à la santé du roi votre maître : j'ai respiré et approuvé votre zèle ; en vérité, on ne sauroit trop louer le roi : il est encore perfectionné depuis un an. Les poëtes ont commencé à la cour[a] ; mais j'aime bien autant la prose, depuis que tout le monde en sait faire, pour conter et chanter ses louanges.

Je viens d'écrire une grande lettre à M. de Pomponne, pour toutes les affaires de Provence, dont M. d'Usez ne peut lui parler, à cause de la petite-vérole du pauvre chevalier : je n'ose vous parler de l'état où il est ; il faut

---

[a] Boileau, Racine et les autres grands hommes de ce temps commençoient à faire leur cour au roi, qui les recevoit avec grace et bonté. Ce fut madame de Montespan et ses sœurs qui amenèrent un usage si propre à encourager et à développer les talents.

espérer à sa grande jeunesse : j'ai déjà bien soupiré pour la crainte que j'ai de son mal. Madame de Guerchi, fille de la comtesse de Fiesque*, est morte à la campagne pour avoir eu peur du feu : elle étoit grosse de huit mois; elle est accouchée et morte ensuite : cette manière de mourir m'a blessé le cœur. Le petit duc de Rohan*[b] est à l'extrémité d'avoir bu deux verres d'eau-de-vie après avoir bien bu du vin; il est dans le sept d'une fièvre très mortelle. Voilà une belle espérance pour M. et madame de Soubise : pour moi, après l'avoir vu aux états, et sachant comme il traitoit madame de Rohan, j'en suis toute consolée. Le chancelier (*Séguier*) se meurt; il a renvoyé les sceaux au roi par le duc de Coislin : voilà un joli présent à faire. Mon Dieu, ma fille, que je voudrois bien voir M. de Grignan ici avec une belle charge auprès de son maître, et envoyer promener tous vos Provençaux! Adhémar me les fera bien haïr; il est plaisant de leur faire confidence de ce qu'il pense d'eux. Adieu, ma très aimable, je ne songe qu'à vous aller voir. J'embrasse mon cher Grignan et sa chère femme.

a Gillonne d'Harcourt, comtesse de Fiesque, avoit épousé en premières noces Louis de Brouilly, marquis de Piennes, et en avoit eu une fille nommée Marie, qui avoit épousé Henri Regnier, marquis de Guerchi.

b Louis, duc de Rohan, frère de madame de Soubise, il étoit né en 1652, et mourut à l'âge de 75 ans, en 1727.

221.

A la même.

A Sainte-Marie-du-Faubourg, vendredi 29 janvier 1672, jour de saint François-de-Sales, et jour que vous fûtes mariée. Voilà ma première radoterie; c'est que je fais des bouts-de-l'an de tout.

Me voici dans un lieu, ma fille, qui est le lieu du monde où j'ai pleuré, le jour de votre départ, le plus abondamment et le plus amèrement : la pensée m'en fait encore tressaillir. Il y a une bonne heure que je me promène toute seule dans le jardin : toutes nos sœurs sont à vêpres, embarrassées d'une méchante musique; et moi, j'ai eu l'esprit de m'en dispenser. Ma chère enfant, je n'en puis plus; votre souvenir me tue en mille occasions : j'ai pensé mourir dans ce jardin, où je vous ai vue si souvent* : je ne veux point vous dire en quel état je suis; vous avez une vertu sévère, qui n'entre point dans la foiblesse humaine; il y a des jours, des heures, des moments où je ne suis pas la maîtresse; je suis foible, et ne me pique point de ne l'être pas : tant y a, je n'en puis plus, et pour m'achever, voilà un homme que j'avois envoyé chez le chevalier de Grignan, qui me dit qu'il est extraordinairement mal : cette pitoyable

---

* Madame de Grignan avoit été élevée dans ce couvent.

nouvelle n'a pas séché mes yeux. Je crois qu'il dispose en votre faveur de ce qu'il a : gardez-le, quoique ce soit peu, pour une marque de sa tendresse, et ne le donnez point, comme votre cœur le voudroit : il n'y a pas un de vos beaux-frères, qui, à proportion, ne soit plus riche que vous. Je ne puis vous dire le déplaisir que j'ai dans la vue de cette perte. Hélas! un petit aspic, comme M. de Rohan, revient de la mort; et cet aimable garçon, bien né, bien fait, de bon naturel, d'un bon cœur, dont la perte ne fait de bien à personne, nous va périr entre les mains! Si j'étois libre, je ne l'aurois pas abandonné, je ne crains point son mal; mais je ne fais pas sur cela ma volonté. Vous recevrez par cet ordinaire des lettres écrites plus tard, qui vous parleront plus précisément de ce malheur; pour moi, je me contente de le sentir.

Hier au soir, madame Dufresnoi* soupa chez nous : c'est une nymphe, c'est une divinité, mais madame Scarron, madame de La Fayette et moi, nous voulûmes la comparer à madame de Grignan, et nous la trouvâmes cent piques au-dessous, non pas pour l'air ni pour le teint; mais ses yeux sont étranges, son nez n'est pas comparable au vôtre, sa bouche n'est point fine, la vôtre est parfaite; et elle est tellement recueillie dans sa beauté, que je trouve qu'elle ne dit précisément que les paroles qui lui siéent bien; il est impossible de se la représenter parlant communément et d'affection sur quelque chose. Pour votre esprit, ces dames ne mirent

* *Voyez* ci-dessus la note de la lettre du 11 novembre, page 242.

aucun degré au-dessus du vôtre, et votre conduite, votre sagesse, votre raison, tout fut célébré : je n'ai jamais vu une personne si bien louée ; je n'eus pas le courage de faire *les honneurs de vous*, ni de parler contre ma conscience.

On dit que le chancelier est mort : je ne sais si on donnera les sceaux avant que cette poste parte. La comtesse (*de Fiesque*) est très affligée de la mort de sa fille ; elle est à Sainte-Marie de Saint-Denis. Mon enfant, on ne peut assez se conserver, et grosse, et en couche, ni assez éviter d'être dans ces deux états, je ne parle pour personne. Adieu, ma très chère, cette lettre sera courte : je ne puis rien écrire dans l'état où je suis ; vous n'avez pas besoin de ma tristesse : mais si quelquefois vous recevez des lettres infinies, ne vous en prenez qu'à vous, et aux flatteries que vous me dites sur le plaisir que vous donne leur longueur ; vous n'oseriez plus vous en plaindre. Je vous embrasse mille fois, et m'en retourne à mon jardin, et puis à un bout de salut, et puis chez des malades qui sont aussi chagrins que moi.

Voilà Madeleine-Agnès qui entre, et qui vous salue en Notre-Seigneur.

222.

A la même.

A Paris, mercredi 3 février 1672.

J'eus hier une heure de conversation avec M. de Pomponne[a] : il faudroit plus de papier qu'il n'y en a dans mon cabinet pour vous dire la joie que nous eûmes de nous revoir, et comme nous passions à la hâte sur mille chapitres, que nous n'avions pas le temps de traiter à

---

[a] Les vers suivants ont été faits pour M. de Pomponne, lorsque le roi l'appela au ministère; on les trouve dans le *Nouveau Siècle de Louis XIV*, recueil curieux de petites pièces anecdotiques. Le P. Bouhours dans son *Recueil de vers choisis*, les attribue à Louis Le Laboureur. C'est par erreur que dans les *Annales poétiques*, tome XXIV, page 56, on les donne ainsi : *Vers sur la place de premier président du parlement de Paris, donnée à M. (Pomponne) de Bellièvre.*

> Élevé dans la vertu
> Et malheureux avec elle,
> Je disois : A quoi sers-tu,
> Pauvre et stérile vertu
> Ta droiture et tout ton zèle,
> Tout compté, tout rabattu,
> Ne valent pas un fétu.
> Mais, voyant que l'on couronne
> Aujourd'hui le grand Pomponne,
> Aussitôt je me suis tu :
> A quelque chose elle est bonne.

fond. Enfin je ne l'ai point trouvé changé; il est toujours parfait; il croit que je vaux plus que je ne vaux effectivement : son père lui a fait comprendre qu'il ne pouvoit l'obliger plus sensiblement qu'en m'obligeant en toutes choses : mille autres raisons; à ce qu'il dit, lui donnent ce même desir, et sur-tout il se trouve que j'ai le gouvernement de Provence sur les bras; c'est un prétexte admirable pour avoir bien des affaires ensemble : voilà le seul chapitre qui ne fut point étranglé. Je lui parlai à loisir de l'évêque; il sait écouter aussi bien que répondre, et crut aisément le plan que je lui fis des manières du prélat; il ne me parut pas qu'il approuvât qu'un homme de sa profession voulût faire le gouverneur : il me semble que je n'oubliai rien de ce qu'il falloit dire : il me donne toujours de l'esprit; le sien est tellement aisé, qu'on prend, sans y penser, une confiance qui fait qu'on parle heureusement de tout ce qu'on pense : je connois mille gens qui font le contraire. Enfin, ma fille, sans vouloir m'attirer de nouvelles douceurs, dont vous êtes prodigue pour moi, je sortis avec une joie incroyable, dans la pensée que cette liaison avec lui vous seroit très utile; nous sommes demeurés d'accord de nous écrire; il aime mon style naturel et dérangé, quoique le sien soit comme celui de l'éloquence même. Je vous mandai l'autre jour de tristes nouvelles du pauvre chevalier, on venoit de me les donner de même; j'appris le soir qu'il n'étoit pas si mal, et enfin il est encore en vie, quoiqu'il ait été au-delà de l'extrême-onction, et qu'il soit encore très mal : sa petite-vérole sort et sèche en même temps; il me semble que c'est.

comme celle de madame de Saint-Simon ". Ripert vous
en écrira plus sûrement que moi; j'en sais pourtant tous
les jours des nouvelles, et j'en suis dans une très véritable inquiétude; je l'aime encore plus que je ne pensois.
Cette nuit, madame la princesse de Conti¹ est tombée
en apoplexie: elle n'est pas encore morte, mais elle n'a
aucune connoissance; elle est sans pouls et sans parole; on la martyrise pour la faire revenir: il y a cent
personnes dans sa chambre, trois cents dans sa maison: on pleure, on crie; voilà tout ce que j'en sais
jusqu'à présent. Pour M. le chancelier (*P. Séguier*), il
est mort très assurément, mais mort en grand homme:
son bel esprit, sa prodigieuse mémoire, sa naturelle
éloquence, sa haute piété, se sont rassemblés aux derniers jours de sa vie: la comparaison du flambeau qui
redouble sa lumière en finissant, est juste pour lui. Le
Mascaron² l'assistoit, et se trouvoit confondu par ses
réponses et par ses citations; il paraphrasoit le *Miserere*,
et faisoit pleurer tout le monde; il citoit la Sainte-Écri-
ture et les Pères, mieux que les évêques dont il étoit
environné; enfin sa mort est une des plus belles et des
plus extraordinaires choses du monde. Ce qui l'est encore plus, c'est qu'il n'a point laissé de grands biens;
il étoit aussi riche en entrant à la cour, qu'il l'étoit en
mourant. Il est vrai qu'il a établi sa famille; mais si on

" *Voyez* la lettre du 3 décembre 1670.
¹ Anne-Marie Martinozzi, Princesse de Conti, morte le 4 février 1672.
² Jules Mascaron, de l'Oratoire, célèbre prédicateur, étoit depuis
peu évêque de Tulle, et fut transféré en 1679 à l'évêché d'Agen.

prenoit chez lui, ce n'étoit pas lui. Enfin il ne laisse que soixante-dix mille livres de rente; est-ce du bien pour un homme qui a été quarante ans chancelier, et qui étoit riche naturellement? La mort découvre bien des choses, et ce n'est point de sa famille que je tiens tout ceci. On les voit : nous avons fait aujourd'hui nos stations, madame de Coulanges et moi. Madame de Verneuil¹ est si mal qu'elle n'a pu voir le monde. On ne sait encore qui aura les sceaux.

Je vous conjure de mander au coadjuteur qu'il songe à faire réponse sur l'affaire dont lui écrit M. d'Agen², j'en suis tourmentée : cela est mal d'être paresseux avec un évêque de réputation. Je remets tous les jours à écrire à ce coadjuteur; son irrégularité me débauche; je le condamne, et je l'imite. J'embrasse M. de Grignan : est-il encore question des grives? Il y avoit l'autre jour une dame* qui confondit ce qu'on dit d'une grive, et au lieu de dire, *elle est saoule comme une grive*, disoit que la première présidente *étoit sourde comme une grive*; cela fit rire. Adieu, ma chère fille, je vous aime, ce me semble, bien plus que moi-même. Votre fille est aimable; je m'en amuse de bonne foi; elle embellit tous les jours; ce petit ménage me donne la vie.

¹ Madame de Verneuil étoit fille de M. Séguier.
² Claude Joli, évêque d'Agen. Il avoit été curé de Saint-Nicolas-des-Champs à Paris.
* Madame de Louvois. (*Voyez* la lettre suivante.)

223.

A la même.

A Paris, vendredi 5 février 1672. Il y a aujourd'hui mille ans que je suis née⁰.

Je suis ravie, ma bonne, que vous aimiez mes lettres, je ne crois pourtant pas qu'elles soient aussi agréables que vous me le dites. Je vous envoie quatre rames de papier, vous savez à quelle condition. J'espère en recevoir la plus grande partie entre ci et Pâques; après cela j'aspirerai à d'autres plaisirs. On m'a assuré ce matin que le chevalier se portoit mieux : j'espère en sa jeunesse; je prie Dieu de tout mon cœur qu'il nous le redonne. Madame la princesse de Conti mourut quelques heures après que j'eus fermé mon paquet; c'est-à-dire, hier à quatre heures du matin, sans aucune connoissance, ni avoir jamais dit une seule parole de bon sens : elle appeloit quelquefois *Cécile*, une femme-de-chambre, et disoit : Mon Dieu! On croyoit que son esprit alloit revenir, mais elle n'en disoit pas davantage. Elle expira en faisant un grand cri, et au milieu d'une convulsion qui lui fit imprimer ses doigts dans le bras d'une femme qui la tenoit. La désolation de sa chambre

* Madame de Sévigné avoit 46 ans.

ne se peut représenter : M. le duc, MM. les princes de
Conti, madame de Longueville, madame de Gamache*
pleuroient de tout leur cœur. Madame de Gesvres*´ avoit
pris le parti des évanouissements ; madame de Brissac de
crier les hauts cris, et de se jeter par la place : il fallut
les chasser, parcequ'on ne savoit plus ce qu'on faisoit :
ces deux personnages n'ont pas réussi ; qui prouve trop
ne prouve rien, dit je ne sais qui. Enfin la douleur est
universelle. Le roi a paru touché, et a fait son panégyrique, en disant qu'elle étoit plus considérable par sa
vertu que par la grandeur de sa fortune. Elle laisse par
son testament l'éducation de ses enfants à madame de
Longueville : je disois qu'il n'y avoit que le diable qui
gagnât à cette mort, et qu'il alloit reprendre ces deux
petits princes ; mais, afin qu'en nul lieu on ne s'en ré-
jouisse, les voilà retombés en bonnes mains. M. le prince
est tuteur, il y a vingt mille écus aux pauvres, autant à
ses domestiques ; elle veut être enterrée à sa paroisse
tout simplement, comme la moindre femme. Je ne sais
si ce détail est à propos ; tant y a, ma bonne, le voilà ;
vous voulez et vous souffrez que mes lettres soient longues, et voilà le hasard que vous courez. Je vis hier sur
son lit cette sainte princesse ; elle étoit défigurée par le
martyre qu'on lui avoit fait à la bouche : on lui avoit
rompu deux dents, et brûlé la tête ; c'est-à-dire, que
si les pauvres patients ne mouroient point de l'apoplexie,

a Marie-Antoinette de Loménie, femme de Nicolas Joachim Rouault,
marquis de Gamaches.

b *Voyez* la note de la lettre du 13 mars 1671, tom. I*er*, p. 289.

ils seroient à plaindre de l'état où on les met. Il y a de belles réflexions à faire sur cette mort, cruelle pour toute autre, mais très heureuse pour elle, qui ne l'a point sentie, et qui étoit toujours préparée"*. Brancas en est pénétré.

J'oubliai avant-hier de vous mander que j'avois rencontré Canaples* à Notre-Dame, et qu'après mille amitiés pour M. de Grignan, il me dit que le maréchal de Villeroi l'avoit assuré que les lettres de M. de Grignan étoient admirées dans le conseil, qu'on les lisoit avec plaisir, et que le roi avoit dit qu'il n'en avoit jamais vu de mieux écrites : je lui promis de vous le mander. Cette dame que je ne vous nommai point dans ma dernière lettre, c'étoit madame de Louvois. A propos, M. de Louvois est entré et assis au conseil depuis quatre jours, en qualité de ministre. Le roi scellera demain avec six conseillers d'état et quatre maîtres des requêtes; on ne sait combien cela durera : voilà une belle charge dont Sa Majesté s'acquittera très bien. Il me vient des pensées folles sur le chancelier; mais où puis-je les avoir prises, dans le chagrin où je suis depuis deux ou trois jours? Cette veille, ce jour, ce lendemain, ce temps de votre départ de l'année passée, tout cela m'a tellement touché

---

a La princesse de Conti fut inhumée à Saint-André-des-Arcs; on lui érigea un mausolée sur l'épitaphe duquel on lisoit ces mots, qui sont bien préférables aux titres pompeux qui les accompagnoient : « Elle vendit toutes ses pierreries pour nourrir, durant la famine de « 1662, les pauvres de Berry, de Champagne et de Picardie. »

b Alphonse de Créqui, comte de Canaples, frère du duc et du maréchal de Créqui. Il devint, en 1704, duc de Lesdiguières.

le cœur et l'esprit, que j'en avois sans cesse les larmes aux yeux malgré moi, car rien n'est moins utile que les douleurs d'une chose sur laquelle on n'a plus aucun pouvoir : on se tue, on se dévore hors de propos, aussibien qu'à faire des souhaits et des châteaux en Espagne : vous êtes trop sage pour les aimer; et moi je les aime. Adieu, ma fille, je vous baise avec la dernière tendresse. Il me semble que la vie ne m'est pas plus nécessaire ni plus chère que votre amitié. J'embrasse le politique Grignan. M. de La Rochefoucauld vous mande qu'il a une souris blanche qui est aussi belle que vous; c'est la plus jolie bête du monde; elle est dans une cage. Voilà madame de Coulanges qui veut que je vous dise, et ceci, et cela, et de l'amitié, mais je ne suis pas à ses gages.

224.

A la même.

A Paris, mercredi 10 février 1672.

Enfin, ma chère fille, après bien des alarmes et de fausses espérances, nous avons perdu le pauvre chevalier[a]; je vous avoue que j'ai été sensiblement touchée de cette mort : elle arriva samedi 6 février, à quatre

[a] Charles-Philippe Adhémar-de-Monteil, chevalier de Malte, frère cadet de M. de Grignan.

heures du matin. Si une fin véritablement chrétienne doit consoler des chrétiens, nous devons nous consoler par l'assurance de son salut; jamais plus de résignation, jamais plus d'amour de Dieu, jamais plus de graces visibles : il n'eût point voulu accepter la vie, si on eût pu la lui redonner, tant il avoit de confiance en la miséricorde de Dieu; et il se sentoit dans des dispositions qu'il n'eût pas voulu remettre au hasard. Il a été rudement saigné; il voulut résister à la dernière, qui fut la onzième; mais les médecins l'emportèrent : il leur dit qu'il s'abandonnoit donc, et qu'ils le vouloient tuer par les formes. La mort de M. de Guise, qu'on a cru qui devoit être saigné, a bien fait mourir du monde après lui. Il y a eu, dès Saint-Germain, de la faute de ce pauvre garçon; il étoit incommodé d'un dévoiement au commencement de son service; il prit du lait sans préparation pour le faire cesser : le dévoiement cessa en effet; mais, au bout de huit jours, la fièvre le prit en venant à Paris, et la petite-vérole, avec une telle corruption, qu'on ne pouvoit durer dans sa chambre, et il rendoit des vers en quantité, qui venoient de son lait corrompu; enfin la Providence avoit marqué la fin de sa vie dans les plus belles années de son âge. Voilà des détails bien tristes; mais, quand on est touché, on ne cherche point, ce me semble, à s'épargner par l'ignorance de ce qui s'est passé. Je ne devrois point mêler d'autres discours dans cette lettre; mais, quand vous aurez essuyé vos premières larmes, vous la pourrez reprendre, et vous y verrez ce que nous avons résolu touchant vos affaires.

Nous ne reçûmes qu'hier la lettre que vous aviez

écrite par le courrier; c'est justement celle dont j'étois en peine; il n'y en a point eu de perdue. J'ai été une heure avec M. d'Usez, mon oncle l'abbé y étoit aussi; nous avons fort discouru de toutes vos affaires; je suis plus satisfaite que jamais de la prudence et du bon esprit de ce prélat : vous n'avez qu'à lui envoyer vos pensées toutes crues; en deux heures de réflexion, il voit tout ce qu'il faut faire, ou ne pas faire. Je lui ai montré une lettre que j'ai reçue de M. de Pomponne; il faut que je ménage une conversation entre M. d'Usez et lui : le nom de M. d'Usez est plein de mauvais air présentement[a], cela nous désespère; il n'ose aller à Saint-Germain; il ne peut parler à M. Colbert, cela nous coupe la gorge. Il ne croit pas qu'on doive aller brusquement dans l'affaire dont vous lui parlez, parceque, si elle appartient aux députés, il ne faut pas mettre la raison de leur côté, et le tort du nôtre; car, en habiles gens, ils ne prendroient que ce petit endroit qu'ils feroient valoir, et cacheroient tout le reste. Quand les gens coupables tiennent une pauvre petite vérité pour eux, ils la retournent de cent façons, et sont insupportables. C'est sur quoi la prudence de M. d'Usez vous est parfaitement nécessaire.

Le marquis de Villeroi[b] a eu ordre de se retirer de la

[a] A cause de la petite-vérole de son neveu.
[b] François de Neufville, marquis de Villeroi, depuis maréchal de France. Madame de Coulanges et madame de Sévigné l'appeloient *le Charmant*. Il aimoit madame la comtesse de Soissons, Vardes l'aimoit aussi; de rivaux ils devinrent ennemis. Les Mémoires du temps présentent le marquis de Villeroi comme ayant tenu dans cette ren-

cour pour sa mauvaise conduite : voilà tout ce qu'a dit Sa Majesté. On tire plusieurs conséquences, on s'en prend à des gens; enfin, ce qui est sûr, c'est que Vardes en sera sensiblement aise; c'est à Lyon qu'il est exilé; cette demeure n'est pas odieuse pour lui, pourvu qu'elle ne soit pas longue. Je suis persuadée que vous êtes si touchée du pauvre chevalier, que je garde pour une autre fois mille bagatelles qui ne seroient pas de saison aujourd'hui.

Votre maxime est divine; M. de La Rochefoucauld en est jaloux, il ne comprend pas qu'il ne l'ait pas faite; l'arrangement des paroles en est heureux; mais pourquoi n'entendez-vous pas la sienne? Hélas! le moyen de vivre sans folie, c'est-à-dire sans fantaisie? et un homme n'est-il pas fou, qui croit être sage, en ne s'amusant et ne se divertissant de rien? Vous reviendrez à notre opinion*.

L'abbé a rendu tous les devoirs au pauvre chevalier;

contre une conduite tout-à-fait déloyale; on l'accuse d'avoir rapporté à madame Henriette, duchesse d'Orléans, des discours tenus par Vardes, mais avec une altération si perfide, que dans sa bouche des paroles légères se seroient converties en outrages contre cette princesse. Vardes fut mis à la Bastille, et bientôt le roi, ayant su qu'il étoit l'un des auteurs de la lettre espagnole, l'envoya à la citadelle de Montpellier. On a déjà parlé de cette intrigue dans la note de la page 280 du premier volume.

a Voici la maxime : *Qui vit sans folie n'est pas si sage qu'il le croit.* C'est la 221ᵉ de la première édition, et la 214ᵉ des éditions modernes, et notamment de celle que M. Blaise a publiée en 1813. (*Voyez* la note de la page 297 de ce volume.)

j'en aurois fait autant, mais on m'auroit lapidée : je me contentai d'aller pleurer, dès le jour même, avec M. d'Uzez, qui étoit dans une autre maison. Adhémar n'est point encore arrivé.

Je suis en peine de vous savoir à Aix, à cause de la petite-vérole qui y étoit. Mon Dieu, qu'on est à plaindre quand on aime beaucoup! Je vois d'ici la tranquillité où vous étiez à Lambesc toute seule, pendant que votre cœur se reposoit avec le pain et l'eau de la paresse : vous revoilà dans les ragoûts. Votre comparaison n'est nullement ridicule : elle feroit rire, si on rioit; mais on ne rit pas toujours. Hélas! ma chère enfant, il y a plus d'un an que je ne vous ai vue; je sens vivement cette absence; et vous, ma fille, n'y pensez-vous point quelquefois un petit moment?

Monsieur DE COULANGES.

Je ne m'amuserai point, ma belle Comtesse, à vous faire un méchant compliment; mais je vous assurerai seulement que j'ai été très affligé de la mort de notre pauvre chevalier : je m'étois si bien trouvé de son commerce en Provence, et j'espérois m'en trouver si bien par-tout, que sa perte me touche sensiblement. Hélas! il vous souvient de notre mariage; qui eût cru qu'il eût été de si peu de durée? Voilà un beau sujet de méditation pour les jeunes gens, et pour tous nous autres gens plus avancés en âge; il ne faut point se fier à l'âge ni à la bonne santé; nous sommes tous mortels, et l'heure et le moment sont fort incertains. Je finis par cette moralité un peu triviale, et vous embrasse, s'il vous plaît, ma belle Comtesse, avec le dernier respect et la dernière tendresse.

Madame DE COULANGES.

Je suis très fâchée de la mort de M. le chevalier de Grignan, Madame; mais, sans vouloir ajouter à votre affliction la peine de lire une méchante lettre, je vous prierai de trouver bon que je vous assure ici que je suis très sensible à tout ce qui vous arrive, et que je me sais faire un fort grand plaisir d'espérer que j'aurai l'honneur de vous voir cet été. J'irai certainement à Grignan, quand il m'en coûteroit de quitter le marquis de Villeroi à Lyon; comprenez mon procédé. Adieu, Madame; c'est une chose délicieuse que de demeurer avec madame de Sévigné.

225.*

A la même.

A Paris, vendredi 12 février 1672.

Je ne puis, ma chère fille, qu'être en peine de vous, quand je songe au déplaisir que vous aurez de la mort du pauvre chevalier. Vous l'aviez vu depuis peu; c'étoit assez pour l'aimer beaucoup, et pour connoître encore plus toutes les bonnes qualités que Dieu avoit mises en lui. Il est vrai que jamais homme n'a été mieux né, et n'a eu des sentiments plus droits et plus souhaitables, avec une très belle physionomie, et une très grande tendresse pour vous; tout cela le rendoit infiniment aimable, et pour vous, et pour tout le monde. Je comprends bien aisément votre douleur, puisque je la sens en moi; cependant j'entreprends de vous amuser un quart d'heure, et par des choses où vous avez intérêt, et par le récit de ce qui se passe dans le monde.

J'ai eu une grande conversation avec M. Le Camus[a]; il entre si parfaitement bien dans nos sentiments, qu'il me donne des conseils; il est piqué des conduites malhonnêtes; et, comme il en a de fort contraires, il n'a nulle peine à entrer dans nos vues, où la droiture et la sincérité sont en usage : c'est ce dont il ne faut point se départir, quoi qu'il arrive; cette mode revient toujours. On ne trompe guère long-temps le monde, et les fourbes sont enfin découverts; j'en suis persuadée. M. de Pomponne n'est pas moins opposé à ce qui lui est si contraire; et je vous puis assurer que, si j'étois aussi habile sur toutes choses que je le suis pour discourir là-dessus, il ne manqueroit rien à ma capacité. Dites-moi quelquefois quelque chose d'agréable pour M. Le Camus : ce sont des faveurs précieuses pour lui, et d'autant plus qu'il n'est obligé à aucune réponse.

Le marquis de Villeroi est donc parti pour Lyon comme je vous l'ai mandé; le roi lui fit dire par le ma-

[a] *Voyez* la lettre du 5 janvier précédent, page 282.

réchal de Créqui qu'il s'éloignât : on croit que c'est pour quelques discours chez madame la comtesse (*de Soissons*); enfin,

On parle d'eaux, de Tibre, et l'on se tait du reste ¹.

Le roi demanda à Monsieur, qui revenoit de Paris. Eh bien, mon frère, que dit-on à Paris? Monsieur lui répondit : On parle fort de ce pauvre marquis; et qu'en dit-on? On dit, Monsieur, que c'est qu'il a voulu parler pour un autre malheureux. Et quel malheureux, dit le roi? Pour le chevalier de Lorraine, dit Monsieur. Mais, dit le roi, y songez-vous encore, à ce chevalier de Lorraine? vous en souciez-vous? aimeriez-vous bien quelqu'un qui vous le rendroit? En vérité, répondit Monsieur, ce seroit le plus sensible plaisir que je pusse recevoir en ma vie. Oh bien, dit le roi, je veux vous faire ce présent; il y a deux jours que le courrier est parti; il reviendra; je vous le redonne, et veux que vous m'ayez toute votre vie cette obligation, et que vous l'aimiez pour l'amour de moi; je fais plus, car je le fais maréchal-de-camp dans mon armée. Là-dessus, Monsieur se jette aux pieds du roi, lui embrasse long-temps les genoux, et lui baise une main avec une joie sans égale. Le roi le relève et lui dit : Mon frère, ce n'est pas ainsi que des frères se doivent embrasser, et l'embrasse fraternellement. Tout ce détail est de très bon lieu, et rien n'est plus vrai : vous pouvez là-dessus faire vos réflexions, ti-

¹ Vers de Corneille dans *Cinna*, scène V, acte IV. Madame de Sévigné y a déjà fait allusion dans la lettre du 24 avril 1671.

rer vos conséquences *a*, et redoubler vos belles passions pour le service du roi votre maître. On dit que MADAME fera le voyage, et que plusieurs dames l'accompagneront. Les sentiments sont divers chez MONSIEUR : les uns ont le visage alongé d'un demi-pied, d'autres l'ont raccourci d'autant. On dit que celui du chevalier de Beuvron *b* est infini. M. de Navailles revient aussi, et servira de lieutenant-général dans l'armée de MONSIEUR, avec M. de Schomberg. Le roi a dit au maréchal de Villeroi : Il falloit cette petite pénitence à votre fils, mais

a C'est principalement de cette anecdote que s'appuient les critiques qui cherchent à justifier le chevalier de Lorraine d'avoir participé à l'empoisonnement de MADAME. Je ne pense pas que les bonnes graces du roi rendues au chevalier prouvent que Louis XIV l'ait cru innocent de ce crime. Peut-être n'a-t-il pas su qu'il fût le coupable ; mais, s'il en a été instruit, il a dû, puisqu'il ne le punissoit pas, agir comme s'il avoit tout ignoré. Il étoit essentiel de démentir les bruits qui circuloient, et qui pouvoient amener une rupture avec l'Angleterre. Les médecins avoient décidé que Madame n'avoit pas été empoisonnée ; et, pour que la cour d'Angleterre le crût, il falloit que le roi s'en montrât lui-même convaincu. Il est tout simple qu'au moment où la guerre va être déclarée à la Hollande par la France et l'Angleterre réunies, le roi de France fasse un acte si extraordinaire, dans le cas où l'empoisonnement seroit véritable, qu'il ne soit plus possible aux contemporains d'y ajouter la moindre foi.

b Il ne faut pas confondre le chevalier avec le comte de Beuvron, capitaine des gardes de Monsieur, que Saint-Simon accuse d'avoir participé à l'empoisonnement de Madame. Le chevalier s'appeloit Henri ; il a été depuis duc d'Harcourt et maréchal de France ; il avoit alors 18 ans, étoit fils du marquis de Beuvron, l'aîné de la branche, et ne portoit que le titre de chevalier, parceque son oncle étoit le comte. Ce jeune chevalier étoit devenu le *favori* de Monsieur.

les peines de ce monde ne durent pas toujours. Vous pouvez vous assurer que tout ceci est vrai; c'est mon aversion que les faux détails, mais j'aime les vrais: si vous n'êtes de mon goût, vous êtes perdue; car en voici d'infinis.

La Marans étoit l'autre jour seule en mante chez madame de Longueville; on siffloit dessus. Langlade vous mande que l'autre jour, en vue de vous plaire, il la releva bien de sentinelle sur des sottises qu'elle lui disoit, et qu'il vous eût bien souhaité derrière la porte: plût à Dieu que vous y eussiez été! Madame de Brissac étoit inconsolable chez madame de Longueville; mais par malheur le comte de Guiche se mit à causer avec elle, et elle oublia son rôle, aussi bien que celui du désespoir, le jour de la mort [1]; car il falloit en un certain endroit qu'elle eût perdu connoissance; elle l'oublia, et reconnut fort bien des gens qui entroient.

Adieu, ma très chère, ma très aimable; ne trouvez-vous pas qu'il y a bien long-temps que nous sommes séparées? Je suis frappée de cette douleur, d'une manière tellement importune, qu'elle me seroit insupportable, si je n'aimois à vous aimer autant que je fais, quelques peines qui y soient attachées.

[1] De madame la princesse de Conti.

226.

A la même.

A Paris, mercredi 17 février 1672.

Monsieur de Coulanges et moi, nous avons donné un très bon dîner à M. le président de Bouc[a]; M. et madame de Valavoire, M. d'Usez et Adhémar en étoient; mais écoutez le malheur : le président, après nous avoir promis, vint s'excuser; il avoit une affaire à Saint-Germain; nous pensâmes nous pendre; enfin il fallut prendre courage : madame de Valavoire amena la Buzanval[b]; mais le président étoit le véritable objet de nos désirs. Ce dîner étoit bon, délicat, magnifique; enfin, tel qu'il étoit, il est irréparable : le Bouc reviendra peut-être, mais le dîner ne reviendra pas. Adhémar étoit pénétré de douleur d'avoir appris en arrivant la mort de son pauvre frère : j'avois le cœur bien serré en l'embrassant. Il alla coucher à Saint-Germain, et m'a promis de me voir à son retour, et que nous parlerions de vous : j'espère cette conversation.

[a] Joseph de Seguiran de Bouc, premier président de la chambre des comptes d'Aix.
[b] Angélique Amat, femme d'André Choart de Buzanval, qui fut lieutenant-général des armées en 1693; elle étoit sœur de madame de Valavoire. (*Voyez* la note de la lettre du 10 juin 1671.)

Vous me dites que je pleure, et que je suis la maîtresse : il est vrai, ma fille, que je ne puis m'empêcher de pleurer quelquefois ; mais ne croyez pas que je sois tout-à-fait la maîtresse de partir, quand je le voudrai ; je voudrois que ce fût demain, par exemple ; et mon fils a présentement des besoins de moi très pressants. J'ai d'autres affaires pour moi ; enfin il me faut jusqu'à Pâques : ainsi, mon enfant, on est la maîtresse et l'on ne l'est point, et l'on pleure.

J'ai vu tantôt notre cardinal (*de Retz*) : il ne peut se consoler de ne vous avoir pas trouvée ici ; il vous en écrit ; il m'a paru touché de bonne foi d'être à Paris, sans avoir le plaisir de vous voir et de causer avec sa chère nièce ; vous lui faites souhaiter la mort du pape[a]. Vous verrez le chevalier de Lorraine plus tôt que nous. M. de Boufflers[1], gendre de madame du Plessis, est mort en passant d'une chambre à l'autre, sans autre forme de procès : j'ai vu tantôt sa petite veuve, qui, je crois, se consolera. M. Isarn, un bel esprit, est mort de la même sorte[b].

Je ne suis point sans inquiétude de vous savoir à Aix, avec tant d'air de petite-vérole ; évitez au moins les lieux

[a] C'étoit le pape Clément X. Le cardinal auroit été voir madame de Grignan en se rendant au conclave.

[1] François, comte de Boufflers, frère aîné du maréchal, mort au château de Boufflers le 14 février 1672 ; il avoit épousé, l'année précédente, Elisabeth-Angélique du Plessis-Guénégaud.

[b] Il étoit de la société de mademoiselle de Scuderi. Il s'évanouit dans une chambre où il avoit été renfermé, par mégarde, et mourut sans avoir de secours. Il ne reste de lui qu'une lettre en prose et en vers adressée à mademoiselle de Scuderi, et intitulée *Le Louis*

publics, et les presses : c'est un horrible mal que celui-là. Votre fille a le teint comme l'avoit mademoiselle de Villeroi, un blanc et un rouge séparés, des yeux d'un bleu merveilleux, des cheveux noirs, un tour de visage et un menton à peindre ; sa lèvre se rabaisse tous les jours : du reste, elle est faite au tour ; elle ne crie jamais ; elle est douce et caressante ; elle appelle ; elle dit cinq ou six mots ; elle est vive ; enfin elle est aimable, et je l'aime. Adhémar m'a dit des merveilles de votre fils. Madame de Guénégaud m'a extrêmement priée de vous faire des compliments sur la mort du chevalier, et à M. le coadjuteur d'Arles : tenez-la quitte de ce côté-là.

Je viens d'apprendre qu'Adhémar a eu une conversation divine avec M. Colbert ; il vous en rendra compte. L'autre jour, on parloit, devant le roi, de Languedoc, et puis de Provence, et puis enfin de M. de Grignan ; on en dit beaucoup de bien : M. de Janson en dit aussi ; et puis il parla de sa paresse naturelle ; là-dessus le marquis de Charost[a] le releva de sentinelle d'un très bon ton, et lui dit : « Monsieur, M. de Grignan n'est point paresseux « quand il est question du service du roi, et personne ne « peut jamais mieux faire qu'il a fait dans cette der- « nière assemblée ; j'en suis fort bien instruit. » Voilà de

---

d'or. Paris, 1660, réimprimée dans le Recueil de La Monnoye, t. II, page 241. Cette petite pièce n'est pas sans mérite ; elle a peut-être fourni la première idée d'un ouvrage anglois, qui contient des tableaux vrais et approfondis du cœur humain, et qui est intitulé *Chrysal, ou les Aventures d'une Guinée.*

[a] Il étoit gendre de M. Fouquet.

ces gens que je trouve toujours qu'il faut aimer et instruire. Tout le monde fut de son avis.

Je parlerai de l'*Adone*" au bon homme Chapelain, en le comblant d'honneur par votre souvenir. Je fais toujours vos compliments; on vous les rend avec mille tendresses. Ma tante est toujours bien mal. Votre pauvre frère m'écrit souvent, et moi à lui : je suis au désespoir de la guerre, à cause des périls qu'il essuiera des premiers. La vie est cruellement mêlée d'absynthe. Ma chère enfant, je suis tout à vous.

Monsieur DE COULANGES.

Je ne vous dis rien, mais je n'en pense pas moins; nous serons à Pâques à Lyon. Nous y allons, madame de Coulanges et moi, pour le mariage de mademoiselle du Gué¹, qui, sans aller chercher plus loin, épouse M. de Bagnols que vous connoissez, son cousin issu de germain : pour la naissance, ils n'ont rien à se reprocher, et pour le bien, Bagnols a vingt-cinq bonnes mille livres² de rente par-devers lui ; n'est-ce pas là une très

---

" Poëme que le cavalier Marini composa en France, et dédia à Louis XIII. Cet ouvrage est plein de ce faux goût que les Italiens appellent des *concetti*; ce n'est qu'une suite de tableaux fades et voluptueux. Il y a, je crois, peu de François qui aient eu le courage d'en achever la lecture. Chapelain avoit fait la préface de l'édition in-folio, et il convenoit que le poëme étoit d'une longueur assommante. *Voyez* la lettre du 24 février.

¹ Sœur de madame de Coulanges.

² A 29 fr. le marc, c'étoit 862 marcs, qui feroient aujourd'hui 45,000 fr. de notre monnoie.

bonne affaire? J'espère que nous ferons les honneurs de Lyon à madame votre mère, quand elle y passera. Adieu, madame la Comtesse, je vous aime toujours avec la même passion. M. d'Adhémar m'a dit qu'il avoit apporté le portrait de M. de Grignan, mais je ne l'ai pas encore vu.

227.

A la même.

A Paris, vendredi 19 février 1672.

Je m'en vais dimanche à Saint-Germain avec madame de Coulanges, pour discourir un peu avec M. de Pomponne; je crois cette conversation nécessaire : je vous en rendrai compte, afin que M. de Grignan m'appelle plus que jamais son petit ministre. Adhémar a fait des miracles de son côté; M. d'Usez du sien : enfin il me semble que nous ne serons point surpris, et que nous avons assez bien pris nos précautions. Mais que vous dirai-je de l'aimable portrait que M. de Grignan a donné à M. de Coulanges? Il est beau et très ressemblant; celui de Le Fèvre est un misérable auprès de celui-ci. Je fais vœu de ne jamais revenir de Provence que je n'en aie un pareil, et un autre de vous; il n'y a point de dépense qui me soit si agréable; mais prenez garde, ma chère enfant, de n'être point changée. Enfin madame de Guerchi n'est morte que pour avoir le corps usé à force d'accoucher. J'honore bien les maris qui se défont de leurs femmes sous prétexte d'en être amoureux.

Nous avons fort causé, Guitaud et moi, de notre ami (*d'Hacqueville*), qui est si sage, et qu'il craint tant. Il n'ose vous mander un accident qu'on croit qui lui est arrivé, c'est d'être passionnément amoureux de la borgnesse, fille du maréchal (*de Gramont*); c'est amour, fureur, à ce qu'on dit. Il s'en défend comme d'un meurtre; mais ses actions le trahissent; il sent le ridicule d'être amoureux d'une personne ridicule; il est honteux, embarrassé; mais ce bel œil l'a charmé.

> Cet œil charmant qui n'eut jamais
> Son pareil en divins attraits.

Voilà ce que Guitaud n'osoit écrire; je vous confie ce secret, et je vous conjure de le garder très fidèlement; mais le moyen de ne point faire admirer en cette occasion la puissance de l'orviétan. J'ai vu depuis deux heures Adhémar, M. de Gordes[a], M. d'Uzez; je suis en Provence. J'ai causé avec Adhémar : il m'assure que vous m'aimez : c'est tout ce qu'il y a pour moi d'agréable dans le monde : j'admire votre humeur, votre courage, votre raison, votre conduite : je lui ai dit,

> De grace, montrez moins à mes sens désolés
> La grandeur de ma perte, et ce que vous valez[b].

[a] François de Simiane, marquis de Gordes, grand sénéchal de Provence. Seroit-ce du marquis de Gordes que madame de Sévigné parleroit dans la lettre du 19 août 1671, plus haut, p. 163?

[b] Vers de *Polieucte*, acte II, scène II.

Nous ne finissons point sur votre chapitre. Votre amie, madame de Vaudemont*, sera bientôt heureuse; je le sais du même endroit qu'Adhémar : c'est encore un secret ; mais il y a des gens obligeants qui avancent le plaisir de savoir les secrets deux jours plus tôt, et c'est tout : il y en a d'autres dont la sécheresse fait mourir. Que peut faire une amitié sous cet amas d'épines? Où en sont les douceurs? Elle est écrasée, elle est étouffée. Nous eussions fait hier un livre là-dessus, Guitaud et moi, et je renouvelai mon vœu de ne jamais connoître l'amitié sous un visage si déguisé. Adieu, ma très aimable, je m'en vais souper chez M. de La Rochefoucauld ; c'est ce qui fait que ma lettre est si courte.

228.

A la même.

A Paris, mercredi 24 février 1672.

J'ai reçu tout à-la-fois vos deux lettres. Je n'ai pu voir votre douleur sans renouveler la mienne ; je vous trouve

* Anne-Elisabeth de Lorraine Elbeuf, mariée en 1669 à Henri-Charles de Lorraine, prince de Vaudemont, fils du duc Charles IV. Il étoit question alors d'un traité avec le duc de Lorraine, aux termes duquel le roi lui auroit rendu ses états à des conditions très onéreuses. Ce traité n'eut pas lieu. Voyez ci-après la lettre du 6 avril 1672.

véritablement affligée, et c'est avec tant de raison qu'il n'y a pas un mot à vous répondre : j'ai senti tout ce que vous sentez, et je n'avois point attendu la mort de ce pauvre chevalier, pour en dire tous les biens qui se trouvoient en lui : je vous plains de l'avoir vu cette automne ; c'est une circonstance à votre douleur. M. d'Usez vous mandera ce que le roi lui a dit là-dessus, à quoi toute la famille doit prendre part. On l'a fort regretté dans ce pays-là, et la reine m'en parla avec bonté ; mais tout cela ne nous rend point cet aimable garçon. Vous aimez si chèrement toute la famille de M. de Grignan, que je vous crois aussi affligée que lui.

J'ai dîné aujourd'hui avec plusieurs Provençaux chez M. de Valavoire : le mari et la femme sont les meilleures gens du monde ; je vous plains de n'avoir point la femme, vous n'avez rien de si bon ; elle est raisonnable et naturelle ; elle me plaît fort. Nous avions messieurs de Bouc, d'Oppède[a], de Gordes, de Souliers[b], madame de Buzanval, M. d'Usez, M. et madame de Coulanges : votre santé a été célébrée au plus beau repas que j'aie jamais vu, nous avons été bien heureux de commencer. On a fort conté ici la bonne réception que vous avez faite à M. le duc d'Etrées ; il en a écrit des merveilles à ses enfants. Madame de Rochefort[c] n'a

[a] Jean-Baptiste de Forbin-Maynier, marquis d'Oppède, qui fut ambassadeur en Portugal.

[b] Jean de Forbin de Soliers, colonel du régiment de Provence, beau-frère de madame de Valavoire et de Buzanval.

[c] Petite-fille du chancelier Séguier ; ses cousines, mademoiselle de Béthune, carmélite à Pontoise, et madame la comtesse de Guiche,

qu'un cri, depuis que vous avez écrit à ses cousines sans lui dire un mot : pour moi, je vous conseille de lui écrire, et de tâcher de l'apaiser à quelque prix que ce soit. Ce que vous me mandez de votre séjour infini me brise le cœur : ma raison n'est pas si forte que la vôtre, et je me perds dans les réflexions que cela me fait faire : il faut finir tout court en cet endroit.

Madame de Villars vous fait ses compliments, et à M. de Grignan, et au coadjuteur. M. Chapelain a reçu votre souvenir avec enthousiasme; il dit que l'*Adone* est délicieux en certains endroits, mais d'une longueur assommante : le chant de la comédie est admirable; il y a aussi un petit rossignol qui s'égosille pour surmonter un homme qui joue du luth. Il se vient percher sur sa tête, et enfin il meurt; on l'enterre dans le corps du luth. Cette peinture est charmante. M. et Mme de Coulanges vous disent mille amitiés; ils sont occupés de leur mariage; ils s'en vont à Pâques; ils me recevront à Lyon, et moi je les recevrai à Grignan. Ma tante [1] est toujours très mal; elle vous remercie de vos bontés, et l'abbé vous est toujours tout dévoué.

étoient comme elle petites-filles du chancelier, et madame de Grignan leur avoit écrit à l'occasion de la mort de leur aïeul.

[1] Madame de La Trousse.

229.

A la même.

A Paris, vendredi au soir, 26 février 1672.

J'ai reçu la lettre que vous m'avez écrite pour M. de La Valette; tout m'est cher de ce qui vient de vous : je lui veux faire avoir Pélisson pour rapporteur, afin de voir s'il sait bien faire le maître des requêtes; je ne le puis croire, si je ne le vois.

Cette pauvre MADAME [1] est toujours à l'agonie; c'est une chose étrange que l'état où elle est. Mais tout est en émotion dans Paris : le courrier d'Espagne est revenu; il dit que non seulement la reine d'Espagne se tient au traité des Pyrénées, qui est de ne point accabler ses alliés, mais qu'elle défendra les Hollandois de toute sa puissance : voilà donc la plus grande guerre du monde allumée; et pourquoi? C'est bien proprement *les petits soufflets* : vous en souvient-il? Nous allons attaquer la Flandre; les Hollandois se joindront aux Espagnols; Dieu nous garde des Suédois, des Anglois, des Allemands; je suis assommée de cette nouvelle. Je voudrois bien que quelque Ange voulût descendre du ciel pour calmer tous les esprits, et faire la paix.

[1] Marguerite de Lorraine, seconde femme de Gaston, duc d'Orléans, morte le 3 avril suivant.

Notre cardinal (*de Retz*) est toujours malade; je lui rends de grands soins : il vous aime toujours; il compte que vous l'aimez aussi. L'affaire de madame de Courcelles[1] réjouit fort le parterre; les charges de la Tournelle sont enchéries depuis qu'elle doit être sur la sellette; elle est plus belle que jamais; elle boit, et mange, et rit, et ne se plaint que de n'avoir point encore trouvé d'amant à la conciergerie.

Je vous éclaircirai un peu mieux l'affaire dont vous me parlâtes l'autre jour; mais M. le comte de Guiche ni M. de Longueville n'en sont point, ce me semble : enfin je vous en instruirai. M. de Boufflers a tué un homme, après sa mort; il étoit dans sa bière et en carrosse, on le menoit à une lieue de Boufflers pour l'enterrer; son curé étoit avec le corps. On verse; la bière coupe le cou au pauvre curé[2]. Hier un homme versa en revenant de Saint-Germain; il se creva le cœur, et mourut dans le carrosse.

Madame Scarron qui soupe ici tous les soirs, et dont la compagnie est délicieuse, s'amuse et se joue avec votre fille; elle la trouve jolie, et point du tout laide. Cette

[1] Une des plus belles femmes de son temps. Elle se nommoit Marie Sidonia de Lénoncourt; son père étoit Joachim de Lénoncourt, marquis de Marolles, gouverneur de Thionville et lieutenant-général des armées du roi; et sa mère Isabelle Claire-Eugénie de Cromberg, d'une illustre maison d'Allemagne. Elle étoit femme de Charles de Champlais, marquis de Courcelles. Sa vie a été imprimée en 1808, avec les lettres qu'elle a écrites à François Brulart-du-Boulay, son amant. Elles sont très spirituelles.

[2] Cette aventure donna lieu à la fable de La Fontaine, qui a pour titre : *le Curé et le Mort*.

petite appeloit hier l'abbé Têtu *son papa* : il s'en défendit par de très bonnes raisons, et nous le crûmes. Je vous embrasse, ma très aimable : je vous mandai tant de choses en dernier lieu, qu'il me semble que je n'ai rien à dire aujourd'hui ; je vous assure pourtant que je ne demeurerois pas court, si je voulois vous dire tous les sentiments que j'ai pour vous.

230.

A la même.

A Livry, mardi 1er mars 1672.

Je commence ma lettre aujourd'hui, ma fille, jour de mardi gras ; je l'achèverai demain. Si vous êtes à Sainte-Marie, je suis chez notre abbé, qui a depuis deux jours une petit déréglement qui lui donne de l'émotion ; je n'en suis pas encore en peine ; mais j'aimerois mieux qu'il se portât tout-à-fait bien. Madame de Coulanges et madame Scarron me vouloient mener à Vincennes ; M. de La Rochefoucauld vouloit que j'allasse chez lui entendre lire une comédie de Molière* ; mais, en vérité, j'ai tout refusé avec plaisir ; et me voilà à mon devoir,

* Il est vraisemblable que c'étoit la comédie des Femmes savantes, dont la première représentation eut lieu le 11 mars 1672. *Voyez* l'Histoire du Théâtre françois, tome XI, page 208.

avec la joie et la tristesse de vous écrire : il y a long-
temps vraiment que je vous écris. Vous êtes donc à
Sainte-Marie, ne voulant pas laisser échapper un moment de la douleur que vous avez de la mort du pauvre
chevalier; vous la voulez sentir à longs traits, sans en
rien rabattre, sans aucune distraction : cette application
à faire valoir, et à vouloir sentir toute votre tristesse,
me paroît d'une personne qui n'est pas si embarrassée
qu'une autre *a* d'avoir des occasions de s'affliger; j'en
prends à témoin votre cœur.

Voilà donc votre carnaval échappé de la fureur des
réjouissances publiques; sauvez-vous aussi de l'air de
la petite-vérole : je crains pour vous beaucoup plus que
vous. Nous avons ici madame de La Troche : il est vrai
qu'elle sait arriver à Paris : son séjour de l'année passée
fut bien abymé à mon égard dans l'extrême douleur de
vous perdre. Depuis ce temps, ma chère enfant, vous
êtes arrivée par-tout, comme vous dites; mais point du
tout à Paris. Vos réflexions sur l'espérance sont divines :
si Bourdelot *b* les avoit faites, tout l'univers le sauroit;
vous ne faites pas tant de bruit pour faire des merveil-

---

a Madame de Sévigné fait allusion à la comtesse de Fiesque, qui
avoit perdu madame de Guerchi, sa fille, au mois de janvier précédent. Madame de Scuderi écrivoit à Bussy, le 15 janvier : « La com-
« tesse est bien embarrassée d'une affliction; et Bussy lui répondoit :
« Je plains bien la pauvre comtesse d'être obligée d'être triste; je crois
« que la joie lui est bien aussi chère que ses enfants. »

b Pierre Michon, connu sous le nom de l'abbé Bourdelot. Il avoit
été médecin du prince de Condé, père du grand Condé; il le fut en
suite de Christine. Madame de La Baume et Bourdelot avoient écrit

les : *le malheur du bonheur* est tellement bien dit, qu'on ne peut trop aimer une plume qui exprime ces choses-là. Vous dites tout sur l'espérance, et je suis si fort de votre avis, que je ne sais si je dois aller en Provence, tant j'ai de crainte d'en repartir. Je vois déjà comme le temps galopera; je connois ses manières; mais ensuite de cette belle réflexion, mon cœur décide comme le vôtre, et je ne souhaite rien tant que de partir : je veux même espérer qu'il peut arriver de telles choses, que je vous ramènerai avec moi : c'est là-dessus qu'il est difficile de parler de si loin : du moins, ma fille, il ne tiendra pas à une maison, ni à des meubles; je ne songe qu'à vous; les pas que je fais pour vous sont les premiers; les autres viennent après comme ils peuvent.

J'ai donné vos lettres au faubourg, elles sont bien faites : on y trouve la réflexion de M. de Grignan admirable : on l'a pensée quelquefois; mais vous l'avez habillée pour paroître devant le monde. Je n'ai pas dit ce que vous avez trouvé dans la maxime* qui ressemble à la chanson; pour moi, je suis de votre avis : je saurai s'ils ont eu un autre dessein que de vouloir louer les fantaisies, c'est-à-dire, les passions : si cela est, l'exacte philosophie s'en offense; si cela n'est pas, il faut qu'ils s'expliquent mieux.

une petite pièce contre *l'Espérance*, et la princesse palatine y fit une réponse, que l'on trouve parmi les lettres de Bussy, tome III, p. 333. Cette petite pièce est médiocre; mais comme c'est la seule chose qui nous soit restée d'Anne de Gonzague, princesse palatine, elle sera insérée à la suite de cette lettre.

* *Voyez* ci-dessus, la lettre du 10 février.

Je soupai hier chez Gourville avec les La Rochefoucauld, les Plessis, les La Fayette, les Tournai* : nous attendions le grand Pomponne; mais le service de ce cher maître que vous honorez tant l'empêcha de se retrouver avec la fleur de ses amis : il a bien des affaires, à cause des dépêches qu'il faut écrire par-tout, et à cause de la guerre.

L'archevêque de Toulouse¹ a été fait cardinal à Rome; et la nouvelle en est venue ici dans le temps qu'on attendoit celle de M. de Laon² : c'est une grande douleur pour tous ses amis. On tient que M. de Laon s'est sacrifié pour le service du roi, et qu'afin de ne point trahir les intérêts de la France, il n'a point ménagé le cardinal Altieri, qui lui a fait ce tour. On espère que son rang pourra revenir, mais cela peut être long, et c'est toujours ici un dégoût.

Benserade a dit plaisamment à mon gré que le retour du chevalier de Lorraine réjouissoit ses amis, et affligeoit ses créatures; car il n'y en a point qui lui ait gardé fidélité.

J'ai su, sans en pouvoir douter, qu'il ne tiendra encore qu'à nous d'avoir la paix. La reine d'Espagne n'a point précisément répondu comme on le disoit : elle a dit simplement qu'elle se tenoit au traité de paix, qui permet d'assister ses alliés. Nous avons pris la même

---

* C'est-à-dire, l'évêque de Tournai, Gilbert de Choiseul.

¹ Pierre de Bonzi, mort archevêque de Narbonne à l'âge de 73 ans, le 11 juillet 1703.

² César d'Estrées, évêque de Laon, fut déclaré cardinal peu de temps après : il l'étoit *in petto* depuis le mois d'août 1671.

liberté pour le Portugal; elle promet même présentement de ne point assister les Hollandois : elle ne le veut pas signer; voilà le procès. Si on s'opiniâtre à vouloir qu'elle signe, tout est perdu; sinon, la paix sera bientôt faite, quand nous n'aurons pas l'Espagne contre nous : le temps nous en apprendra davantage. Adieu, ma très chère et très aimable; je crains bien qu'aimant la solitude comme vous faites, vous ne vous creusiez les yeux et l'esprit à force de rêver.

231.

De Madame LA PRINCESSE PALATINE, *sur l'Espérance*[a].

« A quoi pensez-vous, ennemis déclarés du plus grand
« bien de la vie, et des plus doux plaisirs du cœur? Quel
« démon vous inspire d'employer des esprits aussi déli-
« cats que les vôtres pour soutenir un si méchant parti?
« Haïssez-vous assez l'espérance pour renoncer même à
« celle de la louange et de l'estime du public? De quelle
« secte pouvez-vous être, ou de quelle religion êtes-
« vous, de parler si hardiment contre l'opinion des sages

[a] Madame de Sévigné, dans la lettre à sa fille, du 11 septembre 1675, dit un mot sur l'espérance, qui vaut mieux que tout ce qu'on en peut dire : « Vous dites que l'espérance est si jolie : hélas ! il faut « qu'elle le soit encore au-delà de ce que vous dites, pour nourrir, « comme elle fait, plus de la moitié du monde; je suis une des plus « attachées à sa cour. »

« et contre la loi de Dieu? Que vous a-t-elle fait, cette
« espérance aimable, pour la bannir ainsi de la société
« humaine et du commerce des honnêtes gens? Qu'a-
« t-elle de commun avec les passions déréglées et les
« desirs ridicules des visionnaires? Pourquoi ne séparez-
« vous pas les prétentions légitimes d'avec les chiméri-
« ques souhaits? Ne sauroit-on espérer avec un esprit
« tranquille ce qu'on desire avec raison? Quelle humeur
« maligne vous fait prendre un parti si proche de celui
« du désespoir? Ce monstre abominable, ce partage des
« lâches et des damnés, pourroit-il séduire assez vos
« esprits pour vous rendre protecteurs d'une si terrible
« opinion? Ne voyez-vous pas qu'en voulant combattre
« les vices, vous querellez les vertus, dont l'espérance
« sans doute est la plus noble et la plus utile? Que peut-
« on faire sans espoir? Y a-t-il quelque action dans la
« vie qui s'en puisse passer? Et vous-même, en la
« condamnant, n'avez-vous pas eu quelque espérance
« de nous persuader de n'en avoir plus, et d'attirer nos
« louanges par la beauté de vos lettres et la nouveauté
« de vos raisonnements? Que si vous n'avez pas réussi,
« la faute en est à la cause que vous soutenez, et non
« pas à votre espoir. L'espérance en elle-même n'a rien
« que d'aimable et de bon; elle élève le cœur des hon-
« nêtes gens, elle fortifie les foibles, et ne peut nuire
« qu'aux impertinents et aux ridicules, qui ne s'en ser-
« vent jamais qu'en se trompant eux-mêmes dans la
« vanité de leurs desseins. L'espérance est enfin le der-
« nier bien des misérables. Que vous a-t-elle donc fait
« pour la traiter si mal? ou plutôt, que vous a fait le

« genre humain pour le priver d'un bien que les tyrans
« et la mauvaise fortune n'ont jamais pu ôter aux plus
« malheureux? L'espérance a toujours préparé les che-
« mins de la gloire; et tous les héros, dont on en trouve
« encore quelques uns aujourd'hui, n'ont peut-être ja-
« mais vu leurs victoires aller plus loin que leur espoir.
« Il est permis de mesurer son espérance à son courage;
« il est beau de la soutenir malgré les difficultés; mais
« il n'est pas moins glorieux d'en souffrir la ruine entière
« avec le même cœur qui avoit osé la concevoir. Laissez-
« nous donc espérer, puisqu'aussi bien ne sauriez-vous
« nous en empêcher. Instruisez-nous, si vous voulez, à
« régler nos souhaits; apprenez-nous à choisir nos dé-
« sirs; mais permettez-nous de nous consoler de nos
« mauvais succès, par la satisfaction d'avoir eu des espé-
« rances bien fondées; et songez que souvent la perte
« d'un bien long-temps attendu n'est la douleur que
« d'un jour, au lieu que la joie de l'avoir espéré a fait le
« bonheur de plusieurs années, et la douceur de mille
« agréables moments. Ne parlez donc plus contre cette
« espérance si aimable et si chère. Qu'elle soit sèche* ou
« non; le mérite en est égal; et, quoi que vous en puis-
« siez dire, une espérance maigre vaudra toujours mieux
« qu'un gras désespoir. Cette injure qu'on lui donna
« hier au milieu des plus illustres maigreurs de France
« n'a rien fait contre sa réputation; et le désespoir, tout
« gros et tout gras qu'on nous le représente, n'a fait

---

* Bourdelot avoit dit que l'espérance étoit maigre, et le désespoir gras. (*Voyez* les lettres de Bussy, au lieu déjà cité.)

« nulle impression sur mon cœur. Je ne sais si Judas
« étoit maigre ou replet. L'écriture qui parle de son
« désespoir ne dit rien de son embonpoint. Quoi qu'il en
« soit, il est sûr qu'il se pendit faute d'un peu d'espé-
« rance. Cet exemple n'est pas beau. Ainsi, malgré tous
« vos raisonnements, j'espérerai toute ma vie, et ne me
« pendrai jamais. »

232.

De Madame DE SÉVIGNÉ *à Madame* DE GRIGNAN.

A Paris, vendredi 4 mars 1672.

Vous dites donc, ma fille, que vous ne sauriez haïr vivement si long-temps; c'est fort bien fait : je suis assez comme vous; mais devinez ce que je fais fort bien en récompense, c'est d'aimer vivement qui vous savez, sans que l'absence puisse rien diminuer de ma tendresse. Vous m'apparoissez dans une négligence qui m'afflige : il est vrai que vous ne demandez que des prétextes; c'est votre goût naturel; mais moi, qui vous ai toujours grondée là-dessus, je vous gronde encore. De vous et de madame du Frénoi, on en pétriroit une personne dans le juste milieu : vous êtes aux deux extrémités, et assurément la vôtre est moins insupportable; mais c'est toujours une extrémité. J'admire quelquefois les riens que ma plume veut dire; je ne la contrains point : je suis bien heureuse que de tels fagotages vous plaisent ; il y a des gens qui ne s'en accommoderoient pas ; je vous prie cependant de ne point les regretter, quand je serai avec vous : me voilà jalouse de mes lettres.

Le dîner de M. de Valavoire effaça entièrement le nôtre, non pas par la quantité des viandes, mais par l'extrême délicatesse, qui a surpassé celle de tous *les coteaux*^a. Hé! ma fille, comme vous voilà faite! Madame de La Fayette vous grondera comme un chien ; coiffez-vous demain pour l'amour de moi : l'excès de la négligence étouffe la beauté ; vous poussez votre tristesse au-delà de toutes les mesures. J'ai fait tous vos compliments ; ceux que l'on vous fait surpassent le nombre des étoiles. A propos d'étoiles, la Gouville^b étoit l'autre jour chez la Saint-Lou, qui a perdu son vieux page. La Gouville discouroit et parloit de son étoile ; enfin que c'étoit son étoile qui avoit fait ceci, qui avoit fait cela. Segrais se réveilla comme d'un sommeil, et lui dit : « Mais, Madame, pensez-vous avoir une étoile à « vous toute seule? Je n'entends que des gens qui par-« lent de leur étoile ; il semble qu'ils ne disent rien : « savez-vous bien qu'il n'y en a que mille vingt-deux? « voyez s'il peut y en avoir pour tout le monde. » Il dit

---

^a *L'ordre des coteaux* étoit une société de gourmets qui se disputoient sur la prééminence des vins de Champagne. Il paroît, d'après Saint-Evremond, que ce seroit un bon mot de M. de Lavardin, évêque du Mans, qui tenoit une table fort recherchée, qui auroit été l'origine de cette plaisanterie. *Voyez* les notes de Brossette et de Saint-Marc sur la troisième satire de Boileau.

^b Lucie de Cottentin de Tourville, femme de Michel d'Argouges, marquis de Gouville.

cela si plaisamment et si sérieusement, que l'affliction en fut déconcertée. C'est d'Hacqueville qui fait tenir vos lettres à madame de Vaudemont : je ne le vois quasi plus en vérité ; les gros poissons mangent les petits. Adieu, ma très chère et très aimable ; je vous prépare *Bajazet* et les *Contes* de La Fontaine pour vous divertir. M. de La Rochefoucauld entend sa maxime dans le sens relâché, que votre philosophie condamne : Épictète[1] n'auroit pas été de son avis.

233. *

A la même.

A Paris, mercredi au soir, 9 mars 1672.

Ne me parlez plus de mes lettres, ma fille ; je viens d'en recevoir une de vous, qui enlève, tout aimable, toute brillante, toute pleine de pensées, toute pleine de tendresse : c'est un style juste et court, qui chemine et qui plaît au souverain degré, même sans vous aimer comme je fais. Je vous le dirois plus souvent, sans que je crains d'être fade ; mais je suis toujours ravie de vos lettres sans vous le dire : madame de Coulanges l'est aussi de quelques endroits que je lui fais voir, et qu'il est impossible de lire toute seule. Il y a un petit air de

[1] Philosophe stoïcien.

dimanche gras répandu sur cette lettre, qui la rend d'un goût non pareil.

Il y avoit long-temps que vous étiez abymée : j'en étois toute triste; mais le jeu de l'oie vous a renouvelée, comme il l'a été par les Grecs : je voudrois bien que vous n'eussiez joué qu'à l'oie, et que vous n'eussiez point perdu tant d'argent. Un malheur continuel pique et offense ; on hait d'être houspillé par la fortune ; cet avantage que les autres ont sur nous blesse et déplaît, quoique ce ne soit point dans une occasion d'importance. Nicole[1] dit si bien cela ; enfin j'en hais la fortune, et me voilà bien persuadée qu'elle est aveugle de vous traiter comme elle fait; si elle n'étoit que borgne, vous ne seriez point si malheureuse.

Vous me demandez les symptômes de cet amour[2] : c'est premièrement une négative vive et prévenante, c'est un air outré d'indifférence qui prouve le contraire; c'est le témoignage des gens qui voient de près, soutenu de la voix publique ; c'est une suspension de tout ce mouvement de la machine ronde ; c'est un relâchement de tous les soins ordinaires, pour vaquer à un seul; c'est une satire perpétuelle contre les vieilles gens amoureux; vraiment il faudroit être bien fou, bien insensé : quoi, une jeune femme! voilà une bonne pratique pour moi; cela me conviendroit fort ; j'aimerois mieux m'être rompu les deux bras. Et à cela on répond intérieu-

---

[1] Auteur des *Essais de morale*.

[2] L'amour de d'Hacqueville pour une fille du maréchal de Gramont. (*Voyez* la lettre du 19 février précédent, page 334.)

rement; et oui, tout cela est vrai; mais vous ne laissez pas d'être amoureux : vous dites vos réflexions ; elles sont justes, elles sont vraies, elles font votre tourment : mais vous ne laissez pas d'être amoureux : vous êtes tout plein de raison, mais l'amour est plus fort que toutes les raisons : vous êtes malade, vous pleurez, vous enragez, et vous êtes amoureux. Si vous conduisez à cette extrémité M. de Vence^a, je vous prie, ma fille, que j'en sois la confidente; en attendant, vous ne sauriez avoir un plus agréable commerce : c'est un prélat d'un esprit et d'un mérite distingué; c'est le plus bel esprit de son temps : vous avez admiré ses vers, jouissez de sa prose; il excelle en tout; il mérite que vous en fassiez votre ami. Vous citez plaisamment cette dame qui aimoit à faire tourner la tête à des moines : ce seroit une bien plus grande merveille de la faire tourner à M. de Vence, lui dont la tête est si bonne, si bien faite et si bien organisée : c'est un trésor que vous avez en Provence, profitez-en; du reste, sauve qui peut.

Je vous défends, ma chère enfant, de m'envoyer votre portrait : si vous êtes belle, faites-vous peindre, mais gardez-moi cet aimable présent pour quand j'arriverai :

---

^a Antoine Godeau, évêque de Vence, mort le 21 avril 1672. Il étoit cousin de M. Conrart, et fit des efforts inutiles pour lui faire quitter la religion réformée. Il contribua à l'établissement de l'académie françoise, et fut l'un de ses premiers membres. Ce prélat, très dévoué aux devoirs de l'épiscopat, se délassoit de ses travaux par la culture des lettres. On a retrouvé quelques lettres qui lui étoient adressées par mademoiselle de Scudéri; il y est appelé le *Mage de Sidon*. *Voyez* une note de la lettre du 1er août 1667, t. 1er, p. 118.

je serois fâchée de le laisser ici; suivez mon conseil, et recevez en attendant un présent passant tous les présents passés et présents; car ce n'est pas trop dire : c'est un tour de perles de douze mille écus; cela est un peu fort, mais il ne l'est pas plus que ma bonne volonté : enfin regardez-le, pesez-le, voyez comme il est enfilé, et puis dites-m'en votre avis : c'est le plus beau que j'aie jamais vu; on l'a admiré ici. Si vous l'approuvez, qu'il ne vous tienne point au cou, il sera suivi de quelques autres; car, pour moi, je ne suis point libérale à demi: sérieusement, il est beau, et vient de l'ambassadeur de Venise, notre défunt voisin. Voilà aussi des pincettes pour cette barbe incomparable; ce sont les plus parfaites de Paris. Voilà aussi un livre que mon oncle de Sévigné[1] m'a priée de vous envoyer; je m'imagine que ce n'est pas un roman : je ne lui laisserai pas le soin de vous envoyer les Contes de La Fontaine, qui sont...... vous en jugerez.

Vous êtes une jolie femme de n'être point grosse; mais vous avez des pensées là-dessus qui me font trembler : votre beauté vous jette dans des extrémités, parcequ'elle vous est inutile; vous trouvez qu'il vaut autant être grosse; c'est un amusement; voilà une belle raison : songez donc, ma fille, que c'est détruire entièrement votre santé et votre vie.

---

[1] Renaud de Sévigné s'étoit retiré à Port-Royal-des-Champs, où il passa les dernières années de sa vie dans les exercices de la plus haute piété. Il y mourut le 19 mars 1676. *Voyez* le *Nécrologe de Port-Royal-des-Champs*, page 117, édition d'Amsterdam.

Nous tâchons d'amuser notre bon cardinal[a] : Corneille lui a lu une pièce qui sera jouée dans quelque temps, et qui fait souvenir des anciennes. Molière lui lira samedi *Trissotin*[1], qui est une fort plaisante chose. Despréaux lui donnera son *Lutrin* et sa *Poétique*[2] : voilà tout ce qu'on peut faire pour son service. Il vous aime de tout son cœur, ce pauvre cardinal; il parle souvent de vous, et vos louanges ne finissent pas si aisément qu'elles commencent. Mais, hélas! quand nous songeons qu'on nous a enlevé notre chère enfant, rien n'est capable de nous consoler : pour moi, je serois très fâchée d'être consolée; je ne me pique ni de fermeté, ni de philosophie; mon cœur me mène et me conduit. On disoit l'autre jour, je crois vous l'avoir mandé, que la vraie mesure du mérite du cœur, c'étoit la capacité d'aimer : je me trouve d'une grande élévation par cette règle; elle me donneroit trop de vanité, si je n'avois mille autres sujets de me remettre à ma place.

Adhémar m'aime assez, mais il hait trop l'évêque, et vous le haïssez trop aussi : l'oisiveté vous jette dans cet amusement; vous n'auriez pas tant de loisir, si vous étiez ici. M. d'Uzès m'a fait voir un mémoire qu'il a tiré et corrigé du vôtre, dont il fera des merveilles : fiez-vous-en à lui; vous n'avez qu'à lui envoyer tout ce que vous voudrez, sans craindre que rien ne sorte de ses mains, que dans le juste point de la perfection. Il y a,

[a] Le cardinal de Retz.
[1] C'est-à-dire, les *Femmes savantes*.
[2] Ces deux ouvrages n'étoient point encore au point de perfection où ils parurent depuis en 1674, pour la première fois.

dans tout ce qui vient de vous autres, un petit brin d'impétuosité, qui est la vraie marque de l'ouvrier : c'est le chien du *Bassan*[1]. On vous mandera le dénoncement que M. d'Usez fera à toute cette comédie; j'irai me faire nommer à la porte de l'évêque, dont je vois tous les jours le nom à la mienne. Ne craignez pas, pour cela, que nous trahissions vos intérêts. Il y a plusieurs prélats qui se tourmentent de cette paix; elle ne sera faite qu'à de bonnes enseignes. Si vous voulez faire plaisir à l'évêque, perdez bien de l'argent, mettez-vous dans une grande presse, c'est là qu'il vous attend.

Voici une nouvelle; écoutez-moi : le roi a fait entendre à messieurs de Charost qu'il vouloit leur donner des lettres de duc et pair, c'est-à-dire qu'ils auront tous deux, dès à présent, les honneurs du Louvre, et une assurance d'être passés au parlement la première fois qu'on en passera. On donne au fils la lieutenance générale de la Picardie, qui n'avoit pas été remplie depuis très longtemps, avec vingt mille francs[a] d'appointement, et deux cent mille francs de M. de Duras, pour la charge de capitaine des gardes-du-corps, que MM. de Charost lui cèdent. Raisonnez là-dessus, et voyez si M. de Duras ne vous paroît pas plus heureux que M. de Charost. Cette place est d'une telle beauté, par la confiance qu'elle marque et par l'honneur d'être proche de Sa Majesté, qu'elle n'a point de prix. M. de Duras, pendant son quartier, suivra le roi à l'armée, et commandera à toute

[1] Le Bassan faisoit entrer son chien dans la composition de presque tous ses tableaux.

[a] *Voyez* la note de la lettre 226, page 332 de ce volume.

la maison de Sa Majesté. Il n'y a point de dignité qui console de cette perte; cependant on entre dans le sentiment du maître, et l'on trouve que messieurs de Charost* doivent être contents. Que notre ami Noailles prenne garde à lui, on dit qu'il lui en pend autant à l'œil, car il n'a qu'un œil aussi bien que les autres.

On parle toujours de la guerre : vous pouvez penser combien j'en suis fâchée : il y a des gens qui veulent encore faire des almanachs; mais, pour cette campagne, ils sont trompés. Toute mon espérance, c'est que la cavalerie ne sera pas exposée aux siéges que l'on fera chez les Hollandois; il faut vivre pour voir démêler toute cette fusée. J'ai vu le marquis de Vence; je le trouvai si jeune, que je lui demandai comment se portoit madame sa mère; M. de Coulanges me redressa : le cardinal de Retz interrompit notre conversation, mais ce ne fut que pour parler de vous. Je souhaite toujours Adhémar, pour me redire encore mille fois que vous m'aimez : vous m'assurez que c'est avec une tendresse digne de la mienne; si je ne suis contente de cette ressemblance, je suis bien difficile à contenter.

Je viens de recevoir votre lettre du jour des Cendres : en vérité, ma fille, vous me confondez par vos louanges et par vos remerciements; c'est me faire souvenir de ce

* Armand de Béthune, marquis de Charost, avoit épousé Marie Fouquet, fille du surintendant, et de Louise Fourché, sa première femme. On a vu dans la lettre 44, t. Iᵉʳ, p. 106, que le marquis et sa femme avoient été relégués à Ancenis après le jugement de M. Fouquet. Le roi voyoit avec peine les alliés d'un disgracié remplir à la cour une charge qui les rapprochoit autant de sa personne, et ce n'étoit que pour les en écarter, qu'il leur faisoit ces grands avantages.

23.

que je voudrois faire pour vous, et j'en soupire, parce-que je ne me contente pas moi-même; et plût à Dieu que vous fussiez si pressée de mes bienfaits, que vous fussiez contrainte de vous jeter dans l'ingratitude! Nous avons souvent dit que c'est la vraie porte pour en sortir honnêtement, quand on ne sait plus où donner de la tête; mais je ne suis pas assez heureuse pour vous réduire à cette extrémité : votre reconnoissance suffit et au-delà. Que vous êtes aimable! et que vous me dites plaisamment tout ce qui se peut dire là-dessus! Au reste, quelle folie de perdre tant d'argent à ce chien de brelan! c'est un coupe-gorge qu'on a banni de ce pays-ci, parcequ'on y fait de sérieux voyages : vous jouez d'un malheur insurmontable, vous perdez toujours; croyez-moi, ne vous opiniâtrez point; songez que tout cet argent s'est perdu sans vous divertir : au contraire, vous avez payé cinq ou six mille francs pour vous ennuyer et pour être houspillée de la fortune. Ma fille, je m'emporte; il faut dire comme Tartufe : *C'est un excès de zèle.* A propos de comédie, voilà *Bajazet :* si je pouvois vous envoyer la Champmêlé, vous trouveriez la pièce bonne; mais, sans elle, elle perd la moitié de son prix. Je suis folle de Corneille; il nous donnera encore *Pulchérie*, où l'on reverra

La main qui crayonna
La mort du grand Pompée et l'ame de Cinna*.

* Allusion à ces vers de la dédicace d'Œdipe, à M. Fouquet.

Et je me sens encor la main qui crayonna
L'ame du grand Pompée, et l'esprit de Cinna.

Il faut que tout cède à son génie. Voilà cette petite fable de La Fontaine, sur l'aventure du curé de M. de Boufflers, qui fut tué tout roide en carrosse auprès de son mort¹ : cet événement est bizarre ; la fable est jolie, mais ce n'est rien au prix de celles qui suivront. Je ne sais ce que c'est que ce *pot au lait*³.

J'ai souvent des nouvelles de mon pauvre enfant, la guerre me déplaît fort, pour lui premièrement, et puis pour les autres que j'aime. Madame de Vaudemont est à Anvers, nullement disposée à revenir; son mari est contre nous. Madame de Courcelles sera bientôt sur la sellette; je ne sais si elle touchera *il petto adamantino* de M. d'Avaux⁴; mais jusqu'ici il a été aussi rude à la Tournelle que dans sa réponse. Ma fille, j'écris sans mesure, encore faut-il finir : en écrivant aux autres, on est aise d'avoir écrit; et moi, j'aime à vous écrire par-dessus toutes choses. J'ai mille amitiés à vous faire de M. de La Rochefoucauld, de notre cardinal, de Barillon,

---

¹ *Voyez* la fable XI du livre VII. ³ Il est singulier que ni Chamfort, dans son Commentaire des Fables de La Fontaine, ni M. l'abbé Guillon, dans ses savantes recherches sur les sources où La Fontaine a puisé, ni M. Solvet dans les *Études sur La Fontaine*, publiées en 1812, n'aient pas indiqué l'origine de cette fable. M. de Boufflers étoit mort le 14 février; le pauvre curé avoit été tué quelques jours après; le 26, madame de Sévigné racontoit cet événement à sa fille, et le 9 mars, la fable de La Fontaine circuloit. Notre fabuliste avoit trouvé le sujet à son gré, et il l'avoit raconté à sa manière dans ce joli conte qu'il a placé au milieu de ses apologues.

³ Autre fable de La Fontaine dont la moralité est la même que celle du *Curé et du Mort*. *Voyez* la fable X du livre VII.

4 Le président de Mêmes, père du premier président de ce nom.

et sur-tout de madame Scarron, qui vous sait bien louer à ma fantaisie; vous êtes bien selon son goût. Pour M. et madame de Coulanges, M. l'abbé, ma tante, ma cousine, La Mousse, c'est un cri général pour me prier de parler d'eux; mais je ne suis pas toujours en humeur de faire des litanies; j'en oublie encore: en voilà pour long-temps. Le pauvre Ripert est toujours au lit : il me vient des pensées sur son mal; que diantre a-t-il? J'aime toujours ma petite enfant, malgré les divines beautés de son frère. Adieu, ma chère enfant, j'embrasse votre comte; je l'aime encore mieux dans son appartement que dans le vôtre. Hélas! quelle joie de vous voir belle taille, en santé, en état d'aller, de trotter comme une autre. Donnez-moi le plaisir de vous revoir ainsi.

234.

A la même.

A Paris, vendredi 11 mars 1672.

J'ai entrepris de vous écrire aujourd'hui la plus petite lettre du monde, nous verrons. Ce qui rend celles du mercredi un peu infinies, c'est que je reçois le lundi une de vos lettres; j'y fais un commencement de réponse à la chaude: le mardi, s'il y a quelque affaire ou quelque nouvelle, je reprends ma lettre, et je vous mande ce que j'en sais : le mercredi, je reçois encore une lettre de vous; j'y fais réponse, et je finis par-là : vous voyez bien que cela compose un volume; quelquefois même il arrive une singulière chose, c'est qu'oubliant ce que je vous ai mandé au commencement de ma lettre, j'y reviens encore à la fin, parceque je ne relis ma lettre qu'après qu'elle est faite, et quand je m'aperçois de ces répétitions, je fais une grimace épouvantable, mais il n'en est autre chose, car il est tard; je ne suis point raccommoder, et je fais mon paquet. Je vous mande cela une fois pour toutes, afin que vous excusiez cette radoterie. Mademoiselle de Méri vous envoie les plus jolis souliers du monde; j'en ai sur-tout remarqué une paire qui me paroît si mignonne, que je la crois propre à garder le lit : vous souvient-il combien cette folie vous fit rire un soir? Au reste, ma fille, ne vous avisez point de me remercier pour toutes mes bonnes intentions, pour tous les riens que je vous donne; songez au principe qui me fait agir : on ne remercie point d'être aimée passionnément; votre cœur vous apprendra d'autre sortes de reconnoissances. J'ai vu le chevalier et l'abbé de Valbelle : je suis Provençale, je l'avoue; les Bretons en sont jaloux. Adieu, ma très aimable; il me semble que vous savez combien je suis à vous; c'est pourquoi je ne vous en dirai rien; aussi bien, j'ai résolu de ne pas faire une grande lettre : si pourtant je savois quelque chose de réjouissant, je vous le manderois assurément, car je ne m'amuserois pas à soutenir cette sotte gageure.

235.

A la même.

À Paris, mercredi 16 mars 1672.

Vous me parlez de mon départ : ah ! ma fille ! je languis dans cet espoir charmant ; rien ne m'arrête que ma tante [1], qui se meurt de douleur et d'hydropisie : elle me brise le cœur par l'état où elle est, et par tout ce qu'elle dit de tendre et de bon sens ; son courage, sa patience, sa résignation, tout cela est admirable. M. d'Hacqueville et moi, nous suivons son mal jour à jour : il voit mon cœur, et la douleur que j'ai de n'être pas libre tout présentement : je me conduis par ses avis ; nous verrons entre-ci et Pâques : si son mal augmente, comme il a fait depuis que je suis ici, elle mourra entre nos bras : si elle reçoit quelque soulagement, et qu'elle prenne le train de languir, je partirai dès que M. de Coulanges sera revenu. Notre pauvre abbé est au désespoir, aussi bien que moi ; nous verrons donc comme cet excès de mal se tournera dans le mois d'avril : je n'ai que cela dans la tête : vous ne sauriez avoir tant d'envie de me voir que j'en ai de vous embrasser : bornez votre

[1] Henriette de Coulanges, marquise de La Trousse.

ambition, et ne croyez pas me pouvoir jamais égaler là-dessus.

Mon fils me mande qu'ils sont misérables en Allemagne, et ne savent ce qu'ils font. Il a été très affligé de la mort du chevalier de Grignan. Vous me demandez, ma chère enfant, si j'aime toujours bien la vie : je vous avoue que j'y trouve des chagrins cuisants; mais je suis encore plus dégoûtée de la mort : je me trouve si malheureuse d'avoir à finir tout ceci par elle, que, si je pouvois retourner en arrière, je ne demanderois pas mieux. Je me trouve dans un engagement qui m'embarrasse : je suis embarquée dans la vie sans mon consentement; il faut que j'en sorte, cela m'assomme ; et comment en sortirai-je? Par où? par quelle porte? quand sera-ce? en quelle disposition? souffrirai-je mille et mille douleurs, qui me feront mourir désespérée? aurai-je un transport au cerveau? mourrai-je d'un accident? comment serai-je avec Dieu? qu'aurai-je à lui présenter? la crainte, la nécessité feront-elles mon retour vers lui? n'aurai-je aucun autre sentiment que celui de la peur? que puis-je espérer? suis-je digne du paradis? suis-je digne de l'enfer? Quelle alternative! quel embarras! Rien n'est si fou que de mettre son salut dans l'incertitude; mais rien n'est si naturel, et la sotte vie que je mène est la chose du monde la plus aisée à comprendre : je m'abyme dans ces pensées, et je trouve la mort si terrible, que je hais plus la vie parcequ'elle m'y mène, que par les épines dont elle est semée. Vous me direz que je veux donc vivre éternellement; point du tout; mais si on m'avoit demandé mon avis, j'aurois bien aimé à mourir entre les bras de ma nourrice; cela m'auroit ôté bien des ennuis, et m'auroit donné le ciel bien sûrement et bien aisément : mais parlons d'autre chose.

Je suis au désespoir que vous ayez eu *Bajazet* par d'autres que par moi; c'est ce chien de Barbin[1] qui me hait, parceque je ne fais pas des Princesses de Clèves et de Montpensier[2]. Vous avez jugé très juste et très bien de *Bajazet*, et vous aurez vu que je suis de votre avis. Je voulois vous envoyer la Champmêlé pour vous réchauffer la pièce. Le personnage de Bajazet est glacé; les mœurs des Turcs y sont mal observées; ils ne font point tant de façons pour se marier; le dénouement n'est point bien préparé : on n'entre point dans les raisons de cette grande tuerie : il y a pourtant des choses agréables, mais rien de parfaitement beau, rien qui enlève, point de ces tirades de Corneille qui font frissonner. Ma fille, gardons-nous bien de lui comparer Racine, sentons-en toujours la différence; les pièces de ce dernier ont des endroits froids et foibles, et[a] jamais il n'ira plus loin qu'*Andromaque;* Bajazet est au-dessous, au sentiment de bien des gens, et au mien, si j'ose me citer. Racine fait des *Comédies*[3] pour la Champmêlé : ce n'est pas pour les siècles à venir : si jamais il n'est plus jeune, et qu'il cesse d'être amoureux, ce ne sera plus la même

---

[1] Fameux libraire de ce temps-là.

[2] Romans de madame de La Fayette, qui enrichissoient Barbin par la grande vogue qu'ils avoient.

[a] *Jamais il n'ira plus loin qu'Alexandre et qu'Andromaque.* (Edit. de 1754.)

[3] On employoit autrefois le mot de *comédie* dans un sens générique.

chose¹. Vive donc notre vieil ami Corneille! Pardonnons-lui de méchants vers en faveur des divines et sublimes beautés qui nous transportent : ce sont des traits de maître qui sont inimitables. Despréaux en dit encore plus que moi; et en un mot, c'est le bon goût, tenez-vous-y.

Voici un bon mot de madame Cornuel, qui a fort réjoui le parterre : M. Tambonneau le fils² a quitté la robe, et a mis une sangle autour de son ventre et de son derrière; avec ce bel air il veut aller servir sur la mer : je ne sais ce que lui a fait la terre. On disoit donc à madame Cornuel qu'il s'en alloit à la mer : « Hélas! dit-elle, est-ce qu'il a été mordu d'un chien enragé? » Cela fut dit sans malice, c'est ce qui a fait rire extrêmement. Madame de Courcelles est fort embarrassée; on lui refuse toutes ses requêtes; mais elle dit qu'elle espère qu'on aura pitié d'elle, puisque ce sont des hommes qui sont ses juges. Notre coadjuteur ne lui feroit point de grace présentement; vous me le représentez dans les occupations de saint Ambroise.

Il me semble que vous deviez vous contenter que votre fille fût faite à son *image et semblance*; votre fils

---

¹ L'événement a fait voir par *Mithridate*, par *Phèdre*, par *Athalie*, etc., que le sentiment de madame de Sévigné tenoit encore du préjugé de ce temps-là.

² Jean Tambonneau, président de la chambre des comptes, épousa Marie Boyer, sœur de la duchesse de Noailles; on appeloit son fils, par dérision, le marquis Michaut. Ce dernier a eu l'honneur assez singulier d'être chanté par le roi. Voyez dans les Œuvres de Louis XIV, t. VI, p. 264, un couplet qu'on assure avoir été fait par Louis XIV et madame de Montespan.

veut aussi lui ressembler; mais, sans offenser la beauté du coadjuteur, où est donc la belle bouche de ce petit garçon? où sont ses agréments? Il ressemble donc à sa sœur: vous m'embarrassez fort par cette ressemblance. Je vous aime bien, ma fille, de n'être point grosse: consolez-vous d'être belle *inutilement,* par le plaisir de n'être pas toujours mourante.

Je ne saurois vous plaindre de n'avoir point de beurre en Provence, puisque vous avez de l'huile admirable et d'excellent poisson. Ah! ma fille, que je comprends bien ce que peuvent faire et penser des gens comme vous, au milieu de vos Provençaux! Je les trouverai comme vous, et je vous plaindrai toute ma vie de passer avec eux de si belles années de la vôtre. Je suis si peu desireuse de briller dans votre cour de Provence, et j'en juge si bien par celle de Bretagne, que par la même raison qu'au bout de trois jours, à Vitré, je ne respirois que les Rochers, je vous jure devant Dieu que l'objet de mes desirs, c'est de passer l'été à Grignan avec vous: voilà où je vise, et rien au-delà. Mon vin de Saint-Laurent est chez Adhémar, je l'aurai demain matin; il y a long-temps que je vous en ai remerciée *in petto;* cela est bien obligeant. M. de Laon aime bien cette manière d'être cardinal*a*. On assure que l'autre jour M. de Montausier[1], parlant à M. le Dauphin de la dignité des cardinaux, lui dit que cela dépendoit du pape, et que s'il

---

*a Voyez la lettre du 1er mars précédent, page 343.

[1] M. le duc de Montausier, gouverneur de feu MONSEIGNEUR, étoit non seulement incapable de flatter et de mentir, mais il ignoroit encore l'art de feindre, si commun chez les courtisans.

vouloit faire cardinal un palefrenier, il le pourroit. Là-dessus le cardinal de Bonzi arrive; M. Le Dauphin lui dit : « Monsieur, est-il vrai que si le pape vouloit, il fe- « roit cardinal un palefrenier? » M. de Bonzi fut surpris; et, devinant l'affaire, il lui répondit : « Il est vrai, « Monsieur, que le pape choisit qui il lui plaît; mais « nous n'avons pas vu jusqu'ici qu'il ait pris des cardi- « naux dans son écurie. » C'est le cardinal de Bouillon qui m'a conté ce détail.

J'ai fort entretenu M. d'Usez : il vous mandera la conférence qu'il a eue; elle est admirable : il a un esprit posé et des paroles mesurées, qui sont d'un grand poids dans ces occasions : il fait et dit toujours très bien partout. On disoit de Jarzé ce qu'on vous a dit; mais cela est incertain. On prétend que la joie de la dame* n'est pas médiocre pour le retour du chevalier de Lorraine. On dit aussi que le comte de Guiche et madame de Brissac sont tellement sophistiqués, qu'ils auroient besoin d'un truchement pour s'entendre eux-mêmes. Ecrivez un peu à notre cardinal, il vous aime : *le faubourg*¹ vous aime : madame Scarron vous aime; elle passe ici le carême, et céans presque tous les soirs. Barillon y

---

* Il n'est pas très facile de dire quelle étoit cette dame; le dernier éditeur croit que c'étoit madame de Grancey, mais ce pouvoit être aussi madame de Coëtquen ou mademoiselle de Fiennes. *Voyez* la lettre du 30 mars suivant; il semble même, par la lettre du 20 avril, que c'étoit madame de Coëtquen.

¹ C'est-à-dire M. de La Rochefoucauld et madame de La Fayette, qui demeuroient l'un et l'autre au faubourg Saint-Germain, et que madame de Sévigné voyoit très souvent.

est encore, et plût à Dieu, ma belle, que vous y fussiez aussi! Adieu, mon enfant, je ne finis point, je vous défie de pouvoir comprendre combien je vous aime.

236.

A la même.

A Paris, mercredi 23 mars 1672.

Madame de Villars, M. Chapelain et quelque autre encore, sont ravis de votre lettre sur l'ingratitude. Il ne faut pas que vous croyiez que je sois ridicule : je sais à qui je montre ces petits morceaux de vos grandes lettres; je connois mes gens; je ne le fais point mal-à-propos; je sais le temps et le lieu; mais enfin c'est une chose charmante que la manière dont vous dites quelquefois de certaines choses : fiez-vous à moi, je m'y connois. Je veux vous relire quelque jour plusieurs endroits qui vous plairont, et entre autres celui de l'ingratitude : de sorte, me dites-vous, qu'après tant de bontés, je ne songe plus qu'à vous refuser la première petite grace que vous me demanderez : je ne finirois point, car tout est de ce style.

J'aime fort votre petite histoire du peintre[1]; mais il

---

[1] C'étoit un excellent peintre provençal, qui se nommoit Fauchier, et qui, en faisant le portrait de madame de Grignan en Madeleine, fut pris d'une colique si violente, qu'il en mourut.

faudroit, ce me semble, qu'il mourût. Vos cheveux frisés *naturellement* avec le fer, poudrés *naturellement* avec une livre de poudre, du rouge *naturel* avec du carmin, cela est plaisant : mais vous étiez belle comme un ange; je suis toute réjouie que vous soyez en état de vous faire peindre, et que vous conserviez, sous votre négligence, une beauté si merveilleuse. Madame Scarron a reçu votre embrassade ; il n'y a sorte de louanges qu'elle ne vous donne, ni sorte d'estime particulière qu'elle ne fasse paroître pour vous.

Le chancelier n'aura point un enterrement magnifique, comme on le prétendoit : ils vouloient un prince du sang pour conduire le deuil : M. le prince a dit qu'il étoit incommodé; M. le duc, que cela étoit bon le temps passé, et que les princes du sang de ce siècle-ci sont plus grands seigneurs qu'ils n'étoient. Messieurs les princes de Conti ont dit qu'ils ne pouvoient faire ce que M. le duc refusoit. En un mot, la famille du chancelier est désolée; l'exemple du chancelier de Bellièvre, qu'un prince de Conti honora de sa présence au convoi, n'a été de nulle considération.

Le comte de Guiche disoit l'autre jour des merveilles des esprits de vos pays chauds; il ne s'y est pas ennuyé un moment. Je songeai que vous ne m'aviez jamais parlé d'une seule personne dont l'esprit fût digne d'être distingué. Croyez, ma fille, que ce n'est pas sans une profonde douleur que je vois votre retour dans ces idées de Platon, et que je sens une telle séparation jusque dans la moelle de mes os, sans pouvoir jamais m'en consoler. Pour mon voyage, il tient à ma tante; mais dans un mois on verra ce qu'on doit espérer; cela seul me retient; sans cela j'irois avec M. et madame de Coulanges; l'abbé et moi, nous ne faisons plus que languir après notre départ. J'admire les choses qui m'arrivent pour me désespérer. Je fais présentement l'équipage de mon fils, sans préjudice des lettres de change qui vont leur train : tout le monde est abymé, et tout le monde partira. On dit que la petite-vérole est à Grignan, est-il vrai? cela me consoleroit de mon retardement. Enfin, ma fille, soyez très persuadée que nous ne songeons qu'à partir, et qu'il n'y a rien devant cette envie ni devant ce voyage; le chaud même ne m'arrêtera point.

Vous me demandez le mal de ma tante, c'est une hydropisie de vent et d'eau; elle est très enflée; elle n'a plus de place pour se nourrir; le lait, qui est l'unique remède, ne peut pas réparer tant de sécheresse; elle est usée; son foie est gâté; elle a soixante-six ans, voilà son mal. Le mois d'avril nous décidera sur sa mort ou sur sa vie : je passe bien des heures auprès d'elle, et je suis très affligée de son état; vous savez comme je l'ai toujours aimée, et si je le lui ai témoigné. Ce que vous dites sur le cœur *adamantino* est admirable : ce seroit une grande commodité de l'avoir ainsi, non pas comme celui que nous entendons, mais *adamantino* au pied de la lettre : sans cela, on souffre mille sortes de tourments. Il est vrai que l'amour doit être bien glorieux : il l'es. bien aussi; mais que M. de Grignan est heureux d'être si chrétien! j'espère qu'il me convertira.

On ne donne point la charge de M. de Lauzun; vous pouvez raisonner là-dessus et sur son embrasement;

mais c'eût été une belle aventure, s'il eût brûlé* ce pauvre M. Fouquet, qui supporte sa prison héroïquement, et qui n'est nullement désespéré. On ne parle que de la guerre : le roi a deux cent mille hommes sur pied; toute l'Europe est en émotion; on voit bien, comme vous dites, que la pauvre machine ronde est abandonnée. Nous parlons souvent de vous, le cardinal (*de Retz*) et moi : il vous aime fort; et moi, que fais-je, à votre avis? Ma pauvre tante vous remercie de votre aimable souvenir. La Mousse tremble pour sa philosophie. Parlez un peu au cardinal de vos *machines*, des machines qui aiment, des machines qui ont une élection pour quelqu'un, des machines qui sont jalouses, des machines qui craignent : allez, allez, vous vous moquez de nous; jamais Descartes n'a prétendu nous le faire croire.

237.

A la même.

À Paris, mercredi 30 mars 1672.

N'êtes-vous point trop aimable? Enfin, ma chère fille, vous aimez mes lettres, vous voulez qu'elles soient

---

* Il sembleroit par ce passage que ce seroit Lauzun qui auroit mis le feu à la prison, et cependant on voit, dans le *procès de Fouquet*, tome XII, page 356, et dans un sonnet qui fut fait à cette occasion, que c'étoit la foudre qui avoit causé l'incendie.

grandes, et vous me flattez de la pensée que vous les aimez moins quand elles sont petites; mais ce pauvre Grignan a bien affaire d'avoir la complaisance pour vous de lire de tels volumes. Je me souviens toujours de l'avoir vu admirer qu'on pût lire de longues lettres; il a bien changé d'avis : je me fie bien à vous au moins pour ne pas lui montrer ce qui le pourroit ennuyer. Je vous fais une réparation; je croyois que vous n'aviez point fait de réponse au cardinal; vous l'avez faite très bonne. Il faut aussi que je vous avoue que j'ai supprimé méchamment les compliments de madame de Villars; je vous ai parlé d'elle dans mes lettres, et me suis bien gardée de vous rendre tout ce qu'elle m'avoit dit : ne soyez pas fâchée contre elle; elle vous aime et vous admire : je la vois assez souvent; elle est ravie de parler de vous, et de lire des morceaux de vos lettres; cela me donne pour elle un attachement très naturel. Elle partira à Pâques, malgré la guerre; elle en sera quitte pour revenir, si les Espagnols font les méchants. Comme ils ont beaucoup d'argent, ces Villars*, aller et venir, et faire un grand équipage, n'est pas une chose qui mérite leur attention. On dit que les Anglois ont battu cinq vaisseaux hollandois, et que l'ambassadeur a dit au roi que le roi¹, son maître, avoit commencé la guerre sur

* Ce passage est ironique. M. de Villars avoit peu de fortune. Il avoit été nommé ambassadeur à Madrid. Voyez la lettre du 15 avril suivant.

¹ Charles II, roi d'Angleterre, avoit commencé les hostilités par l'attaque d'une flotte hollandoise; il ne déclara la guerre que quelques jours après.

la mer, et qu'il le supplioit de lui tenir sa parole, et de la commencer sur la terre.

Vous savez, ma fille, ce que m'est le nom de Roquesante*, et quelle vénération j'ai pour sa vertu. Vous pouvez croire que sa recommandation et la vôtre me sont fort considérables; mais mon crédit ne répond pas à mes bonnes intentions. Vous m'avez dit tant de bien du président dont il est question, qu'on se feroit honneur de le servir, si on avoit quelque voix en chapitre : j'en parlerai au hasard; mais, en vérité, tout est si caché à Versailles, qu'il faut attendre en paix les oracles qui en sortent. Pour M. de Roquesante, si vous ne lui faites mes compliments en particulier, vous êtes brouillée avec moi. Vous avez frissonné de la fièvre de notre abbé, je vous en remercie; mais comme vous étiez seule à frissonner, que l'abbé ne frissonnoit point du tout, vous sentez bien que je n'ai point frissonné. Son mal étoit une émotion continuelle sans aucun accident : il s'est gouverné sagement, et je suis persuadée que c'est de la

---

* M. de Roquesante, conseiller au parlement de Provence. Il avoit été l'un des commissaires de la chambre de justice. Juge de Fouquet, il fut de l'avis le plus favorable. (*Voyez* la lettre du 19 décembre 1664.) Il avoit depuis été rapporteur du procès de M. du Plessis-Guénégaud, trésorier de l'épargne. Il déplut à la cour, et fut exilé à Quimper-Corentin, le 11 février 1665. On fit sur cet exil une épigramme qui finit par ces deux vers :

Il est banni comme un coupable,
Pour n'avoir pas voulu punir un innocent.

Madame de Sévigné avoit conservé une estime particulière pour ce magistrat, après l'avoir vu faire preuve de ses lumières et de son intégrité dans ces deux procès célèbres.

24.

santé pour vingt ans. Dieu le veuille : je lui ai fait toutes vos amitiés; il en est très touché. Ma tante ne parle que pour vous remercier; son état touche le cœur des plus indifférents : elle enfle tous les jours, les remèdes ne font point d'effet; elle me disoit tantôt : Enfin, ma chère, voilà ce qui s'appelle une femme abandonnée. Elle se dispose à mourir, et en parle sans frayeur; elle est seulement étonnée qu'il faille tant de douleurs pour faire mourir une personne si foible. Il y a des manières de mourir bien rudes et bien cruelles; la sienne est des plus pitoyables qu'on puisse voir : elle reçoit mes soins avec une grande tendresse; je lui en rends de la même façon, et suis si extrêmement touchée de ses douleurs et de l'horrible désespoir de ma cousine, qu'il m'est impossible de n'en pas pleurer.

Voilà, ma fille, une réflexion qui me vient sur les pertes fréquentes que vous faites au jeu, et sur celles de M. de Grignan : prenez-y garde, ma fille, il n'est pas agréable d'être la dupe; soyez persuadée que ce n'est pas une chose naturelle de gagner et de perdre continuellement. Il n'y a pas long-temps qu'on m'avoua le fredon de l'hôtel de la Vieuville; vous souvient-il de cette volerie? Il ne faut pas croire que tout le monde joue comme vous : voilà ce que l'intérêt que je prends à vous me fait dire : comme il vient d'un cœur qui est à vous, je suis assurée que vous le trouverez bon. Ne trouverez-vous point bon aussi de savoir que Kéroual*,

* Elle avoit accompagné MADAME dans son voyage de Douvres; elle plut à Charles II, et devint duchesse de Portsmouth.

dont l'étoile avoit été devinée avant qu'elle partît, l'a suivie très fidèlement? Le roi d'Angleterre l'a aimée; elle s'est trouvée avec une légère disposition à ne le pas haïr : enfin elle se trouve grosse de huit mois; voilà qui est étrange. La Castelmaine est disgraciée : c'est ainsi qu'on en use dans ce royaume-là. Pendant que nous sommes sur ce ton, je vous dirai, avec la permission de la sagesse de M. de Grignan, que le petit fils de F......* et du chevalier de Lorraine (je ne sais si je me fais bien entendre), est élevé pêle-mêle avec les enfants de madame d'Armagnac, à la vue du public; et l'on fit un grand jeu au retour du chevalier d'éprouver la force du sang : il confirma tout ce qu'on dit là-dessus, et trouva cet enfant si joli, et s'y attacha d'une telle sorte, qu'enfin on lui dit la vérité : il en fut ravi, et madame d'Armagnac continue sa bonté, et le nourrit sous le nom du chevalier de Lorraine : si vous savez tout cela, voilà qui vous ennuiera beaucoup. Adhémar est tout propre à vous conter ces bagatelles : je me sens aussi du relâchement pour les nouvelles, sachant qu'il est en lieu de vous les mander beaucoup mieux que moi.

Je reçois votre lettre du 23, écrite sur la plume des vents, aussi bien que la mienne du vendredi : ah! ma fille, qu'elle est aimable, quoiqu'elle ne soit point une réponse! elle en vaut mille fois mieux : c'est donc là ce

---

* Cette initiale désigne mademoiselle de Fiennes, fille d'honneur de la reine; elle avoit été enlevée par le chevalier de Lorraine, et en avoit eu un enfant. Le dernier éditeur a cru qu'il s'agissoit ici de mademoiselle de Fouilloux; mais cela n'est pas exact, car elle avoit épousé le marquis d'Alluye en 1667. (*Voyez* la lettre suivante.)

que vous m'écrivez, quand vous n'avez rien à me dire : voilà qui me ravit, vous me dites mille tendresses, et je vous avoue que je me laisse doucement flatter à cette aimable vérité. Qui est donc ce Breton que vous servez pour l'amour de moi ? Il est vrai que tous les Provençaux me sont de quelque chose.

C'est aujourd'hui l'acte du pauvre abbé[1] : quelle folie ! on s'en va disputer contre lui, le tourmenter, le pointiller ; il faut qu'il réponde à tout : pour moi, je suis persuadée que rien n'est plus injuste que ces sortes de choses, et que cela rend l'esprit d'une rudesse et d'une contrariété insupportable. Vous me parlez du temps ; notre hiver a été admirable, trois mois d'une belle gelée ; voilà qui est fait, le printemps commence ; rien n'est plus sage que nous ; pourquoi êtes-vous si extravagants ? J'ai horreur de l'inconstance de M. de Vardes[a] : il a trouvé cette conduite dans la fin de sa passion, sans aucun sujet que de n'avoir plus d'amour : cela désespère ; mais j'aimerois encore mieux cette douleur, que d'être quittée pour une autre : voilà notre vieille querelle. Il y a bien d'autres sujets sur quoi je n'approuve pas M. de Vardes. Si Corbinelli me souhaite en Provence, il fait ce que je fais tous les jours de ma vie.

M. et madame de Coulanges sont trop honorés de toutes vos douceurs ; ils vous écriront : Je les vois partir avec un grand chagrin : M. de Coulanges prétend bien

[1] Louis-Joseph Adhémar de Monteil, frère de M. de Grignan, nommé en 1680 à l'évêché d'Évreux, et peu de temps après à celui de Carcassonne. Il avoit alors 28 ans.

[a] A l'égard de mademoiselle de Toiras. (*Voyez* la lettre suivante.)

revoir *Jaquemart et Marguerite*[1], avant que de mourir. Pour madame de Coulanges, elle ira à Grignan; nous l'y recevrons, quand elle m'aura fait les honneurs de Lyon. Je ne vois pas d'Hacqueville en huit jours, je l'excuse, et ne l'en aime pas moins. Pour vous, ma chère fille, comptez que je suis à vous, et que votre amitié fait la véritable joie de ma vie, et votre absence la véritable douleur. Mon cher Grignan, hélas! faut-il passer sa vie sans voir les gens du monde que l'on aime le plus? On m'a dit ce soir que l'abbé de Grignan avoit fait des merveilles en Sorbonne: notre cardinal en est ravi.

238.

A la même.

A Paris, vendredi 1er avril 1672.

Vous avez écrit, ma chère fille, des choses à Guitaud, sur l'espérance que vous avez de me voir en Provence, qui me transportent de joie: vous pouvez penser quel plaisir c'est de les apprendre indirectement, quoiqu'on les sache déjà. Il est vrai néanmoins que cela ne peut augmenter l'extrême envie que j'ai de partir; elle est au dernier degré : ma tante seule fait mon retardement;

---

[1] Deux figures de l'horloge du beffroi de Lambesc, qui frappent les heures.

elle est si mal, que je ne comprends pas qu'elle puisse être long-temps dans cet état; je vous en dirai des nouvelles, comme de la seule grande affaire que j'aie présentement.

Je vis hier madame de Verneuil, qui est revenue de Verneuil et de la mort : le lait l'a rétablie, elle est belle ; elle est de belle taille; il n'y a plus de dispute entre son corps de jupe et le mien : elle n'est plus rouge, ni crevée, comme elle étoit ; cet état la rend aimable; elle aime, elle oblige, elle loue, elle me chargea de mille douceurs pour vous. On fit hier matin un service au chancelier à Sainte-Elisabeth : je n'y fus point, parcequ'on oublia de m'apporter mon billet; tout le reste de la terre habitable y étoit. Madame de Fieubet entendit ceci : la Choiseul passa devant la Bonnelle*; Ah! dit la Bonnelle voilà une mijaurée qui a eu pour plus de cent mille écus de nos hardes. La Choiseul se retourne, et comme Arlequin, *hi, hi, hi, hi, hi,* lui fit elle, en lui riant au nez : *voilà comme on répond aux folles*; et passe son chemin : quand cela est aussi vrai qu'il l'est, cela fait extrêmement rire.

Madame de Coulanges et M. de Barillon jouèrent hier la scène de Vardes et de mademoiselle de Toiras ; nous avions tous envie de pleurer; ils se surpassèrent

a C'est l'édition de la Haye 1726, qui nous a fourni ces noms.

b Charlotte de Prie, femme de Noël de Bullion, seigneur de Bonnelles, marquis de Gallardon, président au parlement de Paris, auquel les chansons du temps attribuent des goûts monstrueux. Elle mourut en 1700, âgée de 78 ans.

c Les deux éditions de 1726 donnent le nom de mademoiselle de Toiras. *Voyez* plus haut la lettre du 28 juin 1671, page 93.

eux-mêmes. Mais la Champmélé est quelque chose de si extraordinaire, qu'en votre vie vous n'avez rien vu de pareil ; c'est la comédienne que l'on cherche et non pas la comédie. J'ai vu *Ariane*[a] pour la seule actrice : cette comédie est fade; les comédiens sont maudits; mais quand la Champmélé arrive, on entend un murmure ; tout le monde est ravi; et l'on pleure de son désespoir[b].

M. le chevalier de Lorraine alla voir la Fienne[c] l'autre jour; elle voulut jouer la délaissée, elle parut embarrassée : le chevalier, avec cette belle physionomie ouverte que j'aime, et que vous n'aimez pas, la voulut tirer de toutes sortes d'embarras, et lui dit : « Mademoiselle, qu'avez-vous? pourquoi êtes-vous triste ? qu'y a-t-il d'extraordinaire à tout ce qui nous est arrivé? Nous nous sommes aimés, nous ne nous aimons plus ; la constance n'est pas une vertu des gens de notre âge; il vaut bien mieux que nous oublions le passé, et que nous reprenions les tons et les manières ordinaires. Voilà un joli petit chien; qui vous l'a donné? » Et voilà le dénouement de cette belle passion.

Que lisez-vous, ma chère enfant? Pour moi je lis la *Découverte des Indes* par Christophe Colomb, qui me divertit au dernier point; mais votre fille me réjouit

---

[a] Tragédie de Thomas Corneille représentée le 4 mars 1672.

[b] Dans cette pièce tout est sacrifié au rôle principal; les auteurs de l'histoire du Théâtre François pensent que par cette expression de *comédiens maudits*, il faut entendre les autres personnages, et non les acteurs qui jouoient avec la Champmélé.

[c] Ce nom sembloit douteux dans la lettre précédente; il est ici rempli d'après l'édition de 1726.

encore plus : je l'aime, et je ne vois pas bien que je
puisse m'en défendre; elle caresse votre portrait, et le
flatte d'une façon si plaisante, qu'il faut vitement la
baiser. J'admire que vous vous coiffiez, dès ce temps-là,
à la mode de celui-ci : vos doigts vouloient tout relever,
tout boucler; enfin c'étoit une prophétie. Adieu, ma
très chère enfant, je ne croirai jamais qu'on puisse aimer
plus passionnément que je vous aime.

239.

A la même.

A Paris, mercredi 6 avril 1672.

Je ne sais où j'en suis, à cause de la maladie de ma
tante : l'abbé et moi nous petillons; et nous sommes
résolus, si son mal se tourne en langueur, de nous en
aller en Provence; car enfin où sont les bornes de notre
bon naturel? Pour moi, je ne vois que vous, et j'ai une
telle impatience de vous aller voir, que tous mes autres
sentiments n'en ont pas bien toute leur étendue. Vous
pouvez toujours être certaine que j'ai plus d'envie de
partir que vous n'en avez que je parte : vous croyez que
c'est beaucoup dire, je le crois aussi, mais je ne puis
exagérer sur mes sentiments. Je ne manque pas de dire
à ma tante tous vos aimables souvenirs : elle croit mourir bientôt, et, suivant son humeur complaisante, elle

se contraint jusqu'à la mort, et fait semblant d'espérer à des remèdes qui ne lui font plus rien, afin de ne pas désespérer ma cousine : mais, quand elle peut dire un mot sans être entendue, on voit ce qu'elle pense, et c'est la mort qu'elle envisage à loisir, avec beaucoup de vertu et de fermeté.

Je suis effrayée des maux de Provence : voilà donc votre enfant sauvé de la petite-vérole; mais la peste, qu'en dites-vous? J'en suis très alarmée : c'est un mal à nul autre semblable, dont votre soleil saura mal garantir ceux qu'il éclaire. Je prie M. le gouverneur de donner sur cela tous les meilleurs ordres du monde.

M. le duc donna samedi une chasse *aux Anges*[1] et un souper à Saint-Maur, des plus beaux poissons de la mer. Ils revinrent à une petite maison près de l'hôtel de Condé, où, après minuit sonné, plus scrupuleusement que nous ne faisions en Bretagne, on servit le plus grand *medianoche* du monde en viandes très exquises : cette petite licence n'a pas été bien reçue, et a fait admirer la charmante bonté de la maréchale de Grancey. Il y avoit la comtesse de Soissons, mesdames de Coëtquen et de Bordeaux[2], plusieurs hommes, et le chevalier de Lorraine; des hautbois, des musettes, des violons; et de madame la duchesse, ni du carême, pas un mot; l'une étoit dans son appartement, et l'autre dans les cloîtres. Toutes ces dames sont brunes, nous trouvons qu'il falloit bien du jaune pour les parer.

[1] Madame de Marei et madame de Grancey (*chanoinesse*) filles du deuxième lit du maréchal de Grancey.

[2] Celle dont la fille fut mariée au comte de Fontaine-Martel.

M. de Coulanges est au désespoir de la mort du peintre[1]. Ne l'avois-je pas bien dit qu'il mourroit? Cela donne une grande beauté au commencement de l'histoire; mais ce dénouement est triste et fâcheux pour moi, qui prétendois bien à cette belle *Madeleine si bien frisée naturellement*[2].

Je suis ravie que vous ne soyez point grosse : hélas! ma fille, ayez du moins le plaisir d'être en santé et de reposer votre vie : eh mon Dieu! ne joignez point cet embarras à tant d'autres que l'on trouve en son chemin. La vieille MADAME[3] est morte d'une vieille apoplexie qui la tenoit depuis un an. Voilà le palais du Luxembourg à MADEMOISELLE, et nous y entrerons. MADAME avoit fait abattre tous les arbres du jardin de son côté, rien que par contradiction : ce beau jardin étoit devenu ridicule; la Providence y a pourvu. MADEMOISELLE pourra le faire raser des deux côtés, et y mettre Le Nôtre[a] pour y faire comme aux Tuileries. Elle n'a point voulu voir sa belle-mère mourante; cela n'est pas héroïque. Le traité de M. de Lorraine est rompu, après avoir été assez avancé : voilà votre pauvre amie[5] bien reculée. M. de Bâville se marie à mademoiselle de

[1] Ce même peintre dont il a été parlé ci-devant, page 366.

[2] *Voyez* page 367.

[3] Marguerite de Lorraine, seconde femme de Gaston de France, duc d'Orléans.

[a] André Le Nôtre, dessinateur des jardins du roi.

[5] La princesse de Vaudemont. *Voyez* la note de la lettre du 19 février précédent, page 335.

Chalucet de Nantes" : on lui donne quatre cent mille francs. M. d'Harouïs y fait le principal personnage. J'ai fait vos compliments aux Duras et aux Charost. Le marquis de Villeroi ne partira pas de Lyon cette campagne : le maréchal s'est attiré cette assurance, en demandant pour son fils la grace de revenir à l'armée : on ne comprend pas bien ce qui cause son malheur.

Vous me dépeignez fort bien ce bel esprit guindé : je ne l'aimerois pas mieux que vous, mais je ne serois point étonnée que le comte de Guiche s'en accommodât; vous avez tous deux raisons. M. de La Rochefoucauld est retombé dans une si terrible goutte, dans une si terrible fièvre, que jamais vous ne l'avez vu si mal : il vous prie d'avoir pitié de lui : je vous défierois bien de le voir sans en être attendrie. Ma très chère enfant, je vous quitte, et après avoir souhaité un cœur *adamantino*, je m'en repens : je serois très fâchée de ne pas vous aimer autant que je vous aime, quelque douleur qu'il m'en puisse arriver : ne le souhaitez plus aussi; gardons nos cœurs tels qu'ils sont; vous savez à merveille ce qui touche le mien. J'embrasse M. de Grignan, je le remercie de ses jolis remercîments, et de ses exclamations.

* Ce mariage ne se fit point; le marquis de Basville épousa mademoiselle Voisin le 7 janvier 1674.

240.

A la même.

A Paris, vendredi 8 avril 1672.

La guerre est déclarée, on ne parle que de partir. Canaples[a] a demandé permission au roi d'aller servir dans l'armée du roi d'Angleterre; et en effet il est parti malcontent de n'avoir pas eu d'emploi en France. Le maréchal du Plessis ne quittera point Paris; il est bourgeois et chanoine; il met à couvert tous ses lauriers, et jugera des coups : je ne trouve pas qu'avec une si belle et si grande réputation, son personnage soit mauvais. Il dit au roi, qu'il portoit envie à ses enfants qui avoient l'honneur de servir Sa Majesté; que pour lui il souhaitoit la mort, puisqu'il n'étoit plus bon à rien. Le roi l'embrassa tendrement, et lui dit : « M. le maréchal, on « ne travaille que pour approcher de la réputation que « vous avez acquise; il est agréable de se reposer après « tant de victoires[b]. » En effet, je le trouve heureux de

---

[a] *Voyez* la note de la lettre du 5 février précédent, page 318.
[b] Le maréchal du Plessis-Praslin avoit eu la plus grande part à la prise de la Rochelle en 1728, il se distingua dans les guerres du Piémont et de la Catalogne; commanda l'armée du roi pendant la guerre de la fronde, et sauva la cour, en battant à Rhetel, Turenne qui marchoit sur Paris pour délivrer les princes.

ne point mettre au caprice de la fortune ce qu'il a acquis pendant toute sa vie. Le maréchal de Bellefonds est à la Trappe pour la semaine sainte : mais, avant que de partir, il parla fort fièrement à M. de Louvois, qui vouloit faire quelque retranchement sur sa charge de général sous M. le prince : il fit juger l'affaire par Sa Majesté, et l'emporta comme un galant homme.

La reine m'attaque toujours sur vos enfants, et sur mon voyage de Provence, et trouve mauvais que votre fils vous ressemble, et votre fille à son père; je lui réponds toujours la même chose. Madame Colbert me parle souvent de votre beauté; mais qui ne m'en parle point? Ma fille, savez-vous bien qu'il faut un peu revenir voir tout ceci? Je vous en faciliterai les moyens d'une manière qui vous ôtera de toutes sortes d'embarras. J'ai parlé d'un premier président à M. de Pomponne; il n'y voit encore goutte; il croit pourtant que ce sera un étranger; j'y ai consenti".

Ma tante est si mal que je ne crois pas qu'elle retarde mon voyage; elle étouffe, elle enfle, il n'y a pas moyen de la voir sans être fortement touchée : je le suis, et le serai beaucoup de la perdre. Vous savez comme je l'ai toujours aimée : ce m'eût été une grande joie de la laisser dans l'espérance d'une guérison qui nous l'auroit rendue encore pour quelque temps. Je vous manderai la suite de cette triste et douloureuse maladie.

M. et madame de Chaulnes s'en vont en Bretagne : les gouverneurs n'ont point d'autre place présentement

---

" *Voyez* la lettre du 30 mars précédent, page 371.

que leur gouvernement. Nous allons voir une rude
guerre; j'en suis dans une inquiétude épouvantable.
Votre frère me tient au cœur; nous sommes très bien
ensemble; il m'aime, et ne songe qu'à me plaire, je suis
aussi une vraie marâtre pour lui, et ne suis occupée
que de ses affaires. J'aurois grand tort si je me plaignois
de vous deux : vous êtes, en vérité, trop jolis, chacun
en votre espèce. Voilà, ma très belle, tout ce que vous
aurez de moi aujourd'hui. J'avois ce matin un Provençal, un Breton, un Bourguignon à ma toilette.

241.

A la même.

A Paris, mercredi 3 avril 1672.

Je vous l'avoue, ma fille, je suis très fâchée que mes
lettres soient perdues; mais savez-vous de quoi je serois
encore plus fâchée ? ce seroit de perdre les vôtres : j'ai
passé par-là, c'est une des plus cruelles choses du
monde. Mais, mon enfant, je vous admire; vous écrivez
l'italien comme le cardinal Ottobon*; et même vous y
mêlez de l'espagnol; *manera* n'est pas des nôtres; et
pour vos phrases, il me seroit impossible d'en faire au-

---

* Le cardinal Marc Ottoboni, Vénitien, fut depuis le pape Alexandre VIII.

tant : amusez-vous aussi à le parler, c'est une très jolie chose, vous le prononcez bien ; vous avez du loisir, continuez, je serai tout étonnée de vous trouver si habile. Vous m'obéissez pour n'être point grosse ; je vous en remercie de tout mon cœur; ayez le même soin de me plaire pour éviter la petite-vérole. Votre soleil me fait peur; comment, les têtes tournent! on a des apoplexies, comme on a des vapeurs ici, et votre tête tourne comme les autres! Madame de Coulanges espère conserver la sienne à Lyon, et fait des préparatifs pour faire une belle défense contre le gouverneur[1]. Si elle va à Grignan, ce sera pour vous conter ses victoires, et non pas sa défaite : je ne crois pas même que le marquis prenne le personnage d'amant; il est observé par gens qui ont bon nez, et qui n'entendroient pas raillerie. Il est désolé de ne point aller à la guerre; je suis très désolée aussi de ne point partir avec M. et madame de Coulanges ; c'étoit une chose résolue, sans le pitoyable état où se trouve ma tante : mais il faut avoir encore patience; rien ne m'arrêtera, dès que je serai libre de partir : je viens d'acheter un carrosse de campagne, je fais faire des habits, enfin je partirai du jour au lendemain; jamais je n'ai rien souhaité avec tant de passion; fiez-vous à moi pour n'y pas perdre un moment : c'est mon malheur qui me fait trouver des retardements où les autres n'en trouvent point.

Je voudrois bien vous pouvoir envoyer notre cardinal ; ce seroit un grand amusement de causer avec lui : je ne

---

[1] Le marquis de Villeroi.

vous trouve rien qui puisse vous divertir; mais, au lieu de prendre le chemin de Provence, il s'en va à Commerci*a*. On dit que le roi a quelque regret du départ de Canaples : il avoit un régiment, il a été cassé; il a demandé dix abbayes, on les lui a toutes refusées; il a demandé de servir d'aide-de-camp cette campagne, il est refusé; sur cela il écrit à son frère aîné une lettre pleine de désespoir et de respect tout ensemble pour Sa Majesté, et s'en va sur le vaisseau du duc d'Yorck [1], qui l'aime et l'estime : voilà l'histoire un peu plus en détail. On ne parle plus que de guerre et de partir : tout le monde est triste, tout le monde est ému.

Le maréchal de Gramont étoit l'autre jour si transporté de la beauté d'un sermon de Bourdaloue, qu'il s'écria tout haut en un endroit qui le toucha : *Mordieu, il a raison!* MADAME éclata de rire, et le sermon en fut tellement interrompu, qu'on ne savoit ce qui en arriveroit. Je ne crois pas, de la façon que vous dépeignez vos prédicateurs, que si vous les interrompez, ce soit par des admirations. Adieu, ma très chère et très aimable; quand je pense au pays qui nous sépare, je perds la raison, et je n'ai plus de repos. Je blâme Adhémar d'avoir changé de nom [2]; c'est le *petit dénaturé*.

a Château près de Saint-Mihel et de Toul en Lorraine.

[1] Depuis Jacques II, roi d'Angleterre.

[2] Après la mort du chevalier de Grignan, arrivée le 6 février précédent, M. d'Adhémar s'appela le *chevalier de Grignan*, et reprit dans la suite le nom de *comte d'Adhémar*, lorsqu'à l'âge de 54 ans il se maria, en 1704, avec Thérèse d'Oraison, de la maison d'Aqua, dont il n'a pas eu d'enfans.

242.

A la même.

À Paris, vendredi-saint, 15 avril 1672.

Vous voyez ma vie ces jours-ci, ma chère fille ; j'ai de plus la douleur de ne vous avoir point, et de ne pas partir tout-à-l'heure ; l'envie que j'en ai me fait craindre que Dieu ne permette pas que j'aie jamais une si grande joie ; cependant je me prépare toujours. N'est-ce pas d'ailleurs une chose cruelle et barbare que de regarder la mort d'une personne qu'on aime beaucoup, comme le commencement d'un voyage qu'on souhaite avec une véritable passion ? Que dites-vous des arrangements des choses de ce monde ? Pour moi je les admire ; il faut profiter de ceux qui nous déplaisent pour en faire une pénitence. Celle que M. de Coulanges dit qu'on fait à Aix présentement me paroît bien folle ; je ne saurois m'accoutumer à ce qu'il me conte là-dessus[1].

Madame de Coulanges a été à Saint-Germain : elle m'a dit mille bagatelles qui ne s'écrivent point, et qui me font bien entrer dans votre sentiment sur ce que

---

[1] Les confréries des *pénitents* faisoient à Aix, la nuit du jeudi au vendredi-saint, des processions qui depuis ont été abrogées à cause des indécences qui s'y commettoient.

vous me disiez l'autre jour de l'horreur de voir une infidélité : cet endroit me parut très plaisant et de fort bon sens ; vous voyez que l'on n'est pas par-tout de notre sentiment. Ma fille, quand vous voulez rompre du fer, trouvant les porcelaines indignes de votre colère, il me semble que vous êtes bien fâchée ; quand je songe qu'il n'y a personne pour en rire et pour se moquer de vous, je vous plains, car cette humeur rentrée me paroît plus dangereuse que la petite-vérole ; mais, à propos, comment vous en accommodez-vous ? Votre pauvre enfant s'en sauvera-t-il ?

Notre cardinal m'a dit ce soir mille tendresses pour vous : il s'en va à Saint-Denis [1] faire la cérémonie de Pâques ; il reviendra encore un moment, et puis adieu. Madame de La Fayette s'en va demain à une petite maison auprès de Meudon [a], où elle a déjà été ; elle y passera quinze jours pour être comme suspendue entre le ciel et la terre : elle ne veut pas penser, ni parler, ni répondre, ni écouter ; elle est fatiguée de dire bonjour et bonsoir ; elle a tous les jours la fièvre, et le repos la guérit ; il lui faut donc du repos : je l'irai voir quelquefois. M. de La Rochefoucauld est dans cette chaise que vous connoissez : il est d'une tristesse incroyable, et l'on comprend bien aisément ce qu'il a. Je ne sais aucune nouvelle aujourd'hui. La musique de Saint-Germain est divine, le chant des Minimes n'est pas divin ; ma petite enfant y étoit tantôt avec moi ; elle a trouvé beaucoup

---

[1] Le cardinal de Retz étoit abbé de Saint-Denis.

[a] A Fleury au-dessous de Meudon. *Voyez* la lettre du 22 avril.

de gens de sa connoissance : je crains de l'aimer un peu trop, mais je ne saurois tant mesurer toutes choses. *J'étois bien serviteur de monsieur votre père*; ne trouvez-vous point que j'ai des raisons de l'aimer à-peu-près de la même sorte?

Je ne vous parle guère de madame de La Troche ; c'est que les flots de la mer ne sont pas plus agités que son procédé avec moi ; elle est contente et mal contente dix fois par semaine*a*, et cette diversité compose un désagrément incroyable dans la société : cette préférence du faubourg est un point à quoi il est difficile de remédier; on m'y aime autant qu'on y peut aimer; la compagnie y est sûrement bonne; je ne suis de contrebande à rien ; ce qu'on y est une fois, on l'est toujours; de plus, notre cardinal m'y donne souvent des rendez-vous : que faire à tout cela? En un mot, je renonce à plaire à madame de La Troche, sans renoncer à l'aimer, car elle me trouvera toujours quand elle voudra se faire justice : j'ai de bons témoins de ma conduite avec elle, qui sont persuadés que j'ai raison, et qui admirent quelquefois ma patience. Ne me répondez qu'un mot sur tout cela; car si la fantaisie lui prenoit de voir une de vos lettres, tout seroit perdu d'y trouver votre improbation : il est vrai que cela n'est point encore arrivé, et qu'il faut bien des choses pour en être digne à mon égard. Madame de Villars est ma favorite là-dessus : si j'étois reine de

---

a Madame de La Troche étoit jalouse de l'amitié que madame de Sévigné avoit pour madame de La Fayette, dont la maison est désignée ici par *le faubourg*.

France ou d'Espagne, je croirois qu'elle me veut faire sa cour; mais, ne l'étant point, je vois que c'est de l'amitié pour vous et pour moi. Elle est ravie de votre souvenir; elle ne partira point sitôt, par une petite raison que vous devinerez, quand je vous dirai qu'elle ne peut aller qu'aux dépens du roi son maître, et que ses assignations sont retardées[1]. Cependant nous disons fort que nous n'avons rien contre l'Espagne; elle est dans les règles du traité. L'ambassadeur est ici, remplissant tous nos Minimes de sa belle livrée. Ma fille, je m'en vais prier Dieu, et me disposer à faire demain mes pâques : il faut au moins tâcher de sauver cette action de l'imperfection des autres. Je vous aime et vous embrasse : je voudrois bien que mon cœur fût pour Dieu comme il est pour vous.

243.

A la même.

À Paris, mercredi 20 avril 1672.

Vous me promettez donc de m'envoyer les chansons que l'on fera en Barbarie; votre conscience sera bien moins chargée de me faire part des médisances de Tunis

[1] Madame de Villars devoit aller en Espagne, où le marquis de Villars, son mari, venoit d'être nommé ambassadeur extraordinaire.

et d'Alger, que la mienne ne l'est de celles que je vous ai mandées. Ma fille, quand je songe que votre plus proche voisine est la mer Méditerranée, j'ai le cœur tout troublé et tout affligé : il y a de certaines choses qui font peur; elles n'apprennent rien de nouveau; mais c'est un point de vue qui surprend.

Je vis hier vos trois Provençaux; le Spinola en est un[1] : il m'a donné votre lettre du 21 mars; si je le puis servir, je le ferai de mon mieux : j'honore son nom. Il y a un Spinola qui a perdu romanesquement une de ses mains; c'est un Artaban. Celui-ci m'a montré une lettre italienne qui n'est pleine que de vous; je vous l'envoie : l'exclamation au roi de France me plaît fort. Il dit que vous parlez très bien italien; je vous en loue, rien n'est plus joli : si j'avois été en lieu de m'y pouvoir accoutumer, je l'aurois fait; ne vous en lassez point.

Je crois que M. d'Usez vous aura conté sa conversation avec le roi, à laquelle on ne peut rien ajouter : je lui trouve une justesse dans l'esprit, que j'aime à observer; mais ce prélat s'en va bientôt, et vous perdez beaucoup de ne l'avoir plus ici. Madame de Brissac voit très facilement le comte de Guiche chez elle : il n'y a point d'autre façon; on ne les voit guère ailleurs. Elle ne va point souvent chez M. de La Rochefoucauld : madame de La Fayette est à sa petite campagne; je ne vois aucune liaison entre eux et cette duchesse. Cette dernière

---

[1] Madame de Sévigné met au rang des trois Provençaux M. de Spinola, qui vraisemblablement étoit Génois, et par conséquent plus Italien que Provençal.

contemple son essence comme un coq en pâte : vous souvient-il de cette folie? On soupçonne la maréchale d'Estrées des chansons; mais ce n'est qu'une vision.

Je vous ai parlé de madame de La Troche dans le temps que vous m'en parliez; vous en êtes instruite présentement; mais comme il ne lui est pas facile de se passer de moi, insensiblement les glaces se fondent, sa belle humeur revient; et moi, je le veux bien : je prends le temps tout comme il vient; si j'avois un degré de chaleur davantage, je serois beaucoup plus offensée. C'est donc ainsi que vous voulez que l'on soit, c'est-à-dire dans une profonde tranquillité; ô l'heureux état! mais que je suis loin d'en sentir les douceurs! Vous me faites peur de le souhaiter : il me semble que vous faites tout ce que vous voulez; et tout d'un coup, lorsque je vous aimerai le plus tendrement, je vous trouverai toute froide et toute reposée. Ah! ne venez pas me donner de cette léthargie à mon arrivée en Provence; j'aurois grand regret à mon voyage, si j'y trouvois de telles glaces.

Je touche enfin mon départ du bout du doigt; mais ce qui me donne congé me coûtera bien des larmes : c'est quelque chose de pitoyable que l'état de ma pauvre tante; son enflure augmente tous les jours; c'est un excès de douleur qui serre le cœur des plus indifférents. Madame de Coulanges pleura hier en lui disant adieu; ce ne fut pourtant pas un adieu en forme; mais comme elle et son mari pensoient que c'étoit pour jamais, ils étoient très affligés. Pour moi, qui passe une grande partie de mes jours à soupirer auprès d'elle, je suis accablée de tristesse; elle me fait des caresses qui me tuent; elle parle de sa mort comme d'un voyage; elle a toujours un très bon esprit; elle le conserve jusqu'au bout. Elle a reçu ce matin Notre-Seigneur en forme de viatique, et pour ses pâques; mais elle croit le recevoir encore une fois : sa dévotion étoit admirable; nous fondions tous en larmes : elle étoit assise; elle ne peut durer au lit; elle s'est mise à genoux; c'étoit un spectacle triste et dévot tout ensemble.

J'ai quitté M. et madame de Coulanges avec déplaisir; ils ont beaucoup d'amitié pour moi ; je compte les retrouver à Lyon. Je m'en vais m'établir et me ranger dans mon petit logis, en attendant le plaisir de vous y voir avec moi. On dit que La Brune (*madame de Coëtquen*) a repris le fil de son discours avec le chevalier de Lorraine, et qu'ils causèrent fort à cette fête que donna M. le duc, où, pour manger de la viande, ils attendirent si scrupuleusement que minuit fût sonné, le dimanche de la passion. On passe sa vie à dire des adieux; tout le monde s'en va, tout le monde est ému. La comtesse du Lude[a] est venue en poste dire adieu à son mari; elle s'en retournera dans six jours, après lui avoir tenu l'étrier pour monter à cheval, et s'en aller à l'armée comme les autres. Je vous assure que l'on tremble pour ses amis.

J'ai passé le dimanche des Rameaux à Sainte-Marie

---

[a] Renée Eléonore de Bouillé, comtesse de Créance, première femme de Henri de Daillon, comte du Lude, grand-maître de l'artillerie. Elle mourut en 1681.

dans mes considérations ordinaires. Barillon a fait ici un grand séjour; il s'en va, puisque vous lui commandez d'être à son devoir : votre exemple le confond; son emploi est admirable cette année : il mangera cinquante mille francs; mais il sait bien où les prendre [1]. Madame de C....... est folle; on la trouve telle en ce pays : la belle pensée d'aller en Italie comme une princesse infortunée, au lieu de revenir paisiblement à Paris chez sa mère qui l'adore, et qui met au rang de tous les malheurs de sa maison l'extravagance de sa fille! elle a raison; je n'en ai jamais vu une plus ridicule. Nous ne savons si la Marans travaille sur terre ou sous terre : elle voit peu *son fils* (*M. de La Rochefoucauld*) et madame de La Fayette, et ce n'est que des moments; tout aussitôt madame de Schomberg vient la reprendre : cela est bien incommode de n'être plus remenée par madame de Sévigné; elle n'aime guère à me rencontrer.

Mais comment votre fils est-il devenu brun? je le croyois blondin, et vous me l'aviez vanté comme tel! quoi? sérieusement il est brun! ne vous moquez-vous point? J'ai envie de vous mander que votre fille est devenue blonde : quoi qu'il en soit, il y a toujours à tous vos enfants la marque de l'ouvrier. Je suis assurée que quand madame de Senneterre aura fait ses affaires et ses couches, elle ne fera point comme madame de C.....

Le petit du Bois [2] est parti pour suivre M. de Lou-

[1] M. de Barillon étoit ambassadeur en Angleterre.
[2] C'est ce commis de la poste que madame de Sévigné avoit mis dans ses intérêts pour la diligence et la sûreté de son commerce de lettres avec sa fille.

vois¹, et je m'aperçois déjà de son absence. Je passai hier à la poste pour tâcher d'y refaire des amis, et voir si du Bois ne m'avoit recommandée à personne : je trouvai des visages nouveaux qui ne furent pas fort touchés de mon mérite; je les priai de mettre mes lettres à part, afin de les envoyer prendre ce matin, à quoi je n'ai pas manqué; ils m'ont mandé qu'assurément il n'y en avoit pas pour moi. Me voilà tombée des nues : je ne saurois vivre sans vos lettres ; peut-être que vous les aurez adressées à quelqu'un, et qu'elles me viendront demain ; je le souhaite fort, et de pouvoir remettre en train mon commerce de la poste.

244.

A la même.

A Paris, vendredi 22 avril 1672.

Je reçus votre lettre du 13 justement quand on ne pouvoit plus y faire réponse : quelque soin que j'eusse pris à la poste, elle avoit été abandonnée à la paresse des facteurs ; et voilà précisément ce que je crains. Je ferai mon possible pour retrouver quelque nouvel ami (*au bureau de la poste*), ou plutôt, je vous avoue que je voudrois bien m'en aller, et que ma pauvre tante eût

---

¹ Surintendant général des postes, secrétaire d'état de la guerre.

pris un parti : cela est barbare à dire; mais il est bien barbare aussi de trouver ce devoir sur mon chemin, lorsque je suis prête à vous aller voir; l'état où je suis n'est pas aimable. Je vous envoie une petite cravate, tout comme on les porte; vous jugerez par-là que, depuis votre départ, le monde ne s'est point subtilisé : vous voyez comme nous sommes simples en ce pays-ci. J'ai une grande impatience de savoir ce qui se sera passé à votre voyage de la Sainte-Baume¹; c'est donc votre Notre-Dame des Anges². M. le marquis de Vence, qui me rend des soins très obligeants, m'a fait grand'peur du chemin³. Il a perdu son fils aîné : il me fait pitié; il voudroit bien pleurer, et il se contraint : il me paroît extrêmement attaché à tous vos intérêts.

J'ai été voir madame de La Fayette avec le cardinal; nous la trouvâmes mieux qu'à Paris; nous parlâmes fort de vous. Il s'en va lundi; il vous dira adieu comme

¹ La Sainte-Baume est une grotte taillée dans le roc, où, selon la tradition du pays, et sans aucun autre fondement raisonnable, on prétend que sainte Madeleine vint finir sa vie dans la pénitence.

² Il y avoit aussi à Livry une chapelle nommée Notre-Dame-des-Anges. On y trouve une fontaine miraculeuse dont l'eau est réputée guérir les fièvres tierces.

³ « Mais si d'une adresse admirable
« L'ange a taillé ce roc divin,
« Le démon cauteleux et fin
« En a fait l'abord effroyable,
« Sachant bien que le pélerin
« Se donneroit cent fois au diable,
« Et se damneroit en chemin.
Voyage de Chapelle *et de* Bachaumont.

il vous a dit bonjour; il vous aime tendrement, et vous fera réponse sur la proposition d'être archevêque d'Aix. Nous composâmes la vie qu'il feroit, toujours déchiré entre le desir de vous voir et la crainte d'être ridicule; nous réglâmes les heures, et nous inventâmes des supplices pour le premier qui mettroit le nez sur l'attachement qu'il auroit pour vous. Cette conversation nous eût menés plus loin que *Fleuri*[1] : d'Hacqueville et l'abbé de Pontcarré étoient avec nous; j'étois insolemment avec ces trois hommes. Je m'en vais tout présentement me promener trois ou quatre heures à Livry : j'étouffe, je suis triste; il faut que le vert naissant et les rossignols me redonnent quelque douceur dans l'esprit : on ne voit ici que des adieux, des équipages qui nous empêchent de passer dans les rues. Je reviens demain matin pour faire partir celui de mon fils; mais il ne fera point d'embarras; ce sont des coffres qui vont par des messagers : il a acheté ses chevaux en Allemagne. J'ai donné de l'argent à Barillon pour lui donner pendant la campagne. Je suis une marâtre; je dis hier adieu au *petit dénaturé*[2]; je pensai pleurer : cette campagne sera rude, et je ne me fie guère à lui pour se conserver, *poco duri, pur che s'innalzi*, il en est revenu là; c'est sa vraie devise. Adieu, je ne vous en dirai pas davantage aujourd'hui; je m'en vais à la Sainte-Baume; je m'en vais dans un lieu où je penserai à vous sans cesse, et peut-être trop tendrement. Il est bien difficile que je revoie ce

---

[1] C'est le nom du lieu où étoit alors madame de La Fayette.
[2] Le chevalier de Grignan.

jardin, ces allées, ce petit pont, cette avenue, cette prairie, ce moulin, cette petite vue, cette forêt, sans penser à ma très chère enfant.

Le petit Daquin est premier médecin. *La faveur l'a pu faire autant que le mérite*ᵃ.

245. **

Du Comte DE BUSSY *à Madame* DE SÉVIGNÉ.

A Chaseu, ce 19 mars 1672.

Un honnête marchand de Sémur, parent des *Lamaison*, vos fermiers, qui me fait crédit quelquefois et qui ne me presse pas trop, a une affaire à Paris qu'il vous dira, Madame. Je vous supplie de l'y servir; vous me ferez un très grand plaisir : il s'appelle Versy.

J'espère que vous me ferez réponse encore que vous ne soyez pas dans la cellule de notre petite sœur Jacqueline-Thérèseᵇ; vous ne commencez à m'écrire que des

ᵃ Vallot étoit mort le 9 août 1671. Ce fut lui qui répandit l'usage de l'émétique, du quinquina et du laudanum. A l'aide du premier de ces remèdes, il sauva Louis XIV de la maladie dangereuse qu'il eut à Calais en 1658. Guy Patin en a dit beaucoup de mal, ce qu'il faut peut-être attribuer à l'esprit de rivalité; il lui reproche sur-tout la mort de la princesse d'Angleterre, mais il est vraisemblable qu'il n'étoit pas au pouvoir des hommes de la sauver.

ᵇ Noms de religion de mademoiselle de Rabutin; elle s'appeloit Diane-Charlotte.

saintes Maries, mais vous me faites réponse de par-tout.

Enfin voici la guerre, Madame; si ce n'est que pour une campagne, cela ne vaut pas la peine de me faire sortir de chez moi; si elle dure davantage, peut-être me verra-t-on encore sur les rangs. J'ai écrit au roi pour lui offrir mes services, comme j'ai déja fait cinq fois depuis que je suis en Bourgogne; je suis content de sa réponse. Que ceci soit entre nous, ma belle cousine, car vous savez que rien ne réussit que par le secret. Je ne vous les cacherois pas, si j'en avois de plus grande conséquence.

---

246. **

De Madame DE SÉVIGNÉ *au Comte* DE BUSSY.

A Paris, ce 24 avril 1672.

Savez-vous bien que je reçus hier seulement votre lettre du 19 mars par cet honnête marchand qui fait crédit, et qui ne presse pas trop? Plût à Dieu qu'il s'en trouvât ici présentement d'aussi bonne composition! ils sont devenus chagrins depuis quelque temps. Chacun sait si je ne dis pas vrai. On est au désespoir, on n'a pas un sou, on ne trouve rien à emprunter, les fermiers ne payent point, on n'ose faire de la fausse monnoie, on ne voudroit pas se donner au diable, et cependant tout le monde s'en va à l'armée avec un équipage. De vous dire comment cela se fait, il n'est pas aisé. Le miracle des cinq pains n'est pas plus incompréhensible. Mais revenons à votre marchand (j'admire où m'a transportée la chaleur du discours); je vous assure que je lui rendrai tout le service que je pourrai. Vous avez dû croire que je ne faisois réponse qu'à Sainte-Marie, par la longueur du temps que vous avez été à recevoir celle-ci, mais ce n'est pas ma faute. Je vous trouve fort heureux dans votre malheur, de ne point aller à la guerre. Je serois fâchée que depuis long-temps vous n'eussiez obtenu d'autre grace que celle d'y aller. C'est assez que le roi sache vos bonnes intentions. Quand il aura besoin de vous, il saura bien où vous prendre; et comme il n'oublie rien, il n'aura peut-être pas oublié ce que vous valez. En attendant, jouissez du plaisir d'être présentement le seul homme de votre volée qui puisse se vanter d'avoir du pain.

Je ne sais si je ne vous ai pas parlé de quelques unes de vos lettres au roi, mais je les admire toujours. J'ai vu au collége de Clermont un jeune gentilhomme[a] qui paroît fort digne d'être votre fils. Je lui ai fait une petite visite, je l'enverrai querir l'un de ces jours pour dîner avec moi. Je soupai l'autre jour avec Manicamp[b] et avec sa sœur la maréchale d'Estrées. Elle me dit qu'elle iroit voir notre Rabutin au collége. Nous parlâmes fort de vous elle et moi. Pour Manicamp et moi nous ne finissons point en quelque endroit que nous soyons, mais

---

[a] Amé Nicolas de Rabutin, fils aîné de Bussy, mais du deuxième lit.
[b] Bertrand de Longueval, marquis de Manicamp.

d'un souvenir agréable, vous regrettant, ne trouvant rien qui vous vaille, chacun de nous redisant quelque morceau de votre esprit; enfin vous devez être fort content de nous. Adieu, mon cher cousin, mille compliments je vous prie à madame votre femme, elle m'a écrit une très honnête lettre, mais j'ai passé le temps de lui faire réponse. Me voilà dans l'impénitence finale; j'ai tort, je ne saurois plus y revenir; faites ma paix. Je ne sais si vous savez que les maréchaux d'Humières et de Bellefonds sont exilés pour ne vouloir pas obéir à M. de Turenne, quand les armées seront jointes.

247. **

Du Comte DE BUSSY *à Madame* DE SÉVIGNÉ.

A Chaseu, ce 1ᵉʳ mai 1672.

Vous me remettez en goût de vos lettres, Madame. Je n'ai pas encore bien démêlé si c'est parceque vous ne m'offensez plus, ou parceque vous me flattez, ou parcequ'il y a toujours un petit air naturel et brillant qui me réjouit.

Pour vous parler des pas que je fais pour me relever de ma chute, je vous dirai qu'on demande quelquefois des choses qu'on est bien aise de ne pas obtenir. Je suis aujourd'hui en cet état sur la permission que j'ai demandée au roi d'aller à l'armée. Mais voici des maréchaux exilés qui en augmentent la bonne compagnie. Ce sont ces gens-là qui sont heureux d'être exilés quand leur fortune est faite, car enfin ils ont des établissements que vraisemblablement on ne leur ôtera pas, et, au pis aller, des titres et des honneurs qu'on ne leur sauroit ôter. Le roi a grand'raison d'être mal satisfait d'eux, et ils reconnoissent bien mal l'obligation infinie qu'ils lui ont de les avoir faits ce qu'ils eussent en peine à mériter d'être après dix ans encore de grands services à la guerre. Ce seroit une question de savoir si, étant aussi redevables au roi qu'ils l'étoient, ils eussent été excusables de refuser de lui obéir aux choses qui eussent effectivement intéressé l'honneur de leurs charges; mais, désobéir à leur bon maître en chose où ils ont tout-à-fait tort, c'est une tache dont leur ignorance ne sauroit se laver. Je leur apprends que les maréchaux-de-camp-généraux ont été faits pour faire la fonction de connétable. Lesdiguières, n'étant encore que maréchal-de-camp-général, commanda, au siège de Clérac, le maréchal de Saint-Géran, qui venoit d'être son camarade. A plus forte raison M. de Turenne, qui commandoit des armées quand ces messieurs étoient au collége, et qui leur a appris ce peu qu'ils savent.

Il faut qu'on me croie quand je parle ainsi, du moins ne sauroit-on penser que ce soit une amitié aveugle qui me fasse parler en faveur du parti que je tiens; c'est la seule vérité qui m'y oblige; et il y a dix ans que j'ai appris ce que je viens de vous dire, Madame, au maréchal de Clérambaut, qui me disoit déjà que la charge de maréchal-de-camp-général de M. de Turenne n'avoit que des prétentions chimériques.

Ce qu'il y a de plus surprenant en cette rencontre, c'est qu'il y a un de ces messieurs qui doit son bâton aux seuls bons offices de M. de Turenne. Le voilà bien payé.

J'ai cru que vous ne seriez pas fâchée de savoir ceci, Madame, tant parceque vous aimez à savoir la vérité, que parceque celle-ci, à mon avis, ne vous sera pas désagréable*.

Je vous sais bon gré des amitiés que vous faites à notre petit Rabutin. Je souhaite qu'il soit heureux, mais je souhaite qu'il soit honnête homme, préférablement à toutes choses : car je fais bien plus de cas d'un particulier de mérite, quand il seroit exilé, que d'un indigne maréchal de France à la tête d'une armée. Je viens d'écrire à Humières et à sa femme sur leur disgrace ; ils sont mes parents et mes amis.

Je passai dernièrement une après-dîner avec la marquise de Saint-Martin¹ ; nous passâmes légèrement sur

---

* Cet avis ne devoit pas en effet déplaire à madame de Sévigné ; elle aimoit M. de Turenne, et elle n'avoit vu qu'avec une sorte de regret l'élévation des trois maréchaux disgraciés. *Voyez* la lettre du 26 juillet 1668, tome Ier, page 132.

¹ Thérèse-Anne-Françoise de Tresignies, femme de Charles de La Baume, marquis de Saint-Martin, deuxième fils de Claude François, comte de Montrevel. Il ne faut pas confondre cette marquise de Saint-Martin avec madame de Saint-Martin, femme d'un lieutenant de la reine, que l'on retrouve dans les chansons du temps, et que l'on appeloit la grondeuse, parcequ'elle, dans un voyage que la cour fit à Marseille, elle disoit, en parlant de la mer, que la grondise l'empêchoit de dormir.

le chapitre de toute la cour, mais nous nous arrêtâmes sur le vôtre, que nous rebattîmes à plusieurs reprises. Vous savez quel torrent d'éloquence c'est que le sien. Je vous assure que de ce qu'elle dit de vous, en y ajoutant quelques passages de l'Ecriture sainte et des Pères, on en feroit bien un jour votre oraison funèbre. Pour moi, qui ne lui cédois en rien, quant à l'intention, je prenois mon temps entre deux périodes pour y fourrer un trait de ma façon. Car, il faut dire la vérité, elle avoit tellement pris le dessus sur moi, que j'étois comme Scaramouche quand Trivelin ne le vouloit pas laisser parler. Conclusion, Madame, nous fîmes bien tous deux notre devoir de vous louer, et cependant nous ne pûmes jamais aller jusqu'à la flatterie.

248.*

De Madame DE SÉVIGNÉ *à Madame* DE GRIGNAN.

A Paris, mercredi 27 avril 1672.

Je m'en vais faire réponse à vos deux lettres, et puis je vous parlerai de ce pays-ci. M. de Pomponne a vu la première, et je lui ferai voir encore une grande partie de la seconde : il est parti; ce fut en lui disant adieu que je lui montrai votre lettre, ne pouvant jamais mieux dire que ce que vous écrivez sur vos affaires : il vous trouve admirable ; je n'osé vous dire à quel style il compare le vôtre, ni les louanges qu'il lui donne; enfin il m'a fort priée de vous assurer de son estime et des soins qu'il aura toujours de tout ce qui pourra vous le témoigner : il a été ravi de votre description de la Sainte-Baume, il le sera encore davantage de votre seconde lettre. On ne peut pas mieux écrire sur cette affaire, ni plus nettement; je suis très assurée que votre lettre obtiendra tout ce que vous souhaitez; vous en verrez la réponse ; je n'écrirai qu'un mot, car en vérité, ma bonne, vous n'avez pas besoin d'être secourue dans cette occasion; je trouve toute la raison de votre côté; je n'ai jamais su cette affaire par vous, ce fut M. de Pomponne qui me l'apprit comme on la lui avoit apprise; mais il n'y a rien à répondre à ce que vous m'en écrivez, il aura le plaisir de le lire. L'évêque (*de Marseille*) témoigne en toute rencontre qu'il sera fort aise de se raccommoder avec vous : il a trouvé ici toutes choses assez bien disposées pour lui faire souhaiter une réconciliation dont il se fait honneur, comme d'un sentiment convenable à sa profession. On croit que nous aurons, entre-ci et demain, un premier président de Provence. Je vous remercie de votre relation de la Sainte-Baume et de votre jolie bague; je vois que le sang n'a pas bien bouilli à votre gré. Madame la Palatine a eu une fois la même curiosité que vous; elle n'en fut pas plus satisfaite; vous ne m'ôterez pas l'envie de voir cette affreuse grotte; plus on y a de peine, plus il faut y aller; et, au bout du compte, je ne m'en soucie que foiblement : je ne cherche que vous en Provence; quand je vous aurai, j'aurai tout ce que je souhaite : ma tante est toujours très mal; laissez-nous le soin de partir, nous ne souhaitons autre chose; et même s'il y avoit quelque espérance de langueur, nous prendrions notre parti; je lui dis mille tendresses de votre part, qu'elle reçoit très bien. M. de La Trousse lui en a écrit d'excessives; ce sont des amitiés de l'agonie, dont je ne fais pas grand cas; j'en quitte ceux qui ne commenceroient que là à m'aimer. Ma fille, il faut aimer pendant la vie, comme vous faites, la rendre douce et agréable, ne point noyer d'amertume et combler de douleur ceux qui nous aiment; il est trop tard de changer quand on expire*. Vous savez comme j'ai toujours ri des bons fonds; je n'en connois que d'une sorte, et le vôtre doit contenter les plus difficiles. Je vois les choses comme elles sont; croyez-moi, je ne suis point folle; et pour vous le montrer, c'est qu'on ne peut jamais être plus contente d'une personne que je le suis de vous. J'enverrai à madame de Coulanges ce qui lui appartient de votre lettre; elle sera mise en pièces: il m'en restera encore quelques centaines pour m'en consoler; tout aimables qu'elles sont, je souhaite extrêmement de n'en plus recevoir. Venons aux nouvelles.

Le roi part demain. Il y aura cent mille hommes hors de Paris; on a fait ce calcul dans les quartiers à-peu-près. Il y a quatre jours que je ne dis que des adieux. Je fus hier à l'Arsenal; je voulois dire adieu au grand-maître¹ qui m'étoit venu chercher; je ne le trouvai pas,

---

* Le marquis de La Trousse étoit un fort mauvais parent. Ni madame de Sévigné ni son fils n'ont jamais eu à s'en louer.

¹ Le comte du Lude, grand-maître de l'artillerie.

mais je trouvai La Troche, qui pleuroit son fils, et la comtesse [1], qui pleuroit son mari : elle avoit un chapeau gris, qu'elle enfonçoit, dans l'excès de ses déplaisirs; c'étoit une chose plaisante; je crois que jamais chapeau ne s'est trouvé à une pareille fête : j'aurois voulu ce jour-là mettre une coiffe ou une cornette. Enfin ils sont partis tous deux ce matin, la femme pour le Lude, et le mari pour la guerre : mais quelle guerre! la plus cruelle, la plus périlleuse dont on ait jamais ouï parler, depuis le passage de Charles VIII en Italie. On l'a dit au roi. L'Issel est défendu, et bordé de deux cents pièces de canon, de soixante mille hommes de pied, de trois grosses villes, d'une large rivière qui est encore au-devant. Le comte de Guiche, qui sait le pays, nous montra l'autre jour cette carte chez madame de Verneuil; c'est une chose étonnante. M. le prince est fort occupé de cette grande affaire. Il lui vint l'autre jour une manière de fou assez plaisant, qui lui dit qu'il savoit fort bien faire de la monnoie. « Mon ami, *lui dit-il*, je te
« remercie ; mais si tu sais une invention pour nous faire
« passer l'Issel sans être assommés, tu me feras grand
« plaisir, car je n'en sais point. » Il aura pour lieutenants-généraux messieurs les maréchaux d'Humières et de Bellefonds. Voici un détail qu'on est bien aise de savoir. Les deux armées se joindront, le roi commandera à MONSIEUR; MONSIEUR, à M. le prince; M. le prince, à

---

[1] Renée-Éléonore de Bouillé, première femme du comte du Lude, aimoit beaucoup la chasse et étoit toujours vêtue en homme. Elle passoit sa vie à la campagne.

M. de Turenne, et M. de Turenne aux deux maréchaux, et même à l'armée du maréchal de Créqui. Le roi parla donc à M. de Bellefonds, et lui dit que son intention étoit qu'il obéît à M. de Turenne, sans conséquence. Le maréchal, sans demander du temps (voilà sa faute), répondit qu'il ne seroit pas digne de l'honneur que lui a fait Sa Majesté, s'il se déshonoroit par une obéissance sans exemple. Le roi le pria fort bonnement de songer à ce qu'il lui répondoit, ajoutant qu'il souhaitoit cette preuve de son amitié, qu'il y alloit de sa disgrace. Le maréchal lui dit : Qu'il voyoit bien qu'il perdoit les bonnes graces de Sa Majesté, et sa fortune; mais qu'il s'y résolvoit plutôt que de perdre son estime; qu'il ne pouvoit obéir à M. de Turenne, sans dégrader la dignité où il l'avoit élevé. Le roi lui dit : M. le maréchal, il faut donc se séparer. Le maréchal lui fit une profonde révérence, et partit. M. de Louvois, qui ne l'aime point, lui expédia tout aussitôt un ordre d'aller à Tours : il a été rayé de dessus l'état de la maison du roi : il a cinquante mille écus de dettes au-delà de son bien ; il est abymé; mais il est content, et l'on ne doute pas qu'il n'aille à la Trappe. Il a offert au roi son équipage, qui étoit fait aux dépens de Sa Majesté, pour en faire ce qu'il lui plairoit; on a pris cela comme s'il eût voulu braver le roi; jamais rien ne fut si innocent : tous ses parents, les Villars, et tout ce qui est attaché à lui est inconsolable. Ne manquez pas d'écrire à madame de Villars[1] et au pauvre maréchal. Cependant le maréchal d'Humières,

---

[1] Madame de Villars étoit Bellefonds, et tante du maréchal.

soutenu par M. de Louvois, n'avoit point paru, et attendoit que le maréchal de Créqui eût répondu : ce dernier est venu de son armée en poste répondre lui-même : il arriva avant-hier ; il eut une conversation d'une heure avec le roi. Le maréchal de Gramont, qui fut appelé, soutint le droit des maréchaux de France, et fit le roi juge de ceux qui faisoient le plus de cas de cette dignité, ou ceux qui, pour en soutenir la grandeur, s'exposoient au danger d'être mal avec lui ; ou celui (*M. de Turenne*) qui étoit honteux d'en porter le titre, qui l'avoit effacé de tous les lieux où il pouvoit être, qui tenoit le nom de maréchal pour une injure, et qui vouloit commander en qualité de prince. Enfin la conclusion fut que le maréchal de Créqui est allé à la campagne, dans sa maison, planter des choux, aussi bien que le maréchal d'Humières. Voilà de quoi on parle uniquement ; les uns disent qu'ils ont bien fait, d'autres qu'ils ont mal fait ; la comtesse (*de Fiesque*) s'égosille ; le comte de Guiche prend son fausset ; il les faut séparer, c'est une comédie. Ce qui est vrai, c'est que voilà trois hommes d'une grande importance pour la guerre, et qu'on aura bien de la peine à remplacer. M. le prince les regrette fort pour l'intérêt du roi. M. de Schomberg n'est pas plus disposé que les autres à obéir à M. de Turenne, ayant commandé des armées en chef. Enfin la France, qui est pleine de grands capitaines, n'en trouvera pas assez par la circonstance de ce malheureux contre-temps.

M. d'Aligre a les sceaux ; il a quatre-vingts ans ; c'est un dépôt ; c'est un pape.

Je viens de faire un tour de ville : j'ai été chez M. de La Rochefoucauld. Il est accablé de douleur d'avoir dit adieu à tous ses enfants : au travers de cela, il m'a priée de vous dire mille tendresses de sa part : nous avons fort causé. Tout le monde pleure son fils, son frère, son mari, son amant : il faudroit être bien misérable pour ne pas se trouver intéressée au départ de la France tout entière. Dangeau et le comte de Sault*a* sont venus nous dire adieu : ils nous ont appris que le roi, afin d'éviter les larmes, est parti ce matin à dix heures, sans que personne l'ait su, au lieu de partir demain, comme tout le monde le croyoit. Il est parti lui douzième ; tout le reste courra après. Au lieu d'aller à Villers-Cotterets, il est allé à Nanteuil, où l'on croit que d'autres, qui ont disparu aussi, se trouveront*b* : il ira demain à Soissons, et tout de suite, comme il l'avoit résolu : si vous ne trouvez cela galant, vous n'avez qu'à le dire. La tristesse où tout le monde se trouve est une chose qu'on ne sauroit imaginer au point qu'elle est. La reine est demeurée régente : toutes les compagnies souveraines l'ont été saluer. Voici une étrange guerre, qui commence bien tristement.

En revenant ici j'ai trouvé notre pauvre cardinal qui venoit me dire adieu : nous avons causé une heure ensemble ; il part demain matin ; M. d'Usez part aussi : qui est-ce qui ne part point ? hélas ! c'est moi ; mais

---

a Depuis duc de Lesdiguières.

b Il paroît qu'il s'agit ici de madame de Montespan. *Voyez* la note de la lettre suivante.

j'aurai mon tour comme les autres. J'approuve fort
votre promenade et le voyage de Monaco : il est vrai,
comme vous dites, que c'est une chose cruelle de faire
cent lieues pour se retrouver à Aix; mais la tournée que
vous allez faire s'accordera bien avec mon retardement.
Je crois que j'arriverai à Grignan un peu après vous. Je
vous conjure, ma fille, de m'écrire toujours soigneusement; je suis désolée quand je n'ai point de vos lettres. Je
suis ravie que vous ne soyez point grosse; j'en aime M. de
Grignan de tout mon cœur. Mandez-moi si on doit ce
bonheur à sa tempérance ou à sa tendresse pour vous,
et si vous n'êtes point ravie de pouvoir un peu trotter,
et vous promener dans cette Provence, et me recevoir
sans crainte de tomber et d'accoucher.

249.

A la même.

A Paris, vendredi 29 avril 1672.

Enfin M. d'Usez est parti ce matin : je lui dis hier
adieu avec douleur de perdre ici pour vous le plus habile et le meilleur ami du monde : je suis fort touchée
de son mérite; je l'aime et l'honore beaucoup; j'espère
le revoir en Provence, où vous devez suivre tous ses
conseils aveuglément : il sait l'air de ce pays-ci, et n'oubliera pas de soutenir dans l'occasion l'honneur des Gri-

gnan. J'ai écrit à M. de Pomponne, et n'ai pas manqué de lui envoyer deux feuilles de votre lettre; on ne sauroit mieux dire que vous; si j'avois copié, cela auroit été réchauffé, ou, pour mieux dire, refroidi, et auroit perdu la moitié de sa force; je soutiens votre lettre d'une des miennes, où je le prie de remarquer le tour qu'on avoit donné à cette affaire, et que voilà comme on cache, sous des manières douces et adroites, un desir perpétuel de choquer M. de Grignan en toutes choses. Je suis assurée que M. de Pomponne en sera touché; car c'est ce qui est directement opposé aux gens sincères et honnêtes. Quand je tiens une chose comme celle-là, par exemple, je sais assez bien la mettre en son jour, et la faire valoir; j'attends sa réponse avec impatience.

Notre cardinal partit hier. Il n'y a pas un homme de qualité à Paris; tout est avec le roi, ou dans ses gouvernements, ou chez soi; mais il y en a peu de ces derniers. Je trouve que M. de S.... [a] a plus de courage que ceux qui passeront l'Issel; il a soutenu ici de voir partir tout le monde, lui jeune, riche, en santé, sans avoir été non plus ébranlé de suivre les autres, que s'il

---

[a] C'est du duc de Sully qu'il s'agit ici; la lettre 255 le prouve évidemment; *madame de Sully* y est-il dit, *s'en va à Sully avec son mari*. Et en effet, M. de Sully, qui avoit succédé à son père dans la lieutenance-générale au gouvernement du Dauphiné, et avoit exercé cette charge depuis 1661, époque de la mort de son père, avoit été remplacé en 1670 par Charles Nicolas de Bonne de Créqui, marquis de Ragny, qui mourut le 28 novembre 1674, et eut pour successeur le comte, depuis maréchal de Tallard. (*Voyez l'Etat politique du Dauphiné*, par Chorier, et les différents *Etats de la France*.)

avoit vu faire une partie d'aller ramasser des coquilles, je n'ai pas dit une partie de chasse, car il y seroit allé; il s'en va paisiblement à S...., *tayau*; le voilà pour son été, il est plus sage que les autres qui sont soumis à l'*opinione regina del mondo* : il vaut bien mieux être philosophe. Tout le monde est triste et affligé : on voit partir tous ses proches, tous ses amis pour s'exposer à de grands périls; cela presse le cœur. Le roi même ne fut pas exempt de tendresse dans son départ précipité: on tient toujours pour assuré qu'il y eut des gens qui le reçurent à Nanteuil; ces gens-là ne retourneront pas sitôt à Saint-Germain, parcequ'ils ont une affaire entre-ci et trois mois, qu'ils feront à quelque maison de campagne". Il y a moins d'aigreur contre le maréchal de Créqui que contre les deux autres; c'est qu'il a parfaitement bien dit ses raisons. Le maréchal de Bellefonds a été trop sec et trop d'une pièce : n'oubliez point de faire ce qui convient sur tout cela.

Vous voilà, ma fille, dans votre grand voyage; vous ne sauriez mieux faire présentement; on n'est pas toujours en état ni en humeur de se promener : si vous étiez moins hasardeuse, j'aurois plus de repos; mais vous voudrez faire des chefs-d'œuvre, et passer où jamais carrosse n'a passé, cela me trouble : croyez-moi, mon enfant, ne forcez point la nature, allez à cheval et en litière comme les autres; songez ce que c'est que d'avoir des bras, des jambes et des têtes cassées. Écri-

---

" Il s'agit certainement de madame de Montespan, qui accoucha, le 20 juin, du comte de Vexin.

vez-moi le plus souvent que vous pourrez, et sur-tout de Monaco. Je suis fort bien avec le comte de Guiche; je l'ai vu plusieurs fois chez M. de La Rochefoucauld et à l'hôtel de Sully; il m'attaque toujours; il s'imagine que j'ai de l'esprit; nous avons fort causé; il me conta à quel point sa sœur (*madame de Monaco*) est estropiée de cette saignée; cela fait peur et pitié. Je ne l'ai jamais vu avec sa *Chimène* (*madame de Brissac*); ils sont tellement sophistiqués tous deux, qu'on ne croit rien de grossier à leur amour; et l'on est persuadé qu'ils ont chacun leurs raisons d'être sages. Il y a deux mois que la Marans n'a vu *son fils*[1]; il n'a pas si bonne opinion d'elle : voici ce qu'elle disoit l'autre jour; vous savez que ses dits sont remarquables : Que pour elle, elle aimeroit mieux mourir que de faire des faveurs à un homme qu'elle aimeroit; mais que si elle en trouvoit jamais un qui l'aimât et qui ne fût point haïssable, pourvu qu'elle ne l'aimât point, elle se mettroit en œuvre. Son fils a recueilli cet honnête discours, et en fait bien son profit pour juger de ses occupations; il lui disoit : *Ma mère*, je vous approuve d'autant plus que cette distinction est délicate et nouvelle; jusqu'ici je n'avois trouvé que des ames grossières, qui ne faisoient qu'une personne de ces deux, et qui confondoient l'aimé et le favorisé; mais, *ma mère*, il vous appartenoit de changer ces vieilles maximes, qui n'ont rien de *précieux*

---

[1] Il s'agit de M. de La Rochefoucauld toutes les fois qu'il est parlé du *fils* de madame de Marans; elle l'appeloit *son fils*, et il l'appeloit *sa mère*.

en comparaison de celles que vous allez introduire. Il fait bon l'entendre là-dessus. Depuis ce jour-là il l'a perdue de vue, et tire ses conséquences sans nulle difficulté.

Vendredi au soir.

J'ai vu madame du Plessis-Bellière il y a deux heures ; elle m'a conté la conversation du roi et du maréchal de Créqui[1] ; elle est longue, et forte, et touchante, et raisonnable : si on lui avoit parlé le premier, la chose seroit accommodée : il proposa cinq ou six tempéraments qui auroient été reçus, si le roi ne s'étoit fait une loi de n'en recevoir aucun. Le maréchal de Bellefonds a gâté cette affaire. M. de La Rochefoucauld dit que c'est qu'il n'a point de jointures dans l'esprit. Le maréchal de Créqui parut désespéré, et dit au roi : Sire, ôtez-moi le bâton, n'êtes-vous pas le maître? Laissez-moi servir cette campagne comme le marquis de Créqui ; peut-être que je mériterai que Votre Majesté me rende le bâton à la fin de la guerre. Le roi fut touché de l'état où il le voyoit ; et comme il sortit de son cabinet tout transporté, ne connoissant personne, Sa Majesté dit au maréchal de Villeroi : Suivez le maréchal de Créqui, il est hors de lui. Le roi en a parlé depuis avec estime et sans aigreur, et fait servir dans l'armée la compagnie de ses gardes. Le maréchal de Créqui est allé dans une

---

[1] Le maréchal de Créqui étoit gendre de Mme du Plessis-Bellière.
[2] Cette dame avoit été l'amie de Fouquet, et elle avoit partagé sa disgrace. *Voyez* la note de la lettre du 4 décembre 1664. tome Ier, page 86.

de ses terres près de Pontoise (*à Marines*), avec sa femme et ses enfants. Le maréchal d'Humières est allé à Angers. Voilà, ma fille, de quoi il a été question depuis quatre jours. Il n'y a plus personne à Paris.

> Voici votre tour,
> Venez messieurs de la ville,
> Parlez-nous d'amour,
> Mais jusqu'à leur retour.

Ma tante n'est plus si excessivement mal; nous sommes résolus de partir dans le mois de mai. Je vous écrirai soigneusement : je déménage présentement ; ma petite maison est bien jolie : votre logement vous y paroîtra bien à souhait, pourvu que vous m'aimiez toujours ; car nous ne serons pas à cent lieues l'une de l'autre. Je prends plaisir de m'y ranger dans l'espérance de vous y voir. Adieu, ma très aimable enfant, je suis à vous sans aucune distinction ni restriction.

250. * *

A la même.

A Paris, mercredi 4 mai 1672.

Je ne puis vous dire combien je vous plains, ma fille, combien je vous loue, combien je vous admire : voilà mon discours divisé en trois points. *Je vous plains* d'être sujette à des humeurs noires qui vous font assurément beaucoup de mal; *je vous loue* d'en être la maîtresse quand il le faut, et principalement pour M. de Grignan, qui en seroit pénétré; c'est une marque de l'amitié et de la complaisance que vous avez pour lui; *et je vous admire* de vous contraindre pour paroître ce que vous n'êtes pas : voilà qui est héroïque et le fruit de votre philosophie; vous avez en vous de quoi l'exercer. Nous trouvions l'autre jour qu'il n'y avoit de véritable mal dans la vie que les grandes douleurs; tout le reste est dans l'imagination, et dépend de la manière dont on conçoit les choses : tous les autres maux trouvent leur remède, ou dans le temps, ou dans la modération, ou dans la force de l'esprit; les réflexions, la dévotion, la philosophie, les peuvent adoucir. Quant aux douleurs, elles tiennent l'ame et le corps; la vue de Dieu les fait souffrir avec patience; elle fait qu'on en profite, mais elle ne les diminue point.

Voilà un discours qui auroit tout l'air d'avoir été rapporté tout entier du faubourg St.-Germain[1], cependant il est de chez ma pauvre tante, où j'étois l'aigle de la conversation : elle nous en donnoit le sujet par ses extrêmes souffrances qu'elle ne veut pas qu'on mette en comparaison avec nul autre mal de la vie. M. de La Rochefoucauld est bien de cet avis; il est toujours accablé de gouttes : il a perdu sa vraie mère[2], dont il est véritablement affligé; je l'en ai vu pleurer avec une ten-

[1] C'est-à-dire de chez madame de La Fayette, où se rendoit tous les jours M. de La Rochefoucauld, et en même temps la compagnie la plus choisie.

[2] Gabrielle du Plessis de Liancourt.

dresse qui me le faisoit adorer; c'étoit une femme d'un extrême mérite; et enfin, dit-il, c'étoit la seule qui n'a jamais cessé de m'aimer. Ne manquez pas de lui écrire, et M. de Grignan aussi. Le cœur de M. de La Rochefoucauld pour sa famille est une chose incomparable; il prétend que c'est une des chaînes qui nous attachent l'un à l'autre. Nous avons bien découvert, et rapporté et rajusté des choses de sa folle de *mère*[1], qui nous font bien entendre ce que vous nous disiez quelquefois, que ce n'étoit point ce qu'on pensoit, que c'étoit autre chose; vraiment oui, c'étoit autre chose, ou, pour mieux dire, c'étoit tout ensemble; l'un étoit sans préjudice de l'autre; elle marioit le luth avec la voix, et le spirituel avec les grossièretés. Ma fille, nous avons trouvé une bonne veine, et qui nous explique bien une querelle que vous eûtes une fois dans la grande chambre de madame de La Fayette: je vous dirai le reste en Provence.

Ma tante est dans un état qui tirera dans une grande longueur. Votre voyage est parfaitement bien placé; peut-être que le nôtre s'y rapportera. Nous mourons d'envie de passer la Pentecôte en chemin, ou à Moulins, ou à Lyon; l'abbé le souhaite comme moi. Il n'y a pas un homme de qualité (d'épée s'entend) à Paris. Je fus dimanche à la messe aux Minimes; je dis à mademoiselle de La Trousse: Nous allons trouver nos pauvres Minimes bien déserts, il n'y doit avoir que le marquis d'Alluye[2]. Nous entrons dans l'église, le premier homme

[1] Madame de Marans.
[2] Paul d'Escoubleau, marquis d'Alluye et de Sourdis, gouverneur de la ville d'Orléans, Orléanois et pays Chartrain.

et l'unique que je trouve, c'est le marquis d'Alluye ; mon enfant, cette sottise me fit rire aux larmes : enfin il est demeuré, et s'en va à son gouvernement sur le bord de la mer ; il faut garder les côtes, comme vous savez. L'amant de celle que vous avez nommée l'*incomparable* (madame de Montespan) ne la trouva point à la première couchée, mais sur le chemin, dans une maison de Sanguin, au-delà de celle que vous connoissez ; il y fut deux heures : on croit qu'il y vit ses enfants pour la première fois : la belle y est demeurée avec des gardes et une de ses amies ; elle y sera trois ou quatre mois sans en partir. Madame de La Vallière est à St.-Germain ; madame de Thianges ici chez son père : je vis l'autre jour sa fille, elle est au-dessus de tout ce qu'on peut imaginer de plus beau. Il y a des gens qui disent que le roi fut droit à Nanteuil ; mais ce qui est de fait, c'est que la belle est à cette maison qui s'appelle le *Genitoi*[a]. Je ne vous mande rien que de vrai ; je hais et méprise les fausses nouvelles.

Vous voilà donc partie, ma fille ; j'espère bien que vous m'écrirez de par-tout ; je vous écris toujours. J'ai si bien fait que j'ai retrouvé un petit ami à la poste, qui prend soin de nos lettres. J'ai été ces jours-ci fort occu-

---

[a] Terre et château dans la Brie. Un éditeur a cherché l'étymologie du nom de cette terre, dans la circonstance des couches de madame de Montespan. Je puis assurer que j'ai vu des titres de propriété dans lesquels ce château est ainsi nommé dès le 25 juillet 1528.

Madame de Montespan mit au monde le comte de Vexin le 20 juin 1672. Cet enfant mourut en 1683, il étoit d'une très mauvaise santé.

pée à parer ma petite maison; Saint-Aubin y a fait des
merveilles; j'y coucherai demain; je vous jure que je ne
l'aime que parcequ'elle est faite pour vous; vous serez
très bien logée dans mon appartement, et moi très bien
aussi. Je vous conterai comme tout cela est tourné joli-
ment. J'ai des inquiétudes extrêmes de votre pauvre
frère : on croit cette guerre si terrible, qu'on ne peut
assez craindre pour ceux que l'on aime; et puis, tout
d'un coup, j'espère que ce ne sera point tout ce que l'on
pense, parceque je n'ai jamais vu arriver les choses
comme on les imagine.

Mandez-moi, je vous prie, ce qu'il y a entre la princesse d'Harcourt[1] et vous; Brancas est désespéré de
penser que vous n'aimez point sa fille : M. d'Usez a promis de remettre la paix par-tout; je serai bien aise de
savoir de vous ce qui vous a mises en froideur.

Vous me dites que la beauté de votre fils diminue, et
que son mérite augmente; j'ai regret à sa beauté, et je
me réjouis qu'il aime le vin : voilà un petit brin de Bretagne et de Bourgogne, qui fera un fort bel effet, avec
la sagesse des Grignan; votre fille est tout le contraire :
sa beauté augmente, et son mérite diminue. Je vous
assure qu'elle est fort jolie, et qu'elle est opiniâtre
comme un petit démon; elle a ses petites volontés et
ses petits desseins; elle me divertit extrêmement; son
teint est admirable, ses yeux sont bleus, ses cheveux

---

[1] Françoise de Brancas, femme d'Alphonse-Henri-Charles de Lorraine, prince d'Harcourt, et fille de Charles de Brancas, chevalier
d'honneur de la reine Anne d'Autriche.

noirs, son nez ni beau ni laid; son menton, ses joues, son tour de visage, très parfaits; je ne dis rien de sa bouche, elle s'accommodera; le son de sa voix est joli; madame de Coulanges trouvoit qu'il pouvoit fort bien passer par sa bouche.

Je pense, ma fille, qu'à la fin je serai de votre avis; je trouve des chagrins dans la vie qui sont insupportables; et, malgré le beau raisonnement du commencement de ma lettre, il y a bien d'autres maux qui, pour être moindres que les douleurs, se font également redouter. Je suis si souvent traversée dans ce que je souhaite le plus, qu'en vérité la vie me paroît fort désobligeante.

Quand le chevalier de Lorraine partit, il faisoit l'amoureux de l'*Ange*[1], et MONSIEUR le vouloit bien. Madame de Coëtquen n'a osé, dit-on, reprendre le fil de son discours. Madame de Rohan a quitté la place; elle est logée à l'hôtel de Vitri et toute sa famille. J'attends des réponses de M. de Pomponne; nous n'avons point encore de premier président[2].

[1] Louise-Élisabeth Rouxel, fille du maréchal de Grancey.
[2] Il s'agissoit de la place de premier président du parlement de Provence, vacante par la mort de M. d'Oppède.

251.*

A la même.

A Paris, vendredi 6 mai 1672.

Ma fille, il faut que je vous conte; c'est une radoterie que je ne puis éviter. Je fus hier à un service de M. le chancelier (*Séguier*) à l'Oratoire : ce sont les peintres, les sculpteurs, les musiciens et les orateurs qui en ont fait la dépense; en un mot, les quatre arts libéraux. C'étoit la plus belle décoration qu'on puisse imaginer : Le Brun avoit fait le dessin ; le mausolée touchoit à la voûte, orné de mille lumières et de plusieurs figures convenables à celui qu'on vouloit louer. Quatre squelettes en bas étoient chargés des marques de sa dignité, comme lui ayant ôté les honneurs avec la vie : l'un portoit son mortier, l'autre sa couronne de duc, l'autre son ordre, l'autre les masses de chancelier. Les quatre Arts étoient éplorés et désolés d'avoir perdu leur protecteur : la Peinture, la Musique, l'Eloquence et la Sculpture. Quatre Vertus soutenoient la première représentation : la Force, la Justice, la Tempérance et la Religion. Quatre Anges ou quatre Génies recevoient au-dessus cette belle ame. Le mausolée étoit encore orné de plusieurs Anges qui soutenoient une chapelle ardente, laquelle tenoit à la voûte. Jamais il ne s'est rien vu de si

magnifique, ni de si bien imaginé; c'est le chef-d'œuvre
de Le Brun. Toute l'église étoit parée de tableaux, de
devises et d'emblêmes qui avoient rapport aux armes,
ou à la vie du chancelier : plusieurs actions principales
y étoient peintes. Madame de Verneuil[1] vouloit acheter
toute cette décoration un prix excessif. Ils ont tous, en
corps, résolu d'en parer une galerie, et de laisser cette
marque de leur reconnoissance et de leur magnificence
à l'éternité. L'assemblée étoit belle et grande, mais sans
confusion; j'étois auprès de M. de Tulle[a], de M. Colbert,
de M. de Monmouth[2], beau comme du temps du Palais-
Royal, qui, par parenthèse, s'en va à l'armée trouver le
roi. Il est venu un jeune père de l'Oratoire pour faire
l'oraison funèbre; j'ai dit à M. de Tulle (*Mascaron*) de
le faire descendre, et de monter à sa place, et que rien
ne pouvoit soutenir la beauté du spectacle et la perfection de la musique, que la force de son éloquence. Ma
fille, ce jeune homme a commencé en tremblant, tout
le monde trembloit aussi; il a débuté par un accent provençal; il est de Marseille; il s'appelle Léné[3]; mais, en

---

[1] Charlotte Séguier, sa fille, mariée, 1° à Maximilien de Béthune,
duc de Sully ; 2° à Henri de Bourbon, duc de Verneuil.

[a] Jules Mascaron, nommé à cet évêché en 1671.

[2] Fils naturel de Charles II, roi d'Angleterre, et le même qui fut
décapité en 1685. *Il avoit été amoureux de madame Henriette, sa
tante, et avoit témoigné le sentiment qu'il éprouvoit avec tant de
vivacité, qu'on l'obligea de retourner en Angleterre.

[3] Il naquit à Lucques, et fut élevé à Marseille; il se nommoit
Vincent Léné. Comme il seroit difficile de rien ajouter à l'éloge que
fait ici madame de Sévigné de ce jeune orateur, il suffira de dire

sortant de son trouble, il est entré dans un chemin si lumineux; il a si bien établi son discours; il a donné au défunt des louanges si mesurées; il a passé par tous les endroits délicats avec tant d'adresse; il a si bien mis dans tout son jour tout ce qui pouvoit être admiré; il a fait des traits d'éloquence et des coups de maître si à propos et de si bonne grace, que tout le monde, je dis tout le monde, sans exception, s'en est écrié, et chacun étoit charmé d'une action si parfaite et si achevée. C'est un homme de vingt-huit ans, intime ami de M. de Tulle, qui l'emmène avec lui dans son diocèse : nous le voulions nommer le chevalier Mascaron; mais je crois qu'il surpassera son aîné. Pour la musique, c'est une chose qu'on ne peut expliquer. *Baptiste* (*Lully*) avoit fait un dernier effort de toute la musique du roi; ce beau *Miserere* y étoit encore augmenté; il y eut un *Libera* où tous les yeux étoient pleins de larmes : je ne crois point qu'il y ait une autre musique dans le ciel. Il y avoit beaucoup de prélats; j'ai dit à Guitaud : Cherchons un peu notre ami *Marseille*, nous ne l'avons point vu; je lui ai dit tout bas : si c'étoit l'oraison funèbre de quelqu'un qui fût vivant, il n'y manqueroit pas. Cette folie a fait rire Guitaud, sans aucun respect pour la pompe funèbre. Ma

qu'il mourut à l'âge de quarante-quatre ans, et que la délicatesse de sa santé ne lui ayant point permis de continuer les fonctions pénibles de la chaire, il s'étoit borné à faire des conférences sur l'Écriture-sainte; ce qui ne laissa pas de lui faire une grande réputation dans tous les lieux où il fut envoyé par ses supérieurs. Les oraisons funèbres du chancelier Séguier et du maréchal du Plessis-Praslin sont les seuls ouvrages imprimés qui restent d'un si excellent homme.

chère enfant, quelle espèce de lettre est-ce ceci ? Je
pense que je suis folle : à quoi peut servir une si grande
narration ? Vraiment, j'ai bien satisfait le desir que
j'avois de conter.

Le roi est à Charleroi, et y fera un assez long séjour.
Il n'y a point encore de fourrages, les équipages portent
la famine avec eux : on est assez embarrassé dès le premier pas de cette campagne. Guitaud m'a montré votre
lettre, et à l'abbé, *envoyez-moi ma mère*. Ma fille, que
vous êtes aimable! et que vous justifiez agréablement
l'excessive tendresse qu'on voit que j'ai pour vous! Hélas! je ne songe qu'à partir, laissez-m'en le soin; je
conduis des yeux toutes choses; et si ma tante prenoit
le chemin de languir, en vérité, je partirois. Vous seule
au monde me pouvez faire résoudre à la quitter dans un
si pitoyable état; nous verrons : je vis au jour la journée,
et n'ai pas encore le courage de rien décider; un jour je
pars, le lendemain je n'ose; enfin vous dites vrai, il y a
des choses bien désobligeantes dans la vie. Vous me
priez de ne point songer à vous en changeant de maison;
et moi, je vous prie de croire que je ne songe qu'à vous,
et que vous m'êtes si extrêmement chère, que vous
faites toute l'occupation de mon cœur. J'irai coucher
demain dans ce joli appartement où vous serez placée
sans me déplacer. Demandez au marquis d'Oppède, il
l'a vu; il dit qu'il s'en va vous trouver. Hélas! qu'il est
heureux! Adieu, ma belle petite; vous êtes au bout du
monde; vous voyagez; je crains votre humeur hasardeuse : je ne me fie ni à vous, ni à M. de Grignan. Il est
vrai que c'est une chose étrange, comme vous dites, de

se trouver à Aix après avoir fait cent lieues, et au Saint-Pilon[1] après avoir grimpé si haut. Il y a quelquefois dans vos lettres des endroits qui sont très plaisants, mais il vous échappe des périodes comme dans Tacite; j'ai trouvé cette comparaison, il n'y a rien de plus vrai. J'embrasse Grignan et le baise à la joue droite, au-dessous de sa *touffe ébouriffée*[a].

252.

A la même.

A Paris, vendredi 13 mai 1672.

Il est vrai, ma fille, que l'extrême beauté de Livry seroit bien capable de donner de la joie à mon pauvre esprit, si je n'étois accablée de la triste vue de ma tante, de la véritable envie que j'ai de partir, et de la langueur de madame de La Fayette, qui, après avoir été un mois à la campagne à se reposer, à se purger, à se rafraîchir, revient comme un gardon : la première chose qui lui arrive, c'est la fièvre tierce avec des accès, qui la font rêver, qui la dévorent, et qui ne peuvent faire autre

---

[1] Le Saint-Pilon est une chapelle en forme de dôme, bâtie sur la pointe du rocher de la Sainte-Baume. On n'y arrive qu'avec des peines infinies, et par un chemin pratiqué dans la montagne.

[a] Allusion à des bouts rimés que madame de Grignan avoit faits à Livry.

chose que la consumer, car elle est extrêmement maigre, et n'a rien dans le corps; mais, quoique je sois touchée de cette maladie, elle ne m'effraie point; celle de ma tante est ce qui m'embarrasse. Cependant fiez-vous à nous, laissez-nous faire; nous n'irions de long-temps en Provence, si nous n'y allions cette année : quoique vous soyez en état de revenir avec moi, laissez-nous partir; et si la présence de l'abbé vous paroît nécessaire à donner quelque ordre dans vos affaires, profitez de sa bonne intention : on fait bien des choses en peu de temps; ayez pitié de notre impatience, aidez-nous à la soutenir, et ne croyez pas que nous perdions un moment à partir, quand même il en devroit coûter quelque petite chose à la bienséance. Parmi tant de devoirs, vous jugez bien que je péris; ce que je fais m'accable, et ce que je ne fais pas m'inquiète. Ainsi le printemps qui me redonneroit la vie n'est pas pour moi : *Ah! ce n'est pas pour moi que sont faits les beaux jours!* voilà ma chanson. Je fais pourtant de petites équipées de temps en temps, qui me soutiennent l'ame dans le corps.

Je comprends fort bien l'envie que vous avez quelquefois de voir Livry; j'espère que vous en jouirez à votre tour; ce n'est pas que M. d'Usez ne vous dise comme le roi s'est fait une loi de n'accorder aucune grace là-dessus; il vous dira ce qu'il lui dit; vous entendez bien ce que je veux dire; mais vous en jouirez, s'il plaît à Dieu, pendant la vie de notre abbé^a. Je me faisois conter l'autre jour ce que c'est que votre printemps, et où se mettent

---

^a *Voyez* la lettre du 22 janvier précédent, et la note, page 300.

vos rossignols pour chanter. Je ne vois que des pierres, des rochers affreux, ou des orangers et des oliviers dont l'amertume ne leur plaît pas : remettez-moi votre pays en honneur. J'approuve fort le voyage que vous faites ; je le crois divertissant ; le bruit du canon me paroît d'une dignité de convenance ; il y a quelque chose de romanesque à recevoir par-tout sa princesse avec cette sorte de magnificence : pour des étrangers et des princes Trasibules qui arrivent à point nommé, je ne crois pas que vous en ayez beaucoup : voilà ce qui manque à votre roman ; cette petite circonstance n'est pas considérable. Vous deviez bien me mander qui vous accompagne dans cette promenade. M. de Martel[1] a écrit ici qu'il vous recevroit comme la reine de France. Je trouve fort plaisante la belle passion du général des galères[2] : quand il voudra jouer l'homme saisi et suffoqué, il n'aura guère de peine ; de la façon dont vous me le représentez, il crèvera aux pieds de sa maîtresse : il me paroît que vous êtes mieux ensemble que vous n'étiez : je comprends qu'à Marseille il m'aime fort tendrement.

Vos lettres sont envoyées fidèlement : vous pourriez m'en adresser davantage, sans craindre de m'incommoder. Mais pourquoi ne m'avez-vous point mandé le sujet de votre chagrin de l'autre jour ; j'ai pensé à tout ce qui peut en donner dans la vie ; depuis votre dernière lettre, je me renferme à comprendre qu'on vous fait des mé-

[1] Commandant la marine à Toulon.

[2] Louis-Victor de Rochechouart, duc de Vivonne, frère de madame de Montespan ; il étoit extrêmement gros.

chancetés; je ne puis les deviner, et je ne vois point d'où elles peuvent venir. La Marans a d'autres affaires; vous êtes loin, vous ne l'incommodez sur rien; sa sorte de malice ne va point à ces choses-là, où il faut du soin et de l'application; vous devriez bien m'éclaircir là-dessus. Mais, bon Dieu! que peut-on dire de vous? Je ne puis en être en peine, étant persuadée, comme je le suis, que ce qui est faux ne dure point : quand vous voudrez, ma chère enfant, vous m'instruirez mieux que vous n'avez fait.

M. de Turenne est parti de Charleroi avec vingt mille hommes : on ne sait encore quel dessein il a. Mon fils est toujours en Allemagne; il est vrai que désormais on sera bien triste en apprenant des nouvelles de la guerre. On craint que Ruyter[1], qui, comme vous savez, est le plus grand capitaine de la mer, n'ait combattu et battu le comte d'Estrées dans la Manche. On sait très peu de nouvelles ici; on dit que le roi ne veut pas qu'on en écrive : il faut espérer au moins qu'il ne nous cachera pas ses victoires.

Je donnai hier à dîner à La Troche, à l'abbé Arnauld, à M. de Varennes, dans ma petite maison, que j'aime, parcequ'il semble qu'elle n'ait été faite que pour me donner la joie de vous y recevoir tous deux. Depuis que j'ai commencé cette lettre, j'ai vu le *Marseille*; il m'a paru doux comme un mouton; nous ne sommes entrés dans aucune controverse; nous avons parlé des merveilles que nous ferons, M. d'Usez et moi, pour cimen-

---

[1] Amiral de la république de Hollande.

ter une bonne paix. Je ne souffrirois pas aisément le retour de madame de Monaco, sans l'espérance de vous ramener aussi : mon bon naturel n'est point changé. Je sais, à n'en pouvoir douter, que la Marans craint votre retour au-delà de tout ce qu'on craint le plus ; soyez persuadée qu'elle l'empêcheroit, si elle pouvoit ; elle ne sauroit soutenir votre présence. Si vous vouliez me dire un petit mot de plus sur les méchancetés qu'on vous a faites, peut-être vous pourrois-je donner de grandes lumières pour découvrir d'où elles viennent. Vous avez de l'obligation à Langlade ; ce n'est point un *écriveux*; mais il paroît votre ami en toute occasion ; il a dit des merveilles à M. de Marseille, et l'a plus embarrassé que tous les autres. M. d'Irval*a* est parti pour Lyon, et puis à Venise : l'équipage de Jean de Paris n'étoit qu'un peigne dans un chausson au prix du sien. Il dit de vous, *tanto t'odiaro, quanto t'amai*; il prétend que vous l'avez méprisé. M. de Marseille mande qu'ils sont partis le 10 pour une grande expédition : M. de Turenne a marché le premier avec vingt mille hommes.

a Jean-Antoine de Mesme, comte d'Avaux, seigneur d'Irval, connu d'abord dans la société sous le nom de M. d'Irval. Il venoit d'être envoyé à Venise comme ambassadeur extraordinaire. C'étoit un très habile homme ; on a de lui divers ouvrages relatifs aux ambassades et négociations dont il a été chargé. Il mourut en 1709.

253. **

De Madame de Sévigné *au Comte* de Bussy.

A Paris, ce 16 mai 1672.

Il faudroit que je fusse bien changée pour ne pas entendre vos turlupinades, et tous les beaux endroits de vos lettres. Vous savez bien, monsieur le Comte, qu'autrefois nous avions le don de nous entendre avant que d'avoir parlé. L'un de nous répondoit fort bien à ce que l'autre avoit envie de dire; et si nous n'eussions point voulu nous donner le plaisir de prononcer assez facilement des paroles, notre intelligence auroit quasi fait tous les frais de la conversation. Quand on s'est si bien entendu, on ne peut jamais devenir pesant. C'est une jolie chose à mon gré que d'entendre vite, cela fait voir une vivacité qui plaît, et dont l'amour-propre sait un gré nompareil. M. de La Rochefoucauld dit vrai dans ses Maximes : *Nous aimons mieux ceux qui nous entendent bien, que ceux qui se font écouter.* Nous devons nous aimer à la pareille, pour nous être toujours si bien entendus. Vous dites des merveilles sur l'affaire des maréchaux de France; je ne saurois entrer dans le procès, je suis toujours de l'avis de celui que j'entends le dernier. Les uns disent oui, les autres disent non, et moi je dis oui et non; vous souvenez-vous que cela nous a fait rire à une comédie italienne? Je vous prie de parler toujours de moi à tous venants, et de ne pas perdre le temps de donner quelques petits traits de votre façon au panégyrique que fait de moi la marquise de Saint-Martin*. Soyez alerte, et vous placez entre deux périodes avec autant d'habileté, qu'elle a de facilité à parler.

Nous ne savons ici aucunes nouvelles. Le roi marche, on ne sait où. Les desseins de S. M. sont cachés, comme il le souhaite. Un officier d'armée mandoit l'autre jour à un de ses amis qui est ici : Je vous prie de me mander si nous allons assiéger Maëstricht, ou si nous allons passer l'Issel.

Je vous assure que cette campagne me fait peur. Ceux qui ne sont point à la guerre, par leur malheur plutôt que par leur volonté, ne me paroissent point malheureux. Une marque que le roi n'est pas fatigué de vos lettres, c'est qu'il les lit : il ne se contraindroit pas. Adieu, Comte, je suis fort aise que vous aimiez mes lettres, c'est signe que vous ne me haïssez pas. Je vous laisse avec notre ami.

De Monsieur DE CORBINELLI.

J'ai bien dans la tête de refaire encore un voyage en Bourgogne, Monsieur, je meurs d'envie de discourir de toutes sortes de choses avec vous : car ce que j'ai fait en passant a été trop précipité. Je n'ai pas laissé de bien profiter de la lecture de ces endroits que vous m'avez

---

* *Voyez* la note de la lettre 247, page 403.

montrés. J'en ai l'esprit rempli ; car personne à mon gré ne dit de si bonnes choses, ni si bien que vous. Vous savez que je ne suis point flatteur. Gardez toujours bien cette divine manière que vous avez au suprême degré, qui est celle d'un homme de qualité, et qui plaît au dernier point; je veux dire, d'avoir toujours plus de choses que de paroles, et de ne pas dire un mot superflu. Ce n'est pas pour faire tomber à propos le précepte d'Horace que je vous dis cela : car je suis homme à dire un précepte hors de propos, et seulement pour montrer que je le sais, si la fantaisie m'en prenoit : il y a longtemps que vous me connoissez sur ce pied-là. Voici donc le précepte que vous suivez mieux que personne, à mon gré. Horace parle du genre d'écrire appelé *satire*, sous lequel il entend un certain discours agréable, et des réflexions utiles et douces sur les mœurs, tant bonnes que mauvaises : et voici comment il dit qu'il les faut faire. Ce n'est pas assez, dit-il, de faire rire, quoique ce soit un très grand talent.

Ergo non satis est risu diducere rictum
Auditoris : et est quædam tamen hic quoque virtus.

Il faut encore, dit-il, écrire ou parler bref, et ne pas dire plus de paroles que de choses, afin que nos pensées se voient tout d'un coup, et qu'elles ne soient point enveloppées dans un tas de paroles qui les offusquent.

Est brevitate opus, ut currat sententia, neu se
Impediat verbis lassas onerantibus aures.

De plus, il ne faut pas être ni toujours grave et sévère, ni toujours plaisant dans nos discours :

Et sermone opus est modò tristi, sæpè jocoso,

Il ne faut pas même ni toujours argumenter les preuves en main, comme un orateur, ni aussi n'être que dans les agréments de l'éloquence des poëtes, qui ne songent qu'à divertir et à plaire, et non pas à profiter.

Defendente vicem modò rhetoris atque poëtæ.

De plus, il faut quelquefois n'être rien de tout cela, mais simplement un galant homme, qui parle sans trop d'ordre ni de règle, et qui ne laisse pas de charmer par sa négligence, qui ne pousse jamais trop avant tout son esprit, qui supprime souvent mille belles choses qui lui viennent en foule sur son sujet, parcequ'il ne veut point paroître bel esprit.

—— *Interdum. . . . . , parcentis viribus, atque
Extenuantis eas consultò* *

Voilà, Monsieur, sur mon Dieu et sur mon honneur, ce qu'il me paroît que vous observez mieux que personne que je connoisse. Je le dis incessamment parmi nos savants. Si je vais à Bussy, je veux lire avec vous les satires et les épîtres d'Horace, et vous demeurerez d'accord

---

* Voyez la dixième satire du Ier livre d'Horace; ces vers y sont placés presque à la suite les uns des autres.

qu'il n'y a que lui dans l'antiquité, et qu'il n'y aura que lui dans les siècles à venir qui soit incomparable. Voici le caractère qu'en fait Perse*:

> *Omne vafer vitium ridenti Flaccus amico
> Tangit, et admissus circum præcordia ludit.*

Madame de Sévigné me charge de l'éloge de vos épîtres[b]. En vérité, Monsieur, elles mériteroient qu'Ovide le fît lui-même, par reconnoissance de se voir si fort embelli.

---

254. **

Du Comte DE BUSSY *à Madame* DE SÉVIGNÉ.

A Chaseu, ce 25 mai 1672.

Je vois bien, ma belle cousine, que vous avez cela de commun avec beaucoup d'honnêtes gens, qu'il vous faut louer pour avoir du plaisir de vous : parceque je vous assurai, il y a quelque temps, de l'agrément que j'avois trouvé dans une de vos lettres, vous venez d'en remplir

---

* Dans sa première satire.

[b] C'est la traduction en vers des Héroïdes de Pâris à Hélène et d'Hélène à Pâris. Il falloit être bien bon ami, ou pousser loin la politesse pour en faire des compliments.

toute celle-ci. Je sais bien qu'il faut avoir de l'esprit pour bien écrire, qu'il faut être en bonne humeur, et que les matières soient heureuses : mais il faut sur-tout que l'on y croie que les agréments qu'on aura ne seront pas perdus ; et sans cela, l'on se néglige. En vérité, rien n'est plus beau ni plus joli que votre lettre : car il y a bien des choses du meilleur sens du monde, écrites le plus agréablement. Je demeure d'accord avec vous que nous nous devons aimer. Personne ne sait si bien que moi ce que vous valez, ni ce que je vaux, que vous. Nous nous aimons aussi, ce me semble, et cela durera toujours, pourvu que nous n'ayons pas plus de confiance en autrui qu'en nous-mêmes ; pour moi, je vous réponds de résister aux tentations de vos ennemis plus qu'à celles du diable. Nous ne savons aucunes nouvelles, parceque non seulement les desseins sont fort cachés, mais, après même qu'ils sont découverts, on ne veut pas qu'on les mande ; passe pour le premier, il est juste, les secrets éventés réussissent rarement ; pour le second, il est inutile et malin. Vous avez raison de dire que cette campagne fait peur. Je crois, comme vous, qu'elle sera terrible ; et voilà comme je les aime ; si j'y étois, je prétendrois acquérir de la gloire ou mourir ; et, n'y étant pas, la fortune me détrompera de bien des gens que je n'aime point. Vous savez que les spectateurs sont cruels ; et je vous apprends que les spectateurs malheureux sont mille fois plus cruels que les autres. Je ne demande à Dieu que la conservation du roi, de MONSIEUR, de M. le prince, de M. le duc, et d'un petit nombre d'amis. Après cela, je ne trouve pas mauvais que les Hollandois se dé-

fendent en gens d'honneur; mais je veux à la fin que
le roi prenne leurs places; car j'ai soin de la réputation
de mon maître aussi bien que de sa vie. Adieu, ma belle
cousine, je vous assure que je vous trouve fort aimable,
et que je vous aime fort aussi.

A Monsieur DE CORBINELLI.

Vous me réjouissez fort, Monsieur, de me dire que
j'ai de l'air d'Horace. Si cela est, c'est à la nature à qui
j'en ai l'obligation, car je ne l'ai jamais lu. Je ne sais
pas si c'est à cause de la ressemblance, que ce qu'il dit
me touche extrêmement; mais rien ne me touche davantage. Ma modestie m'empêchera pourtant désormais de
lui donner beaucoup de louanges, de peur que vous ne
croyiez que je me loue sous son nom, comme on fait
quelquefois quand on estime un homme contre qui l'on
s'est battu. Cependant il faut encore que je vous dise,
pour la dernière fois, qu'Horace me charme; mais que,
s'il voyoit le commentaire que vous faites de lui, il en
seroit charmé; mon Dieu, que vous l'entendez bien, et
que vous l'expliquez agréablement. Si le roi pensoit sur
cela ce que je pense de vous, je suis assuré qu'il vous
feroit lire Horace à monseigneur le Dauphin, et peut-
être à lui-même.

255.

De Madame DE SÉVIGNÉ *à Madame* DE GRIGNAN.

À Paris, lundi 16 mai 1672.

Votre relation est admirable, ma fille : je crois lire un joli roman, dont l'héroïne m'est extrêmement chère. Je prends un grand intérêt à toutes ses aventures; je ne puis croire que cette promenade dans les plus beaux lieux du monde, dans les délices de tous vos admirables parfums, reçue par-tout comme la reine, ce morceau de votre vie si extraordinaire et si nouveau, et si loin de pouvoir être ennuyeux; je ne puis croire que vous n'y trouviez du plaisir; et, quoique votre cœur me souhaite quelquefois, je suis assurée que vous vous êtes laissée divertir, et j'en ai une véritable joie. Si vous avez eu cette année le même dessein que l'autre, de vous éloigner de moi, vous avez encore mieux réussi. Pour moi je n'ai pas fait de mon côté les mêmes pas, et j'ai dessein d'en faire de bien opposés à ceux que je fis; soyez sûre, ma fille, que vous me verrez à Grignan; laissez-moi conduire cette résolution : il y a bien de la témérité à répondre ainsi de ses actions; mais comme il est toujours sous-entendu que la Providence est la maîtresse, en attendant qu'elle se déclare, on peut prendre la liberté de dire au moins ses volontés.

Je verrai madame de Martel; la réception que son mari vous a faite¹, mérite bien cette politesse. Je reçois avec plaisir toutes vos petites lettres de recommandation; il y a toujours la marque de l'ouvrière, qui ne peut jamais ne me pas plaire. Mon fils me donne souvent de ses nouvelles : j'ai le cœur affligé de la guerre, ils vont joindre l'armée du roi. On parle du siège de Maëstricht; cela est un peu moins épouvantable que le passage de l'Issel. En vérité, on tremble en recevant des lettres ; et ce sera bien pis dans quinze jours. M. de La Rochefoucauld et moi nous nous consolons, et nous nous affligeons ensemble; il a trois ou quatre fils², où son cœur s'intéresse bien tendrement. Madame de Marans vint hier chez madame de La Fayette; elle nous parut d'une noirceur, comme quand on fait un pacte avec le diable, et que le jour approche de se livrer : il y a bien quelque douleur profonde pour un guerrier³ qui ne la regrette pas. Je ne finirois point de vous dire les amitiés de M. de La Rochefoucauld, combien il aime à parler de vous, à me faire lire quelquefois des endroits de vos lettres : c'est l'homme le plus aimable que j'aie jamais vu. Madame de La Fayette me prie fort aussi de vous parler d'elle, sa santé n'est jamais bonne, et cependant elle vous mande qu'elle n'en aime pas mieux la mort; au contraire. Pour moi, j'avoue qu'il y a des choses désagréables dans

---

¹ Il commandoit dans le port de Marseille.

² M. de La Rochefoucauld n'avoit que deux fils à l'armée, qui étoient le prince de Marsillac et le chevalier de Marsillac. Ce passage ne peut s'entendre qu'en le rapprochant de la lettre du 20 juin suivant.

³ M. le duc, depuis M. le prince. Elle en avoit un enfant.

la vie; mais je n'en suis pas encore si dégoûtée que votre philosophie pourroit le souhaiter : vous aurez bien de la peine, ma petite, à m'ôter cette fantaisie de la tête.

Vous aurez su des nouvelles de M. de Coulanges par lui-même[1], et comme ils ont vu M. de Vivonne à son passage, et comme ils passent doucement leur vie avec le marquis de Villeroi. Ma pauvre tante est toujours très mal; c'est un objet de tristesse qui fait fendre le cœur. Notre abbé vous embrasse, La Mousse vous honore; ils prétendent bien voir votre Provence; pour moi, je ne demande qu'à vous voir; et quoi encore, à vous voir, et toujours à vous voir. Valcroissant a mandé ici qu'il vous avoit vue à Marseille, et que vous y étiez beaucoup plus belle qu'un ange : gardez-moi bien toute cette beauté. Votre fille est aimable, je crois que je vous la mènerai; mais j'observerai tout ce qui sera nécessaire pour ne la point hasarder : on ne me fera jamais croire qu'on n'aime point sa fille, quand elle est jolie.

Je ne sais point de nouvelles; mes lettres sont bien ennuyeuses auprès des vôtres. Je ne pouvois jamais mieux faire que d'envoyer à M. de Pompone ce que vous m'écriviez de si bon sens sur l'affaire de Marseille. Votre président de Bouc me voit quelquefois; je ne crois pas que ce soit lui qui ait inventé la poudre à canon, ni l'imprimerie. Je ne sais quand vous aurez un premier président; hors les Provençaux, on trouve peu de gens qui desirent cette place. Madame de Coëtquen a eu la rougeole; madame de Sully s'en va à Sully avec son

[1] M. et Mme de Coulanges étoient à Lyon dans ce temps-là.

mari; madame de Verneuil est à Rôny avec le sien; madame de Castelnau est avec madame de Louvigny : la maréchale (*de Castelnau*) est seule, comme une tourterelle. D'Hacqueville s'en va en Bretagne. Si vous avez envie de savoir autre chose, mandez-le-lui; car, pour nous, notre vie est triste et languissante. On croit que Muëstricht est investi; rien n'est encore assuré. Adieu, mon ange, je vous baise, et vous embrasse avec une tendresse qui ne peut recevoir de comparaison.

256.

A la même.

A Paris, vendredi 20 mai 1672.

Je comprends fort bien, ma fille, et l'agrément, et la magnificence, et la dépense de votre voyage; je l'avois dit à notre abbé comme une chose pesante pour vous : mais ce sont des nécessités; il faut cependant examiner, si l'on veut bien courir le hasard de l'abyme où conduit la grande dépense; nous en parlerons. Il n'importe guère d'avoir du repos pour soi-même, quand on entre véritablement dans les intérêts des personnes qui nous sont chères, et qu'on sent tous leurs chagrins peut-être plus qu'elles mêmes, c'est le moyen de n'avoir guère de plaisirs dans la vie, et il faut être bien enragée pour l'aimer autant qu'on fait; je dis la même chose de la santé; j'en ai beaucoup; mais à quoi me sert-elle? à garder ceux qui n'en ont point. La fièvre a repris traîtreusement à madame de La Fayette; ma tante est bien plus mal que jamais; elle s'en va tous les jours : que fais-je? je sors de chez ma tante, et je vais chez cette pauvre Fayette; et puis je sors de chez La Fayette pour revenir chez ma tante. Ni Livry, ni les promenades, ni ma jolie maison, tout cela ne m'est de rien : il faut pourtant que je coure à Livry un moment; car je n'en puis plus. Voilà comme la Providence partage les chagrins et les maux; après tout, les miens ne sont rien en comparaison de l'état où est ma pauvre tante. Ah! noble indifférence, où êtes-vous? Il ne faut que vous pour être heureuse, et sans vous, tout est inutile : mais, puisqu'il faut souffrir de quelque façon que ce soit, il vaut encore mieux souffrir par-là que par les autres endroits. J'ai vu madame de Martel chez elle, et je lui ai dit tout ce que vous pouvez penser; son mari lui a écrit des ravissements de votre beauté; il est comblé de vos politesses; il vous loue et vous admire : sa femme m'étoit venue chercher pour me montrer cette lettre; je la trouvai enfin, et je vous acquittai de tout. Rien n'est plus romanesque que vos fêtes sur la mer, et vos festins dans le *Royal-Louis*, ce vaisseau d'une si grande réputation. Le véritable Louis est en chemin avec toute son armée; les lettres ne disent rien de positif, par la raison qu'on ne sait point où l'on va. Il n'est plus question de Maëstricht; on dit qu'on va prendre trois places, l'une sur le Rhin, l'autre sur l'Issel, et la troisième tout auprès; je vous manderai leurs noms, quand je les saurai. Rien n'est plus confus que toutes les nouvelles de l'armée : ce n'est pas faire sa cour que d'en mander, ni de se mêler de deviner et de raisonner. Les lettres sont plaisantes à voir; vous jugez bien que je passe ma vie avec des gens qui ont des fils assez bien instruits; mais il est vrai que le secret est grand sur les intentions de Sa Majesté. L'autre jour un homme de bonne maison [1] écrivoit à un de ses amis. *Je vous prie de me mander où nous allons, et si nous passerons l'Issel, ou si nous assiégerons Maëstricht.* Vous pouvez juger par-là des lumières que nous avons ici; je vous assure que le cœur est en presse. Vous êtes heureuse d'avoir votre cher mari en sûreté, qui n'a d'autre fatigue que de voir toujours votre chien de visage dans une litière vis-à-vis de lui : *le pauvre homme*[2]*!* Il avoit raison de monter quelquefois à cheval pour l'éviter; le moyen de le regarder si long-temps! Hélas! il me souvient qu'une fois, en revenant de Bretagne, vous étiez vis-à-vis de moi; quel plaisir ne sentois-je point de voir toujours cet aimable visage? Il est vrai que c'étoit dans un carrosse; il faut donc qu'il y ait quelque malédiction sur la litière [3].

Madame du Pui-du-Fou ne veut pas que je mène ma petite enfant : elle dit que c'est hasarder, et là-dessus je rends les armes : je ne voudrois pas mettre en péril sa petite personne; je l'aime tout-à-fait; je lui ai fait couper les cheveux; elle est coiffée *hurluberlu*, cette coiffure

---

[1] M. le duc.

[2] Allusion à la fin du IIIe acte du Tartufe.

[3] On assure que deux personnes qui, en s'aimant beaucoup, entreprendroient un voyage un peu long dans la même litière, finiroient par se haïr le plus franchement du monde.

est faite pour elle : son teint, sa gorge, tout son petit corps est admirable; elle fait cent petites choses, elle parle, elle caresse, elle bat, elle fait le signe de la croix, elle demande pardon, elle fait la révérence, elle baise la main, elle hausse les épaules, elle danse, elle flatte, elle prend le menton; enfin elle est jolie de tout point; je m'y amuse des heures entières; je ne veux point que cela meure. Je vous le disois l'autre jour; je ne sais point comme l'on fait pour ne point aimer sa fille.

257. *

A la même.

A Paris, lundi 23 mai 1672.

Mon petit ami de la poste ne se trouva pas hier à l'arrivée du courrier, de sorte que mon laquais ne rapporta point mes lettres; elles sont par la ville; je les attends à tous les moments, et j'espère les avoir avant que de faire mon paquet. Ce retardement me déplaît beaucoup; mon petit nouvel ami m'en demande excuse, mais je ne lui pardonne pas; en attendant, ma fille, je m'en vais causer avec vous. J'ai vu ce matin M. de Marignanes*; je l'ai pris pour M. de Maillanes; je me suis embarrassée; enfin, pour avoir plus tôt fait, je l'ai prié

---

* Joseph Gaspard Couet, marquis de Marignanes, mort en 1692.

de me démêler ces deux noms ; il l'a fait en galant homme ; il a compris qu'il est très possible que je me confonde ; il m'a remise ; il est très content de moi, et moi très contente de lui. Il a vu votre fille ; il dit que son frère est beau comme un ange, et vous comme deux. Il admire votre esprit, votre personne, il adore M. de Grignan.

Je dînai hier chez La Troche avec l'abbé Arnauld et madame de Valentiné : après-dîné nous eûmes le Camus, son fils et Itier : cela fit une petite symphonie très parfaite : ensuite arrive mademoiselle de Grignan avec son écuyer, c'étoit *Beaulieu;* sa gouvernante, c'étoit *Hélène;* sa femme-de-chambre, c'étoit *Marie;* son petit laquais, c'étoit *Jaquot,* fils de sa nourrice ; et la nourrice avec ses habits des dimanches ; c'est la plus aimable femme de village que j'aie jamais vue : tout cela parut beaucoup : on les envoya dans le jardin, on les regarda fort : j'aime trop tout ce petit ménage-là. Madame du Pui-du-Fou m'a brouillé la tête, en ne voulant pas que je mène ma petite-enfant ; car, après tout, les enfants de la nourrice ne me plaisent point auprès d'elle, et je connois dans son visage que jamais elle ne passera l'été ici, sans en mourir d'ennui. Mais, ma fille, il est question de partir : un jour nous disons, l'abbé et moi, allons-nous-en, ma tante ira jusqu'à l'automne, voilà qui est résolu : le jour d'après nous la trouvons si extrêmement bas, que nous nous disons, il ne faut pas songer à partir, ce seroit une barbarie, la lune de mai l'emportera ; et ainsi nous passons d'un jour à l'autre, avec le désespoir dans le cœur : vous comprenez bien cet état, il est cruel : ce qui me feroit souhaiter d'être en Provence, ce seroit afin d'être sincèrement affligée de la perte d'une personne qui m'a toujours été si chère; et je sens que si je suis ici, la liberté qu'elle me donnera m'ôtera une partie de ma tendresse et de mon bon naturel. N'admirez-vous point la bizarre disposition des choses de ce monde, et de quelle manière elles viennent croiser notre chemin? Ce qu'il y a de certain, c'est que, de quelque manière que ce puisse être, nous irons cet été à Grignan. Laissez-nous démêler toute cette triste aventure, et soyez assurée que l'abbé et moi nous sommes plus près d'offenser la bienséance, en partant trop tôt, que l'amitié que nous avons pour vous, en demeurant sans nécessité. Voilà un billet de l'abbé Arnauld, qui vous apprendra les nouvelles : son frère[1], en partant, le pria de me faire part de celles qu'il lui manderoit; la première page est un ravaudage de rien pour choisir un jour, afin de dîner chez M. d'Harouïs : on fait du mieux qu'on peut à cet abbé Arnauld; il n'est pas souvent à Paris[a], et l'on est aise d'obliger les gens de ce nom-là. Il me pria l'autre jour de lui montrer un morceau de votre style : son frère lui en a dit du bien ; en le lui montrant, je fus surprise moi-même de la justesse de vos périodes, elles sont quelquefois harmonieuses; votre style est devenu comme on le peut souhaiter, il

[1] M. de Pompone.

[a] Il demeuroit à Angers, auprès de son oncle Henri Arnauld, évêque d'Angers; il étoit lié avec madame de Sévigné depuis l'année 1657. (*Voyez* la note de la lettre 31, tome Ier, page 59.)

est fait et parfait, vous n'avez qu'à continuer, et vous bien garder de vouloir le rendre meilleur.

Voilà dix heures, il faut faire mon paquet : je n'ai point reçu votre lettre : j'ai passé à la poste, mon petit homme m'a fait beaucoup d'excuses ; mais je n'en suis pas plus riche; ma lettre est entre les mains des facteurs, c'est-à-dire la mer à boire. Je la recevrai demain, et n'y ferai réponse que vendredi. Adieu, ma chère enfant ; vous dirai-je que je vous aime? il me semble que c'est une chose inutile, vous le croyez assurément ; croyez-le donc, ma chère enfant, et ne craignez point d'aller trop avant ; si je n'avois point le cœur triste, je vous porterois de jolies chansons : M. de Grignan les chanteroit comme un ange. Je l'embrasse très tendrement, et vous encore plus de mille fois.

258.

A la même.

A Paris, vendredi 27 mai 1672.

Vous ne devez souhaiter personne pour faire des relations; on ne peut les faire plus agréablement que vous. Je crois de votre Provence toutes les merveilles que vous m'en dites; mais vous savez très bien les mettre dans leur jour; et si le beau pays que vous avez vu pouvoit vous témoigner les obligations qu'il vous a, je suis assurée qu'il n'y manqueroit pas. Je crois qu'il vous diroit aussi l'étonnement où il doit être de votre dégoût pour ces divines senteurs; jamais il n'a vu personne s'en restaurer sur un panier de fumier. Rien n'est plus extraordinaire que l'état où vous avez été; et cependant, ma fille, je le comprends, la chose du monde la plus malsaine, c'est de dormir parmi des odeurs; tous les excès sont fâcheux, et les meilleures choses sont dégoûtantes quand elles sont jetées à la tête : ah! le beau sujet de faire des réflexions! votre oncle de Sévigné craindra bien pour votre salut, jusqu'à ce qu'il ait compris cette vérité. Vous me disiez l'autre jour un mot admirable là-dessus, qu'il n'y a point de délices qui ne perdent ce nom, quand l'abondance et la facilité les accompagnent. Je vous avoue que j'ai une extrême envie de faire cette épreuve; comment vous y prendrez-vous pour me faire voir un petit morceau de vos pays enchantés?

Je comprends la joie que vous aurez eue de voir madame de Monaco, et la sienne aussi : hélas! vous aurez bien causé; elle ouvre assez son cœur sur les chapitres même les plus délicats : je serai fort aise si vous me mandez quelque chose des sujets de votre conversation. Notre d'Hacqueville est ravi que vous ayez fait cette jolie course, il s'en va en Bretagne; il a vu votre lettre, et Guitaud, et M. de La Rochefoucauld. Ils sont tous fort contents de votre relation, mais sur-tout de l'histoire tragique; elle est contée en perfection : nous avons peur que vous n'ayez tué cette pauvre Diane pour faire un beau dénouement : nous voulons pourtant vous en croire, et vous remercier d'avoir fait chasser l'amant de votre chambre; si vous l'aviez fait jeter dans la mer, vous auriez encore mieux fait : sa barbarie est fort haïssable, et le mauvais goût de Diane nous console quasi de sa mort : son ame devroit bien revenir à l'exemple de celle de M. de B...... Je vous ai mandé la mort de ce dernier : il ne voulut point se confesser, et envoya tout au diable, et lui après : son corps est en dépôt à Saint-Nicolas : le peuple s'est mis dans la tête que son ame revient la nuit tout en feu dans l'église; qu'il crie, qu'il jure, qu'il menace; et là-dessus ils veulent jeter le corps à la voirie, et assassiner le curé qui l'a reçu. Cette folie est venue à tel point, qu'il a fallu ôter le corps habilement de la chapelle, et faire venir la justice pour défendre de faire insulte au curé. Voilà qui est tout neuf d'hier au matin, mais cela n'est pas digne de déchausser votre histoire amoureuse.

Nous attendons demain notre petit Coulanges. Je suis très ennuyée de n'avoir point de lettres de mon fils; il y a un tel dérangement au commerce de l'armée, qu'on n'en reçoit quasi que par des courriers extraordinaires. Je ne sais nulle nouvelle aujourd'hui; je hais tant de dire des faussetés, que j'aime mieux ne rien dire : ce que je vous mande est toujours vrai, et vient de bon lieu. Je m'en vais présentement à Livry, j'y mène ma petite enfant, et sa nourrice, et tout le petit ménage; je veux qu'ils respirent cet air de printemps : je reviens demain, ne pouvant quitter ma tante plus long-temps; et, pour la petite, je l'y laisserai quatre ou cinq jours; je ne puis m'en passer ici : elle me réjouit tous les matins. Il y a si long-temps que je n'ai respiré et marché, qu'il faut que j'aie pitié de moi un moment aussi bien que des autres. Je me prépare tous les jours; mes habits se font; mon carrosse est prêt il y a huit jours; enfin, ma fille, j'ai un pied en l'air; et si Dieu nous conserve notre pauvre tante plus long-temps qu'on ne croit, je ferai ce que vous m'avez conseillé, c'est-à-dire, je partirai dans l'espérance de la revoir.

Écrivez à M. de Laon¹, qui enfin est cardinal; vous pourrez comprendre sa joie, si vous savez qu'il n'a jamais souhaité que cette dignité : je viens de lui écrire. M. d'Harouïs s'en va en Bretagne; il emmène d'Hacqueville et notre ami Chésières, qui désormais sera plus Breton que Parisien. Le comte des Chapelles m'a écrit de l'armée : il me prie de vous faire cinq cent mille compliments; il dit qu'hier, je ne sais quel jour c'étoit que son hier, il s'étoit trouvé dans une compagnie de grande conséquence, où votre mérite, votre sagesse, votre beauté, avoient été élevés jusqu'au-dessus des nues, et que même on y avoit compris le goût et l'amitié que vous avez pour moi. Si cette fin est une flatterie, elle m'est si agréable que je la reçois à bras ouverts.

¹ César d'Estrées, qui étoit cardinal *in-petto* de la promotion du mois d'août de l'année 1671, ne fut déclaré qu'en ce temps-là.

259. *

A la même.

A Paris, lundi 30 mai 1672.

Je ne reçus point hier de vos lettres, ma pauvre enfant; votre voyage de Monaco vous avoit mise hors de toute mesure: je me doutois que ce petit malheur m'arriveroit. Je vous envoie les nouvelles de M. de Pomponne; voilà déja la mode d'être blessé qui commence; j'ai le cœur fort triste dans la crainte de cette campagne. Mon fils m'écrit fort souvent; il se porte bien jusqu'à présent. Ma tante est toujours dans un état déplorable; et nous avons pourtant le courage d'envisager un jour pour notre départ, en jouant une espérance que de bonne foi nous n'avons point. J'en suis toujours à trouver certaines choses fort mal arrangées parmi les événements de notre vie; ce sont de grosses pierres dans le chemin, trop lourdes pour être déplacées : je crois que nous passerons par-dessus; ce n'est pas sans peine; la comparaison est juste. Je ne mènerai point ma petite enfant; elle se porte très bien à Livry; elle y passera tout l'été. La beauté de Livry est au-dessus de tout ce que vous avez vu; les arbres sont d'un vert admirable, tout est plein de chèvre-feuilles; cette odeur ne m'a point encore dégoûtée; mais vous méprisez bien nos petits buissons, au prix de vos forêts d'orangers.

Voici une histoire tragique de Livry : vous vous souvenez bien de ce prétendant[a] si dévot, qui n'osoit tourner les yeux ni la tête; je disois qu'il sembloit qu'il y portât un verre d'eau; la dévotion l'a rendu fou : une belle nuit il se donna cinq ou six coups de couteau; et tout nu, et tout en sang, il se mit à genoux au milieu de sa chambre; on entre, on le trouve en cet état : Hé! mon Dieu! mon frère, que faites-vous? et qui vous a maltraité ainsi? Mon père, dit-il froidement, c'est que je fais pénitence. Il tombe évanoui, on le couche, on le panse, on le trouve très blessé; on le guérit après trois mois de soins, et puis ils l'ont renvoyé à Lyon à ses parents. Si vous ne trouvez pas cette tête-là assez renversée, vous n'avez qu'à le dire, et je vous donnerai celle de madame Paul[b], qui est devenue éperdue, et s'est amourachée d'un grand benêt de vingt-cinq ou de vingt-six ans, qu'elle avoit pris pour faire le jardin : vraiment il a fait un beau ménage : cette femme l'a épousé; ce garçon est brutal, il est fou; il la battra comme plâtre; il l'a déjà menacée; n'importe, elle en veut passer par-là; je n'ai jamais vu tant de passion : ce sont tous les plus violents sentiments qu'on puisse imaginer; mais ils sont croqués comme les grosses peintures; toutes les couleurs y sont, il n'y auroit qu'à les

---

[a] Il paroît qu'il s'agit ici d'un jeune novice de l'abbaye. Voilà pourquoi elle l'appelle un prétendant.

[b] Veuve de maître Paul, jardinier de Livry.

étaler. Je me suis extrêmement divertie à méditer sur ces caprices de l'amour; je me suis effrayée moi-même voyant de tels attentats. Quelle insolence! s'attaquer à madame Paul; c'est-à-dire à l'austère, l'antique et grossière vertu; où trouvera-t-on quelque sûreté?

Voilà de belles nouvelles, ma chère enfant, au lieu de vos aimables relations.

Madame de La Fayette est toujours languissante; M. de La Rochefoucauld toujours éclopé; nous faisons quelquefois des conversations d'une tristesse qu'il semble qu'il n'y ait plus qu'à nous enterrer. Le jardin de madame de La Fayette est la plus jolie chose du monde, tout est fleuri, tout est parfumé; nous y passons bien des soirées, car la pauvre femme n'ose aller en carrosse; nous vous souhaiterions bien quelquefois derrière une palissade pour entendre certains discours de certaines terres inconnues[a] que nous croyons avoir découvertes. Enfin, ma fille, en attendant ce jour heureux de mon départ, je passe du faubourg au coin du feu de ma tante, et du coin du feu de ma tante à ce pauvre faubourg. Je vous prie de ne pas oublier M. d'Harouïs, dont le cœur est un chef-d'œuvre de perfection, et qui vous adore. Adieu, ma très aimable; j'ai extrêmement envie de savoir de vos nouvelles, et de celles de votre fils. Il fait bien chaud chez vous autres; je crains cette saison pour lui, et pour vous beaucoup plus, car je n'ai

---

[a] Allusion aux *terres inconnues*, régions indiquées sur la carte de *Tendre*, dans la première partie du roman de *Clélie*, de mademoiselle de Scudéri. (*Voyez* la lettre suivante, page 455, et la note.)

pas encore pensé qu'on pût aimer quelque chose plus que vous. J'embrasse mon cher Grignan : vous aime-t-il toujours bien? Je le prie de m'aimer aussi.

~~~~~~

260.

A la même.

A Livry, jeudi 2 juin 1672.

Je l'ai reçu cet aimable volume, jamais je n'en ai vu un si divertissant, ni si bien écrit, ni où je prisse tant d'intérêt : je ne puis assez vous dire l'obligation que je vous en ai, aussi bien que de l'application que vous avez aux dates; c'est une marque assurée du plaisir et de l'intérêt qu'on prend à un commerce : au contraire, quand les commerces pèsent, nous nous moquons bien de tant compter, nous voudrions que tout se perdît; mais vous êtes bien sur ce point comme je le puis souhaiter; et ce ne m'est pas une médiocre joie, à moi qui mets au premier rang le commerce que j'ai avec vous.

Il est donc vrai, ma fille, qu'il y a eu une de mes lettres de perdue; mais je ne jette les yeux sur personne : ceux qui pourroient s'en soucier n'ont pas détourné les lettres qui devoient leur donner le plus de curiosité; elles ont toujours été jusqu'à vous; des autres, ils ne s'en soucient guère. Vous êtes contente de ce ministre, et vous le serez toujours très assurément;

vous entendez bien que c'est du grand Pomponne que je parle, et c'est de lui que je croyois qu'on voudroit voir ce que je disois. Je ne sais donc qui peut faire ce misérable larcin ; il n'y a pas un grand goût à prendre des lettres, au degré de parenté où nous sommes : si elles sont agréables, c'est un miracle, ordinairement elles ne le sont point. Enfin, voilà qui est fait, sans que je puisse imaginer à qui je dois m'en prendre. Dieu vous garde donc d'une plus grande perte.

Nous ne savons point la vie cachée de la Marans ; mais madame de La Fayette doit vous écrire ses visions passées, dès qu'elle aura une tête pour cela. Nous croyons avoir entrevu une épisode d'un jeune prince[b], au milieu de l'enivrement, qui la rendoit si troublée ; et toutes ses paroles ramassées nous confirmoient cette vision. Je vous fais entendre notre folie : elle vous sera expliquée plus nettement.

Vous ne m'expliquez que trop bien les périls de votre voyage : je ne les comprends pas, c'est-à-dire, je ne comprends pas comment on peut s'y exposer ; j'aimerois mieux aller à l'occasion ; j'affronterois plus aisément la mort dans la chaleur du combat, avec l'émulation des autres, et le bruit des trompettes, que de voir de grosses vagues me marchander, et me mettre à loisir à deux doigts de ma perte ; et d'un autre côté, vos Alpes, dont les chemins sont plus étroits que vos litières, en sorte

---

[b] C'est du duc de Longueville que madame de Sévigné parle ici ; madame de Marans mettoit au nombre de ses prétentions de paroître bien avec lui. *Voyez* la lettre du 8 juillet suivant.

que votre vie dépend de la fermeté du pied de vos mulets. Ma fille, cette pensée me fait transir depuis les pieds jusqu'à la tête; je suis servante de ces pays-là, je n'irai de ma vie; et je tremble quand je songe que vous en venez.

Jamais les amants de madame de Monaco n'en ont tant fait pour elle; ce que vous dites du premier et du dernier" est admirable : c'est cela qui est une épigramme. Ne parlâtes-vous point un peu de MADAME¹? en est-elle consolée? est-elle bien estropiée²? est-elle bien désespérée de se voir au-delà des Alpes? est-elle dans l'attente de venir à Paris? Je comprends la grande joie qu'elle a eue de vous voir; vos conversations doivent avoir été infinies, et l'obligation d'une telle visite ne se doit jamais oublier : elle vous l'a rendue promptement; mais ce n'est pas avec les mêmes circonstances. Vous me parlez très plaisamment de la princesse d'Harcourt³. Brancas s'est inquiété, je ne sais pourquoi; il est volontaire à l'armée; et comme il est désespéré de mille choses, il n'évitera pas trop de rêver ou de s'endormir vis-à-vis d'un canon : il ne voit guère d'autre porte pour sortir de tous ses embarras. Il écrivoit l'autre jour à

" Je crois que, par ces expressions, madame de Sévigné désigne le duc de Lauzun et le chevalier de Lorraine.

¹ Madame de Monaco avoit été la principale favorite de MADAME, (*Henriette-Anne d'Angleterre*, morte le 29 juin 1670.)

² D'une saignée mal faite.

³ Françoise de Brancas; *M. de Brancas, son père, craignoit que madame de Grignan ne se fût refroidie pour elle. Voyez la lettre du 4 mai précédent, page 420 de ce volume.

madame de Villars et à moi; le dessus de la lettre étoit: *A M. de Villars*, *à Madrid*. Madame de Villars qui le connoît, devina la vérité; elle ouvre la lettre, et y trouve d'abord, *mes très chères*: nous n'avons point encore fait réponse.

Vous dites que je ne vous parle point de votre frère; je ne sais pourquoi, car j'y pense à tout moment, et j'en suis dans des inquiétudes extrêmes; je l'aime fort, et il vit avec moi d'une manière charmante : ses lettres sont aussi d'un style, que si on les trouve jamais dans ma cassette, on croira qu'elles sont du plus honnête homme de mon temps; je ne crois pas qu'il y ait un air de politesse et d'agrément pareil à celui qu'il a pour moi. Cette guerre me touche donc au dernier point; mon fils est présentement dans l'armée du roi, c'est-à-dire, à la gueule du loup, comme les autres.

On ne sera pas long-temps sans apprendre de grandes nouvelles : le cœur bat en attendant. Le marquis de Castelnau a la petite-vérole. On disoit hier que Desmaréts[a], le fils du grand fauconnier, et Bouligneux, étoient morts de maladie : si je ne vous mande point le contraire avant que de fermer demain ma lettre à Paris, c'est signe que cela est vrai. Je suis venue ici ce matin toute seule dans une calèche, afin de remener ma petite enfant; il faut qu'elle essaie un bonnet et une robe; je m'en jouerai jusqu'à ce que je parte, et ne la ramènerai ici que trois jours devant : elle se porte très bien; elle

[a] Alexis-François Dauvet, comte Desmaréts; il succéda à Nicolas Dauvet son père en 1678.

est aimable sans être belle ; elle fait cent petites sottises qui réjouissent.

Mais la veuve de maître Paul est outrée ; il s'est trouvé une anicroche à son mariage ; son grand benêt d'amant ne l'aime guère ; il trouve Marie[1] bien jolie, bien douce : Ma fille, cela ne vaut rien, je vous le dis franchement : je vous aurois fait cacher, si j'avois voulu être aimée. Ce qui se passe ici est ce qui fait tous les romans, toutes les comédies, toutes les tragédies, *in rozzi petti, tutte le fiamme, tutte le furie d'amor.* Il me semble que je vois un de ces petits amours, qui sont si bien dépeints dans le prologue de l'*Aminte*, qui se cachent et qui demeurent dans les forêts : je crois, pour son honneur, que celui-là visoit à Marie ; mais le plus juste s'abuse : il a tiré sur la jardinière, et le mal est incurable. Si vous étiez ici, cet original grossier vous divertiroit extrêmement : pour moi, j'en suis occupée, et j'emmène Marie, pour l'empêcher de couper l'herbe sous le pied de sa mère : ces pauvres mères !

Je ne laisse pas de me promener avec plaisir ; les chèvre-feuilles ne m'entêtent point. M. de Coulanges est charmé du marquis de Villeroi ; il arriva hier au soir. Sa femme, comme vous dites, a donné tout au travers des louanges et des approbations de ce marquis. Cela est naturel ; il faut avoir trop d'application pour s'en garantir : je me suis mirée dans sa lettre, mais je l'excuse mieux qu'on ne m'excusoit.

Ne croyez point, ma fille, que la maladie de madame

---

[1] Fille de madame Paul.

de La Fayette puisse m'arrêter; elle n'est pas en état de faire peur; et puisque j'envisage bien de partir dans l'état où est ma tante, il faut croire que rien ne peut m'en empêcher. M. de Coulanges ne croyoit plus la revoir : il l'a trouvée méconnoissable; elle ne prend plus de plaisir à rien; elle est à demi dans le ciel : c'est une véritable sainte; elle ne songe plus qu'à son grand voyage, et comprend fort bien celui que je vais faire; elle me donne congé d'un cœur déjà tout détaché de la terre; elle entre dans mes raisons, cela touche sensiblement; et j'admire le contre-poids que Dieu veut mettre à la joie sensible que j'aurai de vous aller voir; je laisserai ma tante à demi morte; cette idée blesse le cœur, et j'emporterai une inquiétude continuelle de mon fils : ah! que voilà bien le monde! Vous dites qu'il faut se désaccoutumer de souhaiter quelque chose; ajoutez-y, et de croire être parfaitement contente : cet état n'est pas réservé pour les mortels.

Vous êtes donc à Grignan? hé bien, ma chère enfant, tenez-vous-y jusqu'à ce que je vous en ôte. Notre cher abbé pense comme moi, et La Mousse; vous ne vîtes jamais une petite troupe aller de si bon cœur à vous. Adieu, ma très aimable, jusqu'à demain à Paris; je m'en vais me promener et penser à vous très assurément dans toutes ces belles allées, où je vous ai vue mille fois.

A Monsieur DE GRIGNAN.

Vous me flattez trop, mon cher Comte : je ne prends qu'une partie de vos douceurs, qui est le remerciement que vous me faites de vous avoir donné une femme qui fait tout l'agrément de votre vie : oh! pour cela, je crois que j'y ai un peu contribué; mais, pour votre autorité dans la province, vous l'avez par vous-même, par votre mérite, votre naissance, votre conduite; tout cela ne vient pas de moi. Ah! que vous perdez que je n'aie pas le cœur content! Le Camus m'a prise en amitié; il dit que je chante bien ses airs : il en a fait de divins; mais je suis triste, et je n'apprends rien; vous les chanteriez comme un ange: Le Camus estime fort votre voix et votre science. J'ai regret à ces sortes de petits agréments que nous négligeons; pourquoi les perdre? Je dis toujours qu'il ne faut point s'en défaire, et que ce n'est pas trop de tout. Mais que faire quand on a un nœud à la gorge? Vous avez fait faire à ma fille le plus beau voyage du monde : elle en est ravie ; mais vous l'avez bien menée par monts et par vaux, et bien exposée sur vos Alpes, et aux flots de votre Méditerranée : j'ai quasi envie de vous gronder, après vous avoir embrassé tendrement.

A Madame DE GRIGNAN.

Vendredi 3 juin.

Me voici à Paris, où je trouve que ces deux Messieurs[1] ne sont pas si morts qu'ils l'étoient hier. La maréchale[a] de Villeroi est à l'extrémité. Je ne sais rien de l'armée. Adieu.

[1] Messieurs Desmarêts et Bouligneux.
[a] Madeleine de Créqui, fille du maréchal de Lesdiguières. Elle ne mourut qu'en 1675.

261.

A la même.

A Paris, lundi 6 juin 1672.

Comme je n'ai point reçu de vos lettres, et que c'est toujours un grand chagrin pour moi, je me suis imaginé que vous aviez été occupée à recevoir madame de Monaco : ce qui me console, c'est que vous êtes en lieu de planter choux, et que vos Alpes, ni votre mer Méditerranée ne sauroient plus vous faire périr. J'ai bien sué en pensant aux périls de votre voyage.

Ma tante a reçu encore aujourd'hui le viatique dans la vue de faire le sien, où elle est appliquée avec une dévotion angélique; sa préparation, sa patience, sa résignation, sont des choses si peu naturelles, qu'il faut les considérer comme autant de miracles qui persuadent la religion. Elle est entièrement détachée de la terre; son état, quoique infiniment douloureux, est la chose du monde la plus souhaitable à ceux qui sont véritablement chrétiens. Elle nous chasse tous, comme je vous ai déjà dit; et, quoique nous ayons dessein de lui obéir, nous croyons quelquefois qu'elle s'en ira encore plus tôt que nous. Enfin nous voyons un jour; et si je n'étois accoutumée depuis quelque temps à ne point faire ce que je desire, je vous manderois dès aujourd'hui de ne me plus écrire; Mais non, j'aime mieux recevoir quelqu'une de vos lettres à Grignan, que d'en manquer ici.

Voilà les nouvelles de M. de Pomponne : il est déjà question d'un nom de connoissance qui afflige; Dieu nous fasse la grace de n'en point voir d'autres. M. de La Rochefoucauld ne sait encore rien : il sera sensiblement touché; car il est patriarche, et connoît quasi aussi bien que moi la tendresse maternelle; il me pria fort hier de vous faire mille amitiés pour lui. Madame de La Fayette me pria fort aussi de vous dire l'état où elle est, afin que vous ne soyez point étonnée de ne point voir de ses lettres; la fièvre tierce l'a reprise. Elle vous conjure de croire que ce n'est ni un prêtre ni un conseiller qui cause l'ennui de la Marans; c'est un des mieux chaussés, dont nous ne savons ni le nom ni la devise, ni les couleurs, mais que nous jugeons bien qui est à la guerre, à voir les sombres horreurs dont elle est accablée[a]; si elle aimoit un conseiller, elle seroit gaillarde. Dans ma lettre qui a été perdue, je crois que je vous répondois sur quelque chagrin que vous aviez d'une méchanceté qu'on vous avoit faite; je vous mandois que, si vous en aviez dit davantage, on auroit peut-être bien pu deviner d'où cette malice pouvoit venir.

J'ai appris quelque chose depuis de ce qui vous fâchoit; il y a des gens fort alertes pour s'éclaircir des soupçons qu'ils ont sur certaines gens. Nous sommes éveillés aussi pour un premier président[1], que nous

[a] *Voyez* la note de la lettre précédente.
[1] Du parlement d'Aix.

croyons que M. de Marseille fera faire à Saint-Germain, au conseil de la reine*, en l'absence du roi et de M. de Pompone, avec M. Colbert et M. Le Tellier. Je mis hier Langlade en campagne pour parler à des gens qui nous doivent instruire, et que nous voulons instruire à notre tour : il trouve que l'amitié me donne de l'esprit et des vues; je n'exécute rien qu'avec de bons conseils. J'ai vu une lettre de vous à Sainte-Marie, dont je vous loue et vous remercie mille fois; je n'ai jamais rien vu de si honnête ni de si politique : vous faites mieux que moi. M. de Coulanges et M. de Guitaud m'en ont montré d'autres, dont vous êtes louable d'une autre façon.

Vous savez bien que le marquis de Villeroi a quitté Lyon et madame de Coulanges, pour s'en aller, comme le chevalier des armes noires, dans l'armée de l'électeur de Cologne, voulant servir le roi au moins dans l'armée de ses alliés; il y a plusieurs avis pour savoir s'il a bien ou mal fait. Le roi n'aime pas qu'on lui désobéisse; peut-être aussi qu'il aimera cette ardeur martiale : le succès fera voir ce que l'on en doit juger*.

Je reçois dans ce moment votre lettre du 27, d'Aix et de Lambesc. Je pensois déjà que vous ne m'écriviez point du tout, à cause de votre princesse (*de Monaco*) : c'est la plus raisonnable excuse que vous me puissiez donner; je la comprends très bien; vous n'avez pas tous les jours de telles compagnies; il faut bien profiter de ces occasions, que le bonheur et le hasard vous envoient.

a La reine étoit régente du royaume en l'absence du roi.
b Il eut ordre de retourner à Lyon. (*Voyez* la lettre du 24 juin.)

Parlez-moi des déplaisirs qu'elle a eus de la mort de MADAME, et des espérances qu'elle a pour Paris.

Vous avez donc eu des comédiens; je vous réponds que, de quelque façon que votre théâtre fût garni, il l'étoit toujours mieux que celui de Paris. J'en parlois l'autre jour en m'amusant avec *Beaulieu* *; il me disoit: Madame, il n'y a plus que des garçons de boutique à la comédie; il n'y a pas seulement des filous, ni des pages, ni de grands laquais, tout est à l'armée : quand on voit un homme avec une épée dans les rues, les petits enfants crient sur lui; voilà quel est Paris présentement, mais il changera de face dans quelques mois.

Vous faites bien de me demander pardon, de dire que vous me laissez reposer de vos grandes lettres; vous avez réparé cette faute très promptement : hélas, ma fille! ce sont des petites qu'il faut que je me repose. Vous êtes d'un très bon commerce; je n'eusse jamais cru que le mien vous eût été si agréable : je m'en estime bien plus que je ne faisois. Vous me dites plaisamment que vous croiriez m'ôter quelque chose, en polissant vos lettres : gardez-vous bien d'y toucher, vous en feriez des pièces d'éloquence. Cette pure nature dont vous parlez est précisément ce qui est bon, et ce qui plaît uniquement. Gardez bien votre aimable esprit, il a les yeux plus grands que ceux de votre tête, qui sont pourtant fort jolis, pour ce qu'ils contiennent! Votre comparaison est plaisante, d'une femme grosse de neuf, dix, onze ou douze mois; oui, ma fille, vous accoucherez enfin

---

* Valet-de-chambre de madame de Sévigné.

heureusement; votre enfant ne sera point pétrifié. Ne m'envoyez point vos eaux ni vos gants, vous me les donnerez à Grignan; je ne ferai point d'autre provision que celle-là : je vous manderai que je pars à l'heure que vous y penserez le moins. La maréchale de Villeroi[1] se porte mieux. Il n'y a point de meilleures nouvelles que celles que je vous envoie; j'en demande toujours, et l'on prend plaisir à m'en dire, parcequ'on sait bien que ce n'est pas pour moi. Je suis en peine de vos jambes; pourquoi sont-elles enflées? pourquoi la fièvre n'aura-t-elle pas de suite? Il m'est impossible de ne pas souhaiter au moins d'être à demain, afin d'avoir encore de vos nouvelles, et de cette fièvre que vous dites qui n'aura point de suite. Je vous embrasse avec une tendresse extrême.

262.*

A la même.

A Paris, lundi 13 juin 1672.

Ma petite, hélas! vous avez été bien malade; je comprends ce mal, et le crains comme un de ceux qui donnent le plus de frayeur. Sans la bonté qu'a eue M. de Grignan de m'écrire, je vous avoue que j'aurois été dans

[1] Madeleine de Créqui.

une inquiétude mortelle; mais il vous aime si passionnément, que je le tiendrois peu en état de songer à soulager mes craintes, si vous aviez été un moment en péril. J'attends demain avec impatience; j'espère que vous me direz vous-même comme vous vous portez, et pourquoi vous vous êtes mise en colère; j'y suis beaucoup contre ceux qui vous en ont donné sujet.

Voilà une lettre de mon fils qui vous divertira, ce sont des détails qui font plaisir. Vous verrez que le roi est si parfaitement heureux[a], que désormais il n'aura qu'à dire ce qu'il souhaite dans l'Europe, sans prendre la peine d'aller lui-même à la tête de son armée; on se trouvera heureux de le lui donner. Je suis assurée qu'il passera l'Issel comme la Seine. La terreur prépare partout une victoire aisée : la joie de tous les courtisans est un bon augure. Brancas me mande qu'on ne cesse de rire depuis le matin jusqu'au soir; voici une petite histoire qu'il faut que je vous mande.

Dès que le vieux Bourdeille[b] fut mort, M. de Montausier écrivit au roi pour lui demander la charge de sénéchal de Poitou pour M. de Laurière[c] son beau-frère. Le roi la lui accorda. Un peu après le jeune Matha la demanda, et dit au roi qu'il y avoit très long-temps

[a] La prise de Vesel, Rhimberg, Emeric et d'autres villes; succès qui furent suivis, le 12 juin, du passage du Rhin.

[b] François Sicaire, marquis de Bourdeille et d'Archiac, sénéchal et gouverneur du Périgord, mort le 8 mai 1672; le comte de Matha étoit son petit-neveu.

[c] Philibert Hélie de Pompadour, marquis de Laurière, qui avoit épousé Catherine de Sainte-Maure, sœur du duc de Montausier.

que cette charge étoit dans leur maison. Le roi écrivit à M. de Montausier, et le pria de la lui rendre, en l'assurant qu'il donneroit autre chose à M. de Laurière. M. de Montausier répondit que pour lui il seroit ravi de le pouvoir faire; mais que son beau-frère en ayant reçu les compliments dans la province, il étoit impossible, et que Sa Majesté pourroit faire d'autres biens au petit Matha. Le roi en parut piqué, et, se mordant les lèvres, hé bien! dit-il, je lui laisse la charge pour trois ans; mais je la donne ensuite pour toujours au petit Matha. Ce contre-temps a été fâcheux pour M. de Montausier. C'étoit à M. de Grignan que je devois mander ceci "; il n'importe, mes deux lettres sont à tous deux, et n'en valent pas une bonne.

Vous n'aurez point de Provençal pour premier président, on m'en a fort assurée. M. de Marseille me vint voir hier avec le marquis de Vence et deux députés; je crus que c'étoit une harangue.

Adieu, ma chère enfant, je vous prie d'être bien aise de me voir en quelque temps que ce soit, et de songer au plaisir que j'en recevrai. Ma fille, voilà une petite sotte bête de lettre, je ferois bien mieux de dormir.

" Angélique-Claire d'Angennes, première femme de M. de Grignan, étoit fille du duc de Montausier.

263.

A la même.

A Paris, vendredi 17 juin 1672, à 11 heures du soir.

Je viens d'apprendre, ma fille, une triste nouvelle, dont je ne vous dirai point le détail, parceque je ne le sais pas : mais je sais qu'on passage de l'Issel[1], sous les ordres de M. le prince, M. de Longueville a été tué ; cette nouvelle accable. J'étois chez madame de La Fayette quand on vint l'apprendre à M. de La Rochefoucauld, avec la blessure de M. de Marsillac et la mort du chevalier de Marsillac : cette grêle est tombée sur lui en ma présence. Il a été très vivement affligé, ses larmes ont coulé du fond du cœur, et sa fermeté l'a empêché d'éclater. Après ces nouvelles, je ne me suis pas donné la patience de rien demander : j'ai couru chez M. de Pomponne, qui m'a fait souvenir que mon fils est dans l'armée du roi, laquelle n'a eu nulle part à cette expédition ; elle étoit réservée à M. le prince : on dit qu'il est blessé ; on dit qu'il a passé la rivière dans un petit bateau ; on dit que Nogent a été noyé ; on dit que Guitry est tué ; on dit que M. de Roquelaure et M. de La Feuillade sont blessés, qu'il y en a une infinité qui ont péri

[1] C'est-à-dire, au passage du Rhin, l'Issel fut abandonné.

en cette rude occasion. Quand je saurai le détail de cette nouvelle, je vous la manderai. Voilà Guitaud qui m'envoie un gentilhomme qui vient de l'hôtel de Condé; il me dit que M. le prince a été blessé à la main. M. de Longueville avoit forcé la barrière, où il s'étoit présenté le premier; il a été aussi le premier tué sur-le-champ [a]; tout le reste est assez pareil : M. de Guitry noyé, et M. de Nogent aussi [b]; M. de Marsillac blessé, comme j'ai dit, et une grande quantité d'autres qu'on ne sait pas encore. Mais enfin l'Issel est passé. M. le prince l'a passé trois ou quatre fois en bateau, tout paisiblement, donnant ses ordres par-tout avec ce sang-froid et cette valeur divine qu'on lui connoît. On assure qu'après cette première difficulté on ne trouve plus d'ennemis : ils sont retirés dans leurs places. La blessure de M. de Marsillac est un coup de mousquet dans l'épaule, et un autre dans la mâchoire, sans casser l'os. Adieu, ma chère enfant; j'ai l'esprit un peu hors de sa place, quoique mon fils soit dans l'armée du roi; mais il y aura tant d'autres occasions que cela fait trembler et mourir.

[a] *Voyez* la lettre du 20 juin.
[b] Armand de Bautru, comte de Nogent, et Guy de Chaumont de Guitry, grand-maître de la garde-robe.

264.

De Madame DE SÉVIGNÉ *au Comte* DE BUSSY.

A Paris, ce 19 juin 1672.

J'ai présentement dans ma chambre votre grand garçon*. Je l'ai envoyé querir dans mon carrosse pour venir dîner avec moi. Mon oncle l'abbé, qui y étoit aussi, a présenté d'abord à mon neveu un grand papier plié, et l'ayant ouvert, il a trouvé que c'étoit une généalogie des Rabutin. Il en a été tout réjoui; et il s'amuse présentement à regarder d'où il vient. Si tout d'un train il s'amuse à méditer où il va, nous ne dînerons pas sitôt; mais je lui épargnerai la peine de faire cette méditation, en l'assurant qu'il va droit à la mort, et à une mort assez prompte, s'il fait votre métier, comme il y a beaucoup d'apparence. Je suis certaine que cette pensée ne

---

* Amé-Nicolas de Rabutin, né le 26 mars 1656, fils aîné du comte de Bussy. Il faisoit ses études à Paris. On le verra dans la suite prendre le parti des armes; un caractère hautain et difficile mit à sa fortune un obstacle plus insurmontable que la disgrace qui pesoit sur son nom. Voici ce que son père en écrivoit à madame de Sévigné le 5 mars 1686 dans une lettre qui paroît aujourd'hui pour la première fois. « Je sais qu'il est rude, hautain où il n'est pas question de l'être, enfin pétri de la férocité de Rouville et de la chaleur de Rabutin. »

l'empêchera pas de dîner : il est d'une trop bonne race pour être surpris d'une si triste nouvelle. Mais enfin je ne comprends pas qu'on puisse s'exposer mille fois, comme vous avez fait, et qu'on ne soit pas tué mille fois aussi. Je suis aujourd'hui bien remplie de cette réflexion. La mort de M. de Longueville, celle de Guitry, de Nogent et de plusieurs autres; les blessures de M. le prince, de Marsillac, de Vivonne, de Montrevel, de Revel, du comte de Saulx, de Termes et de mille gens inconnus, me donnent une idée bien funeste de la guerre. Je ne comprends point le passage du Rhin à la nage. Se jeter dedans à cheval, comme des chiens après un cerf, et n'être ni noyé, ni assommé en abordant, tout cela passe tellement mon imagination que la tête m'en tourne. Dieu a conservé mon fils jusques ici; mais peut-on compter sur ceux qui sont à la guerre? Adieu, mon cher cousin, je m'en vais dîner. Je trouve votre fils bien fait et aimable. Je suis fort aise que vous aimiez mes lettres. On ne peut être à votre goût sans beaucoup de vanité.

265.

Du Comte DE BUSSY *à Madame* DE SÉVIGNÉ.

A Chaseu, ce 26 juin 1672.

Ne diroit-on pas, comme vous en parlez, Madame, qu'il n'y a que les gens de guerre qui meurent. Cependant la vérité est que la guerre ne fait que hâter la mort de quelques uns qui auroient vécu davantage, s'ils n'y étoient point allés. Pour moi je me suis trouvé en plusieurs occasions assez périlleuses sans avoir seulement été blessé. Mon malheur a roulé sur d'autres choses; et pour parler franchement, j'aime mieux avoir été moins heureux que d'être mort jeune. Il y a cent mille gens qui ont été tués à la première occasion où ils se sont trouvés, et cent mille autres à la seconde : *Cosi l'ha voluto il fato.* Cependant je vous vois dans de grandes alarmes; mais il faut que je vous rassure, Madame, en vous apprenant qu'on fait quelquefois dix campagnes sans tirer une fois l'épée, et qu'on se trouve souvent dans des batailles sans voir l'ennemi : par exemple, quand on est à la seconde ligne, ou à l'arrière-garde, et que la première ligne a décidé du combat, comme il arriva à la bataille des Dunes en 1658*. Dans une

---

* Turenne gagna cette bataille sur les Espagnols le 14 juin 1658;

guerre de campagne, les officiers de cavalerie courent plus de hasard que les autres. Dans une guerre de siéges, les officiers d'infanterie sont mille fois plus exposés : et sur cela, Madame, il faut que je vous dise ce que M. de Turenne m'a conté avoir ouï dire au feu prince d'Orange Guillaume : que les jeunes filles croyoient que les hommes étoient toujours en état; et que les moines croyoient que les gens de guerre avoient toujours, à l'armée, l'épée à la main. L'intérêt que vous avez à cette campagne, vous fait faire des réflexions que vous n'aviez jamais faites. Si monsieur votre fils n'étoit pas là, vous regarderiez cette action comme cent autres dont vous avez ouï parler, sans être émue, et vous trouveriez seulement de la hardiesse au passage du Rhin, où vous trouvez aujourd'hui de la témérité. Croyez-moi, ma chère cousine, la plupart des choses ne sont grandes ou petites, qu'autant que notre esprit les fait ainsi. Le passage du Rhin à la nage est une belle action, mais elle n'est pas si téméraire que vous pensez. Deux mille chevaux passent pour en aller attaquer quatre ou cinq cents. Les deux mille sont soutenus d'une grande armée où le roi est en personne, et les quatre ou cinq cents sont des troupes épouvantées par la manière brusque et vigoureuse dont on a commencé la campagne. Quand les Hollandois auroient eu plus de fermeté en cette rencontre, ils n'auroient tué qu'un peu plus de

---

c'est à cette époque qu'eut lieu la rupture entre le comte de Bussy et madame de Sévigné, ainsi qu'on l'a vu dans la lettre 54, t. Ier, p. 134.

gens, et enfin ils auroient été accablés par le nombre. Si le prince d'Orange avoit été à l'autre bord du Rhin avec son armée, je ne pense pas que l'on eût essayé de passer à la nage devant lui, et c'est ce qui auroit été téméraire, si on l'avoit hasardé*. Cependant c'est ce que fit Alexandre au passage du Granique. Il passa avec quarante mille hommes cette rivière à la nage, malgré cent mille qui s'y opposoient. Il est vrai que s'il eût été battu, on auroit dit que c'eût été un fou ; et ce ne fut que parcequ'il réussit, que l'on dit qu'il avoit fait la plus belle action du monde.

Je suis fort aise, ma belle cousine, que votre déchaînement contre la guerre n'ait d'autre raison que la crainte de l'avenir, et que M. de Sévigné se soit tiré heureusement d'affaire. Il faut espérer qu'il sera toujours heureux. Ce n'est pas que le maréchal de La Ferté ne dise que la guerre dit : *Attends-moi, je t'aurai*. Mandez-moi si monsieur votre fils étoit commandé de passer. Si mon fils vous plaît, madame, il peut bien plaire à d'autres. Vous avez le goût bon.

« On croit que cette lettre dans laquelle Bussy parle du passage du Rhin, comme l'ont fait depuis les historiens, n'a pas été entièrement ignorée du roi, et qu'elle a pu contribuer à prolonger la disgrâce du comte.

FIN DU TOME SECOND.

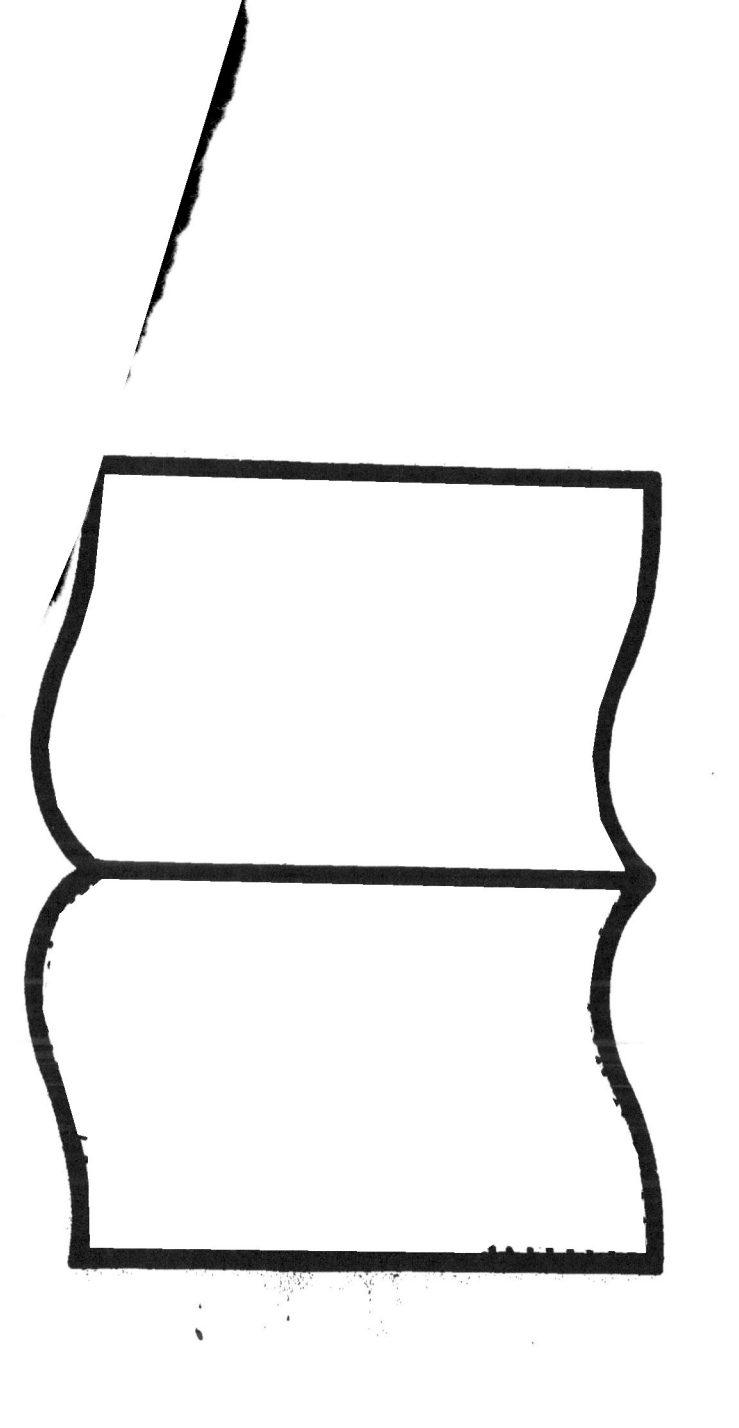

Contraste insuffisant

NF Z 43-120-14

www.ingramcontent.com/pod-product-compliance
Lightning Source LLC
Chambersburg PA
CBHW052336230426
43664CB00041B/1862